Direito da Proteção de Dados

Direito da Proteção de Dados

À LUZ DO RGPD E DA LEI N.º 58/2019

2020 • Reimpressão

A. Barreto Menezes Cordeiro, LLM

Doutor em Direito

Professor Auxiliar da Faculdade de Direito de Lisboa

ALMEDINA

DIREITO DA PROTEÇÃO DE DADOS

AUTOR
A. Barreto Menezes Cordeiro

EDITOR
EDIÇÕES ALMEDINA, S.A.
Rua Fernandes Tomás, n.os 76, 78 e 79
3000-167 Coimbra
Tel.: 239 851 904 · Fax: 239 851 901
www.almedina.net · editora@almedina.net

DESIGN DE CAPA
FBA

PAGINAÇÃO
Aresta Criativa – Artes Gráficas

IMPRESSÃO E ACABAMENTO
ACD Print, S.A.
Março, 2020
DEPÓSITO LEGAL
466414/20

ALMEDINA | GRUPOALMEDINA

BIBLIOTECA NACIONAL DE PORTUGAL – CATALOGAÇÃO NA PUBLICAÇÃO
CORDEIRO, A. Barreto Menezes

Direito da proteção de dados : à luz do RGPD e da Lei nº 58/2019
ISBN 978-972-40-8304-9

CDU 343

Às futuras gerações de juristas

ADVERTÊNCIAS

As disposições legais não acompanhadas de fonte correspondem a artigos do Regulamento Geral de Proteção de Dados – Regulamento (UE) 2016/679 do Parlamento Europeu e do Conselho de 27 de abril de 2016.

A obra encontra-se atualizada com referência a elementos publicados até setembro de 2019.

ÍNDICE

§ 8.º Fontes Portuguesas

CAPÍTULO IV – O REGULAMENTO GERAL DE PROTEÇÃO DE DADOS

§ 9.º Âmbito de aplicação material

§ 10.º Âmbito de aplicação territorial

§ 11.º A Lei de Execução

PARTE II – DADOS PESSOAIS

§ 12.º O Conceito de dado pessoal

§ 13.º Dados sensíveis: conceito e modalidades

PARTE III – O TRATAMENTO DE DADOS PESSOAIS

CAPÍTULO I – ASPETOS GERAIS

§ 14.º Conceito e modalidades de tratamento

§ 17.º O consentimento de menores (crianças)

§ 18.º Defesa dos interesses vitais

§ 19.º Contrato e diligência pré-contratuais

§ 20.º Obrigações legais

§ 21.º Interesse público e autoridade pública

§ 22.º Interesses legítimos

§ 23.º Tratamento de dados sensíveis

PARTE IV – O TITULAR DE DADOS

§ 24.º O direito à autodeterminação informacional

§ 25.º Direito de acesso

§ 26.º Direito à retificação

§ 27.º Direito ao apagamento (direito ao esquecimento)

§ 28.º Direito à limitação do tratamento

§ 29.º Direito de portabilidade

§ 30.º Direito de Oposição

PARTE V – O RESPONSÁVEL PELO TRATAMENTO

CAPÍTULO I – ASPETOS GERAIS E DEVERES

§ 31.º Conceitos introdutórios

§ 32.º Dever principal

§ 33.º Dever de assegurar e de poder provar o cumprimento do RGPD

§ 34.º Proteção de dados desde a conceção e por defeito (*privacy by design and privacy by default*)

§ 35.º Princípios gerais de atuação

§ 36.º Deveres de informação

§ 36.º Segurança dos dados pessoais: aspetos gerais

§ 37.º Outros deveres

CAPÍTULO II – O ENCARREGADO DE PROTEÇÃO DE DADOS

§ 38.º A designação do Encarregado de Proteção de Dados

§ 39.º A posição do Encarregado de Proteção de Dados

§ 40.º Conflitos de interesses

CAPÍTULO III – RESPONSABILIDADE CIVIL

§ 41.º Elementos

42.º Sujeitos

§ 43.º Aspetos probatórios

PARTE VI – SUPERVISÃO

§ 44.º Autoridade de Controlo Nacional

§ 45.º Competências materiais e territoriais

§ 46.º Competência material e territorial: *one stop shop*

§ 47.º Funções

§ 48.º Cooperação e coerência

§ 49.º Sanções

ABREVIATURAS

AAFDL – Associação Académica da Faculdade de Direito de Lisboa
AIS-TA – Ars Iuris Salmanticensis, Tribuna de Actualidad
AEPD – Autoridade Europeia para a Proteção de Dados
Am U L Rev – American University Law Review
BAG – Bundesarbeitsgericht
Banking LJ – Banking Law Journal
BB – Betriebs-Berater
BDSG – Bundesdatenschutzgesetz
BeckOk – BeckOk Datenschutzrecht, coord. Setfand Brink/Heinrich Amadeus Wolff, 28ª ed., Beck, Munique, 2019
BGB – Bürgerliches Gesetzbuch
BMJ – Boletim do Ministério da Justiça
Brook J Corp Fin & Com L – Brooklyn Journal of Corporate, Financial & Commercial Law
Brook J Int'l L – Brooklyn Journal of International Law
BVerfG – Bundesverfassungsgericht
Cal L Rev – California Law Review
Carta – Carta dos Direitos Fundamentais da União Europeia
Cath U L Rev – Catholic University Law Review
CC – Código Civil
CEDH – Convenção Europeia dos Direitos do Homem
Chi-Kent L Rev – Chicago-Kent Law Review
CLSR – Computer Law and Security Report
CMLR – Common Market Law Review
CNPD – Comissão Nacional de Proteção de Dados

Comité – Comité Europeu para a Proteção de Dados
Comissão – Comissão Europeia
Comissão, *Proposta – Proposta de Regulamento do Parlamento e do Conselho relativo à proteção das pessoas singulares no que diz respeito ao tratamento de dados pessoais e à livre circulação desses dados (regulamento geral sobre a proteção de dados)*, COM(2012) 11 final
Conselho – Conselho da União Europeia
Conselho, *General Approach* – Conselho da União Europeia, *General Data Protection Regulation Proposal: Preparation of a General Approach*, doc. 9657/15, 11 junho 2015
CP – Código Penal
C&R – Computer & Recht
Creighton L Rev – Creighton Law Review
CRP – Constituição da República Portuguesa
Denv LJ – Denver Law Journal
Denv UL Rev – Denver University Law Review
DÖV – Die Öffentliche Verwaltung
DSRITB – Tagungsband Deutsche Stiftung für Recht und Informatik-Herbstakademie
DuD – Datenschutz und Datensicherheit
Duke LJ – Duke Law Journal
Duke L & Tech Rev – Duke Law & Technology Review
EL Rev – European Law Review
EDPL – European Data Protection Law Review
Ehmann/Selmayr – Ehmann/Selmayr, Datenschutz-Grundverordnung, 2ª ed., Beck, Munique, 2018
EJLT – European Journal of Law and Technology
EuZW – Europaische Zeitschrift fur Wirtschaftsrecht
Fed Comm LJ – Federal Communications Law Journal
Fordham Int'l LJ – Fordham International Law Journal
Fordham Intell Prop Media & Ent LJ – Fordham Intellectual Property, Media & Entertainment Law Journal
Geo Wash L Rev – George Washington Law Review
Gola – Gola Datenschutz-Grundverordnung – DS-GVO (EU) 2016/679 Kommentar, 2.ª ed., Beck, Munique, 2018
GT 29 – Grupo de Trabalho do Artigo 29.º

HTLJ – Santa Clara High Technology Law Journal
IDPL – International Data Privacy Law
J Consumer Aff – Journal of Consumer Affairs
J Bus Res – Journal of Business Research
JCP – Journal of Consumer Policy
J Pub L – Journal of Public Law
JuS – Juristische Schulung
JZ – Juristen Zeitung
Kühling/Buchner – *Kühling/Buchner Datenschutz-Grundverordnung, Bundesdatenschutzgesetz Kommentar*, 2ª ed., Beck, Munique, 2018
Mar L Rev – Maryland Law Review
McGeorge L Rev – McGeorge Law Review
McGill LJ – McGill Law Journal
Me L Rev – Maine Law Review
Menezes Cordeiro, *Tratado* – António Menezes Cordeiro, *Tratado de Direito Civil*, Almedina Coimbra, I-XII
Mich L Rev – Michigan Law Review
Minn L Rev – Minnesota Law Review
MMR – Multimedia & Recht
NJW – Neue Juristische Wochenschrift
NVwZ – Neue Zeitschrift für Verwaltungsrecht
Nw UL Rev – Northwestern University Law Review
NZA – Neue Zeitschrift für Arbeitsrecht
NZKart – Neue Zeitschrift für Kartellrecht
Paal/Pauly – *Paal/Pauly Datenschutz-Grundverordnung – Bundesdatenschutzgesetz*, 2ª ed., Beck, Munique, 2018
Parlamento – Parlamento Europeu
PE, Relatório – Parlamento Europeu, *Relatório sobre a proposta de regulamento do Parlamento Europeu e do Conselho relativo à proteção das pessoas singulares no que diz respeito ao tratamento de dados pessoais e à livre circulação desses dados (regulamento geral de proteção de dados* (COM(2012)0011 – C7-0025/2012 – 2012/0011(COD)).
RCb – Relação de Coimbra
RdA – Recht der Arbeit
RDC – Revista de Direito Civil
RDTec – Revista de Direito e Tecnologia

RDV – Recht der Datenverarbeitung
REv – Relação de Évora
RGm – Relação de Guimarães
RLx – Relação de Lisboa
ROA – Revista da Ordem dos Advogados
RPt – Relação do Porto
Rutgers Computer & Tech LJ – Rutgers Computer & Tech Law Journal
Santa Clara L Rev – Santa Clara Law Review
Simitis/Hornung/Spiecker gen. Döhmann – Simitis/Hornung/Spiecker gen. Döhmann Datenschutzrecht, DSGVO mit BDSG, Nomos, Baden-Baden, 2019
Stan L Rev – Standford Law Review
STJ – Supremo Tribunal de Justiça
Sydow – Sydow Europäische Datenschutzgrundverordnung Handkommentar, 2.ª ed., Nomos, Baden-Baden, 2018
TC – Tribunal Constitucional
TEDH – Tribunal Europeu dos Direitos do Homem
Tex L Rev – Texas Law Review
TFUE – Tratado sobre o Funcionamento da União Europeia
TJUE – Tribunal de Justiça da União Europeia
TUE – Tratado da União Europeia
UCD L Rev – University of California, Davis, Law Review
U Mich JL Reform – University of Michigan Journal of Law Reform
UNSWLJ – University of New South Wales Law Journal
U Pa L Rev – University of Pennsylvania Law Review
VerwArch – Zeitschrift für Verwaltungslehre, Verwaltungsrecht und Verwaltungspolitik
Vill L Rev – Villanova Law Review
WPg – Die Wirtschaftsprüfung
ZD – Zeitschrift für Datenschutz

Parte I
Aspetos Gerais

Capítulo I
Introdução

§ 1º APROXIMAÇÃO

1. A relevância contemporânea dos dados pessoais

I. A emergência do Direito da proteção de dados consubstancia mais um reflexo do advento de uma nova Era: a Era Digital[1]. Esta nova fase da evolução da nossa Sociedade encontra nos progressos tecnológicos a sua fonte de rotura com o passado recente. As transformações fazem-se sentir a todos os níveis e em todas as ordens normativas: moral, religiosa, do trato social e jurídica.

Na esfera de influência clássica do Direito privado, os avanços repercutem-se no Direito laboral – a 4.ª Revolução Industrial –, nos modelos de contratação – contratação eletrónica e *e-commerce* –, no Direito financeiro – a incontornável *FinTech*[2] – e nos cada vez mais desprotegidos direitos de personalidade.

[1] Oliver Stengel/Alexander van Looy/Stephan Wallaschkowski, *Digitalzeitalter – Digitalgesellschaft: Das Ende des Industriezeitalters und Der Beginn einer neuen Epoche*, Springer VS, Wiesbaden, 2017.

[2] O termo *FinTech* – perfeitamente consolidado entre nós – corresponde a uma abreviatura da expressão inglesa *Financial Technology*. O uso da tecnologia no sector financeiro

Cabe à Ciência Jurídica acompanhar estes desenvolvimentos, incorporando-os nas cadeiras consolidados e criando novas disciplinas se isso se justificar.

II. Ainda numa perspetiva genérica, a importância do Direito da proteção de dados advém do impacto social, numa aceção amplíssima, do tratamento de grandes quantidades de dados (*Big Data*[3]). Sem propósitos exaustivos, pense-se na importância hoje assumida pela *Big Data* na Política[4], no *Marketing* e na comercialização de produtos[5], na Saúde[6] ou na aplicação da Justiça[7].

não é, em si mesmo, uma novidade. Há décadas que as instituições financeiras recorrem à Ciência para aumentar a sua competitividade ou diminuir os custos da sua atividade. As especificidades da *FinTech* residem na preponderância assumida pelas novas tecnologias, ao ponto de revolucionarem sectores tradicionais e de impulsionarem o desenvolvimento de novos mercados. O sector da tecnologia financeira tenderá a englobar todas as instituições tecnológicas (perspetiva subjetiva) e todas as atividades financeiras tecnológicas (perspetiva objetiva). Por seu lado, o Direito da tecnologia financeira corresponde ao Direito que regula especificamente os aspetos institucionais, materiais e regulatórios da atividade financeira tecnológica. Não se trata de um novo ramo jurídico, mas antes de um movimento que pretende adaptar o Direito financeiro – banca, bolsa e seguros – às transformações operadas na realidade social regulada.

A título introdutório, veja-se as seguintes obras: Susanne Chishti/Janos Barberis, *The Fintech Book: The Financial Technology Handbook for Investors, Entrepreneurs and Visionaries*, Wiley, Chichester, 2016; Gregor Dorfleitner/Lars Hornuf/Matthias Schmitt/Martina Weber, *FinTech in Germany*, Springer, Cham, 2017 e Bernardo Nicoletti, *The Future of FinTech: Integrating Finance and Technology in Financial Services*, Palgrave Macmillan, Cham, 2017.

[3] Ana Alves Leal, *Aspetos jurídicos da análise de dados na Internet (big data analytics) nos sectores bancário e financeiro: proteção de dados pessoais e deveres de informação* em *FinTech: Desafios da Tecnologia Financeira*, coord. António Menezes Cordeiro/Ana Perestrelo de Oliveira/Diogo Pereira Duarte, Almedina, Coimbra, 2017, 75-203, 79 ss: sobre o conceito de *Big Data*.

[4] Andrea Ceron/Luigi Curini/Stefano Maria Iacus, *Politics and Big Data*, Routledge, Londres, 2016.

[5] Sunil Erevelles/Nobuyuki Fukawa/Linda Swayne, *Big Data Consumer Analytics and the Transformation of Marketing*, 69 J Bus Res, 2016, 897-904.

[6] Travis B. Murdoch/Allan S. Detsky, *The Inevitable Application of Big Data to Health Care*, JAMA, April 3, 2013 – Vol. 309, No. 13, 1351-1352.

[7] Lyria Bennett Moses/Janet Chan, *Using Big Data for Legal and Law Enforcement Decisions: Testing the New Tools*, 37 UNSWLJ, 2014, 643-678.

A expressão "os dados são o novo petróleo" (na versão original inglesa: "*data is the new oil*"[8]), cunhada a propósito das potencialidades da *Big Data*, exprime a convicção, bem enraizada, de que os dados irão representar na Era Digital um papel análogo ao desempenhado pelo petróleo e demais combustíveis fósseis a partir da Revolução Industrial[9].

III. Numa perspetiva específica, ou seja, focada apenas no Direito da proteção de dados, a matéria aqui analisada assume uma importância incontestável no quotidiano das pessoas comuns. O crescimento exponencial do tratamento automatizado de dados, espoletado pelos avanços tecnológicos das últimas décadas, coloca-nos, a todos, numa posição de enorme fragilidade: as informações pessoais hoje armazenadas, pelos mais distintos responsáveis pelo tratamento, públicos e privados, são hoje superiores às informações que nós próprios detemos sobre a nossa vida.

O panorama ora descrito não corresponde a uma realidade jovem: tem acompanhado a evolução da sociedade contemporânea de forma particularmente evidente. O RGPD apenas colocou os dados pessoais e o seu tratamento no centro das preocupações jurídicas e empresariais.

2. O impacto do RGPD

I. Apesar de o Direito da proteção de dados não ser um ramo jurídico novo[10], é certo que apenas com o RGPD assumiu uma importância indiscutível no panorama jurídico nacional[11]. As razões para esta *descoberta* – saúdam-se, naturalmente, os pioneiros do seu estudo – são um reflexo da revolução imprimida pelo RGPD: a densificação dos direitos dos titulares de dados pessoais, o agravamento dos deveres dos responsáveis pelo tra-

8 A sua formulação remonta, pelo menos, a meados da década passada: Dennis D. Hirsch, *The Glass House Effect: Big Data, The New Oil, and the Power of Analogy*, 66 Me L Rev, 2014, 374-395, 374, nota 1.

9 Veja-se a nota anterior.

10 Pontos 15 ss.

11 Por contraste, no Direito alemão, o Direito da proteção de dados há longas décadas que assume uma preponderância indiscutível. Esta diferença traduz-se na multiplicação de anotações legislativas, revistas da especialidade e densas monografias.

tamento de dados e dos subcontratantes, o reforço das competências das autoridades de controlo ou a obrigatoriedade de designação de encarregados de proteção de dados.

O Direito da proteção de dados contemporâneo coloca renovados problemas às empresas, mas também aos Magistrados, Advogados e Professores. Da Comunidade Jurídica espera-se, atuando nas suas respetivas esferas de competência e de influência, uma atenção redobrada na análise dos problemas que, inevitavelmente, irão surgir no nosso quotidiano.

II. O impacto do RGPD extravasa o seu campo de influência natural e estende-se ao núcleo do Direito Civil, no âmbito da bem conhecida influência da periferia no centro. O caso mais evidente respeita aos vícios da vontade: o RGPD conhece, a propósito do consentimento, um conjunto de vícios não previstos no Código Civil, mas que facilmente poderão assumir contornos gerais. O vício da influência indevida condensa todos os ingredientes necessários para que no futuro venha a ser incorporado pelo Direito Comum[12].

III. Por fim, também numa perspetiva económica – englobando a atividade da advocacia e da consultoria jurídica – o Direito da proteção de dados assume uma expressividade assinalável. Os números que de seguida se apresentam são particularmente reveladores: os benefícios do RGPD foram estimados pela Comissão, para todo o espaço europeu, em € 2,3 mil milhões anuais[13].

Também de acordo com os dados disponibilizados pela Comissão[14], no primeiro ano de vigência do RGPD foram apresentadas, junto das respetivas autoridades de controlo nacionais, 144 376 questões e queixas e as empresas reportaram, às mesmas autoridades de controlo, 89 271 violações de dados pessoais[15].

[12] Ponto 80/II.

[13] http://europa.eu/rapid/press-release_MEMO-17-1441_en.htm. Outros estudos desenvolvidos por entidades privadas e pela Academia são mais cautelosos. Veja-se, por todos: L. Christensen/ A. Colciago/F. Etro/G. Rafert, *The Impact of the Data Protection Regulation in the E.U.*, Intertic Policy Paper, 2013

[14] European Commission, *GDPR in Numbers*: https://ec.europa.eu/commission/sites/beta-political/files/infographic-gdpr_in_numbers_1.pdf

[15] Trata-se de uma obrigação imposta pelo artigo 33.º.

§ 2º CONTEÚDO E DEFINIÇÃO

3. Denominação do ramo jurídico

I. À luz dos elementos disponíveis, o termo proteção de dados (*Datenschutz*) terá sido pela primeira vez empregue, com um sentido próximo ao assumindo contemporaneamente pela expressão, nos trabalhos preparatórios do *Hessisches Datenschutzgesetz* (HDSG), de 1970[16]. Originariamente, a locução assumia um sentido essencialmente prático, pelo que por proteção de dados somente se entendiam as medidas técnicas destinadas a proteger os dados pessoais[17].

II. O monopólio deste preenchimento durou muito pouco tempo. No ano da entrada em vigor do HDSG, Ulrich Seidel veio defender a importância de distinguir a proteção técnica (*Datensicherung*) da proteção jurídica concedida pelo sistema aos titulares dos dados (*Datenschutz*)[18]. Dois anos volvidos, Seidel, na sua tese de Doutoramento, apresenta o Direito da proteção de dados como o Direito que regula o tratamento de dados[19].

[16] A evolução histórica do termo pode ser consultada em: Kai von Lewinski, *Geschichte des Datenschutzrechts von 1600 bis 1977* em *Freiheit – Sicherheit – Öffentlichkeit*, Nomos, Baden-Baden, 2009, 196-220, 197 ss.

[17] Lewinski, *Geschichte des Datenschutzrechts* cit., 198 e Spiros Simitis, *Einleitung: Geschichte – Ziele – Prinzipien* em *Simitis, Bundesdatenschutzgesetz*, 8ª ed., Nomos, Baden-Baden, 2014, Rn. 3.

[18] Ulrich Seidel, *Persönlichkeitsrechtliche Probleme der elektronischen Speicherung privater Daten*, 36 NJW, 1970, 1581-1583, 1583.

[19] Ulrich Seidel, *Datenbanken und Persönlichkeitsrecht: unter besonderer Berücksichtigung der amerikanischen Computer Privacy*, Schmidt, Colónia, 1972, 130.

À época, já o termo havia alcançado uma consolidação nacional[20], com a publicação do incontornável relatório *Grundfragen des Datenschutzes*, por uma comissão de especialistas presidida pelo Professor Wilhelm Steinmüller[21].

III. Apesar da sua rápida consolidação, a locução *Direito da proteção de dados* foi criticado por parte relevante da primeira doutrina especializada. Simitis[22] e Bull[23] descrevem o termo como sendo enganador, por transmitir uma ideia incorreta do seu objeto de estudo. Steinmüller, igualmente crítico da nomenclatura, sugere uma alternativa: o Direito da proteção da informação (*Informationsschutz*)[24].

IV. A expressão Direito da proteção de dados transmite, na realidade, uma ideia incorreta dos propósitos que subjazem a este ramo jurídico: leva os leigos e os juristas não especializados a assumirem que o Direito da proteção de dados foi criado para proteger os direitos dos titulares de dados. Ora não é assim, como de seguida iremos demonstrar. Também do ponto de vista do objeto regulado, a denominação demonstra algumas fragilidades: o Direito da proteção de dados não disciplina todos os tratamentos de dados, mas somente os tratamentos que envolvam dados pessoais e, mesmo em relação a esses, o RGPD exclui do seu âmbito de aplicação modalidades relevantes de tratamentos de dados[25].

Melhor seria denominar este ramo jurídico como *Direito dos dados pessoais* ou *Direito do tratamento de dados pessoais*. Todavia, a consolidação universal da expressão desaconselha qualquer sugestão nesse sentido. A estabilidade linguística, enquanto elemento basilar da transmissão de

[20] Veja-se a esse propósito: Simitis, *Einleitung* cit., Rn. 3 ss.

[21] *Grundfragen des Datenschutzes: Gutachten im Auftrag des Bundesministeriums des Innern*, Drucksache VI/3826, julho de 1971.

[22] Spiros Simitis, *Chancen und Gefahren der elektronischen Datenverarbeitung*, 24 NJW, 1970, 673-682, 676. Simitis conserva hoje essa essa mesma posição: Simitis, *Einleitung* cit., Rn. 3.

[23] Hans Peter Bull, *Datenschutz als Informationsrecht und Gefahrenabwehr* em *Datenschutz, Informationsrecht und Rechtspolitik – Gesammelte Aufsätze*, Duncker & Humblot, Berlim, 2005 (= 1979), 115-128, 117. Bull voltaria a este ponto posteriormente: *Datenschutz oder Die Angst vor dem Computer*, Piper, Munique, 1987, 84.

[24] Wilhelm Steinmüller, *EDV und Recht: Einführung in die Rechtsinformatik*, Schweitzer, Berlim, 1970, 87.

[25] Ponto 28.

conhecimentos e do debate de ideias, é indispensável para o progresso da Ciência Jurídica.

4. Os propósitos materiais do Direito da proteção de dados

I. A expressão *Direito da proteção de dados* aponta, como acima referido, para uma funcionalização originária deste ramo jurídico dirigida à proteção da posição jurídica dos titulares dos dados e dos seus respetivos direitos. Todavia, não é assim: tanto numa perspetiva histórica[26], como numa perspetiva dogmática atual, a produção legislativa relativa aos dados pessoais justificou-se não para acautelar os interesses individuais dos titulares dos dados – esses seriam sempre protegidos através da invocação de normas gerais relativas aos direitos de personalidade – mas para regular o seu tratamento. Não se nega, naturalmente, que o direito à autodeterminação informacional e a sua proteção desempenham um papel nuclear, somente se contesta: (i) que este se encontra funcionalizado a esse único propósito; e (ii) que foram essas as *rationes* subjacentes à sua emergência e autonomia, enquanto ramo jurídico próprio.

Estas interpretação, indiscutível do ponto de vista dogmático, conquanto criticável numa perspetiva metafísica, resulta, inequivocamente, do disposto nos artigos 1.º e 6.º.

II. O RGPD assume dois grandes propósitos: (i) defender os direitos e as liberdades fundamentais das pessoas singulares, nomeadamente o seu direito à proteção de dados, 1.º/2; e (ii) promover a livre circulação dos dados pessoais, 1.º/3.

O RGPD, assim como o Direito da proteção de dados, encontra-se, consequentemente, funcionalizado aos dois objetivos positivados no artigo 1.º. Esta funcionalização reflete um cuidado, presente em todo o sistema – Lei, doutrina, jurisprudência e supervisão –, em atender, a cada momento, aos interesses dos titulares e à livre circulação dos dados pessoais.

[26] Bull, *Datenschutz als Informationsrecht* cit., 115 ou Lewinski, *Geschichte des Datenschutzrechts* cit., 199.

Esta funcionalização, para além de se manifestar no seio das relações que se estabelecem entre os titulares e os responsáveis pelo tratamento ou os subcontratantes, impõe ao intérprete-aplicador (tribunais e autoridades de controlo) a obrigação de interpretar as disposições aplicáveis sempre no sentido que melhor favoreça a prossecução destes dois objetivos.

O artigo 1.º/3, apesar das fragilidades frásicas que evidencia[27], é claro: conquanto a proteção dos dados individuais seja prosseguida pelo RGPD, "a livre circulação de dados pessoais no interior da União não é restringida nem proibida por motivos relacionados com a proteção das pessoas no que respeita ao tratamento de dados pessoais".

A atribuição à livre circulação de um papel fundacional é um reflexo da importância económica assumida pelos dados pessoais nas sociedades contemporâneas[28].

III. Nos termos do artigo 8.º/2 da Carta, o tratamento de dados pessoais apenas poderá ocorrer com o consentimento do titular dos dados[29] ou com outro fundamento previsto na Lei.

O artigo 8.º/2 da Carta, ponto de partida de qualquer análise à licitude do tratamento de dados pessoais, não estabelece, ao contrário do que sustenta a maioria da doutrina alemã[30], um princípio geral de não tratamento, seguidamente excecionado por um leque variado de exceções, mas um reconhecimento originário no sentido da permissibilidade do tratamento de dados pessoais sempre que a Lei assim o determine[31].

[27] Sydow, *Anotação ao artigo 1.º do RGPD* em *Sydow*, Rn. 2: reconhecendo, igualmente, a pouca felicidade da construção frásica.

[28] Veja-se os Considerandos 6 e 2.

[29] O artigo 8.º/2 da Carta não utiliza a expressão "titular dos dados", mas sim "pessoa interessada".

[30] Frenzel, *Anotação ao artigo 6.º do RGPD* em *Paal/Pauly*, Rn. 1; Buchner/Petri, *Anotação ao artigo 6.º do RGPD* em *Kühling/Buchner*, Rn. 1 e 10; Heberlein, *Anotação ao artigo 6.º do RGPD* em *Ehmann/Selmayr*, Rn. 1: os acórdãos aí citados não suportam esta afirmação, mas somente que o tratamento de dados deverá sempre encontrar um suporte legal.

[31] Alexander Roßnagel, *Kein „Verbotsprinzip" und kein „Verbot mit Erlaubnisvorbehalt" im Datenschutzrecht – Zur Dogmatik der Datenverarbeitung als Grundrechtseingriff*, 72 NJW, 2019, 1-5; Roßnagel, *Anotação ao artigo 5.º do RGPD* em *Simitis/Hornung/Spiecker gen. Döhmann*, Rn. 35 ss: com idêntica posição.

5. Definição

Numa perspetiva ampla, por Direito da proteção de dados deve entender-se o conjunto sistematizado de princípios, normas e institutos que regula os dados pessoais e o seu tratamento.

Apesar de correta, pelo menos numa perspetiva teórica, esta definição não se adequa à realidade jurídica atual, na medida em que o Direito da proteção de dados contemporâneo exclui do seu campo de aplicação os dados pessoais das pessoas coletivas, bem como, naturalmente, o seu tratamento.

Numa aceção estrita, i.e., que atente ao conteúdo do RGPD – enquanto diploma fundacional da realidade jurídica vigente – por Direito da proteção de dados deve entender-se o conjunto sistematizado de princípios, normas e institutos que regula os dados pessoais das pessoas singulares e o seu tratamento. Trata-se de uma circunscrição com sólidas raízes entre nós e que se encontra atualmente positivada no artigo 1.º/1[32].

6. Conteúdo e sistematização

I. O Direito da proteção de dados engloba duas áreas que, embora fazendo parte do mesmo todo, podem ser analisadas de forma distinta e autónoma: (i) a proteção dos dados pessoais; e (ii) a segurança dos dados pessoais[33]. A primeira foca-se no tratamento de dados pessoais e na proteção dos direitos dos titulares e a segunda concentra-se em garantir a integridade e a regular o acesso aos dados pessoais[34]. A dimensão da segurança dos dados assume uma perspetiva marcadamente técnica que foge, em grande medida, aos conhecimentos e às competências dos juristas com formação tradicional.

[32] Ponto 4.

[33] O próprio TJUE reconhece este desdobramento: TJUE 8-abr.-2014, proc. C-293/12 e C-594/12 (*Digital Rights Ireland*), 40: "... uma regra relativa à proteção e à segurança".

[34] Martini, *Anotação ao artigo 32.º do RGPD* em *Paal/Pauly*, Rn. 1; Georg F. Schröder, *Datenschutzrecht für die Praxis*, 3ª ed., Beck, Munique, 2019, 17.

II. A juventude do Direito da proteção de dados contrasta com a sua complexidade e com a multiplicação de regimes especiais, pelo que tem todo o interesse aplicar aqui a sistematização clássica: Direito da proteção de dados geral e Direito da proteção de dados especial. O nível de especialização opera, essencialmente, em quatro dimensões distintas: (i) categorias especiais de dados; (ii) categorias especiais de tratamentos; (iii) categorias especiais de responsáveis pelo tratamento; e (iv) natureza das consequências jurídicas associadas a tratamentos ilícitos. Não se trata de manifestações estanques, dicotómicas ou excludentes, pelo contrário: são não raramente cumulativas.

A recondução de um determinado regime ou preceito ao universo do Direito especial não é indiferente: pressupõe conhecimentos jurídico sectoriais; pense-se no caso paradigmático do artigo 88.º, relativo ao tratamento no contexto laboral.

§ 3º A DOGMÁTICA DO DIREITO DA PROTEÇÃO DE DADOS

7. As *rationes* do Direito da proteção de dados

I. A regulação específica e autónoma do tratamento de dados pessoais surge como uma resposta à utilização de mecanismos automatizados no processamento de informação pessoal. Os avanços tecnológicos (elemento objetivo) e as vantagens decorrentes dessa evolução (elemento subjetivo) impeliram tanto o sector público como o sector privado a intensificarem o tratamento de dados pessoais. As razões que motivaram o interesse destes dois sectores são distintas. No sector público, o tratamento automatizado apresentou-se como uma solução quotidiana indispensável em face do crescimento da administração pública, fruto da disseminação de agências federais[35] (EUA) ou da assunção de um modelo de Estado Social (Europa). No sector privado, o tratamento automatizado assumiu um papel transversal: na relação com os clientes, na gestão de *stocks*, na identificação de riscos de incumprimento, no posicionamento no mercado ou na determinação das estratégias de *marketing* e de publicidade[36].

II. Os pioneiros da década de 60 rapidamente identificaram os riscos do tratamento automatizado de dados para a privacidade do homem comum: deixa de ser possível controlar que informação é compilada a respeito de

[35] Vern Countryman, *The Diminishing Right of Privacy, the Personal Dossier and the Computer*, 49 Texas L Rev, 1971, 837-871, 853 ss.

[36] Simitis/Hornung/Spiecker gen. Döhmann, *Introdução* em *Simitis/Hornung/Spiecker gen. Döhmann*, Rn. 6 ss; Arthur R. Miller, *Personal Privacy in the Computer Age: The Challenge of a New Technology in a Information-Oriented Society*, 67 Mich L Rev, 1969, 1089-1246, 1103 ss.

cada um de nós e de saber quem a detém a cada momento; os nossos passos, comportamentos, opiniões e atividades podem ser monitorizados em tempo real; e esta vigilância constante, com um impacto psicológico tremendo, permite ainda condicionar e manipular o nosso futuro[37].

III. As múltiplas audiências realizadas pelo *Special Subcommittee on Invasion of Privacy* foram particularmente relevantes para sensibilizar não só o legislador norte-americano, mas também os vários legisladores europeus que puderam aceder à vasta documentação aí produzida.

Não podemos deixar de destacar as considerações gerais tecidas, na primeira audiência de 1965, por Monroe H. Freedman, Professor de Direito[38]:

> *It is of critical importance, therefore, that modern computer technologies makes it possible to analyse, store, and retrieve quantities of data that would have been impossible to use on a comprehensive basis formerly. Thus, a central law enforcement agency can today compile dossiers of the most extensive and intensive type. The ready availability of psychological tests of tens of thousands of our citizens is therefore, not the least frightening aspect of the impact of modern technology on the relationship between the State and citizen.*

ou o nível de pormenor das preocupações manifestadas, nas audiências de 1966, por Charles A. Reich, também Professor de Direito, em relação à eventual constituição de um *National Data Center*[39]: (i) a fiabilidade da informação tende a piorar à medida que nos afastamos da fonte de recolha original; (ii) a informação recolhida para um determinado propósito pode ser erroneamente interpretada à luz de diferentes fins; ou (iii) a centralização da informação leva à sua *petrification*, ou seja, dificilmente será apagada ou sequer alterada[40].

[37] Miller, *Personal Privacy in the Computer Age* cit., 1107 ss; Donald N. Michael *Speculations on the Relation of the Computer to Individual Freedom and the Right to Privacy*, 33 Geo Wash L Rev, 1964, 270-286, em especial 273-274.

[38] *Statement of Monroe H. Freedman, Associate Professor of Law, George Washington University* em *Special Inquiry on Invasion of Privacy (Part 1)* cit., 348.

[39] *The Computer and Invasion of Privacy* cit., 22-35.

[40] Trata-se de uma preocupação que várias décadas volvidos motivou o reconhecimento do direito ao esquecimento: Pontos 139 ss.

8. Um ramo jurídico eclético

I. Numa perspetiva histórica, podemos afirmar que o Direito da proteção de dados nasceu nas fronteiras do Direito público, na medida em que o primeiro diploma à escala planetária a regular a matéria – o HDSG – apenas tinha entidades públicas como destinatários[41]. Esta hegemonia rapidamente foi quebrada: (i) o primeiro diploma estado-unidense – o *Fair Credit Reporting Act* – data do mesmo ano (1970) e apenas regulava entidades privadas[42]; (ii) o primeiro diploma europeu com um campo de aplicação material transversal a todas as entidades e um campo de aplicação territorial nacional – o sueco *Datalag* – data de 1973[43]; e (iii) o campo de aplicação material do primeiro diploma federal alemão – o *Bundesdatenschutzgesetz* (BDSG), de 1977 – estende-se às entidades públicas e às entidades privadas[44].

II. Do ponto de vista contemporâneo, não vemos como não apresentar o Direito da proteção como um ramo jurídico eclético. O RGPD aplica-se aos tratamentos de dados produzidos por sujeitos de Direito público e por sujeitos de Direito privado. A transversalidade do RGPD consubstancia, de resto, um dos elementos diferenciadores do Direito europeu da proteção de dados quando confrontado com o Direito estado-unidense.

A natureza mista do Direito da proteção de dados é colocada em especial evidência no artigo 6.º. Entre os vários fundamentos para o tratamento lícito de dados pessoais contam-se o consentimento dado pelo titular dos dados – tipicamente privado – e o tratamento necessário ao exercício de funções de interesse público – tipicamente público. Curiosamente, durante as negociações legislativas, vários Estados-Membros mostraram-se desfavoráveis à implementação de um Regulamento com um campo de aplicação material extensível às entidades públicas. Acabaria por vingar a posição transversal, defendida pela Comissão[45].

[41] Ponto 18/I.

[42] Ponto 16/I.

[43] Ponto 18/III.

[44] Ponto 18/II.

[45] Conselho, doc. 16525/12, 26-nov.-2012, 8 [20]: "*some delegations think this objective should not apply to the public sector, arguing from an early stage in the discussions for the need for more*

Numa perspetiva mais prática, é hoje evidente que a maioria dos litígios que chegam aos tribunais envolvem apenas entidades privadas. Ao contrário do que se verificava nos primórdios contemporâneos do Direito da proteção de dados, os maiores receios respeitam hoje à atuação dos grandes conglomerados privados[46].

9. A natureza do RGPD: aplicação direta

I. Com a opção pelo instrumento normativo do regulamento buscou-se a unificação do Direito aplicável a todos os Estados-Membros[47]. Visou-se, através de uma aplicação homogénea do Direito da proteção de dados, a tutela efetiva dos direitos das pessoas singulares e garantir a eliminação dos obstáculos à circulação de dados pessoais dentro do espaço da União[48]: a constante consolidação do Mercado Único.

II. Nos termos do artigo 288.º do TFUE: os regulamentos europeus têm caráter geral, são obrigatórios em todos os seus elementos e são diretamente aplicáveis a todos os Estados-Membros.

O TJUE tem promovido o esclarecimento dos exatos alcance e conteúdo deste preceito. Recorrendo à sua jurisprudência constante, podemos identificar os seguintes princípios aplicativos e interpretativos: (i) os regulamentos produzem efeitos imediatos nas ordens jurídicas internas dos Estados-Membros, sem ser necessário que as autoridades locais tomem medidas de transposição ou de aplicação[49]; (ii) os Estados-Membros devem

flexibility regarding data protection rules for the public sector, to enable them to adapt these rules to their national regimes. The Commission, on the other hand, argued that harmonisation in this area is also necessary as cross-border exchange of data is necessarily also increasing between public authorities in key areas such as taxation, social security, health, banking and financial markets supervision, and that, more generally, individuals in the European Union should be able to expect also similar levels of data protection in the public sector in Member States, given that the fundamental right to data protection did not differentiate between public and private sector".

[46] Johannes Masing, *Herausforderungen des Datenschutzes*, 65 NJW, 2012, 2305-2311.

[47] Ponto 27.

[48] Considerando 10.

[49] TJUE 24-jun.-2004, proc. C-278/02 (*Herbert Handlbauer*), 25.

abster-se de adotar e devem impedir que sejam adotadas medidas legislativas ou de outra natureza que interfiram na aplicação interna dos regulamentos[50]; (iii) cabe aos tribunais nacionais garantir a plena eficácia de todo o Direito comunitário[51]; e (iv) os regulamentos conferem direitos[52] aos particulares que os tribunais nacionais têm obrigação de proteger[53].

Busca-se, acima de tudo, uma uniformização plena ou, porventura mais correto, uma unificação dos Direitos internos, considerando o âmbito material de cada regulamento.

10. As leis de execução enquanto diplomas complementares dos regulamentos: as cláusulas de abertura

I. Apesar da sua natureza jurídica – aplicação direta – e *ratio* – uniformização plena dos Direitos internos –, o RGPD contém inúmeras cláusulas de abertura – cerca de 70 cláusulas de abertura[54] –, i.e., normas que atribuem competências legislativas ou de outras índoles aos Estados-Membros e à própria União[55], impondo ou permitindo que estes apliquem medidas

[50] TJUE 7-fev.-1973, proc. C-39/72 (*Comissão v Itália*), 20: "É, pois, inadmissível que um Estado-membro aplique de forma incompleta ou selectiva as disposições de um regulamento comunitário, de modo a prejudicar a aplicação de certos elementos da legislação comunitária a respeito dos quais tenha manifestado a sua oposição ou que julgue contrários a certos interesses nacionais"; TJUE 2-fev.-1977, proc. C-50/76 (*Amsterdam Bulb*), 5 ss.

[51] TJUE 9-mar.-1978, proc. 106/77 (*Simmenthal*), 16; TJUE 19-jul.-1990, proc. C-213/89 (*Factortame*), 19; TJUE 20-set.-2001, proc. C-453/99 (*Courage v Crehan*), 25; TJUE 17-set.-2002, proc. C-253/00 (*Muñoz*), 28; TJUE 13-out.-2005, proc. C-379/04 (*Richard Dahms*), 13.

[52] Na exata medida do seu respetivo conteúdo, i.e., nem todas as disposições atribuem direitos aos particulares. Por todos: J.A. Winter, *Direct Applicability and Direct Effect: Two Distinct and Different Concepts in Community Law*, 9 CMLR, 1972, 425-438.

[53] TJUE 14-dez.-1971, proc. C-43/71 (*Politi v Italian Ministry of Finance*), 9; TJUE 17-mai.-1972, proc. C-93/71 (*Leonesio*), 5; TJUE 10-out.-1973, proc. C-34/73 (*Variola*), 8; TJUE 17-set.-2002, proc. C-253/00 (*Muñoz*), 37; TJUE 13-out.-2005, proc. C-379/04 (*Richard Dahms*), 13.

[54] Jürgen Kühling et al., *Die Datenschutz-Grundverordnung und das nationale Recht – Erste Überlegungen zum innerstaatlichen Regelungsbedarf*, MV Wissenschaft, Munster, 2016, 14 ss: uma lista completa das cláusulas de abertura.

[55] TJUE 27-set.-1979, proc. C-230/78 (*Eridania*), 34; TJUE 11-jan.-2001, proc. C-403/98 (*Monte Arcosu*), 26; TJUE 24-jun.-2004, proc. C-278/02 (*Herbert Handlbauer*), 26.

concretizadoras, complementares ou modificativas dos próprios regulamentos[56]. Trata-se de uma realidade cada vez mais comum[57].

Estas cláusulas de abertura podem ser sistematizadas consoante (i) a natureza das medidas a implementar; (ii) os seus propósitos em face do conteúdo dos regulamentos; e (iii) a margem de manobra que conferem aos Estados-Membros

II. A primeira categoria é composta por três grupos principais: (i) medidas legislativas de índole substantiva; (ii) medidas legislativas de índole processual; e (iii) medidas relacionadas com a supervisão[58].

Do ponto de vista dos propósitos prosseguidos, as cláusulas de abertura podem ser (i) concretizadoras – necessárias para que o regulamento atinja toda a sua plenitude; (ii) complementares – cláusulas de abertura tipicamente facultativas, que permitem a inclusão, ao nível interno, de medidas pontuais sem que o conteúdo comum do regulamento seja afetado; ou (iii) modificativas – pouco habituais, possibilitam alterações ao conteúdo comum do regulamento,

As cláusulas de abertura poderão, ainda, assumir uma natureza obrigatória ou facultativa.

Importa, por fim, referir uma última categoria, que podemos designar de cláusulas de abertura impróprias: trata-se de normas que, sem atribuir diretamente competências aos Estados-Membros, reconhecem a aplicação, em concreto, dos Direitos nacionais. Apesar de a técnica legislativa empregue ser diferente, os efeitos decorrentes são os mesmos.

III. Como referido, o RGPD contém cerca de 70 cláusulas de abertura, entre as quais se destacam cláusulas de abertura, próprias e impróprias,

[56] Seguimos, de perto, as classificações propostas em Jürgen Kühling et al., *Die Datenschutz-Grundverordnung und das nationale Recht* cit., 9 ss.

[57] Richard Král, *National Normative Implementation of EC Regulations: An Exceptional or Rather Common Matter*, 33 EL Rev, 2008, 243-256: o Autor considera que a maioria dos regulamentos atribui competências de concretização aos Estados-Membros.

[58] Král, *National Normative Implementation of EC Regulations* cit., 245: ss: o Autor propõe uma sistematização diferente: (i) *concretising and/or complementing substantive measures*; (ii) *institutional and/or competence measures*; (iii) *procedural, controlling or penal measures*; e (iv) *adapting and/or derogating measures.*

de natureza facultativa e de índole substantiva[59] e cláusulas de abertura obrigatórias relacionadas com a supervisão[60].

A disseminação de cláusula de abertura, que levou alguma doutrina a apresentar o RGPD como um diploma híbrido[61], entre os regulamentos e as diretrizes[62], transmutou o papel dos próprios Estados-Membros: não são simples sujeitos passivos, antes se assumem como peças determinantes na aplicação do diploma europeu. Podemos falar, a esse propósito, de uma cooperação legislativa[63]. É neste âmbito que se justifica a importância da Lei n.º 58/2019.

11. A autonomia do Direito da proteção de dados e do RGPD: insuficiências

I. O primeiro entrave à autonomia dogmática do Direito da proteção de dados, numa perspetiva europeia, reside na ampla disseminação de cláusulas de abertura no RGPD e na necessidade de os Estados-Membros aprovarem diplomas de execução nacionais. Estas leis de execução são aplicadas pelos respetivos tribunais nacionais e interpretadas à luz dos modelos metodológicos aí vigentes – no caso português: o artigo 9.º do CC. A intervenção jurisdicional do TJUE é aqui limitada: apenas poderá intervir na medida em que a legislação nacional viole a liberdade de atuação concedida pelas correspondentes cláusulas de abertura.

Certamente que as leis de execução não podem violar nem a letra nem o espírito do RGPD. Contudo, dificilmente isso poderá ser encarado como uma simples predominância do Direito europeu: é o desfecho

[59] P.ex.: 4.º, *7)*; 6.º/2; 8.º/1, §2; 9.º/4; 23.º ou 36.º/5.

[60] P.ex.: 40.º/1; 42.º/1; 43.º/1; 51.º; 52.º/4, 5 e 6 ou 54.º/1.

[61] Kühling/ Raab, *Introdução ao RGPD* em *Kühling/Buchner*, Rn. 2; Jürgen Kühling/Mario Martini, *Die Datenschutz-Grundverordnung: Revolution oder Evolution im europäischen und deutschen Datenschutzrecht?*, 27 EuZW, 2016, 448-454, 449.

[62] Utiliza-se, na boa tradição da Escola de Lisboa, a expressão portuguesa Diretriz ao invés de Diretiva: António Menezes Cordeiro, *Vernáculo jurídico: directrizes ou directivas?*, 64 ROA, 2004, 609-614.

[63] Alexander Roßnagel, *Gesetzgebung im Rahmen der Datenschutz-Grund*verordnung, 41 DuD, 2017, 277-281.

expectável que resultaria sempre da aplicação das regras metodológicas internas.

II. Em teoria, o Direito europeu – ou pelo menos o que consta dos Tratados e dos regulamentos – consubstancia um Direito autónomo, pelo que, como sublinha o TJUE, os conceitos que compõem os seus preceitos não têm um sentido necessariamente idêntico ao assumido nos Direitos dos Estados-membros[64]. A sua interpretação é realizada aplicando os cânones interpretativos desenvolvidos pelo TJUE[65].

Apesar de abstratamente correto, este raciocínio quando aplicável em concreto vê-se confrontado com enormes entraves. Vejamos um exemplo concreto.

O artigo 5.º/1, *a)* consagra o princípio da lealdade, enquanto princípio nuclear do tratamento de dados pessoais. A expressão lealdade é empregue nas versões espanhola e francesa (*lealtad* e *loyauté*); nas inglesa e italiana correção (*fairness* e *correttezza*) e na língua alemã boa-fé (*Treu und Glauben*). Estas diferenças linguísticas não podem deixar de assumir um impacto efetivo no preenchimento assumido, localmente, pelas várias Ciências Jurídicas europeias. Confrontada com este problema, a maioria da doutrina especializada, guiando-se pela suposta autonomia dogmática do Direito europeu, considera que no preenchimento deste termo não pode o intérprete-aplicador recorrer aos desenvolvimentos jurídicos internos, mas somente aos do Direito europeu, sob pena de operar um efetivo desvirtuamento das pretensões uniformizadoras inerentes a qualquer regulamento[66].

O texto do RGDP e os extensos considerandos que o acompanham dão-nos algumas pistas quanto ao sentido com que o conceito de lealdade, para utilizar a expressão portuguesa, é empregue: (i) numa perspetiva geral, consubstancia um *plus* em relação ao princípio da licitude, sendo invocável

[64] TJUE 6-out.-1982, proc. C-283/81 (*CILFIT*), 19.

[65] Pontos 12 ss.

[66] Buchner/Kühling, *Anotação ao artigo 5.º do RGPD* em *Kühling/Buchner*, Rn. 13; Heberlein, *Anotação ao artigo 5.º do RGPD* em *Ehmann/Selmayr*, Rn. 9; Plath, *Anotação ao artigo 5.º do RGPD* em Plath, Rn. 4; Roßnagel, *Anotação ao artigo 5.º do RGPD* em *Simitis/Hornung/Spiecker gen. Döhmann*, Rn. 46; Frenzel, *Anotação ao artigo 5.º do RGPD* em *Paal/Pauly*, Rn. 20: atribuí maior relevância aos desenvolvimentos internos.

em situações que contradigam o espírito do RGPD; (ii) ainda numa perspetiva geral, a lealdade impõe que os tratamentos realizados pelos responsáveis pelo tratamento se guiem por critérios equitativos – a expressão "tratamento equitativo" é empregue ao longo do RGPD[67] e dos seus considerandos[68] para densificar o conceito de lealdade; e (iii) na relação que os responsáveis pelo tratamento estabeleçam individualmente com cada um dos titulares de dados, a lealdade impõe, aos primeiros, uma obrigação de atenderem, a todo o tempo, aos seus interesses e expectativas legítimas[69].

Estes desenvolvimentos, conquanto preciosos, são manifestamente insuficientes para permitir que o TJUE resolva todas os litígios concretos que lhe sejam apresentados. Antevêem-se dois caminhos possíveis: o TJUE (i) inicia um longuíssimo processo de concretização autónoma do princípio da boa-fé; ou (ii) remete para os Direito internos e para os desenvolvimentos aí proseguidos. Dificilmente se compreenderá que a primeira opção seja assumida: serão necessárias centenas de decisões para alcançar um nível de consolidação idêntico ao vivido nos Direitos internos.

O problema ora descrito coloca-se, sabidamente, a propósitos de inúmeros conceitos positivados no RGPD.

III. A integração do RGPD e dos Direitos nacionais suscita igualmente preocupações de índole dogmática. A questão foi notavelmente suscitada por Buchner/Kühling a propósito do consentimento[70]. Segundo estes Autores, o consentimento para o tratamento de dados não se encontra sujeito ao BGB, nem aos vícios de vontade aí positivados, ou seja, se porventura os tribunais portugueses forem confrontados com uma situação deste tipo: **A** expressa o seu consentimento, mas o serviço associado é utilizado por **B**, não poderiam, segundo o raciocínio de Buchner/Kühling, invocar o regime jurídico da simulação, previsto nos artigo 240.º do nosso CC. Como não existe um Direito privado europeu, os tribunais portugueses teriam de remeter para o TJUE que, por sua vez, recorrendo aos princípios gerais

[67] Artigos 13.º/2 e 40.º/2, *a)*.

[68] Considerandos 39, p. 1, 60, p. 1 e 2, e 71, p. 5.

[69] Considerando 47, p. 1. Heberlein, *Anotação ao artigo 5.º do RGPD* em *Ehmann/Selmayr*, Rn. 9-10; Schantz, *Anotação ao artigo 5.º do RGPD* em *BeckOK*, Rn. 8; Schantz/Wolff, *Das neue Datenschutzrecht*, Rn. 393.

[70] Buchner/Kühling, *Anotação ao artigo 7.º do RGPD* em *Kühling/Buchner*, Rn. 7a.

do Direito da União e à luz de uma interpretação sistemática do RGPD, decidiria (ou não) pela existência de semelhante instituto.

Não conseguimos acompanhar este raciocínio pelas seguintes razões: (i) o Direito europeu rege-se por um estrito princípio de subsidiariedade; (ii) o TJUE não tem competências para criar Direito, como se verifica, por exemplo, no âmbito da *Common Law*; e (iii) o RGPD não pode ser aplicado pelos tribunais nacionais como se fosse um minissistema, desligado do ordenamento onde se insere.

IV. Os problemas estendem-se ao universo da supervisão e a dois níveis: (i) a adequação e a suficiência dos meios técnicos, materiais e humanos das autoridades de controlo encontram-se na dependência dos Estados-Membros: sem estes, dificilmente poderão cumprir as funções que lhes são atribuídas pelo RGPD; e (ii) ao contrário do que se verifica quanto à interpretação do RGPD, em relação à qual o TJUE terá sempre a última palavra, a liberdade de atuação concedida às autoridades de controlo poderá por em causa a uniformização das coimas aplicadas[71].

As competências da AEPD e do Comité, bem como a cooperação exigida poderão minorar estes possíveis efeitos.

[71] Thomas Dieterich, *Rechtsdurchsetzungsmöglichkeiten der DS-GVO - Einheitlicher Rechtsrahmen führt nicht zwangsläufig zu einheitlicher Rechtsanwendung*, 6 ZD, 2016, 260-266.

§ 4º A INTERPRETAÇÃO DO RGPD E DA LE

12. Linhas gerais do modelo interpretativo do TJUE

I. O TJUE é, nos termos do artigo 267.º do TFUE, o órgão competente para decidir, a título prejudicial, a interpretação dos atos adotados pelas instituições, órgãos ou organismos da União. A concentração dessas competências últimas – recorde-se o disposto no artigo 344.º do TFUE: "Os Estados-Membros comprometem-se a não submeter qualquer diferendo relativo à interpretação ou aplicação dos Tratados a um modo de resolução diverso dos que neles estão previstos" – impõe o domínio dos modelos metodológicos desenvolvidos pelo TJUE[72]. São estes e não os previsto no artigo 9.º do CC que devem ser invocados para interpretar o RGPD.

II. A interpretação do Direito europeu coloca um tipo de problema sem paralelo em outros sistemas[73]: todas as 24 versões dos diplomas

[72] Albert Bleckmann, *Zu den Auslegungsmethoden des Europäischen Gerichtshofs*, 35 NJW, 1982, 1177-1182; Werner Schroeder, *Die Auslegung des EU-Rechts*, 44 JuS, 2004, 180-186; Nial Fennelly, *Legal Interpretation at the European Court of Justice*, 20 Fordham Int'l LJ, 1996, 656-679; Johanna M. Hoffmann/Paul C Johannes, *DS-GVO: Anleitung zur autonomen Auslegung des Personenbezugs – Begriffsklärung der entscheidenden Frage des sachlichen Anwendungsbereichs*, 7 ZD, 2017, 221-226: focado em alguns problemas interpretativos colocados pelo RGPD, conquanto comuns a todos os regulamentos.

[73] O caso mais próximo da nossa realidade será, porventura, o do Canadá, em que o inglês e o francês ocupam o estatuto de línguas oficiais: Roderick A. Macdonald, *Legal Bilingualism*, 42 MGill LJ, 1997, 119-167; Pierre-Andre Cote, *Bilingual Interpretation of Enactments in Canada: Principles v. Practice*, 29 Brook J Int'l L, 2004, 1067-1084.

europeus têm força de Lei: fazem fé; pelo que o TJUE tem de atender a todas elas e atribuir-lhes igual relevância interpretativa[74]. Não pode, em consonância, basear a sua interpretação somente em uma das versões do diploma[75]. O facto de as negociações decorrerem normalmente em inglês e de muitos documentos preparatórios apenas estarem disponíveis nessa mesma língua não permite atribuir maior peso a essa versão concreta[76].

Em face deste cenário, é natural que o TJUE defenda a valorização do elemento teleológico em desfavor do elemento literal, sempre que a letra da lei não seja clara[77].

III. Na busca pela intenção do legislador, o TJUE assume uma conceção objetivista, desconsiderando os eventuais elementos históricos disponíveis, caso paradigmático dos trabalhos preparatórios[78]. Também as posições assumidas ao longo do processo de negociação e de elaboração do diploma pela Comissão[79], pelo Parlamento, pelo Conselho[80] ou pelos Estados-Membros[81] não são consideradas.

O TJUE privilegia, classicamente, uma interpretação sistemática, que atente ao Direito europeu enquanto um todo, ao contexto em que o preceito surge empregue e às circunstâncias em que se coloca a sua aplicação[82].

[74] TJUE 6-out.-1982, proc. C-283/81 (*CILFIT*), 18.

[75] Trata-se de um princípio interpretativo com sólidas raízes: TJUE 19-set.-2013, proc. C-140/12 (*Brey*), 74; TJUE 27-mar.-1990, proc. C-372/88 (*Cricket St. Thomas*), 18-19; TJUE 12-nov.-1998, proc. C-149/97 (*Motor Industry*), 16.

[76] Selmayr/ Ehmann, *Introdução ao RGPD* em *Ehmann/Selmayr*, Rn. 93.

[77] TJUE 27-mar.-1990, proc. C-372/88 (*Cricket St. Thomas*) ou TJUE 12-nov.-1998, proc. C-149/97 (*Motor Industry*), 16.

[78] TJUE 9-mar.-2010, proc. C-518/07 (*Comissão v Alemanha*), 29: neste caso em concreto por os considerar contraditórios.

[79] TJUE 15-abr.-1986, proc. 237/84 (*Comissão v Bélgica*), 17.

[80] TJUE 23-fev.-1988, proc. C-429/85 (*Comissão v Itália*), 9

[81] TJUE 30-jan.-1985, proc. C-143/83 (*Comissão v Dinamarca*), 13.

[82] TJUE 6-out.-1982, proc. C-283/81 (*CILFIT*), 20.

13. O valor dos considerandos

I. Os considerandos assumem uma função primordial na interpretação do RGPD. Todavia, são muitas vezes invocados, não para esclarecer as razões da lei, mas para alterar, restringir ou ampliar o seu sentido, sem que a letra o sustente.

Não é claro até que ponto os considerandos podem ser invocados com semelhantes propósitos, na medida em que a jurisprudência constante do TJUE apenas nos permite afirmar que estes (i) não têm valor jurídico obrigatório; (ii) não podem ser invocados para derrogar as disposições do respetivo ato legislativo; e (iii) não podem ser invocados para interpretar os preceitos que o compõem em sentido manifestamente contrário à sua letra[83].

Enquanto o TJUE não se pronunciar sobre o sentido de alguns preceitos controvertidos, restarão dúvidas. Contudo, não vemos como possam os juscientistas ignorar a questão. Vejamos um exemplo concreto.

II. À luz do disposto no artigo 3.º/1, o RGPD aplica-se ao tratamento de dados pessoais efetuado no âmbito de atividades desenvolvidas pelo estabelecimento de um responsável pelo tratamento ou de um subcontratante situado em território da União[84].

O número 2 do artigo 3.º estabelece uma exceção a este princípio geral e permite a invocação do RGPD em duas situações distintas: as atividades de tratamento de dados pessoais, efetuadas por responsáveis ou subcontratantes, estejam relacionadas com a) a oferta de bens ou serviços a esses titulares de dados na União; ou b) o controlo dos comportamentos desses titulares de dados na União.

Em relação à alínea *b)* do artigo 3.º/2, acrescenta o Considerando 24, p. 2 o seguinte: "A fim de determinar se uma atividade de tratamento pode ser considerada "controlo de comportamento" de titulares de dados, deverá determinar-se se essas pessoas são seguidas na *Internet*".

[83] TJUE 24-nov.-2005, proc. 136/04 (*Deutsches Milch-Kontor*), 32. Veja-se, com igual sentido, TJUE 19-nov.-1998, proc. C-162/97 (*Nilson*), 54.
[84] Ponto 34.

III. Parte substancial da doutrina alemã defende, partindo do conteúdo do Considerando 24, p. 2, a circunscrição da aplicação do RGPD aos controlos de comportamentos realizados via *Internet* e a exclusão de todos os demais[85]. Não se nega, naturalmente, que serão estas as situações tipicamente cobertas pelo artigo 3.º/2, *b)*[86], somente se contesta esta delimitação e os fundamentos invocados: o conteúdo do Considerando 24, p. 2.

Nada na letra do artigo 3.º permite supor que o legislador europeu pretendeu limitar o campo de aplicação da alínea *b)* do seu número 2 nos termos propostos. É certo que o conteúdo do Considerando 24, p. 2 não é manifestamente contrário à letra do artigo 3.º/2, *b)*. Todavia, sem mais argumentos[87], não vemos como não suportar precisamente a letra da lei. Recorde-se que apenas esta é vinculativa.

14. A interpretação da LE: linhas gerais

I. Em princípio, a interpretação da Lei n.º 58/2009 deveria realizar-se nos termos gerais do artigo 9.º do CC. Todavia, a sua natureza particular – trata-se de uma lei de execução de um regulamento europeu – exige especiais cuidados por parte do intérprete-aplicador.

II. Segundo a jurisprudência constante do TJUE, exposta de forma inequívoca no incontornável acórdão *Simmenthal*, caso o intérprete-aplicador seja confrontado com uma incompatibilidade entre o RGPD e a LE deve aplicar o primeiro em prejuízo do segundo[88].

A aplicação prática deste princípio geral suscita poucas dúvidas se o conteúdo da LE for frontalmente contrário ao conteúdo do regulamento. Como exemplo de escola, pense-se no disposto no artigo 2.º/2, *a)* da Proposta de Lei 120/XIII: "A presente lei aplica-se ainda aos tratamentos de dados pessoais realizados fora do território nacional quando afetem

[85] Ernst, *Anotação ao artigo 3.º do RGPD* em *Paal/Pauly*, Rn. 18-20; Klar, *Anotação ao artigo 3.º do RGPD* em *Kühling/Buchner*, Rn. 91;

[86] Zerdick, *Anotação ao artigo 3.º do RGPD* em *Ehmann/Selmayr*, Rn. 20.

[87] A procedência de uma *ratio* específica deve ser demonstrada e não simplesmente invocada.

[88] TJUE 9-mar.-1978, proc. C-106/77 (*Simmenthal*), 20 ss.

titulares de dados que *residam no território nacional*" – o preceito foi emendado na versão final do diploma. A referência a *residam no território nacional* colidia, frontalmente, com o disposto no artigo 3.º.

O resultado final será mais incerto sempre que o conteúdo das leis de execução não seja frontalmente contrário ao conteúdo dos correspondentes regulamentos. Naturalmente que apenas recorrendo a uma análise casuística será possível chegar a uma boa solução. Importa valorar três elementos em especial: (i) o âmbito de aplicação material e os propósitos do regulamento; (ii) a eventual atribuição de competências legislativas aos Estados-Membros; e (iii) o impacto daí decorrente para a aplicação uniforme do Direito europeu.

III. O facto de o Direito europeu ser omisso sobre um determinado ponto não significa que os legisladores nacionais possam legislar sem limites: devem sempre fazê-lo de modo a garantir a aplicação dos regulamentos potencialmente afetados. Caso não o façam, os tribunais nacionais devem dar prevalência ao Direito europeu. Estes são corolários que decorrem de forma lógica e direta da jurisprudência constante do TJUE acima exposta[89]. O mesmo raciocínio se aplica, por maioria de razão, ao exercício de competências legislativas no âmbito das cláusulas de abertura.

[89] Veja-se, com especial interesse, o acórdão TJUE 20-jun.-2002, proc. C-313/99 (*Mulligan*), em especial 30.

Capítulo II
Evolução Histórica

§ 5º ESTADOS UNIDOS DA AMÉRICA

15. Primeiros passos: o *Special Subcommittee on Invasion of Privacy*

I. A história contemporânea do Direito da proteção de dados inicia-se na década de 60 do século passado[90]. Não se nega nem se ignora a importância que a informação relativa a pessoas singulares, para utilizar a definição constante do RGPD[91], assumia já anteriormente[92]. Todavia, a necessidade de regular autonomamente esta atividade apenas foi sentida a partir do momento em que os avanços tecnológicos passaram a possibilitar a recolha e o tratamento de dados em grande escala, i.e., em que se substituiu o tratamento manual de dados pelo tratamento automatizado[93-94].

II. A discussão legislativa inicia-se, como seria expectável, nos Estados Unidos da América[95], com a constituição pelo Congresso, em 1965,

[90] Bennett, *Regulating Privacy* cit., 55 ss; Frits W, Hondius, *Emerging Data Protection in Europe*, North-Holland, Amesterdão, 1977 e Gloria González Fuster, *The Emergence of Personal Data Protection as a Fundamental Right of the EU*, Springer, Suiça, 2014, 55 ss.

[91] Artigo 4, *1)*.

[92] Lewinski, *Geschichte des Datenschutzrechts* cit.

[93] Por todo: Bennett, *Regulating Privacy* cit., 2 ss, 14 ss.

[94] Sobre o conceito de tratamento automatizado: Ponto 28/I.

[95] Era, à época, o país mais avançado tecnologicamente: Wagner/Brink, *Die föderale Geschichte des Datenschutzes* em *BeckOK*, Rn. 1 ss: com estatísticas elucidativas.

do *Special Subcommittee on Invasion of Privacy*[96]. Nos anos que se seguiram, este *Special Subcommittee* realizou uma série de audiências, sempre relacionadas com a privacidade, em que foram abordadas três questões particulares: (i) a violação, pelas agências federais, da privacidade dos cidadãos; (ii) a constituição de uma base de dados centralizada, debaixo da alçada do Estado; e (iii) a proteção dos dados pessoais dos investidores no âmbito das agências de crédito.

III. O primeiro conjunto de audiências, realizado entre os meses de junho e de setembro de 1965 e intitulado *Special Inquiry on Invasion of Privacy*[97], foi constituído em virtude da recolha de vários indícios que apontavam para a institucionalização de práticas violadoras da *privacy* por várias agências federais[98-99]. O *Special Subcommittee on Invasion of Privacy* traça, ainda, os riscos que os tempos modernos colocam à privacidade de cada cidadão[100]:

> *Advancements in electronics have given new weapons to snoopers of all kinds who feel they must have an intimate look at the innermost secrets of our people. Their motivations vary and may even be good, but dark dangers lurk in their conviction that somehow they have the absolute right to know these things. Now the magic of computers is helping them to gather such a wealth of information from such a variety of sources that all of us may someday stand psychologically naked... Man's mind – the private vault of his ideas, opinions, and thoughts – is more than ever under psychological and electronic assault.*

[96] Robert M. McNamara, Jr., *The Fair Credit Reporting Act: A Legislative Overview*, 22 J Pub L, 1973, 67-101, 71 ss: apanhado muito pormenorizado destes primeiros anos de produção legislativa, das comissões constituídas e dos relatórios produzidos.

[97] *Special Inquiry on Invasion of Privacy (Part 1) – Hearings Before a Subcommittee of the Committee on Government Operations, House of Representatives*, 89th Congress, First Session. June 2, 3, 4, 7, 23, and September 23, 1965, U.S. Government Printing Office, Washington, 1966, 348. Documento composto por dois volumes.

[98] Cit., 1 ss: a leitura das primeiras páginas do documento é esclarecedora.

[99] Vern Countryman, *The Diminishing Right of Privacy: The Personal Dossier and the Computer*, 49 Tex L Rev, 1971, 838-871, 853 ss: apanhado das principais agências federais que à época recolhiam informação sobre os cidadãos estado-unidenese, que informação recolhiam e em que termos o faziam.

[100] Cit., 2-3

...

Cash a check and your photograph is snapped; enter an apartment house elevator or corridor and you may be on closed circuit television, carry on a conversation in your home and it may be recorded two block away; phone a Government agency and in many cases your words are recorded.

Private companies sometimes spy on each other to learn trade secrets and other valuable information.

A realidade então descrita levou a que muitos exigissem a tomada de medidas concretas para limitar e fiscalizar a intervenção do Estado[101].

IV. No ano seguinte, 1966, realizou-se um conjunto de novas audiências, intituladas *The Computer and Invasion of Privacy*[102]. No centro da discussão encontramos a possibilidade de criação de um *National Data Center* ou *National Data Bank* que reunisse e centralizasse toda a informação recolhida por diversas agências governativas estado-unidenses. A constituição de uma instituição desta natureza foi notavelmente sugerida pelo *Committee on the Preservation and Use of Economic Data*, no *Ruggles Report*, de 1965[103]. Este *Committee* foi criado pelo *Social Science Research Council*, após identificar a importância que a recolha e o tratamento de dados representava para o futuro das Ciências Sociais[104].

O *Ruggles Report* recebeu o apoio do Governo Federal[105]. A solução aí defendida viria a cair, em face da enorme desconfiança que suscitou na sociedade civil, na Ciência Jurídica[106] e no seio do próprio Congresso: as

[101] G. Russell Pipe, *Privacy: Establishing Restrictions on Government Inquiry*, 18 Am U L Rev, 1968, 516-551.

[102] *The Computer and Invasion of Privacy – Hearings Before a Subcommittee of the Committee on Government Operations, House of Representatives*, 89th Congress, Second Session. July 26, 27, and 28, 1966, U.S. Government Printing Office, Washington, 1966.

[103] *Report of the Committee on the Preservation and Use of Economic Data*, 1965.

[104] Cit., 1 ss. Desde pelo menos o final da década de 1950 que a Comunidade Académica, com apoio estatal, estudava formas de aceder aos dados detidos por entidades governativas: Rebecca S. Kraus, *Statistical Dèjá Vu: The National Data Center Proposal of 1965 and Its Descendants*, 5 JCP, 2013, 1-37, 1-7: com elementos históricos valiosos.

[105] Kraus, *Statistical Dèjá Vu* cit., 7 ss.

[106] Jeffrey A. Meldman, *Centralized Information Systems and the Legal Right to Privacy*, 52 Mar L Rev, 1969, 335-354: mostra-se contrário à sua criação, mesmo se acompanhada da

audiências realizadas pelo *Special Subcommittee on Invasion of Privacy* e as conclusões alcançadas foram decisivas para este resultado[107].

V. A partir de 1968, o *Special Subcommittee on Invasion of Privacy* realizou novas audiências, desta feita centradas nas atividades dos *Commercial Credit Bureaus* (agências de crédito)[108]. Estas entidades privadas haviam desenvolvido a prática de recolher grandes quantidades de dados sobre clientes e potenciais clientes, pedindo-a diretamente, recorrendo a informação pública – notícias de jornais ou decisões jurisprudenciais – ou acedendo a contratos de mútuo celebrados anteriormente[109]. Era ainda comum empregar-se investigadores privados para que realizassem um levantamento exaustivo do perfil de cada cliente[110].

Estes relatórios individuais[111], que continham, não raramente, informação incorreta, irrelevante, viciada, pessoal e secreta, fugiam totalmente ao controlo do visado[112]. As descrições preparadas pelas agências de crédito tinham um impacto tremendo na vida dos titulares dos dados – delas dependia o sucesso ou insucesso de um empréstimo, da celebração de um contrato de seguro ou até mesmo da celebração de contratos de trabalho[113].

implementação de medidas de segurança apertadas, em face dos riscos envolvidos para os titulares dos dados; Grant Morris, *Computer Data Bank-Privacy Controversy Revisited: An Analysis and an Administrative Proposal*, 22 Cath U L Rev, 1973, 628-649: sugere a criação de uma agência federal com competência para controlar o tratamento de dados pessoais.

[107] Kraus, *Statistical Dèjá Vu* cit., 11 ss.

[108] *Commercial Credit Bureaus – Hearings Before a Subcommittee of the Committee on Government Operations, House of Representatives*, 90th Congress, Second Session. March 12, 13, and 14, 1968, U.S. Government Printing Office, Washington, 1968.

[109] Arthur R. Miller, *Personal Privacy in the Computer Age: The Challenge of a New Technology in an Information-Oriented Society*, 67 Mich L Rev, 1969, 1089-1246, 1140 ss.

[110] Richard H. Goldstein/Mark S. Brodie, *Commercial Credit Bureaus: The Right to Privacy and State Action*, 24 Am U L Rev, 1975, 421-489, 428 ss: interessante exposição sobre os procedimentos de investigação utilizados.

[111] Sobre o conteúdo habitual destes relatórios: James E. Clark, *Protection of the Consumer Interests and the Credit Rating Industry*, 2 McGeorge L Rev, 1971, 635-662, 637 ss.

[112] Varda N. Fink, *Consume Protection: Regulation and Liability of the Credit Reporting Industry*, 47 Notre Dame Law, 1972, 1291-1304, 1291.

[113] Lenore Cooper Garon, *Protecting Privacy in Credit Reporting*, 23 Stan L Rev, 1972, 550--567, 550.

A emergência da Sociedade de Consumo, fortemente dependente da concessão de crédito[114] exigia a criação de regulação específica[115]. Ficaram célebres as palavras de Hillel Black, escritas em 1961: "*If your name is not in the records of at least one credit bureau, it doesn't mean you don't rate. What it means is that you are either twenty-one or dead*"[116].

VI. As audiências promovidas pelo *Special Subcommittee on Invasion of Privacy* tiveram um impacto tremendo no caminho legislativo percorrido pelos Estados-Unidos da América a partir da década de 70 do século passado. Os problemas, os riscos e as fragilidades intrínsecas à posição dos titulares dos dados foram bem identificados e delimitados. A inércia legislativa não mais poderia ser atribuída a ignorância ou à falta de informação fidedigna.

16. Primeiros diplomas e consolidação de princípios

I. Em 1968, deu entrada no Congresso um primeiro projeto de lei, intitulado *Fair Credit Reporting Bill*. De entre as várias áreas que requeriam regulação específica, o legislador estado-unidense elegeu, manifestamente, a que mais votos poderia trazer e a que menor impacto teria no sector público. O diploma seria promulgado, após as habituais e democráticas discussões, a 26 de outubro de 1970, com o nome: *Fair Credit Reporting Act, 1970*[117-118].

A *ratio* do diploma não foi a de proibir a atividade das agências de crédito, nem sequer a prática de recolha de informação sobre potenciais

[114] Já em 1945, 60% dos rendimentos individuais era destinado a pagar crédito bancários ou afins: Fink, *Consume Protection* cit., 1291. O crescimento dos créditos concedidos desde esta data até às vésperas das audiências realizadas pelo *Congresso* foi 4,5 vezes superior ao crescimento do PIB estado-unidense: Clark, *Protection of the Consumer Interests* cit., 635-636.

[115] Craig Wilson, *Protecting Consumers from Arbitrary, Erroneous, and Malicious Credit Information*, 4 UCD L Rev, 1971, 403-420, 420.

[116] Hillel Black, *Buy Now, Pay Later*, Morrow, Nova Iorque, 1961, 37.

[117] *Public Law 91-508*, 26-out.-1970, § 601 ss, p. 1127 ss.

[118] McNamara, Jr., *The Fair Credit Reporting Act* cit., 92 ss e Roberta A. Ward, *The Consume Credit Protection Act: An Analysis of Public Policy Formulation*, J Consumer Aff, 1971, 196-211: evolução histórica do processo legislativo.

mutuários ou segurados[119]: o legislador estava perfeitamente ciente da importância de ambas as atividades para o funcionamento do sector financeiro e, por maioria de razão, para o funcionamento da própria Economia americana[120].

O propósito do *Fair Credit Reporting Act* era, e continua a ser, o de proteger os consumidores individuais[121] – as pessoas coletivas e as demais entidades não reconduzíveis, em concreto, ao conceito de consumidor não são abrangidas – contra informação incorreta constante de relatórios de crédito, em face da importância que estes assumem na determinação da elegibilidade individual num número crescente de contratos e serviços[122]. A *ratio* última do *Fair Credit Reporting Act, 1970* é identificada no seu § 602(4): "*to ensure that consumer reporting agencies exercise their grave responsibilities with fairness, impartiality, and a respect for the consumer's right to privacy*"[123].

O *Fair Credit Reporting Act, 1970* reconhece alguns direitos aos titulares de dados – essencialmente direitos de informação[124] – atribui poderes de supervisão à *Federal Trade Commission*[125] e estabelece um regime de coimas[126] e de responsabilidade civil[127] por violação do diploma.

II. A 31 de dezembro de 1974, foi aprovado o *Privacy Act, 1974*. O nome do diploma é enganador, visto não regular de forma transversal o direito à autodeterminação informacional, recorrendo à expressão continental, antes se circunscrevendo a legislar sobre a recolha, conservação,

[119] § 604 elenca as situações em que a informação pode ser compilada.

[120] Sheldon Feldman, *The Fair Credit Reporting Act – From the Regulators Vantage Point*, 14 Santa Clara L Rev, 1974, 459-490, 461.

[121] § 603(c).

[122] Feldman, *The Fair Credit Reporting Act* cit., 463 ss. A leitura do § 602 é particularmente esclarecedora do problema que se pretendeu regular.

[123] Para uma análise mais detalhada ao *Fair Credit Reporting Act* veja-se, por todos: Richard M. Koon, *Translating the Fair Credit Reporting Act*, 48 Denv LJ, 1971, 51-86 e, mais sucintamente, Robert E. Gregg, *The Privacy Act of 1974*, Army Law, 1975, 25-33.

[124] § 609.

[125] § 621.

[126] §§ 619-620.

[127] §§ 616-617. Charles M. Ullman, *Liability of Credit Bureaus After the Fair Credit Reporting Act: The Need for Further Reform*, 17 Vill L Rev, 1971, 44-72, 58 ss.

utilização e disseminação de informação pelas agências federais[128]. A rápida aprovação do projeto, apresentado[129] em maio desse ano, pelo Senador Sam J. Ervin, não permite esconder que entre a entrada em vigor do diploma e as primeiras audiências do *Special Subcommittee on Invasion of Privacy*, que tornaram públicas a intromissão das agências federais na vida íntima dos cidadãos e identificaram os riscos daí decorrentes, distam mais de 8 anos.

Apesar do seu campo de aplicação delimitado, o *Privacy Act, 1974* assenta num conjunto de princípios que no futuro viriam a incorporar o núcleo do Direito da proteção de dados[130]:

> *The purpose of this Act is to provide certain safeguards for an individual against an invasion of personal privacy by requiring Federal agencies, except as otherwise provided by law, to—*
>
> *(1) permit an individual to determine what records pertaining to him are collected, maintained, used, or disseminated by such agencies;*
> *(2) permit an individual to prevent records pertaining to him obtained by such agencies for a particular purpose from being used or made available for another purpose without his consent;*
> *(3) permit an individual to gain access to information pertaining to him in Federal agency records, to have a copy made of all or any portion thereof, and to correct or amend such records;*
> *(4) collect, maintain, use, or disseminate any record of identifiable personal information in a manner that assures that such action is for a necessary and lawful purpose, that the information is current and accurate for its intended use, and that adequate safeguards are provided to prevent misuse of such information;*

[128] S. 2(a)(5).

[129] *Legislative History of the Privacy Act of 1974 – S. 3418 (Public Law 93-579) – Source Book on Privacy*, 1976: contém todos os documentos e discussões que precederam a apresentação do projeto do Senador Ervin. Veja-se, ainda, sobre a história do *Privacy Act, 1974*: Jerome J. Hanus/Harold C. Relyea, *A Policy Assessment of the Privacy Act 1974*, 25 Am UL Rev 1976, 555-593, 565 ss e, em especial, 570 ss.

[130] Para uma análise mais detalhada ao *Privacy Act, 1974* veja-se, por todos: James Beverage, *The Privacy Act of 1974: An Overview*, Duke LJ, 1976, 301-329.

(5) *permit exemptions from the requirements with respect to records provided in this Act only in those cases where there is an important public policy need for such exemption as has been determined by specific statutory authority*[131];

III. A passagem ora transcrita do *Privacy Act, 1974* denota um nível de consolidação considerável, apenas possível em resultado das audiências realizadas pelo *Special Subcommittee on Invasion of Privacy*, do crescente interesse doutrinário pelo tema e dos progressivos esforços de sistematização do Direito da proteção de dados, através das denominadas *Fair Information Practices*[132]. O primeiro relatório com esse propósito foi publicado pelo *Secretary's Advisory Committee on Automated Personal Data Systems*, em 1973, e intitulava-se *Records, Computers and the Rights of Citizens*[133]. Os direitos dos titulares dos dados começam, a partir de então, a assumir, de forma inequívoca, um papel nuclear na estrutura do Direito da proteção de dados. Atente-se à seguinte transcrição:

> *There must be no personal data record keeping systems whose very existence is secret.*
>
> *There must be a way for an individual to find out what information about him is in a record and how it is used.*
>
> *There must be a way for an individual to prevent information about him that was obtained for one purpose from being used or made available for other purposes without his consent.*
>
> *There must be a way for an individual to correct or amend a record of identifiable information about him.*

17. Panorama contemporâneo e desenvolvimentos futuros

I. O Direito da proteção de dados estado-unidense contemporâneo assume especial complexidade por duas razões principais: (i) a natureza federal dos Estados Unidos da América, com a consequente multiplicação

[131] S.2(b).

[132] Robert Gellman, *Fair Information Practices: A Basic History*, 2017 (Net).

[133] https://aspe.hhs.gov/report/records-computers-and-rights-citizens

de diplomas federais e estaduais[134]; e (ii) a inexistência de um diploma geral, análogo ao RGPD europeu: os legisladores locais – federais e estaduais – têm, até hoje, privilegiado uma regulação sectorial.

Entre os vários diplomas federais publicados deste 1974 e ainda hoje em vigor, conquanto, naturalmente, tenham sido objeto de alterações e aperfeiçoamentos, destacam-se:

- *Family Educational Rights and Privacy Act, 1978*: o diploma, elaborado em resultado da utilização abusiva dos dados detidos pelas instituições de educação relativas aos estudantes, atribui direitos de acesso e impõe limitações ao tratamento[135];
- *Right to Financial Privacy Act, 1978*: pretendeu limitar o acesso do Governo Federal aos dados financeiros dos cidadãos; surge ainda como resposta à decisão *United States v Miller*[136], do *Supreme Court*, que decidiu pela inexistência de um direito de privacidade em relação a essa informação[137];
- *Privacy Protection Act, 1980*: proteção do trabalho jornalístico e das suas fontes contra intervenções governamentais[138];
- *The Electronic Communications Privacy Act, 1986*: veda o acesso do Governo Federal às comunicações eletrónicas; inicialmente circunscrito à rede telefónica, foi sendo sucessivamente alterado de forma a acompanhar as inovações tecnológicas[139];

[134] Larry N. Gerston, *American Federalism: A Concise Introduction*, M.E. Sharpe, Nova Iorque, 2007.

[135] Robert W. Futhey, *The Family Educational Rights & Privacy Rights Act of 1934: Recommendations for Realigning Educational Privacy with Congress' Original Intent*, 41 Creighton L Rev, 2008, 277-314.

[136] 425 US 425 (1976).

[137] Nancy M. Kirschner, *The Right to Financial Privacy Act of 1978 – The Congressional Response to United States v. Miller: A Procedural Right to Challenge Government Access to Financial Records*, 13 U Mich JL Reform, 1979, 10-52 e Robert T. Palmer/A.T. Darin Palmer, *Complying with the Right to Financial Privacy Act of 1978*, Banking LJ, 1979, 196-224.

[138] Elizabeth B. Uzelac, *Reviving the Privacy Protection Act of 1980*, 107 Nw UL Rev, 2013, 1437-1468.

[139] Russel S. Burnside, *The Electronic Communications Privacy Act of 1986: The Challenge of Applying Ambiguous Statutory Language to Intricate Telecommunication Technologies*, 13 Rutgers Computer & Tech LJ, 1987, 451-517.

- *Video Privacy Protection Act, 1988*: proíbe as empresas que prestam serviços de vídeo cassete de divulgar a informação relativa aos seus clientes; a aplicação do diploma às novas formas de disponibilização de conteúdos tem estado no centro de um intenso debate[140];
- *Driver's Privacy Protection Act, 1994*: limita a divulgação da informação relativa aos titulares de cartas de condução; apesar das dúvidas levantadas quanto à sua constitucionalidade, o *Supreme Court* acabaria por afastá-las decisivamente[141];
- *Children's Online Privacy Protection Act, 1998*: o diploma reconhece, no caso particulares dos menores, a especial fragilidade no âmbito dos serviços prestados online[142].

Para além destes diplomas sectoriais, importa considerar, também com propósitos de contextualização, as grandes reformas legislativas das últimas décadas e que tiveram um impacto transversal na proteção ou na desproteção dos dados pessoais, com destaque para o *Gramm-Leach-Bliley Act, 1999*[143], o *Patriot Act, 2001*[144] e o *Dodd-Frank Act, 2010*[145].

II. A entrada em vigor do RGPD e a expansão do modelo aí defendido colocou pressão nos legisladores estado-unidenses – federal e estaduais –

[140] Gregory H. Huffman, *Video-Streaming Records and the Video Privacy Protection Act: Broadening the Scope of Personally Identifiable Information to Include Unique Device Identifiers Disclosed with Video Titles*, 91 Chi.-Kent L Rev, 2016, 737-758.

[141] Angela R. Karras, *The Constitutionality of the Driver's Privacy Protection Act: A Fork in the Information Access Road*, 52 Fed Comm LJ, 1999, 125-153.

[142] Laurel Jamtgaard, *Big Bird Meets Big Brother: A Look at the Children's Online Privacy Protection Act*, 16 HTLJ, 2000, 385-399 e Joshua Warmund, *Can COPPA Work? An Analysis of the Parental Consent Measures in the Children's Online Privacy Protection Act*, 11 Fordham Intell Prop Media & Ent LJ, 2000, 189-216

[143] Edward J. Jangert/Paul M. Schwartz, *The Gramm-Leach-Bliley Act, Information Privacy, and the Limits of Default Rules*, 86 Minn L Rev, 2002, 1219-1261.

[144] A bibliografia sobre o tema é virtualmente inabarcável. A título introdutório propomos a seguinte leitura: Sharon H. Rackow, *How the USA Patriot Act will Permit Governmental Infringement Upon the Privacy of Americans in the Name of "Intelligence" Investigations*, 150 U Pa L Rev, 2002, 1651-1696 e Patricia Mell, *Big Brother at the Door: Balacing National Security with Privacy Under the USA Patriot Act*, 80 Denv UL Rev, 2002, 375-427.

[145] Wulf A. Kaal, *Private Fund Disclosures Under the Dodd-Frank Act*, 9 Brook J Corp Fin & Com L, 2015, 428-477: análise a uma das questões suscitadas.

no sentido de elaborarem, senão um diploma transversal, pelo menos um que cobrisse todo o sector privado. Um primeiro passo nesse sentido foi dado pelo Estado da Califórnia, com a *California Consumer Privacy Act, 2018*, que entrará em vigor no dia 1 de janeiro de 2020[146]. Apenas o futuro dirá se será também esse o caminho que legislador federal norte-americano irá seguir.

[146] Stuart L. Pardau, *The California Consumer Privacy Act: Towards a European-Style Privacy Regime in the United States?*, 23 J Tech L & Pol'y, 2018, 68-114.

§ 6º EUROPA

18. Primeiros diplomas

I. Apesar dos intensos desenvolvimentos vividos no lado de lá do Atlântico, a primeira lei relativa à proteção de dados foi aprovada, em 1970, pelo Parlamento do Estado de Hesse: o *Hessisches Datenschutzgesetz* (HDSG)[147-148]. O conteúdo do HDSG, composto por apenas 17 §§, contrasta com a extensão e o pormenor da legislação moderna: o seu campo de aplicação material encontrava-se circunscrito aos dados recolhidos e tratados por entidades públicas (§ 1)[149]; não continha qualquer preceito que limitasse ou enquadrasse o processo (lícito) de tratamento (§ 2); e cingia-se a reconhecer aos titulares de dados direitos secundários: direito a corrigir dados incorreto e direito a restaurar dados ilicitamente alterados (§ 4). O diploma caracterizava-se, ainda, pela atenção dedicada à figura do Supervisor de Dados Pessoais[150]: autoridade com competência para supervisionar o

[147] Sobre a evolução histórica do Direito alemão da proteção de dados veja-se, por todos: Spiros Simitis, *Einleitung* cit., Rn.1 ss: infelizmente, estes desenvolvimentos históricos não foram transpostos para o mais recente comentário ao RGPD coordenado, entre outros, por Simitis. Em língua inglesa: Colin J. Bennett, *Regulating Privacy: Data Protection and Public Policy in the Europe and the United States*, Cornell University Press, Ithaca, 1992, 74 ss.

[148] Sobre a evolução histórica do Direito da proteção de dados do Estado de Hesse veja-se, para além das obras referidas na nota anterior, Spiros Simitis, *20 Jahre Datenschutz in Hessen – eine kritische Bilanz* em *Neunzehnter Tätigkeitsbericht des Hessischen Datenschutzbeauftragten*, 1991, 68-75.

[149] Esta circunscrição contribuiu para a rápida e unânime aprovação do diploma: Spiros Simitis, *Privacy – An Endless Debate*, 98 Cal L Rev, 2010, 1989-2005, 1996.

[150] O termo alemão então empregue – *Datenschutzbeauftragter* – corresponde hoje ao de encarregado de proteção de dados.

cumprimento do HDSG e os tratamentos de dados realizados pelas entidades abrangidas pelo § 1 (§ 10).

Em 1974, o Parlamento do Estado da Renânia-Palatinado aprovou a segunda Lei Estadual[151]. Nas décadas que se seguiram, todos os demais Estados alemães viriam a positivar diplomas similares.

II. Os progressos estaduais impeliram o legislador federal a avançar com a elaboração de um diploma aplicável a todo o território alemão. Em novembro de 1973, foi apresentado no *Bundestag* um primeiro projeto. Seria necessário esperar mais de três anos, de intensas negociação e discussão, para que o *Bundesdatenschutzgesetz* (BDSG)[152] (Lei Federal de Proteção de Dados) fosse finalmente aprovada, em janeiro de 1977 – entrou em vigor no dia 1 de janeiro de 1978[153]. Ao contrário da legislação estadual, o BDSG assume-se, *ab initio*, como um diploma geral, aplicável a todos os tratamentos de dados, independentemente da natureza pública ou privada dos responsáveis pelo tratamento[154].

III. Apesar da predominância já então assumida pela Ciência Jurídica alemã, o primeiro diploma com uma aplicação nacional e transversal, ou seja, aplicável a entidades privadas e a entidades públicas, foi aprovado na Suécia, em 1973: o *Datalag*. As condições locais específicas e as tradições legislativas suecas impeliram os governantes locais a avançarem com esta legislação pioneira. Dois fatores contribuíram decididamente para isso: (i) desde a década de 60 que a administração pública vinha promovendo, com especial intensidade para a época, a digitalização no processamento de informações dos cidadãos; e (ii) em 1969 foi anunciada a realização de um grande censo nacional[155].

[151] Wagner/Brink, *Die föderale Geschichte des Datenschutzes* em *BeckOK*, Rn. 12-16.

[152] BGBI. I, 201.

[153] Wagner/Brink, *Die föderale Geschichte des Datenschutzes* em *BeckOK*, Rn. 17 ss. Em língua inglesa: J. Lee Riccardi, *The German Federal Data Protection Act of 1977: Protecting the Right of Privacy?*, 6 BC In'l & Comp L Rev, 1983, 243-271.

[154] Veja-se, especialmente, o § 30.

[155] González Fuster, *The Emergence* cit., 48-49; Per Lundin, *Computers and Welfare: The Swedish Debate on the Politics of Computerization in the 1970s and the 1980s* em *History of Nordic Computing 4*, coord. Christian Gram/Per Rasmussen/Soren Duus/Søren Duus Østergaard, Springer, Cham, 2015, 3-11.

Curiosamente, o *Datalag* foi concebido como um diploma experimental: uma forma de testar soluções jurídicas, registais e regulatórias[156].

A prática de legislar sobre a proteção de dados de forma integrada, i.e., com um diploma nuclear complementado por legislação sectorial, iniciada pela Suécia e pela Alemanha, mantém-se, várias décadas volvidas, como um elemento central da conceção europeia. Esta visão, hoje claramente maioritária, contrasta com o modelo tradicional estado-unidense, historicamente avesso a esta enquadramento geral[157].

19. Período de consolidação

A década 1980 representa um período de consolidação do Direito da proteção de dados e dos seus conceitos dominantes. Dois documentos contribuíram, de forma decisiva e em certa medida coordenada[158], para este novo estágio evolutivo: (i) as *Guidelines Governing the Protection of Privacy and Transborder Flows of Personal Data*, da OCDE, de 23 de setembro de 1980[159-160]; e (ii) a *Convenção para a proteção das pessoas relativamente*

[156] Jon Bing, *Transnational Data Flows and the Scandinavian Data Protection Legislation*, 24 Scandinavian Studies in Law, 1980, 65-96, 69.

[157] Lee A. Bygrave, *Data Privacy Law: An International Perspective*, OUP, Oxford, 2014, em especial 99 ss: obra fundamental para perceber as diferenças entre as conceções norte-americana e europeia.

[158] A cooperação de esforços é reconhecida pelas próprias entidades: Council of Europe, *Explanatory Report on the Convention for the Protection of Individual with Regard to Automatic Processing of Personal Data*, Estrasburgo, 1981, 9 ss. e OCDE, *Guidelines Governing the Protection of Privacy and Transborder Flows of Personal Data*, OCDE, Paris, 2001, 26.

[159] *Annex to the Recommendation of the Council of 23rd September 1980.* A versão atual das *Guidelines* data de 2013 e pode ser consultada no sítio da OCDE. González Fuster, *The Emergence* cit., 76 ss.

[160] As *Guidelines* da OCDE foram antecedidas de duas importantes Resoluções: Resolução da OCDE (73) 22 (*On the protection of the privacy of individual vis-à-vis electronic data banks in the private sector – Adopted by the Committee of Ministers on 22 September 1973 at the 224th meeting of the Ministers' Deputies*) e Resolução da OCDE (74) 29 (*On the protection of the privacy of individual vis-à-vis electronic data banks in the private sector – Adopted by the Committee of Ministers on 20 September 1974 at the 236th meeting of the Ministers' Deputies*).

ao tratamento automatizado de dados de carácter pessoal (Convenção 108)[161]. Os primeiros passos do Direito europeu da proteção de dados foram dados sob a égide do Conselho da Europa, com a Convenção 108 a desempenhar um papel decisivo na consolidação dos princípios gerais e dos termos base utilizados[162].

A linguagem, os conceitos e os princípios formadores do Direito da proteção de dados encontram aí, senão a sua origem, certamente as suas bases mais sólidas. Sem propósitos exaustivos, pense-se no conceito de dado pessoal[163], na sua aplicação transversal ao universo público e privado[164], nos princípios da licitude[165], da lealdade[166], da limitação das finalidades[167] ou da minimização de dados[168].

20. Direito da União Europeia: primeiros passos

I. A necessidade de harmonizar os Direitos internos no âmbito do tratamento de dados pessoais fora há muito identificada pelo Parlamento, tendo este, entre 1975 e 1982, recomendado, pelo menos por quatro vezes distintas, que se iniciassem esforços nesse sentido[169-170]. A Comissão tardou em assumir a dianteira do processo, por ter dúvidas quanto às suas

[161] A sua ratificação por Portugal apenas ocorre em 1993: Resolução da Assembleia da República n.º 23/93, de 12 de maio; e Decreto do Presidente da República n.º 21/93, de 9 de julho. González Fuster, *The Emergence* cit., 81 ss.

[162] Simitis/Hornung/Spiecker gen. Döhmann, *Introdução* em *Simitis/Hornung/Spiecker gen. Döhmann*, Rn. 92: apresentando a Convenção como o diploma mas importante até ao RGPD.

[163] *OCDE Guidelines*: 1, *a)*; *Convenção 108*: Artigo 2.º, *a)*.

[164] *OCDE Guidelines*: 2; *Convenção 108*: Artigo 3.º/1.

[165] *OCDE Guidelines*: 7 e 10; *Convenção 108*: Artigo 5.º, *a)*.

[166] *OCDE Guidelines*: 7; *Convenção 108*: Artigo 5.º, *a)*.

[167] *OCDE Guidelines*: 9; *Convenção 108*: Artigo 5.º, *b)*.

[168] *OCDE Guidelines*: 8; *Convenção 108*: Artigo 5.º, *c)*.

[169] JOCE C 60/48, 13-mar.-1975; JOCE C 100/27, 3-mai.-1975; JOCE C 140/34, 5-jun.-1979; JOCE C 87/39: a leitura destas quatro resoluções é elucidativa da urgência com que o Parlamento Europeu encarava esta tarefa.

[170] Sobre a evolução do Direito europeu da proteção de dados, veja-se, por todos: Simitis/Hornung/Spiecker gen. Döhmann, *Introdução* em *Simitis/Hornung/Spiecker gen. Döhmann*, Rn. 133 ss: com amplas referências legislativas.

competências legais para o fazer, atendendo ao princípio fundador da subsidiariedade[171].

Numa recomendação de 29 de julho de 1981, a Comissão sugeriu aos Estados-Membros que assinassem e ratificassem a Convenção 108, sublinhado ainda que, se tal não ocorresse num tempo razoável, iria propor ao Conselho que adotasse um instrumento legislativo próprio[172]. Seria necessário esperar quase mais 10 anos para que a Comissão apresentasse um primeiro projeto legislativo.

II. A 29 de setembro de 1990, a Comissão avançou duas Propostas de Diretrizes: (i) *relativa à protecção das pessoas no que diz respeito ao tratamento dos dados pessoais*; e (ii) *relativa à proteção de dados pessoais e da vida privada no contexto das redes públicas digitais de telecomunicações, nomeadamente a rede digital de serviços integrados (RDSI) e as redes públicas móveis digitais*[173]. O diploma final – a Diretriz n.º 95/46/CE, de 24 de outubro de 1995 – seria finalmente aprovado mais de cinco anos volvidos sobre a apresentação da proposta e após extensas negociações[174].

A Diretriz n.º 95/46/CE seria revogada, após um longo processo de discussão legislativa, pelo RGPD.

[171] Simitis/Hornung/Spiecker gen. Döhmann, *Introdução* em *Simitis/Hornung/Spiecker gen. Döhmann*, Rn. 133.

[172] JOCE L 246/31, 29-jul.-1981.

[173] COM(90) 314 final-SYN 287 e 299, 24-set.-1990.

[174] Sobre este longo processo veja-se, por todos: Alexandre Sousa Pinheiro, *Privacy e protecção de dados pessoais: a construção dogmática do direito à identidade informacional*, AAFDL, Lisboa, 2015, 573 ss.

Capítulo III

Fontes

§ 7º FONTES EUROPEIAS

21. Fontes paraconstitucionais

I. Do ponto de vista do Direito da União, os fundamentos últimos do Direito da proteção de dados e dos direitos dos titulares de dados pessoais encontram-se positivados no artigo 8.º da Carta[175-176]. O preceito, composto por três números, (i) reconhece a natureza fundamental e universal do direito à proteção de dados, n.º 1 – esta universalidade é igualmente reconhecida no artigo 16.º/1 do TFUE[177]; (ii) elenca um conjunto variado de princípios concretizadores no RGPD: da lealdade, da licitude (em sentido estrito)[178], da limitação das finalidades, n.º 2; (iii) consagra o consentimento como principal fundamento de licitude do tratamento de dados pessoais, n.º 2; (iv) identifica alguns direitos dos titulares: o direito de acesso e o direito à retificação, n.º 2; e (v) determina a constituição de uma autoridade independente para fiscalizar o seu cumprimento, n.º 3.

[175] Nikolaus Marsch, *Das europäische Datenschutzgrundrecht: Grundlagen – Dimensionen – Verflechtungen*, Mohr, Tubinga, 2018: obra de referência.

[176] Sobre o seu valor jurídico veja-se o artigo 6.º do TUE. Por todos: Ana Maria Guerra Martins, *Manual de Direito da União Europeia*, 2ª ed., Almedina, Coimbra, 2017, 267 ss.

[177] "Todas as pessoas têm direito à proteção dos dados de carácter pessoal que lhes digam respeito".

[178] Ponto 65.

O TJUE tem evidenciado a proximidade existente entre o direito à proteção de dados e o direito à intimidade da vida privada, previsto no artigo 7.º da Carta[179]. No acórdão *Digital Rights Ireland*, o TJUE foi mais longe ao sublinhar "o importante papel desempenhado pela proteção dos dados pessoais na perspetiva do direito fundamental ao respeito da vida privada"[180]. Embora se reconheça a autonomia dogmática do direito à proteção de dados – fruto, naturalmente, da existência de legislação própria que o concretiza –, dificilmente se consegue negar que o TJUE o apresenta, pelo menos parcialmente, como uma manifestação ou um prolongamento do direito ao respeito da vida privada[181].

II. A conexão entre o direito à proteção de dados e o direito à intimidade da vida privada tem, de resto, levado o TEDH a proteger a posição jurídica dos titulares dos dados invocando, precisamente, o artigo 8.º/1 da CEDH[182]: "Qualquer pessoa tem o direito ao respeito da sua vida privada e familiar, do seu domicílio e da sua correspondência". Recorde-se, todavia, que a CEDH apenas pode ser invocada, nos termos do seu artigo 34.º, contra as respetivas partes contratantes e já não contra terceiros[183].

III. O artigo 51.º/1 da Carta circunscreve o campo de aplicação das suas disposições às instituições e órgãos da União Europeia e aos Estados-Membros. *A contrario*: os demais sujeitos não estão obrigados a respeitar o preceito, nem podem ser responsabilizados pela sua eventual violação. Estas afirmações exigem algumas explicações: (i) as entidades abrangidas

179 TJUE 9-nov.-2010, proc. C-92/09 e C-93/09 (*Schecke*), 47: "Este direito fundamental está indissociavelmente relacionado com o direito ao respeito da vida privada consagrado no artigo 7.º desta mesma Carta".

180 TJUE 8-abr.-2014, proc. C-293/12 e C-594/14 (*Digital Rights Ireland*), 48, voltando a repeti-lo mais à frente: "A este respeito, cabe recordar que a proteção dos dados pessoais, que resulta da obrigação expressa prevista no artigo 8.º, n.º 1, da Carta, assume particular importância para o direito ao respeito da vida privada consagrado no artigo 7.º desta."

181 Kühling/Raab, *Introdução* em *Kühling/Buchner*, Rn. 26: assumindo uma posição oposta, conquanto invoque os mesmos acórdãos.

182 https://www.dgpj.mj.pt/sections/noticias/conselho-da-europa4864: lista de acórdãos do TEDH relacionados com o direito à proteção de dados.

183 Ireneu Cabral Barreto, *A Convenção Europeia dos Direitos do Homem*, 5ª ed., Almedina, Coimbra, 2015, 385 ss.

pela Carta estão igualmente obrigadas a proteger os cidadãos de violações dos seus direitos, nomeadamente na elaboração de diplomas que os acautelem[184]; e (ii) o reconhecimento do direito à proteção de dados enquanto direito fundamental tem um natural impacto sistemático, tanto numa perspetiva legislativa, como na interpretação e aplicação promovidas pelos órgãos jurisdicionais.

22. Fontes legislativas

O Direito da União Europeia prevê hoje uma multiplicidade de diplomas relativos ao Direito da proteção de dados. Entre os mais relevantes contam-se:

- Regulamento (UE) 2018/1807, de 14 de novembro, *relativo a um regime para o livre fluxo de dados não pessoais na União Europeia*;
- Regulamento (UE) 2018/1725, de 23 de outubro, *relativo à proteção das pessoas singulares no que diz respeito ao tratamento de dados pessoais pelas instituições e pelos órgãos e organismos da União e à livre circulação desses dados*;
- Regulamento (UE) n.º 611/2013, de 24 de junho, *relativo às medidas aplicáveis à notificação da violação de dados pessoais em conformidade com a Diretriz 2002/58/CE relativa à privacidade e às comunicações eletrónicas*;
- Diretriz (UE) 2016/680 do Parlamento Europeu e do Conselho, de 27 de abril, *relativa à proteção das pessoas singulares no que diz respeito ao tratamento de dados pessoais pelas autoridades competentes para efeitos de prevenção, investigação, deteção ou repressão de infrações penais ou execução de sanções penais, e à livre circulação desses dados, e que revoga a Decisão-Quadro 2008/977/JAI do Conselho*[185];

[184] Mariana Canotilho/Alessandra Silveira, *Carta dos Direitos Fundamentais da União Europeia comentada*, Almedina, Coimbra, 2013, 652 ss.

[185] O RGPD não se aplica à matéria abrangida por esta Diretriz, nos termos do artigo 2.º/2, *d)*.

- Diretriz n.º 2000/31/CE, de 8 de junho, *relativa a certos aspetos legais dos serviços da sociedade de informação, em especial do comércio eletrónico, no mercado interno (Diretriz do Comércio Eletrónico)*;
- Diretriz n.º 2002/58/CE, de 12 de julho, *relativa ao tratamento de dados pessoais e à proteção da privacidade no sector das comunicações eletrónicas (Diretriz das Comunicações Eletrónicas)*.

23. Fontes infralegislativas

Entre as várias competências e atribuições do Comité[186] – herdeiro do GT 29[187] – contam-se a emissão de diretrizes, recomendações e melhores práticas, nos termos do artigo 70.º[188]. Apesar de este preceito especificar sobre que pontos concretos deverá o Comité emitir diretrizes, recomendações e melhores práticas – n.º 1, *d)*, *f)*, *g)*, *h)*, *i)* ou *j)* – a alínea *e)* estende essa capacidade a qualquer outro aspeto relacionado com o RGPD.

De modo idêntico ao que se verifica com os pareceres, orientações, recomendações e diretrizes emitidos pela CNPD, também as diretrizes, recomendações e melhores práticas do Comité não têm valor normativo autónomo[189], o que não significa que não assumam um papel decisivo na aplicação harmoniosa do RGPD e na consolidação do Direito europeu da proteção de dados[190]. A emissão destes documentos já foi certeiramente descritiva como a principal tarefa do Comité[191].

[186] Ponto 220.

[187] O Comité apenas avocou um número reduzido das orientações produzidas pelo GT 29. A lista completa pode ser consultada em: https://edpb.europa.eu/our-work-tools/general-guidance/gdpr-guidelines-recommendations-best-practices_pt

[188] O RGPD não fornece pistas quanto às diferenças existentes entre estas três categorias de documentos.

[189] Körffer, *Anotação ao artigo 70.º do RGPD* em *Paal/Pauly*, Rn. 6.

[190] Schiedermair, *Anotação ao artigo 70.º do RGPD* em *Simitis/Hornung/Spiecker gen. Döhmann*, Rn. 8.

[191] Dix, *Anotação ao artigo 70.º do RGPD* em *Kühling/Buchner*, Rn. 8.

§ 8º FONTES PORTUGUESAS

24. Constituição

I. O Direito constitucional português tem uma longa tradição na regulação dos dados pessoais e do seu tratamento[192]. A Constituição da República Portuguesa terá sido, à luz dos elementos recolhidos, a primeira Lei Fundamental a reconhecer, diretamente, alguma proteção constitucional aos titulares de dados pessoais[193]. O núcleo embrionário do Direito da proteção de dados contemporâneo surgia já na versão original do artigo 35.º da CRP[194]:

> 1. Todos os cidadãos têm o direito de tomar conhecimento do que constar de registos mecanográficos a seu respeito e do fim a que se destinam as informações, podendo exigir a rectificação dos dados e a sua actualização.
> 2. A informática não pode ser usada para tratamento de dados referentes a convicções políticas, fé religiosa ou vida privada, salvo quando se trate do processamento de dados não identificáveis para fins estatísticos.
> 3. É proibida a atribuição de um número nacional único aos cidadãos.

[192] Sousa Pinheiro, *Privacy* cit., 665 ss: com importantes elementos históricos.

[193] González Fuster, *The Emergence* cit., 66: apresenta a CRP como a primeira Constituição a tratar da matéria.

[194] Maria Paula Ribeiro de Faria, *Anotação ao artigo 35.º da CRP* em *Constituição Portuguesa anotada*, I, coord. Jorge Miranda/Rui Medeiros, 2ª ed., UCP, Lisboa, 2017, 565-581.

II. A Revisão Constitucional de 1982 introduziu importantes alterações linguísticas e substantivas:

> 1. Todos os cidadãos têm o direito de tomar conhecimento do que constar de registos informáticos a seu respeito e do fim a que se destinam as informações, podendo exigir a rectificação dos dados e a sua actualização.
> 2. São proibidos o acesso de terceiros a ficheiros com dados pessoais e a respectiva interconexão, bem como os fluxos de dados transfronteiras, salvo em casos excepcionais previstos na lei.
> 3. A informática não pode ser utilizada para tratamento de dados referentes a convicções filosóficas ou políticas, filiação partidária ou sindical, fé religiosa ou vida privada, salvo quando se trate do processamento de dados estatísticos não individualmente identificáveis.
> 4. A lei define o conceito de dados pessoais para efeitos de registo informático.
> 5. É proibida a atribuição de um número nacional único aos cidadãos.

III. O artigo 35.º voltaria a ser objeto de uma extensa reformulação com a Revisão Constitucional de 1989:

> 1. Todos os cidadãos têm o direito de tomar conhecimento dos dados constantes de ficheiros ou registos informáticos a seu respeito e do fim a que se destinam, podendo exigir a sua rectificação e actualização, sem prejuízo do disposto na lei sobre segredo de Estado e segredo de justiça.
> 2. É proibido o acesso a ficheiros e registos informáticos para conhecimento de dados pessoais relativos a terceiros e respectiva interconexão, salvo em casos excepcionais previstos na lei.
> 3. A informática não pode ser utilizada para tratamento de dados referentes a convicções filosóficas ou políticas, filiação partidária ou sindical, fé religiosa ou vida privada, salvo quando se trate do processamento de dados estatísticos não individualmente identificáveis.
> 4. A lei define o conceito de dados pessoais para efeitos de registo informático, bem como de bases e bancos de dados e respectivas

condições de acesso, constituição e utilização por entidades públicas e privadas.

5. É proibida a atribuição de um número nacional único aos cidadãos.
6. A lei define o regime aplicável aos fluxos de dados transfronteiras, estabelecendo formas adequadas de protecção de dados pessoais e de outros cuja salvaguarda se justifique por razões de interesse nacional.

IV. O artigo 35.º viria a assumir a sua versão contemporânea com a Revisão Constitucional de 1997, tendo as alterações introduzidas sido motivadas pelo conteúdo da Diretriz n.º 95/46, transposta pela Lei n.º 67/98, de 26 de outubro:

1. Todos os cidadãos têm o direito de acesso aos dados informatizados que lhes digam respeito, podendo exigir a sua retificação e atualização, e o direito de conhecer a finalidade a que se destinam, nos termos da lei.
2. A lei define o conceito de dados pessoais, bem como as condições aplicáveis ao seu tratamento automatizado, conexão, transmissão e utilização, e garante a sua proteção, designadamente através de entidade administrativa independente.
3. A informática não pode ser utilizada para tratamento de dados referentes a convicções filosóficas ou políticas, filiação partidária ou sindical, fé religiosa, vida privada e origem étnica, salvo mediante consentimento expresso do titular, autorização prevista por lei com garantias de não discriminação ou para processamento de dados estatísticos não individualmente identificáveis.
4. É proibido o acesso a dados pessoais de terceiros, salvo em casos excecionais previstos na lei.
5. É proibida a atribuição de um número nacional único aos cidadãos.
6. A todos é garantido livre acesso às redes informáticas de uso público, definindo a lei o regime aplicável aos fluxos de dados transfronteiras e as formas adequadas de proteção de dados pessoais e de outros cuja salvaguarda se justifique por razões de interesse nacional.
7. Os dados pessoais constantes de ficheiros manuais gozam de proteção idêntica à prevista nos números anteriores, nos termos da lei.

V. As sucessivas revisões constitucionais promoveram, por um lado, um alargamento progressivo da proteção concedida aos titulares dos dados e, por outro lado, estabeleceram as bases fundamentais do Direito da proteção de dados, densificadas no RGPD, na LE e na demais legislação extravagante.

25. Legislação ordinária

I. A história contemporânea do Direito português da proteção de dados inicia-se com a Lei n.º 2/73, de 10 de fevereiro[195], e o Decreto-Lei n.º 555/73, de 26 de outubro, que instituiu o número nacional de identificação – o diploma esteve, em grande medida, na origem da inclusão do artigo 35.º no leque dos direitos fundamentais na versão original da CRP[196].

No início da década de 90 do século passado, seria aprovado o primeiro diploma nacional dedicado exclusivamente à matéria: a Lei da proteção de dados pessoais face à informação – Lei n.º 10/91, de 29 de abril[197-198]. Seguiu-se a Lei n.º 67/98, de 26 de outubro – Lei de Proteção de Dados Pessoais –, que transpôs para a ordem jurídica interna a Diretriz n.º 95/46/CE. Esta, seria revogada pela Lei n.º 58/2019, de 8 de agosto: a LE do RGPD.

II. O tempo que medeia entre o reconhecimento constitucional dos direitos à proteção de dados e a entrada em vigor da Lei de Proteção de Dados de 1991 não pode deixar de causa enorme estranheza e curiosidade. Na realidade, desde o final da década de 1970, que o legislador português demonstrou interesse em regular a matéria. Todavia, fruto de peripécias várias, o diploma final apenas viria a ver a luz do dia mais

[195] Que institui o registo Nacional de Identificação, definindo a sua natureza, âmbito, competências, funcionamento e utilização.

[196] Sousa Pinheiro, *Pivacy* cit., 666: com uma interessante e útil análise a estes diplomas.

[197] Lei da proteção de dados pessoais face à informática.

[198] Jorge Bacelar Gouveia, *Os direitos fundamentais à proteção dos dados pessoais informatizados*, 51 ROA, 1991, 699-732.

de 10 anos volvidos. O Tribunal Constitucional descreve este caricato processo[199]:

> Não têm faltado iniciativas legislativas nesse sentido. Com efeito, podem indicar-se as seguintes:
>
> a) Projecto de lei n.º 214/I (criação do Conselho de Defesa da Privacidade), de 22 de Fevereiro de 1979, apresentado por deputados do PSD (no Diário da Assembleia da República, 2.ª série, n.º 36, de 23 de Fevereiro de 1979);
> b) Projecto de lei n.º 202/II (sobre a defesa dos direitos do homem perante a informática), de 28 de Abril de 1981, apresentado por um deputado da Acção Social-Democrata Independente (no referido Diário, 2.ª série, n.º 58, de 29 de Abril de 1981);
> c) Proposta de lei n.º 97/II (protecção da privacidade das pessoas singulares face à informática), aprovada em Conselho de Ministros de 18 de Março de 1982 (no citado Diário, 2.ª série, n.º 92, de 19 de Maio de 1982);
> d) Projecto de lei n.º 110/III (sobre a defesa dos direitos do homem perante a informática), de 20 de Junho de 1983, apresentado por deputados da ASDI (no mencionado Diário, 2.ª série, n.º 10, de 28 de Junho de 1983);
> e) Proposta de lei n.º 75/III (concede ao Governo autorização para legislar em matéria de protecção dos dados registados em suporte informático), aprovada em Conselho de Ministros de 26 de Janeiro de 1984, contendo o projecto de decreto-lei subsequente à autorização legislativa pedida pelo Governo (no mesmo Diário, 2.ª série, n.º 86, de 10 de Fevereiro de 1984);
> f) Proposta de lei n.º 64/III (lei da protecção de dados), aprovada em Conselho de Ministros de 15 de Março de 1984 (no mesmo Diário, 2.ª série, n.º 98, de 16 de Março de 1984);
> g) Proposta de resolução n.º 13/III (aprova, para ratificação, a Convenção para a Protecção das Pessoas relativamente ao Tratamento Automatizado de Dados de Carácter Pessoal), aprovada

[199] TC 2-mar.-1989, proc. 298/87 (Mário de Brito).

em Conselho de Ministros de 24 de Abril de 1984 (no mesmo Diário, 2.ª série, n.º 117, de 11 de Maio de 1984), à qual foi feita uma proposta de alteração, apresentada em 22 de Maio de 1984 por deputados do PCP (no mesmo Diário, 2.ª série, n.º 124, de 24 de Maio de 1984);

h) Projecto de lei n.º 372/IV (defesa dos direitos do homem perante a informática), de 25 de Fevereiro de 1987, apresentado por deputados do PRD (no mesmo Diário, 2.ª série, n.º 48, de 27 de Fevereiro de 1987).

O projecto de lei n.º 202/II foi discutido e votado na generalidade na reunião plenária de 26 de Maio de 1981, tendo sido aprovado e baixado à Comissão de Direitos, Liberdades e Garantias para discussão e votação na especialidade no prazo de vinte dias (Diário da Assembleia da República, 1.ª série, n.º 70, de 27 de Maio de 1981).

Por sua vez, o projecto de lei n.º 110/III, a proposta de lei n.º 64/III e a proposta de resolução n.º 13/III foram discutidos em conjunto nas reuniões plenárias de 22 e 23 de Maio de 1984, embora viessem a ser votados na generalidade e aprovados separadamente na última dessas reuniões: quanto ao projecto de lei n.º 110/III e à proposta de lei n.º 64/III, baixaram à Comissão de Assuntos Constitucionais, Direitos, Liberdades e Garantias para discussão na especialidade pelo prazo de 40 dias; a proposta de resolução n.º 13/III baixou à mesma Comissão pelo prazo de uma semana (Diário da Assembleia da República, 1.ª série, n.os 111 e 112, de 23 e 24 de Maio de 1984).

Simplesmente, nenhum dos referidos projectos ou propostas se converteu em lei. E isso também já não é possível vir a acontecer, face ao disposto nos n.os 4 e 5 do artigo 170.º da Constituição, segundo os quais os projectos e as propostas de lei não votados na sessão legislativa em que foram apresentados não carecem de ser renovados nas sessões legislativas seguintes, salvo termo da legislatura (n.º 4), e as propostas de lei caducam com a demissão do Governo (n.º 5): bastará referir, a este propósito, que o projecto de lei n.º 372/IV, de 25 de Fevereiro de 1987, última iniciativa legislativa na matéria, caducou com a dissolução da Assembleia da República pelo Decreto do Presidente da República n.º 12/87, de 29 de Abril, no seguimento da moção de censura ao

Governo publicada no Diário da República, 1.ª série, n.º 86, de 13 do mesmo mês[200].

III. Para além da LE do RGPD, com aplicação tendencialmente transversal, importa considerar a vasta legislação especial em vigor[201], com destaque para:

- Lei n.º 59/2019, de 8 de agosto: tratamento de dados pessoais para efeitos de prevenção, deteção, investigação ou repressão de infrações penais – transpôs para a ordem jurídica interna a Diretriz (UE) 2016/680, de 27 de abril;
- Lei n.º 41/2004, de 18 de agosto: proteção de dados pessoais e privacidade nas telecomunicações[202];
- Lei n.º 12/2005, de 26 de janeiro: informação genética pessoal e informação de saúde[203];
- Lei n.º 26/2016, de 22 de agosto: informação administrativa e ambiental e reutilização dos documentos administrativos;
- Leis de Videovigilância: Lei n.º 1/2005, de 10 de janeiro[204]; Decreto-Lei n.º 207/2005, de 29 de novembro[205]; Lei n.º 51/2006, de 29 de agosto[206]; Lei nº 33/2007, de 13 de agosto[207]; Lei n.º 34/2013, de 16 de maio[208].

[200] Conhece-se ainda um outro projeto, da autoria de Isabel Reis Garcia, *Do Direito da informática a um ante projecto de Lei de proteção de dados pessoais*, ROA, 1989, 979-1008.

[201] Veja-se o sítio da CNPD: https://www.cnpd.pt/bin/legis/leis_nacional.htm, com elementos mais completos.

[202] Alterada pela Lei n.º 46/2012, de 29 de agosto.

[203] Alterada pela Lei n.º 26/2016, de 22 de agosto.

[204] Regula a utilização de câmaras de vídeo pelas forças e serviços de segurança em locais públicos de utilização comum. Por último alterada pela Lei n.º 9/2012, de 23 de fevereiro.

[205] Regula os meios de vigilância eletrónica rodoviária utilizados pelas forças de segurança.

[206] Regula a instalação e utilização de sistemas de vigilância eletrónica rodoviária.

[207] Regula a instalação e utilização de sistemas de videovigilância em táxis.

[208] Regime do exercício da atividade de segurança privada, em especial o artigo 31.º.

26. Fontes infralegislativas e *soft-law*

I. Ao contrário do que se verifica com outras entidades de supervisão[209], nem o RGPD nem a LE contêm preceitos gerais que atribuam à CNPD competências para elaborar regulamentos ou diplomas legais com força análoga. Essas competências infralegislativas são, apenas, atribuídas pontualmente – caso paradigmático do artigo 35.º/4 do RGPD e do artigo 6.º/1, *c)* da LE.

II. O RGPD e a LE preveem outras formas de intervenção paralegislativa: os pareceres[210], as orientações e as recomendações genéricas[211] – a Lei de Proteção de Dados de 1998 utilizava o termo diretiva[212].

Os pareceres, as orientações, as recomendações genéricas ou as diretrizes – termos utilizado mais recentemente pela CNPD – não têm conteúdo normativo próprio, pelo que o seu incumprimento não consubstancia, só por si, um comportamento juridicamente reprovável. Contudo, podendo estes instrumentos ser empregues com propósitos interpretativos, o seu desrespeito pode desaguar numa efetiva violação do Direito vigente.

Apesar de o conteúdo dos pareceres, orientações, recomendações ou diretrizes não vincular os seus destinatários, já o mesmo não poderá ser dito em relação à própria CNDP. Esta está, em princípio, vinculada às opiniões que expressa, ao abrigo do princípio da boa-fé – princípio que molda a atuação de toda a Administração Pública e, por maioria de razão, também as entidades de supervisão. A CNPD não pode, consequentemente, assumir uma posição diferente da que foi anteriormente manifestada nestes atos ditos opinativos, salvo se, entretanto, tenham sido objeto de revogação. Em concreto, é, todavia, concebível, por invocação de outros princípios estruturantes do Direito administrativo, *maxime*, o princípio da legalidade, que a CNPD assuma uma posição diversa, fundamentada e sempre tendo em consideração a confiança suscitada nas entidades supervisionadas.

209 Como exemplo de escola pense-se no artigo 369.º do CVM, relativo à CMVM.

210 Artigo 16.º/2.

211 Artigo 58.º/3, *b)*.

212 Artigo 23.º/1, *f)* ou *l)*.

Capítulo IV

O Regulamento Geral de Proteção de Dados

27. Breve enquadramento histórico

I. O primeiro passo efetivo em direção à preparação do RGPD[213] foi dado por intermédio do *The Stockholm Programme: An open and secure Europe serving and protecting the citizen*[214]. Aí, o Conselho sublinhou a importância de proteger a privacidade dos cidadãos europeus e de melhor regular o tratamento e a transferência de dados pessoais[215]. Mas as movimentações, políticas e jurídicas, de revisão da Diretriz n.º 95/46/CE são bastante anteriores: remontam ao final da década de 90 do século passado[216]. Os avanços tecnológicos, a aprovação da Carta Europeia dos Direitos dos Fundamentais, e do Tratado de Lisboa, entre outros fatores, tornaram essa revisão inevitável[217].

II. Um ano volvido, a Comissão apresenta, por comunicado, as linhas gerais da reforma a implementar[218]. A necessidade de harmonizar os vários

[213] Albrecht, *Modernisierungsbedarf und Gesetzgebungsverfahren* em *Simitis/Hornung/Spiecker gen. Döhmann*, Rn. 184 ss: análise muito detalhada de todo o processo legislativo desde o *Stockholm Programme.*

[214] Conselho, doc. 17024/09, 2-dez.-2009.

[215] Cit., 18.

[216] Albrecht, *Modernisierungsbedarf* cit., Rn. 184.

[217] Viviane Reding, *Sieben Grundbausteine der europäischen Datenschutzreform*, 2 ZD, 2012, 195-198.

[218] Comissão, *Communication from the Commission to the European Parliament, the Council, the Economic and Social Committee and the Committee of the Regions: A Comprehensive Approach on Personal Data Protection in the European Union*, COM(2010) 609 final, 4-nov.-2010.

Direitos nacionais é amplamente sublinhada ao longo de todo o texto legal[219]. As pretensões da Comissão foram aplaudidas e apoiadas pelo Parlamento que instou a Comissão a assegurar que "a actual revisão da legislação de protecção de dados da UE preveja: – uma harmonização plena, ao mais alto nível, que ofereça segurança jurídica e um nível de protecção das pessoas elevado e uniforme em todas as circunstâncias"[220].

III. A 25 de janeiro de 2012, a Comissão apresentou uma Proposta de Regulamento Geral sobre a Proteção de Dados[221-222]. A opção pela figura do regulamento e não pela de diretriz terá sido bem acolhida pelos demais parceiros legislativos: a inexistência de críticas nos documentos oficiais apontam nesse sentido. Este caminho mereceu, todavia, alguns reparos por parte da Ciência Jurídica[223].

As críticas mais sonoras partiram de Johannes Masing[224]. Para este Juiz do Tribunal Federal Constitucional alemão, a escolha pela figura do regulamento implicaria uma diminuição intrínseca da proteção que o sistema confere aos titulares de dados pessoais. O raciocínio exposto por Masing é particularmente simples: a substituição da Diretriz n.º 95/46/CE por um regulamento afeta as competências dos tribunais constitucionais nacionais, em benefício do TJUE; sendo que a jurisprudência do TJUE sobre o tema – em especial quando comparada com a jurisprudência produzida pelo Tribunal Federal Constitucional alemão – é particularmente exígua; logo, a tutela efetiva do direito à autodeterminação informacional só poderia ressentir-se.

[219] Cit., em especial 10.

[220] Parlamento, *Resolução do Parlamento Europeu sobre a sobre uma abordagem global da protecção de dados pessoais na União Europeia* (2011/2025(INI)), 6-jul.-2011.

[221] Proposta de Regulamento do Parlamento e do Conselho relativo à proteção das pessoas singulares no que diz respeito ao tratamento de dados pessoais e à livre circulação desses dados (regulamento geral sobre a proteção de dados), COM(2012) 11 final.

[222] Em língua alemã: Gerrit Hornung, *Eine Datenschutz-Grundverordnung für Europa? – Licht und Schatten im Kommissionsentwurf vom 25.1.2012*, 2 ZD, 2012, 99-106; Peter Gola, Beschäftigtendatenschutz und EU-Datenschutz-Grundverordnung, 23 EuZW, 2012, 332-336. Em língua inglesa: Viviane Reding, *The European Data Protection Framework for the Twenty-First Century*, 2 IDPL, 2012, 119-129.

[223] Hornung, *Eine Datenschutz-Grundverordnung für Europa?* cit., 100.

[224] Johannes Masing, *Ein Abschied von den Grundrechten*, Süddeutsche Zeitung, 9-jan.-2012.

IV. À Proposta da Comissão, seguiram-se as leituras do Parlamento[225] e, subsequentemente, do Conselho[226], a que acrescem múltiplos pareceres de diversas entidades[227]. Entre os quatro anos que distam entre a apresentação da Proposta original e a versão final do RGPD[228] foram introduzidas, como é prática habitual, inúmeras alterações, de forma a conciliar as várias conceções em disputa.

Numa perspetiva geral, são notórias duas grandes diferenças entre a primeira versão e a versão final: (i) as amplas competências atribuídas na Proposta à própria Comissão, para adotar atos delegados de concretização, foram, quase na sua totalidade, suprimidas do RGPD[229-230]; e (ii) ao contrário do que se verificava na Proposta da Comissão, a versão final do RGPD contém recorrentes cláusulas de abertura – medidas legislativas facultativas de índole substantiva – em benefício dos Estados-Membros e da própria União[231].

[225] Para uma análise ao Relatório do Parlamento: Alexander Roßnagel/Steffen Kroschwald, *Was wird aus der Datenschutzgrundverordnung? – Die Entschließung des Europäischen Parlaments über ein Verhandlungsdokument*, 4 ZD, 2014, 495-500: os Autores concordam com algumas das sugestões e críticas produzidas pelo Parlamento, mas consideram que ficaram aquém do que se esperava.

[226] Para uma análise à posição do Conselho: Alexander Roßnagel/Maxi Nebel/Philipp Richter, *Was bleibt vom Europäischen Datenschutzrecht? – Überlegungen zum Ratsentwurf der DS-GVO*, 5 ZD, 2015, 455-460.

[227] Consultáveis em: https://eur-lex.europa.eu/legal-content/PT/HIS/?qid=1566331728502&uri=CELEX%3A32016R0679

[228] Para uma análise sucinta à versão final: Ulrich Dammann, *Erfolge und Defizite der EU-Datenschutzgrundverordnung – Erwarteter Fortschritt, Schwächen und überraschende Innovationen*, 6 ZD, 2016, 307-314; Sibylle Gierschmann, *Was „bringt" deutschen Unternehmen die DS-GVO? - Mehr Pflichten, aber die Rechtsunsicherheit bleibt*, 6 ZD, 2016, 51-55.

[229] Restaram os artigos 12.º/8, 43.º/8, regulados pelo artigo 92.º.

[230] Kühling/ Martini, *Die Datenschutz-Grundverordnung* cit., 449. A extensão destas competências foi objeto de inúmeras críticas: Hornung, *Eine Datenschutz-Grundverordnung für Europa?* cit., 105; Hans-Hermann Schild/Marie-Theres Tinnefeld, *Datenschutz in der Union — Gelungene oder missglückte Gesetzentwürfe?*, 36 DuD, 2012, 312-317: considerando que põe em causa tanto o princípio da subsidiariedade como os poderes parlamentares; Alexander Roßnagel, *Datenschutzgesetzgebung: Monopol oder Vielfalt?*, 36 DuD, 2012, 553: levaria a uma monopolização, prejudicial, da evolução do Direito europeu da proteção de dados; Andreas Jaspers, *Die Eu-Datenschutz-Grundverordnung – Auswirkungen der EU-Datenschutz-Grundverordnung auf die Datenschutzorganisation des Unternehmens*, 36 DuD, 2012, 571-575, 571.

[231] Ponto 10.

Estas alterações, que colocam em cheque os propósitos unificadores[232] refletem as dificuldades do processo negocial e os compromissos que foram necessários assumir para alcançar uma versão decisiva, em forma de regulamento[233]. Todas as partes tiverem de ceder em algumas das suas pretensões: foi o preço a pagar pela aprovação do RGPD[234].

[232] Considerando 7.

[233] Hornung/ Spiecker genannt Döhmann, *Introdução ao RGPD* em *Simitis/Hornung/ Spiecker gen. Döhmann*, Rn. 228.

[234] Laue, *Öffnungsklauseln in der DS-GVO* cit., 463-467: considerando que sem estas cedências e, em especial, sem a incorporação de um número tão elevado de cláusulas de abertura dificilmente o RGPD teria visto a luz do dia.

§ 9º ÂMBITO DE APLICAÇÃO MATERIAL

28. Princípio geral

I. Nos termos do artigo 2.º/1, o RGPD aplica-se a tratamentos de dados pessoais realizados (i) por meios totalmente automatizados; (ii) por meios parcialmente automatizados; e (iii) por meios não automatizados desde que contidos em ficheiros ou a eles destinados.

O legislador europeu não define o que se entende por meios autonomizados. Não se trata de uma lacuna, mas de uma posição premeditada: pretendeu evitar-se que o RGPD fosse, com fundamento no eventual conteúdo positivado, contornado ou que se tornasse, a breve trecho, obsoleto (princípio na neutralidade tecnológica)[235]. Contudo, podemos preencher o conceito de tratamento por meios automatizados nos seguintes termos: operações sobre de dados pessoais que envolvam equipamentos de processamento de dados, numa aceção ampla[236].

O RGPD abrange tratamentos de dados pessoais por meios (i) total ou (ii) parcialmente automatizados, i.e., operações que não tenham intervenção humana ou que tenham uma intervenção humana circunscrita[237].

II. A expressão tratamento por meios não automatizada é empregue como sinónimo de tratamentos manuais[238], ou seja, operações sobre dados

[235] Considerando 15, p. 1.

[236] Kühling/Raab, *Anotação ao 2.º do RGPD* em *Kühling/Buchner*, Rn. 15

[237] Ernst, *Anotação ao artigo 2.º do RGPD* em *Paal/Pauly*, Rn. 6.

[238] Considerando 15, p. 2.

pessoais que não envolvam a utilização de equipamentos de processamento de dados, sempre numa aceção ampla – p.ex.: a recolha de dados através de uma caneta e papel ou na destruição física sistemas de armazenamento de dados (*data carriers*)[239].

O RGPD não se aplica a todos os tratamentos não automatizados, mas somente aos que respeitem a dados pessoais contidos em ficheiros ou a eles destinados. Por ficheiro entende-se, nos termos do artigo 4.º, 6), (i) qualquer conjunto de dados pessoais; (ii) estruturado; e (iii) acessível segundo critérios específicos – p.ex.: a organização das fichas médicas dos doentes de um hospital ou de uma clínica[240].

O primeiro elemento (elemento interno) não suscita especiais dificuldades: o ficheiro pressupõe uma compilação de vários dados pessoais, independentemente da sua natureza, do formato em que a informação tenha sido recolhida ou do suporte em que conste[241]. O legislador não exige que este conjunto de dados pertença a vários titulares distintos, mas somente que representem mais do que um dado pessoal[242].

O requisito da estrutura (elemento externo) deve ser interpretado de forma ampla, não se cingindo ao conceito estruturação, enquanto modalidade de tratamento de dados pessoais[243]. A expressão surge aqui empregue no sentido de organização, ou seja, os dados devem ser arrumados através de um qualquer processo ou metodologia, mesmo que pouco elaborado[244]. Os dados pessoais não podem, consequentemente, estar (des)organizados de forma aleatória ou ter uma disposição variável[245]. É igualmente irrelevante, como resulta da parte final da definição, se o ficheiro se encontra estruturado de modo centralizado, descentralizado ou repartido segundo critérios funcionais ou

[239] Herbst, *Anotação ao artigo 4.º, 2) do RGPD* em *Kühling/Buchner*, Rn. 18.

[240] Paul Voigt/Axel von dem Bussche, *The EU General Data Protection Regulation (GDPR): A Practical Guide*, Cham, Sprimger, 2017, 10-11.

[241] Ernst, *Anotação ao artigo 4.º, 6) do RGPD* em *Paal/Pauly*, Rn. 52: sublinhando que também um vídeo ou áudio pode consubstanciar um ficheiro, à luz desta definição.

[242] Gola, *Anotação ao artigo 4.º, 6)* em *Gola*, Rn. 45.

[243] Ponto 61/III.

[244] Ponto 61/III.

[245] Kühling/Raab, *Anotação ao 4.º, 6) do RGPD* em *Kühling/Buchner*, Rn. 3.

geográficos. O não preenchimento deste requisito traduz-se na não aplicação do RGPD[246].

Por fim, o conjunto de dados pessoais deve ser acessível segundo critérios específicos, ou seja, o responsável pelo tratamento dos dados ou um terceiro que possa licitamente aceder ao ficheiro deve conseguir consultá-lo através de critérios pré-determinados – como exemplos mais comuns, pense-se numa sistematização com base em critérios alfabéticos (de A a Z) ou critérios numéricos (de 0 a ∞).

29. Exceções ao princípio geral: enquadramento

O RGPD não se aplica, independentemente de verificados os pressupostos de aplicação positivados no n.º 1 do artigo 2.º, a tratamentos: (i) efetuados no exercício de atividades não sujeitas à aplicação do Direito da União; (ii) efetuados pelos Estados-Membros no exercício de atividades abrangidas pelo âmbito de aplicação do título V, capítulo 2, do TUE; (iii) efetuados por uma pessoa singular no exercício de atividades exclusivamente pessoais ou domésticas; e (iv) efetuados pelas autoridades competentes para efeitos de prevenção, investigação, deteção e repressão de infrações penais ou da execução de sanções penais, incluindo a salvaguarda e a prevenção de ameaças à segurança pública, artigo 2.º/2.

30. Atividades não sujeitas à aplicação do Direito da União

A exceção prevista na alínea *a)* consubstancia uma decorrência lógica do princípio da atribuição[247], consagrado no artigo 5.º do TUE; n.º 1: "A delimitação das competências da União rege-se pelo princípio da atribuição"; e n.º 2: "Em virtude do princípio da atribuição, a União atua unicamente dentro dos limites das competências que os Estados-Membros lhe tenham

[246] Considerando 15, p. 3: "Os ficheiros ou os conjuntos de ficheiros bem como as suas capas, que não estejam estruturados de acordo com critérios específicos, não deverão ser abrangidos pelo âmbito de aplicação do presente regulamento".
[247] Guerra Martins, *Manual* cit., 316 ss e 347 ss.

atribuído nos Tratados para alcançar os objetivos fixados por estes últimos. As competências que não sejam atribuídas à União nos Tratados pertencem aos Estados-Membros"[248]. O RGPD não é, por exemplo, aplicável no que se refere à segurança nacional[249].

31. Atividades abrangidas pelo âmbito de aplicação do título V, capítulo 2, do TUE

Esta alínea exclui do campo de aplicação do RGPD os tratamentos de dados realizados pelos Estados-Membros no exercício de atividades relacionadas com a política externa e a segurança comum da União[250-251]. Trata-se de um tipo de tratamento de dados sujeito a um regime especial[252], mas ao qual se aplicam, naturalmente, os artigos 8.º da Carta e o artigo 8.º da CEDH.

A regulamentação desta matéria encontra-se sujeita às exigências consagradas no artigo 39.º do TUE.

32. Atividades exclusivamente pessoais ou domésticas

I. O RGPD não se aplica ao tratamento de dados pessoais efetuados por uma pessoa singular no exercício de atividades exclusivamente pessoais ou domésticas[253]. Apesar de a versão portuguesa utilizar a expressão "uma pessoa singular"[254], a proibição estende-se a tratamentos realizados por

248 Veja-se, ainda, os artigos 2.º ss do TFUE.

249 Considerando 16. A Proposta inicial fazia expressa referência a este exemplo.

250 Título V, Capítulo 2 do TUE. Artigos 23.º ss.

251 Considerando 16.

252 Artigo 39.º do TUE.

253 Alexander Roßnagel/Maxi Nebel/Philipp Richter, *Was bleibt vom Europäischen Datenschutzrecht? – Überlegungen zum Ratsentwurf der DS-GVO*, 5 ZD, 2015, 455-450, 456: expressam algumas dúvidas em relação à conservação desta exceção, em face da capacidades que atualmente a pessoa comum tem de armazenar dados pessoais de terceiros. Peter Gola/Niels Lepperhoff, *Reichweite des Haushalts- und Familienprivilegs bei der Datenverarbeitung*, 6 ZD, 2016, 9-12: mostram-se igualmente cautelosos e críticos.

254 A mesma expressão é utilizada nas versões espanhola, italiana e francesa. A versão inglesa utiliza o pronome indeterminado e a versão alemã o plural.

mais do que uma pessoa[255]: o critério subjacente à exceção reside na natureza do sujeito e nos propósitos subjacentes ao tratamento e não na quantidade de pessoas envolvidas na operação.

Nenhuma categoria de pessoa coletiva é abrangida por esta exceção, incluindo tipologias sem fins lucrativos, como as associações ou as fundações, mesmo que o tratamento possa, em abstrato, ser reconduzido aos conceitos de pessoal ou doméstica[256].

II. O segundo requisito da alínea *c)* consiste no "exercício de atividades exclusivamente pessoais ou domésticas". Os conceitos *pessoais* ou *domésticas* – este último não tem tradição entre nós[257] – opõem-se aos termos *comerciais* e *profissionais*[258]. A *ratio* que subjaz a esta exceção extravasa a simples procura de lucro, tanto numa perspetiva abstrata, como numa perspetiva imediata: para isso mesmo apontou o legislador ao ter eliminado, na versão final do RGPD, a locução "sem fins lucrativos", prevista na Proposta inicial[259]. Assim, não são abrangidos por esta exceção os tratamentos com propósito políticos, culturais ou científicos.

O TJUE tem apresentado as atividades pessoais e domésticas como as "que se inserem no quadro da vida privada ou familiar"[260]. A expressão familiar pode ser enganadora, na medida em que também tratamentos de dados relativos a amigos ou até conhecidos, bem como a desportistas, artistas ou demais figuras públicas[261], desde que associados a *hobbies*, se encontram abrangidos por esta exceção.

255 No Considerando 18 do RGPD é utilizado o plural: "O presente regulamento não se aplica ao tratamento de dados pessoais efetuado por pessoas singulares".

256 Ernst, *Anotação ao artigo 2.º do RGPD* em *Paal/Pauly*, Rn. 15.

257 A expressão domésticas é empregue nas versões inglesa, francesa, italiana e espanhola. Na versão alemã é empregue a expressão familiares.

258 Considerando 18.

259 Artigo 2.º/2, *d)* da Proposta: "Efetuado por uma pessoa singular sem fins lucrativos no exercício de atividades exclusivamente pessoais ou domésticas".

260 TJUE 16-dez.-2008, proc. C-73/07 (*Satamedia*), 44: "esta segunda excepção deve ser interpretada no sentido de que tem apenas por objecto as actividades que se inserem no quadro da vida privada ou familiar dos particulares". Em idêntico sentido: TJUE 6-nov.-2003, proc. C-101/01 (*Lindqvist*), 47.

261 Ernst, *Anotação ao artigo 2.º do RGPD* em *Paal/Pauly*, Rn. 17.

Como exemplos de escola: (i) conservação de listas de endereços, de nomes, de datas de nascimento; (ii) tratamento de atividades associadas a redes sociais[262]; (iii) recolha de fotos em períodos de férias[263]; ou (iv) recolha de imagens de vídeo e demais tratamentos similares, desde que não extravasem para espaços públicos[264].

III. A dimensão pessoal e doméstica do tratamento finda com a divulgação pública dos dados – i.e., a um número indeterminado de pessoas[265-266] –, nomeadamente na *Internet*[267]; pense-se nos populares sítios de genealogia.

Mesmo que, em concreto, o tratamento desenvolvido se encontre sujeito a esta exceção, o RGPD será sempre aplicável aos responsáveis pelo tratamento e aos subcontratantes que forneçam os meios para o tratamento dos dados pessoas dessas atividades pessoais ou domésticas[268].

A expressão "exclusivamente" permite sujeitar tratamentos de dados que tenham propósitos mistos – pessoais e familiares + comerciais e profissionais – ao RGPD.

[262] Considerando 18. TJUE 16-dez.-2008, proc. C-73/07 (*Tietosuojavaltuutettu v Satakunnan*), 43.

[263] Gola/Lepperhoff, *Reichweite des Haushalts- und Familienprivilegs* cit., 10.

[264] TJUE 11-dez.-2014, proc. C-212/13 (*Ryneš v* Úřad), 33: "Uma videovigilância como a que está em causa no processo principal, na medida em que se estende, ainda que parcialmente, ao espaço público e, por esse motivo, se dirige para fora da esfera privada da pessoa que procede ao tratamento de dados por esse meio, não pode ser considerada uma atividade exclusivamente "pessoal ou doméstica"".

[265] A positivação desta aspeto, no âmbito desta alínea *c)* foi sugerido pelo Parlamento: "... esta isenção também se aplica a uma publicação de dados quando se pode razoavelmente prever que eles apenas serão acessíveis a um número limitado de pessoas".

[266] A divulgação a um número determinado e reduzido de pessoas conserva a aplicação da exceção: Kühling/Raab, *Anotação ao 2.º do RGPD* em *Kühling/Buchner*, Rn. 24; Peter Schantz, *Die Datenschutz-Grundverordnung – Beginn einer neuen Zeitrechnung im Datenschutzrecht*, 69 NJW, 2016, 1841-1847, 1843.

[267] TJUE 6-nov.-2003, proc. C-101/01 (*Lindqvist*), 47: "Esta excepção deve, portanto, ser interpretada como tendo unicamente por objecto as actividades que se inserem no âmbito da vida priva ou familiar dos particulares, o que não é manifestamente o caso do tratamento de dados de carácter pessoal que consiste na sua publicação na *Internet* de maneira que esses dados são disponibilizados a um número indeterminado de pessoas"; TJUE 16-dez.-2008, proc. C-73/07 (*Satamedia*), 44.

[268] Considerando 18.

33. Para efeitos de prevenção, investigação, deteção e repressão de infrações penais

O tratamento de dados efetuado pelas autoridades competentes para efeitos de prevenção, investigação, deteção e repressão de infrações penais ou da execução de sanções penais, incluindo a salvaguarda e a prevenção de ameaças à segurança pública, regem-se por legislação própria: Diretriz n.º 2016/680, de 27 de abril[269], transposta para a ordem jurídica interna pela Lei n.º 59/2019, de 8 de agosto.

[269] Considerando 19.

§ 10º ÂMBITO DE APLICAÇÃO TERRITORIAL

34. Princípio geral: estabelecimento na União Europeia

I. À luz do disposto no artigo 3.º/1, o RGPD aplica-se ao tratamento de dados pessoais efetuado no âmbito de atividades desenvolvidas pelo estabelecimento de um responsável pelo tratamento ou de um subcontratante situado em território da União[270]. Para efeitos de aplicação deste preceito é indiferente se o tratamento em concreto ocorre dentro ou fora do espaço territorial da União[271], ou seja, o titular dos dados objeto de tratamento não tem de ser cidadão europeu, nem tem de se encontrar em território da União no momento em que o tratamento ocorre. Trata-se de uma decorrência lógico-jurídica do espírito do RGPD[272] e da natureza do direito (fundamental) à proteção de dados[273].

II. O tratamento considera-se como tendo ocorrido em território português se for realizado em Portugal Continental, nos Arquipélagos dos Açores e da Madeira e em navios ou aeronaves militares, nos termos do artigo 24.º/2 do CC.

[270] Paul de Hert/Michael Czerniaswski, *Expanding the European Data Protection Scope Beyond Territory: Article 3 of the General Data Protection Regulation in Its Wider Context*, 6 IDPL, 2016, 230-243; Merlin Gömann, *The New Territorial Scope of EU Data Protection Law: Deconstructing a Revolutionary Achievement*, 54 CMLR, 2017, 567-590

[271] Considerando 22.

[272] Considerandos 2 e 14.

[273] Ponto 130.

35. O conceito de estabelecimento

I. Apesar de o legislador europeu não apresentar, no extenso artigo 4.º, uma definição de estabelecimento[274], fornece-nos importantes pistas no Considerado 22: "O estabelecimento pressupõe o exercício efetivo e real de uma atividade com base numa instalação estável. A forma jurídica de tal estabelecimento, quer se trate de uma sucursal quer de uma filial com personalidade jurídica, não é fator determinante nesse contexto".

São três os elementos centrais deste conceito: (i) estabilidade da instalação; (ii) efetividade do exercício de uma atividade; e (iii) no contexto do exercício dessas atividades. Os três elementos devem ser analisados casuisticamente, à luz dos factos reais e do contexto envolvente.

II. A estabilidade da instalação não pressupõe, como resulta do Considerando 22 *supra* transcrito, o registo da pessoa coletiva em território da União[275]. Também não releva a natureza jurídica dessa entidade[276].

Um escritório com apenas um funcionário, um simples mandatário, um escritório de um advogado que atue como representante de forma regular, a abertura e a utilização de uma conta bancária ou a existência de uma morada postal é quanto basta para aplicar o RGPD. Por contraste, um servidor ou um computador dificilmente podem desencadear a invocação do Direito europeu da proteção de dados[277].

[274] O artigo 4.º/16 apenas define o que se entende por estabelecimento principal. Este conceito, central da dimensão regulatória do Direito da proteção de dados, fornece-nos poucas pistas no que ao conceito de estabelecimento respeita.

[275] TJUE 1-out.-2015, proc. C-230/14 (*Weltimmo v Nemzeti*), 29: "Assim, para determinar se uma sociedade, responsável por um tratamento de dados, dispõe de um estabelecimento, na aceção da Diretriz 95/46, num Estado-Membro diferente do Estado-Membro ou do país terceiro em que está registada, há que avaliar tanto o grau de estabilidade da instalação como a realidade do exercício das atividades nesse outro Estado-Membro, tendo em conta a natureza específica das atividades económicas e das prestações de serviços em causa"; TJUE 28-jul.-2016, proc. C-191/15 (*Verein für Konsumenteninformation v Amazon*), 77.

[276] Considerando 22.

[277] GT 29, *Opinion 8/2010 on applicable law* (WP 179), 16-dez.-2010, 11-12; Zerdick, *Anotação ao artigo 3.º do RGPD* em *Ehmann/Selmayr*, Rn. 9.

III. O preenchimento da efetividade do exercício basta-se com uma atividade ligeira, ainda que mínima[278]. A busca pelo lucro é, tanto numa perspetiva abstrata, como numa perspetiva imediata, igualmente irrelevante[279-280].

O preenchimento deste requisito é decisivo para a tomada de posição em relação à estabilidade ou não estabilidade do estabelecimento[281].

IV. O elemento no contexto do exercício da atividade foi especialmente debatido no acórdão *Google Spain*[282-283]. Em termos genéricos, a Google alegou a não aplicação do RGPD e isto apesar de ter uma filial constituída em território da União, "uma vez que o tratamento de dados pessoais em causa no processo principal é efetuado exclusivamente pela Google Inc., que explora o Google Search sem intervenção alguma da Google Spain, cuja atividade se limita a fornecer apoio à atividade publicitária do grupo Google que é distinta do seu serviço de motor de busca"[284]. Esta interpretação não foi acolhida pelo TJUE. Foram os seguintes os fundamentos invocados pelo tribunal: (i) o artigo 4.º/1, *a)* da Diretriz n.º 95/46/CE – idêntico, neste ponto, ao artigo 3.º/1 do RGPD – não exige que o tratamento seja efetuado pelo estabelecimento em causa, mas no contexto das atividades por este desenvolvidas[285]; (ii) as atividades de publicidade realizadas pela *Google Spain* são decisivas para o desenrolar das atividades e para a rentabilização da *Google Inc.*[286]; e (iii) é esta interpretação que melhor acautela

[278] Expressão utilizada pelo TJUE: TJUE 1-out.-2015, proc. C-230/14 (*Weltimmo v Nemzeti*), 31 e TJUE 28-jul.-2016, proc. C-191/15 (*Verein für Konsumenteninformation v Amazon*), 75.

[279] Afasta o conceito do RGPD do conceito clássico; reconhecido, em grande medida, no artigo 49.º do TFUE.

[280] O RGPD é, neste âmbito, internamente coerente. Recorde-se, a esse propósito, os conceitos de atividades comerciais ou profissionais, analisados a propósito do artigo 2.º.

[281] GT 29, *Opinion 8/2010* cit., 11.

[282] TJUE 13-mai.-2014, proc. C-131/12 (*Google Spain*).

[283] Levou à revisão da *Opinion 8/2010 on applicable law* (WP 179): GT 29, *Update of Opinion 8/2010 on applicable law in light of the CJEU judgement in Google Spain* (WP 179 update), 16-dez.-2015.

[284] Cit., 51.

[285] Cit., 52.

[286] Cit., 55 ss.

os interesses dos titulares[287] – o TJUE reconhece a funcionalização do Direito da proteção de dados a este propósito último[288].

A argumentação invocada pelo TJUE na decisão *Google Spain* é passível de ser transposta para situações similares e que envolvam, nomeadamente, as grandes empresas digitais estado-unidenses[289].

36. Sem estabelecimento na União Europeia: extraterritorialidade

I. O artigo 3.º/2 permite a invocação do RGPD mesmo que o responsável pelo tratamento ou o subcontratante não estejam estabelecidos em território da União, i.e., os requisitos elencados no seu n.º 1 não se encontram preenchidos[290]. A *ratio* subjacente a este novo número – sem paralelo na Diretriz n.º 95/46/CE – consiste em evitar que as pessoas singulares sejam privadas da proteção que decorre da aplicação do RGPD[291], quando contratem ou sejam *controladas* por empresas não europeias.

A aplicação do artigo 3.º/2, nos termos aqui previstos, apenas poderá ocorrer em duas situações distintas: as atividades de tratamento de dados pessoais, efetuadas por responsáveis ou subcontratantes, estejam relacionadas com (a) a oferta de bens ou serviços a titulares que se encontrem na União Europeia ou (b) o controlo dos comportamentos de titulares que se encontrem na União Europeia. Na versão portuguesa do artigo 3.º/2 é empregue uma diferente expressão: "titulares residentes no território da União". Trata-se de mais uma gralha com um impacto substantivo considerável, devendo, como tal, ser desconsiderada, por violação da *ratio* do preceito e, curiosamente, da sua própria letra.

287 Cit., 53-54.

288 Ponto 4.

289 Jürgen Kühling, *Rückkehr des Rechts: Verpflichtung von "Google & Co." zu Datenschutz*, 25 EuZW, 2014, 527-532; Eva Beyvers/Tilman Herbrich, *Das Niederlassungsprinzip im Datenschutzrecht – am Beispiel von Facebook – Der neue Ansatz des EuGH und die Rechtsfolgen*, 4 ZD, 2013, 558-562.

290 Manuel Klar, *Die extraterritoriale Wirkung des neuen europäischen Datenschutzrecht*, 7 ZD, 2017, 533-537: o Autor analisa as vantagens do novo modelo e as fragilidades da solução positivada.

291 Considerando 23.

Apesar dos méritos subjacentes à aplicação extraterritorial do RGPD, este modelo suscita complexos problemas práticos – como implementar efetivamente o Direito europeu para lá das fronteiras da União[292]? – e teóricos – pode um Estado impor aos demais as suas soluções legislativas[293]?

II. Nestes casos, deverá ser designado um representante, nos termos do artigo 27.º, que representa o responsável pelo tratamento ou o subcontratante, consoante a situação concreta, para efeitos de aplicação do RGPD e demais legislação aplicável[294].

37. Titulares de dados da União

O legislador europeu não define o conceito de *titulares de dados na União*. Contudo, estes são apresentados, no Considerando 23, como "titulares que se encontrem na União Europeia".

A expressão, que extravasa o conceito de cidadão da União[295], engloba residentes, temporários ou permanentes, turistas, trabalhadores temporários, apátridas e quaisquer outros sujeitos[296]. O elemento chave é colocado, não nas qualidades ou característica do titular, mas no local onde se encontra no momento em que o tratamento ocorre[297].

[292] Benjamin Greze, *The Extra-Territorial Enforcement of the GDPR: A Genuine Issues and the Quest for Alternatives*, 9 IDPL, 2019, 109-128: o Autor, que apresenta, de forma certeira, as fragilidades da aplicação extraterritorial do RGPD, mostra-se particularmente cético do seu sucesso.

[293] Trata-se de uma questão clássica do Direito dos valores mobiliários: durante décadas, a *Securities and Exchange Commission* considerou-se competente para impor o Direito mobiliário estado-unidense sempre que uma determinada situação envolvesse um cidadão americano; apenas em 2010 o Supremo Tribunal dos Estados-Unidos decidiu de forma desfavorável a esta aplicação extraterritorial do Direito local: A. Barreto Menezes Cordeiro, *Direito dos valores mobiliários*, I: *Fontes; Dogmática geral*, Almedina, Coimbra, 2015, 160 ss.

[294] O conceito de representante surge definido no artigo 4.º, *17)*.

[295] Artigo 9.º do TUE: "É cidadão da União qualquer pessoa que tenha a nacionalidade de um Estado-Membro".

[296] Zerdick, *Anotação ao artigo 3.º do RGPD* em *Ehmann/Selmayr*, Rn. 15

[297] Klar, *Anotação ao artigo 3.º do RGPD* em *Kühling/Buchner*, Rn. 62-64.

38. Oferta de bens ou serviços

I. O conceito de oferta do artigo 3.º/2 não se confunde com o sentido clássico do Direito civil. Como parece resultar do Considerando 23, o conceito de oferta do RGPD abrange tanto as ofertas como os convites a contratar do Direito Comum[298]. Como fatores relevantes, a considerar autónoma ou conjuntamente – dependendo da sua intensidade –, contam-se a utilização de uma língua ou moeda de uso corrente em um ou mais Estados-Membros; a possibilidade de encomendar bens ou serviços nessa língua; anúncios a bens e serviços; a possibilidade de pedir mais informações[299]; ou a referência a clientes ou a utilizadores que se encontrem na União[300]. Por contraste, o simples facto de um sítio do responsável, do subcontratante ou de um intermediário, um endereço eletrónio ou qualquer outro meio de contacto estar disponível na União não basta[301].

Em última análise, cabe aos tribunais, recorrendo a todos os fatores que tenham à sua disposição, determinar qual a intenção do prestador de bens ou de serviços[302]. Entre nós, este exercício, poderá ser feito por aplicação do artigo 236.º/1 do CC: a declaração, expressa ou tácita, "vale com o sentido que um declaratário normal, colocado na posição de real declaratário, possa deduzir do comportamento do declarante"[303].

II. Não releva, para efeitos da aplicação deste preceito, se a oferta é acompanhada de uma contraprestação, monetária ou de outra natureza[304]. É igualmente irrelevante se esta oferta é permanente ou temporária[305].

[298] Menezes Cordeiro, *Tratado*, II, 317 ss.

[299] Este fator, isoladamente, é considerando insuficiente: Considerando 23.

[300] Considerando 23; Klar, *Anotação ao artigo 3.º do RGPD* em *Kühling/Buchner*, Rn. 69.

[301] Considerando 23.

[302] Considerando 23.

[303] Menezes Cordeiro, *Tratado*, II, 673 ss.

[304] O pagamento pode ser suportado por terceiros: Manuel Klar, *Räumliche Anwendbarkeit des (europäischen) Datenschutzrechts – Ein Vergleich am Beispiel von Satelliten-, Luft- und Panoramastraßenaufnahmen*, 3 ZD, 2013, 109-115, 113.

[305] Klar, *Anotação ao artigo 3.º do RGPD* em *Kühling/Buchner*, Rn. 70.

39. Bens

I. O legislador europeu utiliza a expressão bem e não coisa pelo que, em abstrato, seria possível reconduzir a este conceito todos os bens corpóreos e incorpóreos, assim como as próprias prestações[306]. Todavia, atendendo a que o preceito menciona "bens ou serviços" não se justifica, sob pena de esvaziamento do segundo elemento, assumir uma conceção tão vasta. Em suma, como bem devemos entender todas as coisas corpóreas e as coisas incorpóreas[307].

Também nos parece que o conceito deve abranger animais, apesar dos avanços conceituais recentes que afastam as duas realidades e que se estendem a muitos países europeus. Pelas seguintes razões: (i) em muitos países europeus os animais são ainda considerados coisas; (ii) nos países em que assim não seja, não deixaram de ser objetos de relações jurídicas – são vendidos, comprados e doados; e (iii) a funcionalização do RGPD à proteção dos interesses dos titulares de dados pessoais favorece sempre a interpretação que melhor acautele os seus interesses.

40. Serviços

O artigo 57.º/1 do TFUE define serviços como sendo prestações[308] e o artigo 4.º/1 da Diretriz n.º 2006/123/CE, de 12 de dezembro (Diretriz dos Serviços) como "qualquer atividade económica não assalariada prestada *geralmente mediante remuneração*". Ambos os conceitos, depurados da parte relativa à remuneração, podem aqui ser utilizados: por serviço deve entender-se, simplesmente, uma prestação.

Entre os vários exemplos possíveis, contam-se: serviços de marcação de restaurantes, de hotéis ou de viagens; serviços de *streaming* ou de *clouds*; serviços de *social media* ou de comunicação[309].

[306] Menezes Cordeiro, *Tratado*, III, 49 ss.

[307] Klar, *Anotação ao artigo 3.º do RGPD* em *Kühling/Buchner*, Rn. 76 ss: lista muito completa de exemplos de bens, à luz da jurisprudência do TJUE.

[308] "[C]onsideram-se "serviços" as prestações realizadas normalmente mediante remuneração".

[309] Klar, *Anotação ao artigo 3.º do RGPD* em *Kühling/Buchner*, Rn. 74.

41. Controlo do comportamento

I. Nos termos do Considerando 24, a aplicação do artigo 3.º/2 pressupõe a verificação cumulativa dos seguintes requisitos: (i) o comportamento dos titulares; (ii) ser seguido; (iii) na *Internet*; e (iv) esses dados poderem ser, potencialmente, sujeitos a um tratamento de definição de perfil, tendo em vista, especialmente, a tomada de decisões relativas a esses sujeitos ou analisar ou prever as suas preferências, o seu comportamento e as suas atitudes. Os requisitos (ii) e (iv) devem ser analisados a propósito da expressão *controlo*.

II. A utilização, na versão portuguesa, da expressão controlo poderá parecer exagerada[310] quando confrontada com outras versões: inglesa e italiana – monitorizar; alemã – observar; ou francesa – acompanhar. Todavia, é essa a expressão, precisamente por incluir os requisitos (i) e (iv) do Considerando 24, que melhor espelha as pretensões do legislador europeu e, ao mesmo tempo, que exige menores esforços interpretativos.

III. O controlo pressupõe que o titular dos dados seja seguido com alguma intensidade[311], de outro modo não se poderá verdadeiramente falar em controlo, nem seria possível traçar o seu perfil. Por outro lado, a aplicação do preceito não se encontra dependente de uma vigilância 24 horas por dia.

Também não releva a intenção que subjaz ao controlo (p.ex.: intenções políticas, económicas, sociais, publicitários ou a simples curiosidade[312]) ou sequer se se pretende traçar o perfil do titular dos dados, mas somente se o permite em abstrato (potencialmente)[313].

42. *Internet*

A letra do artigo 3.º/2, *b)* não restringe o controlo ao âmbito da *Internet*. Esta circunscrição apenas resulta do texto do Considerando 24. Não

310 Na versão espanhola encontramos uma expressão sinónima à portuguesa.

311 Considerando 24.

312 Ernst, *Anotação ao artigo 1.º do RGPD* em *Paal/Pauly*, Rn. 20.

313 Klar, *Anotação ao artigo 3.º do RGPD* em *Kühling/Buchner*, Rn. 97.

nos parece que esta indicação, para mais não sendo fundamentada, possa impedir a aplicação do preceito a controlos de comportamentos efetuados por outros meios tecnológicos[314]. É também essa a opinião da AEPD[315].

Como exemplos clássicos de controlo de comportamentos na *Internet*, pense-se nas *cookies*[316], nos *social media plugins*, nos serviços de localização e em todos os demais meios tecnológicos que permitam seguir a atuação dos utilizadores[317].

43. Comportamento

A expressão comportamento pressupõe uma atuação por parte do controlado[318], embora não se ignore que de uma determinada atuação se possa retirar consequências negativas; p.ex.: o que o controlado não aprecia.

44. Por aplicação do Direito internacional público

O último número do artigo 3.º estende a aplicação do RGPD ao tratamento de dados pessoais realizado por um sujeito que não tenha estabelecimento em território da União (n.º 1), sempre que seja aplicado, no local onde o titular dos dados se encontra, o Direito de um Estado-Membro. Como exemplos paradigmáticos, pense-se numa missão diplomática[319] ou num posto consular[320] de um Estado-Membro[321].

[314] Ponto 13.

[315] AEPD, *Guidelines 2/2018 on the territorial scope of the GDPR (Article 3)*, 16-nov.-2018, 17-18.

[316] Luís Menezes Leitão, *Os testemunhos de conexão: cookies* em *EH ao Professor Doutor Inocêncio Galvão Telles*, 90 anos, Almedina, Coimbra, 2007, 763-774.

[317] Plitz, *Anotação ao artigo 3.º do RGPD* em *Gola*, Rn. 32.

[318] Plitz, *Anotação ao artigo 3.º do RGPD* em *Gola*, Rn. 33.

[319] Convenção de Viena sobre Relações Diplomáticas.

[320] Convenção de Viena sobre Relações Consulares.

[321] Considerando 25. AEPD, *Guidelines 2/2018* cit., 19.

§ 11º A LEI DE EXECUÇÃO

45. Enquadramento legislativo

Por despacho da Ministra da Presidência e da Modernização Administrativa, de 17 de agosto de 2017 (Despacho n.º 7456/2017) foi constituído um "Grupo de Trabalho com o objetivo de preparar a legislação portuguesa para a aplicação do Regulamento Geral de Proteção de Dados".

A 26 de maio de 2018 foi publicado em Diário da República a Proposta de Lei n.º 120/XIII/3.ª, que assegura a execução interna do RGPD[322]. Formalmente a cargo do Governo[323], a Proposta de Lei foi particularmente criticada[324] pela CNPD[325] que, no Parecer elaborado para o efeito, apresentou, de forma sustentada, inúmeras fragilidades legais; p.ex.: contradições entre o conteúdo da Proposta de Lei e o conteúdo do RGPD ou inclusão de preceitos para os quais os Estados-Membros não tinham competência legislativa, à luz do RGPD.

A 10 de maio de 2019 – mais de um ano volvido sobre a publicação da primeira polémica Proposta de Lei – foi apresentado um Projeto de Texto

[322] Publicada em Diário da República a 26 de maio de 2018: DR II Série A – número 89, 30 ss.

[323] Não se conhecem os estudos desenvolvidos pelo Grupo de Trabalho, pelo que não é possível, pelo menos ao declaratário normal, imputar aos seus membros o conteúdo da Proposta de Lei.

[324] Os vários contributos e pareceres produzidos podem ser consultados no sítio: https://www.parlamento.pt/ActividadeParlamentar/Paginas/DetalheIniciativa.aspx?BID=42368

[325] CNPD, *Parecer n.º 20/2018*, em especial 39 ss: conclusões do Parecer.

de Substituição da Proposta de Lei n.º 120/XIII/3.ª. Tendo sido aprovado, com ligeiras alterações no dia 14 de junho.

A LE foi finalmente publicada em Diário da República a 8 de agosto de 2019: a Lei n.º 58/2019.

46. Âmbito de aplicação nacional do RGPD

I. A Diretriz n.º 95/46/CE indicava no seu artigo 4.º/1 os critérios de determinação do Direito interno aplicável a cada situação concreta[326-327]: "Cada Estado-membro aplicará as suas disposições nacionais adoptadas por forca da presente directiva ao tratamento de dados pessoais quando...". O preceito seria transposto para a nossa ordem jurídica interna pelo artigo 4.º/3 da Lei n.º 67/98[328]:

> A presente lei aplica-se ao tratamento de dados pessoais efectuado:
>
> a) No âmbito das actividades de estabelecimento do responsável do tratamento situado em território português;
> b) Fora do território nacional, em local onde a legislação portuguesa seja aplicável por força do direito internacional;
> c) Por responsável que, não estando estabelecido no território da União Europeia, recorra, para tratamento de dados pessoais, a meios, automatizados ou não, situados no território português, salvo se esses meios só forem utilizados para trânsito através do território da União Europeia.

II. Apesar da epígrafe que acompanha o artigo 3.º do RGPD e do evidente paralelismo com o artigo 4.º da Diretriz n.º 95/46/CE, a problemática do Direitos dos conflitos não é aí abordada, nem em qualquer outro

[326] Veja-se, ainda, os Considerandos 18 ss da Diretriz n.º 95/46/CE.

[327] Lee A. Bygrave, *Determining Applicable Law Pursuant to European Data Protection Legislation*, 16 CLSR, 2000, 252-257.

[328] Lei n.º 67/98, de 26 de outubro.

preceito ou considerando do RGPD[329]. Esta lacuna foi atempadamente identificada pela AEPD, logo no Parecer que produziu em 2012, tendo recomendado o aditamento de "uma disposição que clarifique o âmbito de aplicação territorial da legislação nacional no âmbito do Regulamento"[330].

A ausência de uma norma de conflitos tem suscitado enormes dúvidas[331] em face, precisamente, da proliferação de cláusulas de abertura[332]. Não é sequer pacífico que as leis de execução nacionais possam tomar essa decisão em mãos[333]. Não vemos, todavia, como não o fazer, sob pena de bloquear a aplicação do RGPD – com as devidas cautelas e aguardando ansiosamente por uma decisão do TJUE. A assunção desta posição poderá levar, reconheça-se, à aplicação de mais do que uma lei nacional ao mesmo tratamento de dados pessoais.

47. O âmbito de aplicação nacional da LE

I. O artigo 2.º da LE deve ser interpretado, assim como todos os demais preceitos que compõem o diploma nacional, à luz do conteúdo do RGPD: em concreto considerando os seus artigos 2.º e 3.º.

O legislador nacional adotou, *grosso modo*, a estrutura seguida no artigo 3.º do RGPD: a LE aplica-se (i) a todos os tratamentos de dados pessoais realizados em território nacional, independentemente da natureza pública ou privada do responsável pelo tratamento ou do subcontratante – ou seus representantes –, artigo 2.º/1 da LE; e (ii) aos tratamentos de dados pessoais realizados fora do território nacional quando a) sejam efetuados no

[329] Laue, *Öffnungsklauseln in der DS-GVO* cit., 465

[330] AEPD, *Resumo do Parecer da AEPD, de 7 de março de 2012, sobre o pacote de reforma legislativa sobre a proteção de dados*, JO 30-mar.-2012, C-192/7.

[331] Laue, Öffnungsklauseln in der DS-GVO cit., 464 ss; Jiahong Chen, *How the Best-Laid Plans Go Awry: The (Unsolved) Issues of Applicable Law in the General Data Protection Regulation*, 6 IDPL, 2016, 310-323.

[332] Não se consegue, deste modo, acompanhar Zerdick quando este afirma que a opção pela figura do regulamento afastou qualquer dificuldade neste campo: *Anotação ao artigo 3.º do RGPD* em *Ehmann/Selmayr* cit., Rn. 1.

[333] Considerando que não: Laue, *Öffnungsklauseln in der DS-GVO* cit., 464. Considerando que sim: Plitz, *Anotação ao artigo 3.º do RGPD* em *Gola*, Rn. 38 ss.

âmbito da atividade de um estabelecimento situado em território nacional; b) afetem titulares de dados que se encontrem em território nacional, nos termos do artigo 3.º/2 do RGPD; ou c) afetem dados pessoais que estejam inscritos nos postos consulares de que sejam titulares portugueses residentes no estrangeiro.

II. As três alíneas do artigo 2.º/2 foram objeto de severas críticas por parte CNPD[334], mas apenas uma das sugestões avançada no Parecer da autoridade de controlo nacional foi acolhida pelo legislador português: na Proposta original da LE, a alínea *b)* apenas se aplicava aos tratamentos que afetassem titulares de dados que residissem em território nacional[335].

Em relação à alínea *a)*, a CNPD considerou, em termos sucintos, que o preceito violava o RGPD, na medida em que coloca "em causa o mecanismo de balcão único que constitui uma das características mais emblemáticas deste regulamento"[336]. Não conseguimos acompanhar esta crítica, nem parte das considerações que a sustentam, pelas seguintes razões: (i) o mecanismo de balcão único respeita apenas à supervisão das autoridades de controlo, nos termos do artigo 56.º; e (ii) não resulta do RGPD, ao contrário do que defende a CNPD, que "havendo mais do que um estabelecimento na União, a lei aplicável será a do estabelecimento principal"[337]: trata-se, infelizmente, de uma lacuna deixada em aberto pelo RGPD[338]. Nesse sentido, parece-nos que a CNPD se precipitou quando deliberou desconsiderar a aplicação desta alínea *a)* por violação do RGPD[339].

Já em relação à alínea *c)*, a análise da CNPD procede, no geral: ao apenas referir os dados "inscritos nos postos consulares de que sejam titulares portugueses residentes no estrangeiro", a LE deixa de fora os tratamentos

[334] CNPD, *Parecer n.º 20/2018*, 5 ss.

[335] Aos tratamentos realizados a bordo de navios ou aeronaves aplica-se o regime geral do artigo 24.º do CC.

[336] CNPD, *Parecer n.º 20/2018*, 5.

[337] CNPD, *Parecer n.º 20/2018*, 5v.

[338] Em idêntico sentido: Hornung, *Anotação ao artigo 3.º do RGPD* em *Simitis/Hornung/Spiecker gen. Döhmann* cit., Rn. 14.

[339] CNPD, *Deliberação 2019/494*, 3.

relativos a titulares que não sejam portugueses e os tratamentos que se realizem em lugares em que, por força do Direito internacional público, se aplique o Direito português – artigo 3.º/3 do RGPD.

À luz de uma interpretação conforme com o RGPD e atendendo à funcionalização do Direito da proteção de dados, a alínea *c)* do artigo 2.º da LE deve ser interpretada com o conteúdo previsto para o artigo 3.º/3 do RGPD. Uma solução contrária levaria a que um conjunto considerável de tratamentos de dados pessoais ficassem num vazio legal, sem que lhes fosse aplicado o RGPD ou qualquer lei de execução nacional.

Parte II

Dados Pessoais

§ 12º O CONCEITO DE DADO PESSOAL

48. A definição legal

Nos termos do disposto no artigo 4.º, *1)*, por dados pessoais entende-se "informação relativa a uma pessoa singular identificada ou identificável".

O conceito de dado pessoal, bem consolidado no espaço europeu[340] e internacional[341-342], decompõe-se em quatro elementos distintos e autonomizáveis: (i) qualquer informação; (ii) relativa a; (iii) pessoa singular; e (iv) identificada ou identificável[343].

49. Qualquer informação

I. Toda a informação é considerada relevante, para efeitos de aplicação do Direito da proteção de dados[344]. Não há, como há já várias décadas o Tribunal

[340] O legislador europeu reaproveitou a definição constante da Diretriz n.º 95/46/CE: artigo 2.º, *a)*.

[341] A definição constante das *Guidelines Governing the Protection of Privacy and Transborder Flows of Personal Data* da OCDE, de 23 de setembro de 1980, é idêntica: *"personal data" means any information relating to an identified or identifiable individual ("data subject")"*.

[342] Evolução histórica do conceito de dado pessoal: A. Barreto Menezes Cordeiro, *Dados pessoais: conceito, extensão e limites*, 3 RDC, 2018, 297-321, 297-300.

[343] Conceito de dado pessoal: Barreto Menezes Cordeiro, *Dados pessoais* cit.; GT 29, *Parecer 4/2007 sobre o conceito de dado pessoal* (WP 136), 20-jun.-2007.

[344] Manuel Klar/Jürgen Kühling, *Anotação ao artigo 4.º do RGPD* em *Kühling/Buchner*, Rn. 9.

Constitucional alemão reconheceu, informação pessoal não merecedora de proteção jurídica, por muito insignificante ou fútil que possa parecer[345].

O conceito de informação (pessoal) extravasa, largamente, o sentido que tradicionalmente lhe é atribuído no seio dos direitos de personalidade[346], mesmo que se assuma, como o faz o TEDH, uma conceção mais flexível[347]. Privacidade não é sinónimo de direitos pessoais, nem a proteção concedida pelo regime jurídico consagrado no artigo 80.º do CC é idêntica à prevista pelo Direito da proteção de dados, em todas as suas diferentes concretizações legislativas.

Tanto se entende como sendo pessoal informação relativa à vida privada como à vida profissional e social[348]:

> O facto de essa informação se inscrever no contexto de uma atividade profissional não lhe pode retirar a qualificação de conjunto de dados pessoais[349].

O próprio RGPD faz variadas referências a dados pessoais de trabalhadores[350].

II. O conceito de informação pessoal abrange, consequentemente, todos os aspetos relativos à nossa pessoa, quer sejam familiares ou sociais, privados ou públicos, físicos ou mentais.

A informação pode respeitar, a título meramente exemplificativo, a elementos identificativos da pessoa – nome, data de nascimento, número de

345 BVerfG 15-dez.-1983, 37 NJW, 1984, 419-428, 422.

346 Menezes Cordeiro, *Tratado*, IV, 267: "Em rigor, a vida privada abrangerá tudo o que não seja público e profissional ou social".

347 TEDH 16-fev.-2000, appl. n.º 27798/95 (*Amann v Switzerland*), 65: "*the term "private life" must not be interpreted restrictively. In particular, respect for private life comprises the right to establish and develop relationships with other human beings; furthermore, there is no reason of principle to justify excluding activities of a professional or business nature from the notion of "private life"*". Com indicação de outra jurisprudência.

348 TJUE 30-mai.-2013, proc. C-342/12 (*Worten v ACT*), 18 ss; TJUE 29-jun.-2010, proc. C-28/08 (*Comissão v The Bavarian Lager*), 68 ss; TJUE 20-mai.-2003, proc. C465/00, C-138/01 e C-139/01 (*Rechnungshof v Österreichischer Rundfunk*), 64 ss, em especial 73.

349 TJUE 16-nov.-2015, proc. C-615/13 P (*ClientEarth v PAN Europe*), 30.

350 Artigos 9.º/2, *h*), 77.º/1 e, em especial, o artigo 88.º.

cartão de cidadão ou morada – características físicas – sexo, altura, peso, cor dos olhos ou do cabelo – considerações íntimas – crenças, opiniões, desejos, posições políticas ou religiosas – profissionais e académicas – títulos e graus ou estatutos profissionais e laborais – ou patrimoniais – direitos de propriedade[351]. São infindáveis as modalidades passíveis de serem concebidas.

O conceito de informação, para efeitos de aplicação do RGPD, abrange dados objetivos ou factuais – p.ex.: **A** nasceu em Lisboa – ou subjetivos – **A** não é um trabalhador honesto.

É igualmente irrelevante se os dados compilados e tratados são ou não verdadeiros. Para isso mesmo aponta o direito de retificação consagrado no artigo 16.º[352].

III. As variadas modalidades de dados pessoais identificadas pelo legislador europeu ao longo do RGPD transmitem-nos, de forma mais fidedigna, o alcance deste primeiro elemento: dados genéticos[353]; dados biométricos[354]; dados relativos à saúde[355]; dados que revelem a origem racial ou étnica, as opiniões políticas, as convicções religiosas ou filosóficas, a filiação sindical, relativos à vida sexual ou orientação sexual[356]; ou dados relacionados com condenações penais e infrações[357].

IV. O RGPD aplica-se independentemente do formato em que a informação foi recolhida e do suporte em que se encontra armazenada. Como exemplos clássicos de formato, refira-se o alfabético, o numérico, o gráfico ou o acústico e, de suporte, o papel, a memória de um computador, uma vídeo cassete, uma *pen* ou um CD[358].

Também aqui, as decisões do TJUE são esclarecedoras: imagens gravadas em vídeo[359]; atas de reuniões contendo os nomes dos seus

[351] Klar/Kühling, *Anotação ao artigo 4.º do RGPD* em *Kühling/Buchner*, Rn. 8.
[352] Pontos 136 ss.
[353] Artigo 4.º, *13)*.
[354] Artigo 4.º, *14)*.
[355] Artigo 4.º, *15)*.
[356] Artigo 9.º.
[357] Artigo 10.º.
[358] GT 29, *Parecer 4/2007* cit., 8-9.
[359] TJUE 11-dez.-2014, proc. C-212/13 (*Ryneš*), 22.

participantes[360]; registos dos tempos de trabalho de trabalhadores de uma empresa[361]; observações de peritos sobre determinado projeto divulgadas em sítio da *Internet*[362].

50. Relativa a

I. Para ser considerada um dado pessoal, a informação terá de ser relativa a uma pessoa. Esta intrínseca relação entre a informação e um sujeito exclui do campo de aplicação do RGPD toda a informação concernente a realidades jurídicas não subjetiváveis. Assim, informações alusivas a objetos – p.ex.: o Evereste é a mais alta montanha do mundo ou o imóvel X custa € 200 000 – são juridicamente irrelevantes, mesmo que o responsável pelo tratamento ou o terceiro conheçam, nos exemplos apresentados, que **A** escalou o Evereste ou que **B** é o proprietário do imóvel X: em ambos os casos a informação não é atinente a qualquer pessoa[363].

A informação relativa a objetos, quando conjugada com informação respeitante a pessoas, passa a ser tratada como dado pessoal, independentemente de essa informação ser presente ou futura[364] – p.ex: (i) foi feita uma chamada do telemóvel X; e (ii) o telemóvel X pertence a A. A ligação de (i) a (ii) converte (i) num dado pessoal[365].

Os dados factuais poderão igualmente ser reconduzidos ao universo dos dados pessoais, sempre que da informação recolhida conste algum elemento que permita identificar um sujeito[366]. Por fim, a informação factual será sempre pessoal quando seja armazenada nesses termos, ou seja, identificando o seu titular *ab initio*[367].

[360] TJUE 29-jun.-2010, proc. C-28/08 (*Comissão v The Bavarian Lager*), 68 ss.

[361] TJUE 30-mai.-2013, proc. C-342/12 (*Worten*), 18 ss.

[362] TJUE 16-nov.-2015, proc. C-615/13 P (*ClienthEarth v PAN Europe*), 23 ss.

[363] Klar/Kühling, *Anotação ao artigo 4.º do RGPD* em *Kühling/Buchner*, Rn. 12.

[364] Tina Krügel, *Das personenbezogene Datum nach der GS-GVO – Mehr Klarheit und Rechtssicherheit?*, 7 ZD, 2017, 455-460, 457-458.

[365] Klar/Kühling, *Anotação ao artigo 4.º do RGPD* em *Kühling/Buchner*, Rn. 13.

[366] Este problema coloca-se com especial evidência no campo da geodata: Nikolaus Forgó/Tina Krügel, *Der Personenbezug von Geodaten – Cui bono, wenn alles bestimmbar ist?*, 13 MMR, 2010, 17-23.

[367] Krügel, *Das personenbezogene Datum* cit., 457-458.

Quanto à informação recolhida no âmbito dos processos M2M – *Machine to Machine* –, esta poderá também ser considerada relativa a pessoas, dependendo, naturalmente, do seu conteúdo e natureza[368].

II. Seguindo a sistematização proposta pelo GT 29, a expressão *relativa a* abrange três situações distintas: (i) conteúdo; (ii) finalidade; ou (iii) resultado[369]. Trata-se de elementos alternativos e não cumulativos[370].

Por conteúdo, entende-se toda a informação que incida sobre uma pessoa, ou seja, é a própria pessoa que é *objeto de análise*. Atente-se aos seguintes exemplos: (i) análises clínicas → o doente; (ii) avaliação profissional de um trabalhador → o trabalhador; e (iii) registo criminal → o cidadão[371].

Na segunda situação – finalidade –, embora não seja a pessoa o *objeto de análise*, os dados recolhidos permitem "avaliar, tratar de determinada forma ou influenciar o estatuto ou o comportamento de uma pessoa"[372]: retribuições pagas por certas entidades[373]; historial das entradas e de saídas de um determinado país[374]; dados que constem de um registo de tempos

[368] Andreas Grünwald/Christoph Nüßing, *Machine To Machine (M2M)-Kommunikation – Regulatorische Fragen bei der Kommunikation im Internet der Dinge*, 18 MMR, 2015, 378-383, 382-383: na maioria das vezes será informação relativa a sujeitos, para mais, acrescentamos nós, se atendermos aos critérios elencados pelo GT 29; Volker Lüdemann, *Connected Cars: Das vernetzte Auto nimmt Fahrt auf, der Datenschutz bleibt zurück*, 5 ZD, 2015, 247-254: o Autor, partindo dos dados automobilísticos recolhidos, analisa a adequação dos modelos regulatórios vigentes, os seus limites e os problemas suscitados em face da realidade prática. Veja-se, ainda, Ralf Weisser/Claus Färber, *Rechtliche Rahmenbedingungen bei Connected Car – Überblick über die Rechtsprobleme der automobilen Zukunft*, 18 MMR, 2015, 506-512, 508-509.

[369] GT 29, *Parecer 4/2007* cit., 10 ss.

[370] GT 29, *Parecer 4/2007* cit., 12.

[371] GT 29, *Parecer 4/2007* cit., 11.

[372] GT 29, *Parecer 4/2007* cit., 11.

[373] TJUE 20-mai.-2003, proc. C-465/00, C-138/01 e C-139/01 (*Rechnungshof v Österreichischer Rundfunk*): este caso poderia ser remetido para a primeira situação – conteúdo –, na medida em que para além dos pagamentos, constava, ainda, o nome do beneficiário.

[374] TJUE 16-dez.-2008, proc. C-524/06 (*Huber*), este caso poderia, também, ser remetido para a primeira situação – conteúdo –, na medida em que para além dos registos de entradas e saídas, constava a seguinte informação: (i) apelido, nome próprio, data e local do nascimento, estado civil, sexo; (ii) historial das entradas no território alemão e das saídas desse território, estatuto de residente; (iii) indicações relativas aos sucessivos passaportes; (iv) historial das declarações de domicílio anteriores, e (v) referências do

de trabalho alusivos, para cada trabalhador, aos períodos de trabalho diário e aos períodos de descanso[375]; dados recolhidos por empresas do sector automóvel[376].

Por fim, como resultado, entende-se toda a informação que não incida sobre uma pessoa (conteúdo) e que não vise avaliá-la ou influenciá-la (finalidade), mas que, em abstrato, o permita fazer. O exemplo apresentado pelo GT 29 é, uma vez mais, elucidativo[377]: uma empresa de táxis instala um sistema de localização de satélite para melhor gerir a sua frota. Apesar de não ser essa a sua finalidade, os dados recolhidos permitem avaliar o desempenho dos motoristas.

III. A expressão *relativa a* não abrange apenas situações em que o titular dos dados surge individualizado. Informações pessoais respeitantes a grupos de sujeitos poderão, igualmente, ser merecedoras de proteção jurídica, dependendo dos exatos contornos dos casos[378]. Vejamos dois exemplos: **Informação A**: "A taxa de natalidade em Portugal, no ano 2015, foi de X"; **Informação B**: "A taxa de natalidade dos trabalhadores da Empresa A, no ano de 2015, foi de X". A **Informação A** não respeita, certamente, a um ou mais sujeitos identificados, já a **Informação B** poderá, dependendo do número de trabalhadores da Empresa A.

51. Pessoa singular

I. Como referido introdutoriamente: o campo de aplicação material do RGPD abrange apenas pessoas singulares, independentemente da sua nacionalidade ou local de residência[379]. Esta delimitação inicial deixa de

Bundesamt, indicações dos serviços que transmitiram os dados e referências desses serviços: 31.

375 TJUE 30-mai.-2013, proc. C-342/12 (*Worten v ACT*), em especial 19.

376 Karsten Kinast/Christina Kühni, *Telematik und Bordelektronik – Erhebung und Nutzung von Daten zum Fahrverhalten*, NJW, 2014, 3057-3060, em especial 3058.

377 GT 29, *Parecer 4/2007* cit., 11-12.

378 Klar/Kühling, *Anotação ao artigo 4.º do RGPD* em *Kühling/Buchner* cit., Rn. 15.

379 Considerando 14. A conjugar, naturalmente, com o campo de aplicação espacial previsto no artigo 3.º.

fora todas as pessoas coletivas[380] e, evidentemente, demais realidades jurídicas não subjetiváveis, como as coisas[381] e os animais[382]. O próprio nome completo do RGPD é conclusivo: "relativo à proteção das pessoas singulares". Tem sido, de resto, esta a interpretação classicamente assumida pelas autoridades europeias. O TJUE, confrontado com a necessidade de interpretar o alcance do artigo 8.º/1 da Carta – "Todas as pessoas têm direito à proteção dos dados de caráter pessoal que lhes digam respeito" – pronunciou-se em igual sentido[383].

A informação sobre pessoas coletivas apenas se encontra sujeita ao RGPD quando respeite, direta ou indiretamente, a pessoas singulares – p.ex.: o nome do sócio ou sócios conste da denominação da pessoa coletiva[384]. O não reconhecimento de uma proteção aos dados pessoais de pessoas coletivas contrasta com os avanços recentes no campo dos direitos de personalidade[385].

A recondução do direito à autodeterminação informacional ao universo dos direitos de personalidade, tanto numa perspetiva constitucional – artigo 26.º da CRP – como, e em especial, numa perspetiva civilística – artigo 70.º do CC –, permite a invocação dos regimes jurídicos vigentes de forma a proteger as pessoas coletivas[386].

[380] Considerando 14, p. 2: "O presente regulamento não abrange o tratamento de dados pessoais relativos a pessoas coletivas, em especial a empresas estabelecidas enquanto pessoas coletivas, incluindo a denominação, a forma jurídica e os contactos da pessoa coletiva".

[381] Nem sempre é fácil determinar se os dados recolhidos respeitam a uma coisa, por exemplo uma máquina, ou à pessoa que a opera. Uma resposta a esta questão irá depender da própria natureza, características e extensão dos dados: Information Commissioner's Office, *Determining what is personal data* (Net), 2012, 20-21.

[382] Sobre os avanços recentes do campo do Direito dos animais, veja-se o nosso artigo *A natureza jurídica dos animais à luz da Lei n.º 8/2017, de 3 de março*, 2 RDC, 2017, 317-335.

[383] TJUE 9-nov.-2010, proc. C-92/09 e C-93/09 (*Schecke*), 52-53. Gregor Heißl, *Können juristische Personen in ihrem Grundrecht auf Datenschutz verletzt sein?*, EuR 2017, 561-571: análise completa à problemática, de um ponto de vista dogmático e prático.

[384] GT 29, *Parecer 4/2007* cit., 25. TJUE 9-nov.-2010 C-92/09 e C-93/09 (*Schecke*), 53-54: "as pessoas colectivas só podem invocar a protecção dos artigos 7.º e 8.º da Carta a respeito de tal identificação desde que a denominação legal da pessoa colectiva identifique uma ou mais pessoas singulares. É o que se passa com a recorrente na causa principal no processo C-92/09. Com efeito, a denominação legal da sociedade identifica directamente pessoas singulares, que são sócios dessa sociedade".

[385] Barreto Menezes Cordeiro, *Dados pessoais* cit., 306-307.

[386] Peter Gola, *Anotação ao artigo 4.º do RGPD* em *Gola*, Rn. 23.

II. Não é feita no texto do RGPD ou nos extensos considerandos que o antecedem qualquer referência à aplicação do diploma aos nascituros. O legislador europeu terá optado por *delegar* essa decisão nos Estados-Membros[387].

É inegável que, no mundo contemporâneo, são recolhidas diversas informações respeitantes aos nascituros, desde ecografias a análises ao líquido amniótico[388]. A dúvida não está, assim, em determinar se estes dados são merecedores de proteção jurídica, mas apenas a que título o devem ser: como dados pessoais do nascituro ou dados pessoais da mãe[389]?

O problema, embora intrinsecamente relacionado com a natureza jurídica dos nascituros – têm ou não personalidade jurídica –, extravasa esta discussão clássica e com ela não se confunde. Recorde-se que, nos termos do artigo 66.º/2 do CC, os direitos que a lei legitima aos nascituros apenas dependem do seu nascimento[390]. Deste modo, poderemos sempre considerar que, independentemente da pessoa a quem a titularidade é atribuída no período que medeia a conceção e o nascimento completo, após o *corte do cordão umbilical*[391] esses dados pessoais serão igualmente pertencentes ao até então nascituro.

52. Dados de pessoas falecidas: regime geral

I. O âmbito de aplicação material do RGPD circunscreve-se a informação relativa a pessoas vivas. O conceito de dados pessoais do diploma não inclui, consequentemente, os dados pessoais de pessoas falecidas[392].

[387] GT 29, *Parecer 4/2007* cit., 24.

[388] Hans Hermann Schild, *Anotação ao artigo 4.º do RGPD* em *BeckOK*, Rn. 9.

[389] Wolfgang Ziebarth, *Anotação ao artigo 4.º do RGPD* em *Sydow*, Rn. 12.

[390] Schild, *Anotação ao artigo 4.º do RGPD* em *BeckOK*, Rn. 9.

[391] Utiliza-se a expressão *corte do cordão umbilical* com um propósito meramente simbólico. Nunca poderá ser esse corte que determina a aquisição de personalidade jurídica: Menezes Cordeiro, *Tratado*, IV, 372 ss.

[392] Considerando 27, p. 1: "O presente regulamento não se aplica aos dados pessoais de pessoas falecidas".

O legislador europeu abre as portas para o seu tratamento interno, i.e., ao nível do Direito dos Estados-Membros[393].

Alguma doutrina alemã, por invocação do princípio basilar da dignidade da pessoa humana, previsto no § 1(1) da Constituição local[394], e invocando uma interpretação sistemática do Direito da proteção de dados, advogava já, antes da entrada em vigor do RGPD, o reconhecimento de uma proteção generalizada dos dados pessoais de pessoas falecidas[395]. A necessidade de acautelar estes dados pessoais assume hoje a preferência da grande maioria dos autores que têm dedicado maior atenção ao problema[396]. Curiosamente, o BDSG é omisso quanto a esta matéria.

II. Os dados pessoais das pessoas falecidas surgem regulados no artigo 17.º da LE. Nos termos do seu número 1, apenas os seguintes são merecedores de tutela jurídica, para efeitos de aplicação da LE e do RGPD: (i) dados especiais, artigo 9.º/1; (ii) dados que se reportem à intimidade da vida privada; (iii) dados que se reportem à imagem; e (iv) dados relativos às comunicações, ressalvados os casos previstos no artigo 9.º/2.

A versão do artigo 17.º constante da Proposta de Lei apenas abrangia os dados especiais do artigo 9.º. Na origem[397] desta mudança parecem estar as sugestões avançadas pela CNPD[398]:

> Todavia, a proteção limitada aos dados pessoais elencados no artigo 9.º do RGPD deixa, em grande medida, desprotegida a proteção dos direitos de personalidade das pessoas falecidas, por naquele não caberem, por exemplo, os dados relativos à imagem ou à vida privada.

393 Considerando 27, p. 2: "Os Estados-Membros poderão estabelecer regras para o tratamento dos dados pessoais de pessoas falecidas".

394 Bettina Spilker, *Postmortaler Datenschutz*, DÖV, 2015, 54-60.

395 Thorsten Culmsee, *Postmortaler Datenschutz und postmortaler Datenntzung*, DSRITB, 2013, 413-428: o Autor, de forma a sustentar a sua posição, analisa diversos diplomas legislativos em que os dados de pessoas falecidas surgem acautelados.

396 Para além dos autores alemães já referidos, veja-se, sem pretensões exaustivas: J.C. Buitelaar, *Post-Mortem Privacy and Informational Self-Determination*, 19 Ethics Inf Technol, 2017, 129-142 e Edina Harbinja, *Post-Mortem Privacy 2.0: Theory, Law, and Technology*, 31 IRLCT, 2017, 26-42: com inúmeras referências bibliográficas.

397 A proximidade é evidente.

398 CNPD, *Parecer*, 30v.

> Por essa razão, sob pena de uma contradição insanável entre a presente Proposta de Lei e o regime do Código Civil quanto à proteção dos direitos de personalidade de pessoas falecidas, recomenda-se a especificação no n.º 1 do artigo 17.º dos dados sujeitos a sigilo, designadamente dos relativos às comunicações, bem como à identidade, à imagem e à intimidade da vida privada

Admitindo que o legislador pretendeu ir ao encontro destas críticas, a solução final peca por defeito, na medida em que apenas positivou os direitos de personalidade mencionados pela CNPD a título de exemplo. Qual a razão para proteger a imagem e não o nome? Ambos são direitos de personalidade. E qual a razão para proteger a imagem e não a voz/palavra? Apenas porque o primeiro consubstancia um direito de personalidade típico e o segundo atípico[399]? Se o critério foi o de conformar o Direito da proteção de dados ao Direito civil – que dificilmente se pode acompanhar –, então todos os direitos de personalidade deveriam ser incluídos e não somente alguns. Do ponto de vista prático, fica a dúvida se não será possível estender este preceito aos demais direitos de personalidade, fazendo uso da analogia.

III. Nem o RGPD nem a LE esclarecem o que se entende por intimidade da vida privada, imagem ou dados relativos à comunicação. Apenas o conceito de dado sensível surge preenchido[400].

Na busca pelo sentido de *intimidade de vida privada* resta ao intérprete-aplicador fazer uso da jurisprudência produzida noutros quadrantes, em especial no âmbito do artigo 80.º do CC, com as devidas e necessárias adaptações.

Recorrendo a teoria das esferas[401], tenderemos a defender uma extensão do conceito de intimidada da vida privada, para efeitos de aplicação deste preceito, às esferas íntima, secreta, privada e individual social. Apenas a esfera pública não será incluída.

[399] O direito de personalidade à palavra é, de resto, reconhecido pelo artigo 26.º/1 da CRP.

[400] Ponto 58.

[401] Por todos: Menezes Cordeiro, *Tratado*, IV, 264-265. A teoria das esferas é empregue, essencialmente, com propósitos expositivos; visa, ainda, facilitar a tarefa do intérprete-aplicador.

IV. Quanto à imagem, esta inclui, nos termos do Direito comum, as formas de materialização da imagem de um sujeito, independentemente do seu suporte ou forma de divulgação: fotografia, vídeo, desenho, escultura, bonecos, animação, caricaturas, máscaras ou fotomontagens[402].

As exceções elencadas no artigo 79.º/2 CC não podem para aqui ser transpostas: lidamos com realidade e ramos jurídicos distintos[403]. O tratamento da imagem, enquanto dado pessoal, apenas poderá ocorrer se o regime especial do Direito da proteção de dados o permitir – p.ex.: por invocação do artigo 31.º da LE.

V. Também em relação ao conceito de dados relativos às comunicações teremos de recorrer à dogmática comum, em especial à das cartas missivas confidenciais[404] e à da inviolabilidade da correspondência[405].

A proibição de tratamento de dados relativos às comunicações inclui tanto aos suportes mais tradicionais – carta ou telegrama – como aos mais modernos – e-mails, sms e demais mensagens eletrónicas[406].

Em princípio, a proibição do tratamento de dados que se reportem à intimidade da vida privada estende-se aos dados relativos às comunicações. Todavia, este parece ter um alcance mais vasto: inclui todas as comunicações independentemente do seu conteúdo, i.e., inclui as comunicações confidenciais e as não confidenciais.

VI. A referência ao número 2 do artigo 9.º do RGPD suscita algumas dúvidas interpretativas: (i) aplica-se somente ao tratamento de dados sensíveis ou (ii) estende-se ao tratamento das demais modalidades de dados previstas no artigo 17.º/1 da LE? À luz de uma interpretação conforme com

[402] Ana Filipa Morais Antunes, *Comentário aos artigos 70.º a 81.º do Código Civil (Direito de personalidade)*, UCP, Lisboa, 2012, 179.

[403] "Não é necessário o consentimento da pessoa retratada quando assim o justifiquem a sua notoriedade, o cargo que desempenhe, exigências de polícia ou de justiça, finalidades científicas, didáticas ou culturais, ou quando a reprodução da imagem vier enquadrada na de lugares públicos, ou na de factos de interesse público ou que hajam decorrido publicamente."

[404] Artigo 75.º do CC.

[405] Artigo 34.º da CRP.

[406] Menezes Cordeiro, *Tratado*, IV, 247.

o RGPD será de assumir a primeira hipótese, sob pena de o nível de proteção concedido aos dados pessoais não sensíveis de pessoas falecidas ser superior ao concedido aos dados pessoais não sensíveis de pessoas vivas.

VII. Ainda no campo do RGPD e do Direito da proteção de dados, a informação sobre pessoas falecidas deixa de poder ser livremente utilizada se afetar pessoas vivas, caso paradigmático de informação médica ou genética hereditária, i.e., que respeite, igualmente, aos descendentes vivos do *de cujus*[407]. Neste caso, não se está a acautelar os dados pessoais do falecido, mas os dados pessoais de um titular vivo.

Fora do universo dos dados pessoais, recorde-se o disposto no artigo 71.º do CC, nomeadamente o seu número 1: "os direitos de personalidade gozam igualmente de proteção depois da morte do respetivo titular"[408]; a criminalização das ofensas à memória de pessoa falecida, consagrada no artigo 185.º do CP[409]; e, no geral, todas as obrigações cuja eficácia se mantenha após a morte do sujeito protegido, *maxime*, deveres de sigilo e de confidencialidade[410].

53. Dados de pessoas falecidas: o exercício de direitos

I. Nos termos do artigo 17.º/2 da LE, os direitos previstos no RGPD relativos a dados pessoais de pessoas falecidas, nomeadamente os direitos de acesso, retificação e apagamento, são exercidos (i) por quem a pessoa

[407] GT 29, *Parecer 4/2007* cit., 23. Os dados genéticos e médicos são, de resto, merecedores de uma especial proteção, por intermédio do artigo 9.º do RGPD.

[408] Trata-se, reconheça-se, de um direito em relação ao qual os familiares têm de exigir o respeito pelo descanso e pela memória dos seus mortos": Menezes Cordeiro, *Tratado*, IV, 530-549. Johann Bizer, *Postmortaler Persönlichkeitsschutz? – Rechtsgrund und Länge der Schutzfristen für personenbezogene Daten Verstorbener nach den Archivgesetzen des Bundes und der Länder*, 12 NVwZ, 1993, 653-656: o Autor advogava, já então, uma aplicação da solução civilística clássica à problemática dos dados pessoais, ou seja, uma circunscrição da proteção aos familiares do falecido.

[409] Moldura penal: pena de prisão até 6 meses ou com pena de multa até 240 dias. Nos termos do número 3: "a ofensa não é punível quando tiverem decorrido mais de 50 anos sobre o falecimento".

[410] GT 29, *Parecer 4/2007* cit., 23.

falecida haja designado para o efeito ou, (ii) na sua falta, pelos respetivos herdeiros. A referência aos direitos de acesso, retificação e apagamento consubstanciam meros exemplos: o preceito abrange todos os direitos previstos no RGPD.

II. Nos termos do artigo 2133.º do CC, os herdeiros são: (i) o cônjuge; (ii) os descendentes; (iii) os ascendentes; (iv) os irmãos; (v) os descendentes dos irmãos; (vi) outros colaterais até ao quarto grau; e (vii) o Estado.

O artigo 17.º/2 não exclui qualquer categoria de herdeiro: limita-se a remeter para o regime comum; e também não estabelece qualquer critério de ordenação, pelo que qualquer sujeito que pertença a uma destas sete classes de herdeiros poderá exercer os correspondentes direitos.

III. O n.º 3 do artigo 17.º permite que o titular dos dados determine a impossibilidade de os direitos associados aos seus dados pessoais serem exercidos pelos seus herdeiros. Nesse sentido, podemos ainda admitir que o titular dos dados possa limitar o exercício de alguns direitos, determinar em que moldes este deve ocorrer ou vedar o seu exercício a alguns dos seus herdeiros, excluindo ou determinando quem os deve exercer.

IV. Ao contrário do que se verifica com outras leis de execução nacionais que tutelam os dados pessoais de pessoas falecidas ou no próprio Código Penal[411], a LE não estabelece qualquer prazo prescricional[412], pelo que o seu tratamento terá sempre de ocorrer nos termos aqui analisados[413].

[411] Artigo 185.º/3 do CP: "A ofensa não é punível quando tiverem decorrido mais de 50 anos sobre o falecimento."

[412] P.ex.: Dinamarca: 10 anos – Lei de Execução dinamarquesa, artigo 2.-*(5)*.

[413] Eventualmente, poderá ser invocado o instituto do abuso do direito (artigo 334.º do CC).

54. Identificada ou identificável: enquadramento

I. Dos quatro elementos que compõem o conceito de dado pessoal, apenas este último e somente em relação à expressão identificável, é densificado no texto do RGPD[414]:

> [É] considerada identificável uma pessoa singular que possa ser identificada, direta ou indiretamente, em especial por referência a um identificador, como por exemplo um nome, um número de identificação, dados de localização, identificadores por via eletrónica ou a um ou mais elementos específicos da identidade física, fisiológica, genética, mental, económica, cultural ou social dessa pessoa singular[415].

e nos Considerandos[416] que o acompanham:

> Para determinar se uma pessoa singular é identificável, importa considerar todos os meios suscetíveis de ser razoavelmente utilizados, tais como a seleção, quer pelo responsável pelo tratamento quer por outra pessoa, para identificar direta ou indiretamente a pessoa singular. Para determinar se há uma probabilidade razoável de os meios serem utilizados para identificar a pessoa singular, importa considerar todos os fatores objetivos, como os custos e o tempo necessário para a identificação, tendo em conta a tecnologia disponível à data do tratamento dos dados e a evolução tecnológica[417].

[414] A mesma preocupação havia já sido manifestada na Diretriz n.º 95/46/CE. Vejam-se as referências nas notas seguintes.

[415] Artigo 4.º, *1)*. Diretriz n.º 95/46/CE, Artigo 2.º, *a)*: "é considerado identificável todo aquele que possa ser identificado, directa ou indirectamente, nomeadamente por referência a um número de identificação ou a um ou mais elementos específicos da sua identidade física, fisiológica, psíquica, económica, cultural ou social".

[416] Atente-se, ainda, ao Considerando 30.

[417] Considerando 26, pp. 3-4. Diretriz n.º 95/46/CE, Considerando 26: "para determinar se uma pessoa é identificável, importa considerar o conjunto dos meios susceptíveis de serem razoavelmente utilizados, seja pelo responsável pelo tratamento, seja por qualquer outra pessoa, para identificar a referida pessoa".

O cuidado e a atenção dispensados pelo legislador europeu são demonstrativos, por um lado, da maior complexidade que rodeia este elemento e, por outro lado, da sua importância para o preenchimento do conceito de dado pessoal[418].

II. O legislador europeu não densifica o que se entende por *identificada* nem em que medida concreta se distingue da expressão *identificável*. Do ponto de vista prático, esta diferenciação não é, à primeira vista, determinante: independente de ser identificada ou identificável, a proteção concedida é a mesma[419]. Contudo, o não esclarecimento de cada um dos termos impossibilita o entendimento cabal do conceito de dado pessoal e, consequentemente, a própria aplicação do RGPD.

III. A Ciência Jurídica especializada tem preenchido o conceito *identificada* através da locução diretamente[420]. O TJUE considerou não constituir o endereço de IP dinâmico "uma informação relativa a uma "pessoa singular identificada", na medida em que esse endereço não revela diretamente a identidade da pessoa singular proprietária do computador a partir do qual se efetua a consulta de um sítio na *Internet*, nem a de outra pessoa que possa utilizar esse computador"[421].

Assim, uma determinada informação respeita diretamente a uma pessoa sempre que seja suficiente para a identificar de forma inequívoca, ou seja, sempre que não sejam necessários dados adicionais[422]. O nome completo de uma pessoa, admitindo que seja único, o número do cartão de identificação, o número de segurança social, o número de contribuinte

[418] Tobias Herbst, *Was sind personenbezogene Daten?*, 35 NVwZ, 2016, 902-906, 902: descreve-o nestes exatos termos; Krügel, *Das personenbezogene Datum* cit., 456: quase que circunscreve toda a problemática que rodeia o conceito de dado pessoal a este elemento; Judith Nink/Jan Pohle, *Die Bestimmbarkeit des Personenbezugs – Von IP-Adresse zum Anwendungsbereich der Datenschutzgesetze*, 18 MMR, 2015, 563-567, 565.

[419] Stefan Ernst, *Anotação ao artigo 4.º do RGPD* em *Paal/Pauly*, Rn. 8.

[420] Klar/Kühling, *Anotação ao artigo 4.º do RGPD* em *Kühling/Buchner*, Rn. 18; Schild, *Anotação ao artigo 4.º do RGPD* em *BeckOK*, Rn. 16.

[421] TJUE 19-out.-2016, proc. C-582/14 (*Breyer*), 38. Como veremos oportunamente, o TJUE considerou, à luz dos elementos do caso concreto, que se tratava de informação relativa a pessoa identificável.

[422] Ziebarth, *Anotação ao artigo 4.º do RGPD* em *Sydow*, Rn. 14.

fiscal ou as impressões digitais[423] são informações relativas a uma pessoa identificada. Já o primeiro e último nome são – em princípio –, só por si e sem mais informação, insuficientes para identificar uma pessoa concreta, salvo, naturalmente, quando o titular dos dados seja uma figura pública[424] ou se disponha de outros elementos relevantes[425].

A identificação ou não identificação do titular dos dados irá depender das circunstâncias concretas e do grau de autossuficiência da informação detida[426].

IV. Em relação à expressão *identificável* e partindo de ambos os trechos acima transcritos, a informação – que pode consistir em mais do que um elemento – será relativa a pessoa determinável sempre que haja uma probabilidade razoável de o responsável pelo tratamento ou de terceiros conseguirem identificar, através da conjugação de informação adicional à que já detêm ou não, a identidade do titular dos dados[427], ou seja, que torne a identificação possível[428], à luz de um juízo de razoabilidade.

Importa distinguir, neste âmbito, dois problemas distintos: (i) probabilidade razoável e fatores; e (ii) a relevância da informação detida por terceiros.

55. Identificável: probabilidade razoável e fatores

I. Independentemente dos fatores e meios a relevar, o critério geral de determinação da possibilidade de a identidade do titular ser desvendada

[423] TJUE 17-out.-2014, proc. C-291/12 (*Schwarz*), 27: "As impressões digitais enquadram-se neste conceito, uma vez que contêm objetivamente informações únicas sobre pessoas singulares e permitem a sua identificação exata".

[424] TEDH 19-fev.-2015, appl. n.º 53649/09 (*Ernst August von Hannover v Alemanha*), 44 ss: assumindo, precisamente, esta conceção, no que ao direito à intimidade da vida privada respeita.

[425] TJUE 16-dez.-2008, proc. C-73/07 (*Satamedia*), 35: primeiro e último nome mais rendimentos.

[426] Ziebarth, *Anotação ao artigo 4.º do RGPD* em *Sydow*, Rn. 14.

[427] Klar/Kühling, *Anotação ao artigo 4.º do RGPD* em *Kühling/Buchner*, Rn. 19.

[428] Schild, *Anotação ao artigo 4.º do RGPD* em *BeckOK*, Rn. 17.

é o da razoabilidade. Caberá ao intérprete-aplicador precisar, à luz dos factos e do contexto concreto, se é expectável que, da conjugação de outros elementos, a identidade do titular desses dados anónimos possa ser deslindada. A razoabilidade não respeita aos meios utilizados, mas à identificabilidade do titular[429].

A assunção de um critério de razoabilidade é um reflexo da impossibilidade fáctica de garantir a anonimidade absoluta dos dados recolhidos[430].

II. O TJUE, no acórdão *Breyer*, considerou, seguindo a posição manifestada pelo Advogado Geral[431], que não deveria ser tida em consideração a possibilidade de serem empregues, pelo responsável pelo tratamento ou por um eventual terceiro, informações obtidas ilicitamente: somente fatores lícitos deveriam ser considerados para efeitos de preenchimento do elemento da *identificabilidade*[432]. Esta posição, merecedora de um certo apoio[433], tem sido criticada por uma parte importante da doutrina especializada.

Entre os diversos argumentos esgrimidos, destacam-se: a disponibilidade tecnológica, técnica e humana que as empresas têm à sua disposição[434]; os dados recolhidos por uma entidade europeia poderem ser acedidos por entidades sedeadas fora do espaço europeu[435]; as diferenças legislativas existentes entre os vários países: o que é ilícito à luz do Direito europeu pode ser considerado lícito num outro ordenamento jurídico[436]; ou a ocorrência frequente de ataques informáticos[437]. Em suma, sendo o critério último o da razoabilidade, importa atender a todas as condutas ilícitas desde que se possa razoavelmente contar com elas[438].

[429] Ziebarth, *Anotação ao artigo 4.º do RGPD* em *Sydow*, Rn. 23.

[430] Jürgen Kühling/Manuel Klar, *Unsicherheitsfaktor Datenschutzrecht – Das Beispiel des Personenbezugs und der Anonymität*, 66 NJW, 2013, 3611-3617, 3613.

[431] *Conclusões do Advogado-Geral* no proc. C-582/14 (*Breyer*), 68.

[432] TJUE 19-out.-2016, proc. C-582/14 (*Breyer*), 46.

[433] Kühling/ Klar, *Unsicherheitsfaktor Datenschutzrecht* cit., 3613.

[434] Achim Klabunde, *Anotação ao artigo 4.º do RGPD* em *Ehmann/Selmayr*, Rn. 17.

[435] Ziebarth, *Anotação ao artigo 4.º do RGPD* em *Sydow*, Rn. 23.

[436] Ziebarth, *Anotação ao artigo 4.º do RGPD* em *Sydow*, Rn. 23.

[437] Krügel, *Das personenbezogene Datum* cit., 456, 459-460.

[438] Ziebarth, *Anotação ao artigo 4.º do RGPD* em *Sydow*, Rn. 38.

Esta conclusão é suportada pelos elementos interpretativos que temos à nossa disposição[439]: (i) elemento literal: a expressão razoabilidade não exclui ilicitudes: há ilicitudes que são expectáveis de serem cometidas e outras que não o são; (ii) elemento teleológico: o objetivo do RGPD e do próprio Direito da proteção de dados é proteger, de forma preventiva, a devassa dos dados pessoais das pessoas singulares; e (iii) elemento sistemático: o Direito da proteção de dados foi concebido precisamente porque se reconhece que os dados pessoais de cada pessoa podem ser obtidos ilicitamente.

III. A posição manifestada pelo GT 29 no célebre *Parecer 4/2007* sobre o conceito de dados pessoais[440] tem sido igualmente citada como sendo favorável à desconsideração da utilização de meios ilícitos, para efeitos do preenchimento do requisito da identificabilidade. Recorde-se o exemplo apresentado:

> Determinados hospitais ou médicos transferem dados de registos médicos dos seus doentes para uma empresa para fins de investigação medica. Não são utilizados os nomes dos doentes, apenas os números de série, atribuídos aleatoriamente a cada caso clínico, de forma a assegurar a coerência e evitar confusão entre a informação sobre diferentes doentes. Os nomes dos doentes mantêm-se exclusivamente na posse dos respectivos médicos vinculados pelo sigilo profissional. Os dados não contêm qualquer informação adicional que possa tornar a identificação dos doentes possível por combinação. Adicionalmente, foram tomadas todas as medidas, sejam elas jurídicas, técnicas ou organizacionais, para evitar que as pessoas em causa sejam identificadas ou se tornem identificáveis. Nestas circunstâncias, uma Autoridade de Protecção de Dados poderá considerar que, no tratamento efectuado pela empresa farmacêutica, não existem meios susceptíveis de serem razoavelmente utilizados para identificar as pessoas em causa[441].

[439] Segue-se de perto o raciocínio apresentado por *Patrick Breyer, Personenbezug von IP--Adressen – Internetnutzung und Datenschutz*, 4 ZD, 2014, 400-405, 402.

[440] GT 29, *Parecer 4/2007 sobre o conceito de dados pessoais* (WP 136), 20-jun.-2007.

[441] Cit., 16.

Ora, deste exemplo não se pode concluir pela defesa, por parte do GT 29, da irrelevância da utilização de meios ilegais – que nestes casos consistiria na divulgação ou obtenção da informação confidencial apenas conhecida dos médicos –, mas somente não ser expectável que esses mesmo médicos violem o Juramento de Hipócrates[442].

IV. No Considerando 26, p. 4, o legislador europeu indica, a título exemplificativo – a utilização da expressão "todos os fatores objetivos, como" é inequívoca –, alguns fatores que podem ser atendidos: custos económicos, tempo necessário e tecnologia disponível. Não é apenas a tecnologia presente que deve ser tida em consideração, mas também a tecnologia futura – "tendo em conta a tecnologia disponível à data do tratamento dos dados e a evolução tecnológica" –, à luz, naturalmente, de um juízo de razoabilidade[443].

O GT 29 apresenta outros fatores a ponderar: "O objectivo pretendido, a forma como o tratamento está estruturado, a vantagem esperada pelo responsável pelo tratamento, os interesses em causa para as pessoas, bem como o risco de disfunções organizacionais (ex.: quebra do dever de confidencialidade) e falhas técnicas, deverão todos ser tidos em consideração"[444].

Por fim, serão sempre considerados pessoais, os dados que possam a todo o tempo ser desanonimizados pelo respetivo responsável[445].

IV. Sendo este um exercício casuístico[446] e realista – atividades teóricas e rebuscadas devem ser descartadas[447] –, o intérprete-aplicador deve atender à natureza dos próprios dados e às pretensões do responsável pelo tratamento. Por exemplo: o responsável pelo tratamento dos dados pode

[442] "Prometo solenemente... Mesmo após a morte do doente respeitarei os segredos que me tiver confiado".

[443] GT 29, *Parecer 4/2007* cit., 16; Klar/Kühling, *Anotação ao artigo 4.º do RGPD* em *Kühling/Buchner*, Rn. 23; Klabunde, *Anotação ao artigo 4.º do RGPD* em *Ehmann/Selmayr*, Rn. 17.

[444] GT 29, *Parecer 4/2007* cit., 16.

[445] Ziebarth, *Anotação ao artigo 4.º do RGPD* em *Sydow*, Rn. 32.

[446] Kühling/ Klar, *Unsicherheitsfaktor Datenschutzrecht* cit., 3613.

[447] Nink/Pohle, *Die Bestimmbarkeit des Personenbezugs* cit., 565; Patrick Breyer, *Personenbezug von IP-Adressen – Internetnutzung und Datenschutz*, 4 ZD, 2014, 400-405, 400.

recolher informação com o preciso intuito de identificar os respetivos titulares[448] ou pode ter um especial interesse em fazê-lo, quer pelos benefícios económicos ou outros que daí julga poder retirar[449], quer pela notoriedade do próprio titular: quanto maior relevância social tiver o titular dos dados maior será o interesse em o identificar e mais elevados os potenciais benefícios associados[450]. Ambas as situações, entre outras, justificam o dispêndio de quantias monetárias e de tempo que de outro modo não seriam razoáveis[451].

56. Identificável: a teoria relativa e a teoria objetiva

I. Não restam dúvidas, nem ninguém contesta, que o sujeito será determinável sempre que o responsável pelo tratamento de dados possa aceder a informação adicional que, conjugada com a informação por si já detida, permita identificar a identidade do titular dos dados[452]. A dúvida e a discussão, jurisprudencial e doutrinária, reside na irrelevância ou relevância dos conhecimentos e dos meios detidos por terceiros[453].

São duas as grandes teorias que se confrontam: (i) a teoria relativa: circunscreve a análise de razoabilidade aos meios e conhecimentos detidos pelo responsável pelo tratamento; e (ii) a teoria objetiva: defende uma análise abstrata que considere os meios e os conhecimentos detidos pelo responsável e por terceiros. Ambas as teorias estão, naturalmente, sujeitas a diversas variações[454].

[448] GT 29, *Parecer 4/2007* cit., 16-17.

[449] Kühling/ Klar, *Unsicherheitsfaktor Datenschutzrecht* cit., 3613.

[450] Klar/Kühling, *Anotação ao artigo 4.º do RGPD* em *Kühling/Buchner*, Rn. 22.

[451] Kühling/ Klar, *Unsicherheitsfaktor Datenschutzrecht* cit., 3613.

[452] Matthias Bergt, *Die Bestimmbarkeit als Grundproblem des Datenschutzrechts: Überblick über den Theorienstreit und Lösungsvorschlag*, 5 ZD, 2015, 365-371, 365.

[453] Para um apanhado geral da problemática e das várias soluções preconizadas, vejam-se os seguintes escritos: Judith Nink/Jan Pohle, *Die Bestimmbarkeit des Personenbezugs – Von IP-Adresse zum Anwendungsbereich der Datenschutzgesetze*, 18 MMR, 2015, 563-567; Matthias Bergt, *Die Bestimmbarkeit als Grundproblem des Datenschutzrechts – Überblick über den Theorienstreit und Lösungsvorschlag*, 5 ZD 2015, 365-371, 365.

[454] Bergt, *Die Bestimmbarkeit* cit., 365-367 e Herbst, *Was sind personenbezogene Daten* cit., 903-905.

II. Independentemente da posição sustentada, algumas situações não levantam especiais dificuldades, sendo, com um elevado grau de certeza, defendidas pelos partidários de ambas as teorias. Se o titular dos dados recolhidos anonimamente puder ser determinado através de informação extra disponível do público em geral – p.ex.: *online* –, então serão dados pessoais e o seu titular identificável[455]. A solução será a mesma se o responsável pelo tratamento os transmitir a terceiros que detenham especiais conhecimentos ou meios, independentemente de com ele trabalharem[456] ou não[457].

III. Embora se anteveja, se não uma mudança de posição, pelo menos uma adaptação à posição do TJUE, a maioria da doutrina[458] e da jurisprudência[459] alemã mostra-se favorável à teoria relativa.

De entre os vários argumentos apresentados, destacam-se os seguintes: da aplicação da teoria objetiva, pelo menos no seu estado mais puro, todos os dados seriam considerados pessoais[460]; a atribuição de relevância

[455] Klar/Kühling, *Anotação ao artigo 4.º do RGPD* em *Kühling/Buchner*, Rn. 27.

[456] Nink/Pohle, *Die Bestimmbarkeit des Personenbezugs* cit., 564.

[457] Nink/Pohle, *Die Bestimmbarkeit des Personenbezugs* cit., 564.

[458] A título meramente exemplificativo: Alexander Roßnagel/Philip Scholz, *Datenschutz durch Anonymität und Pseudonymität – Rechtsfolgen der Verwendung anonymer und pseudonymer Daten*, 3 MMR, 2000, 721-731, 722-723; Per Meyerdierks, *Sind IP-Adressen personenbezogene Daten?*, 12 MMR, 2009, 8-13; Paul Voigt, *Datenschutz bei Google*, 12 MMR, 2009, 377-382, 379; Stefan Krüger/Svenja-Ariane Maucher, *Ist die IP-Adresse wirklich ein personenbezogenes Datum? – Ein falscher Trend mit großen Auswirkungen auf die Praxis*, 14 MMR, 2011, 433-439, 436; Paul Voigt/Setafn Alich, *Facebook-Like-Button und Co. – Datenschutzrechtliche Verantwortlichkeit der Webseitenbetreiber*, 64 NJW, 2011, 3541-3544, 3542; Peter Gola/Christoph Klug/Barbara Körffer, *Anotação ao* § 3 do BDSG em *Gola/Schomerus, Bundesdatenschutzgesetz*, 12ª ed., Beck, Munique, 2015, Rn. 10; Kühling/ Klar, *Unsicherheitsfaktor Datenschutzrecht* cit., 3614.

[459] AG München 30-set.-2008, proc. 133 C 5677/08, BeckRS 2008, 23037: limitando a identificabilidade aos conhecimentos e meios detidos pelo responsável; AG Bamberg 1-mar.-2012, proc. 101 C 1912/11, 3 ZD, 2013, 603-631: fazendo expressa referência ao acórdão do AG München; LG Frankenthal, 21-mai.-2008, proc. 6 O 156/08, 11 MMR, 2008, 687-691; LG Wuppertal 19-out.-2010, proc. 20 Qs 10 Js 1977/08-177/10, 14 MMR, 2011, 65-66. Para um apanhado mais completo, *vide* Bergt, *Die Bestimmbarkeit* cit., 367.

[460] Ziebarth, *Anotação ao artigo 4.º do RGPD* em *Sydow*, Rn. 39.

aos meios e conhecimentos detidos por terceiros impossibilitaria que o responsável pelos dados conhecesse se está ou não a respeitar a legislação aplicável, na medida em que o próprio não controla a sua anonimidade: esta é determinada por um terceiro, que o responsável pode nem sequer conhecer[461] – no limite, a lei estaria sempre a ser violada, com a agravante de a recolha dessa informação merecer o beneplácito das autoridades de controlo responsáveis[462]; tornaria todo o processo de supervisão, pelas entidades responsáveis, excessivamente pesado ou mesmo de impossível concretização[463]; reconduziria a problemática a uma *simples* situação de colisão de interesses – pessoais e coletivos – ou de direitos[464] – p.ex.: proteção de dados pessoais vs livre iniciativa económica; violaria princípios económicos basilares das Constituições ocidentais[465]; e colocaria os próprios interesses económicos da União Europeia e dos seus Estados-Membros em causa, em face do processo de globalização contemporâneo[466].

A estas e a outras críticas, respondem os defensores da teoria objetiva[467] que esta nunca seria verdadeiramente objetiva, na aceção mais pura do termo, na medida em que o critério último seria sempre o da razoabilidade[468].

IV. O Considerando 26 – e também o Considerando 30 – aponta, inequivocamente, para a relevância dos conhecimentos e dos meios detidos por terceiros. Contudo, não é claro que terceiros são abrangidos: todos os sujeitos com capacidade jurídica ou apenas uma categoria bem determinada, por exemplo: quem com o responsável pelo tratamento trabalha?

[461] Meyerdierks, *Sind IP-Adressen*, cit., 10.

[462] Nink/Pohle, *Die Bestimmbarkeit des Personenbezugs* cit., 565.

[463] Kühling/ Klar, *Unsicherheitsfaktor Datenschutzrecht* cit., 3614.

[464] Kühling/ Klar, *Unsicherheitsfaktor Datenschutzrecht* cit., 3614.

[465] Karg, *Die Rechtsfigur des personenbezogenen Datums* cit., 260.

[466] Nink/Pohle, *Die Bestimmbarkeit des Personenbezugs* cit., 567.

[467] Ernst, *Anotação ao artigo 4.º do RGPD* em *Paal/Pauly*, 10-11; Klabunde, *Anotação ao artigo 4.º do RGPD* em *Ehmann/Selmayr*, Rn. 17; Herbst, *Was sind personenbezogene Daten* cit.; Bergt, *Die Bestimmbarkeit* cit.; Breyer, *Personenbezug von IP-Adressen* cit.

[468] Por todos: Herbst, *Was sind personenbezogene Daten* cit., 904-905. Meyerdierks, *Sind IP-Adressen* cit., 11: o Autor argumenta, precisamente, nesse sentido, ou seja, o de que a teoria absoluta desconsidera os próprios limites da legislação aplicável.

O conteúdo do Considerando 26 não permite, só por si, responder a esta questão[469].

Alguma doutrina pretende ainda ler nas entrelinhas do exemplo das farmácias, acima apresentado, a defesa, pelo GT 29, da teoria objetiva[470]. Embora se consiga acompanhar, até certo ponto, este raciocínio, a mesma dúvida permanece: mas que terceiros?

O TJUE, no incontornável acórdão *Breyer*[471], veio tomar posição, ao reconhecer a relevância jurídica dos conhecimentos e dos meios detidos por terceiros – "para qualificar uma informação como dado pessoal, não é necessário que essa informação permita, por si só, identificar a pessoa em causa"[472] – e ao considerar serem os IPs dinâmicos dados pessoais na medida em que o prestador de serviços de meios de comunicação em linha "disponha de meios legais que lhe permitam identificar a pessoa em causa graças às informações suplementares que o fornecedor de acesso à *Internet* dessa pessoa dispõe"[473]. A posição sufragada pelo TJUE não é fácil de catalogar, na medida em que rejeita a teoria relativa, mas, ao mesmo tempo, rejeita a teoria objetiva no seu estado mais puro[474].

57. A relevância da informação detida por terceiros: solução preconizada

I. Na busca por uma solução para a presente disputa doutrinária, o intérprete-aplicador terá sempre de atender ao modelo interpretativo

[469] Klar/Kühling, *Anotação ao artigo 4.º do RGPD* em *Kühling/Buchner*, Rn. 26: permite ambas as interpretações. Nink/Pohle, *Die Bestimmbarkeit des Personenbezugs* cit., 564: sustentam que o Considerando 26 reconhece a relevância jurídica de todo e qualquer conhecimento, independentemente do terceiro em questão; Peter Schantz, *Die Datenschutz-Grundverordnung – Beginn einer neuen Zeitrechnung im Datenschutzrecht*, 69 NJW, 2016, 1841-1847, 1843: mostra-se dividido, embora inclinado para o reconhecimento da teoria objetiva.

[470] Nink/Pohle, *Die Bestimmbarkeit des Personenbezugs* cit., 565.

[471] TJUE 19-out.-2016, proc. C-582/14 (*Breyer*).

[472] Cit., 41.

[473] Cit., 48 e conclusões.

[474] Ziebarth, *Anotação ao artigo 4.º do RGPD* em *Sydow*, Rn. 37.

desenvolvido pelo TJUE[475]. Numa perspetiva sistemática, importa atender ao preceito enquanto um todo, primeiro, e ao próprio RGPD na sua globalidade, de seguida.

No artigo 4.º, *1)* não é feita qualquer menção à relevância dos conhecimentos detidos por terceiros. Esta indicação é-nos fornecida pelo Considerando 26, p. 3: "Para determinar se uma pessoa singular é identificável, importa considerar todos os meios suscetíveis de ser razoavelmente utilizados... quer pelo responsável pelo tratamento quer por outra pessoa". Da leitura do trecho ora transcrito não é possível concluir pela assunção, pelo legislador europeu, da teoria objetiva pura: apenas podem ser considerados os meios ditos razoáveis e não todos os meios. Ou seja, devem, efetivamente, ser considerados os meios detidos por terceiros, mas não todos: apenas os "meios suscetíveis de ser razoavelmente utilizados". Isso mesmo é reconhecido pelo TJUE no acórdão *Breyer.*

Esta delimitação, à luz de critérios de razoabilidade, é reforçada pelo segundo grande pilar do Direito europeu da proteção de dados e que acaba por ajustar a proteção dos direitos dos titulares de dados pessoais: a dimensão económica do tratamento dos dados pessoais. A Economia europeia não *sobreviveria* num mundo globalizado se os dados pessoais não pudessem ser objeto de uma anonimidade[476].

IV. Esclarecidas as linhas gerais do modelo interpretativo proposto, importa concretizá-lo à luz de, pelo menos, três situações concretas:

1. Qualquer pessoa tem os meios necessários para aceder a mais informação, *maxime*, por essa informação ser pública;
2. O responsável pelo tratamento tem os meios necessários para aceder a mais informação – situação discutida no acórdão *Breyer*;
3. Um terceiro concreto tem os meios necessários para aceder a mais informação.

A primeira é de fácil resolução: se qualquer pessoa tem os meios necessários à sua disposição para desvendar a identidade dos titulares de dados

[475] Pontos 12 ss.
[476] Ponto 4.

anónimos detidos pelo responsável, então esses dados não são anónimos, mas pessoais.

A segunda e a terceira merecem uma resposta idêntica: os dados serão anónimos sempre que o responsável (segunda situação) ou um terceiro concreto (terceira situação) disponham dos meios necessários para desvendar a identidade dos titulares de dados anónimos.

Nem todos os meios têm relevância jurídica, mas somente os que, para o declaratário normal, sejam expectáveis de serem utilizados. Neste ponto, não podemos concordar com o TJUE quando este afirma que apenas os meios lícitos devem ser considerados. Assumimos como nossos os muitos argumentos, acima apresentados, que sustentam a posição inversa. O critério legal é o da razoabilidade e não o da razoabilidade + licitude.

V. Por fim, importa resolver um último aspeto, circunscrito à terceira situação: como pode o responsável pelo tratamento, ou as respetivas entidades de controlo, conhecerem os meios detidos por cada terceiro[477]?

Uma resposta fundada e satisfatória a esta questão só é possível se assumirmos uma conceção gradual da teoria objetiva[478]: devemos atender aos meios detidos por todos os sujeitos, mas limitando a nossa análise aos conhecimentos que, razoavelmente, esses terceiros tenham à sua disposição. Na prática, os dados poderão ser pessoais ou anónimos consoante o sujeito que esteja a ser avaliado[479].

Do ponto de vista do responsável, ele apenas poderá ser responsabilizado se, para o declaratário normal e atendendo aos exatos contornos do caso, fosse expectável que um terceiro tivesse à sua disposição os meios necessários para desvendar a identidade dos titulares dos dados anónimos por ele detidos. Na prática, estamos a aplicar um conceito com o qual os nossos tribunais trabalham diariamente: o da boa-fé subjetiva ética[480]. O responsável estará de boa-fé – não podendo, consequentemente, ser responsabilizado – sempre que não conheça e desconheça sem culpa os especiais conhecimentos e meios detidos por terceiros.

[477] Herbst, *Was sind personenbezogene Daten* cit., 905.

[478] Herbst, *Was sind personenbezogene Daten* cit., 905-906.

[479] Roßnagel/Scholz, *Datenschutz durch Anonymität* cit., 722-723.

[480] Menezes Cordeiro, *Tratado*, I, 965.

§ 13º DADOS SENSÍVEIS: CONCEITO E MODALIDADES

58. Enquadramento

I. O Direito da proteção de dados contemporâneo atribui juridicidade a todos os dados pessoais, por muito triviais que aparentam ser[481]. A assunção de um campo de aplicação tendencialmente absoluto não significa que o sistema não reconheça diferentes modalidades de dados que, pelo seu conteúdo, exijam especiais cuidados.

O RGPD distingue, em relação aos demais, os "dados especiais" ou "dados sensíveis"[482] "que sejam, pela sua natureza, especialmente sensíveis do ponto de vista dos direitos e liberdades fundamentais, dado que o contexto do tratamento desses dados poderá implicar riscos significativos para os direitos e liberdades fundamentais"[483].

O reconhecimento de uma categoria de dados pessoais tem sólidas raízes no Direito europeu da proteção de dados[484]. Tanto a Convenção 108[485] como a Diretriz n.º 95/46/CE[486] assumiam esta diferença.

[481] Ponto 48.

[482] O legislador europeu parece usar ambas as expressões indistintamente, como sinónimos.

[483] Considerando 51, p. 1

[484] Spiros Simitis, *"Sensitive Daten" – Zur Geschichte und Wirkung einer Fiktion* em *Festschrift zum 65. Geburtstag von Mario M. Pedrazzini*, coord. Ernst Brem/Jean N. Druey/Ernst A. Kramer, Stämpfli, Berna, 1990, 469-493.

[485] Artigo 6.º.

[486] Artigo 8.º.

II. Não consta do RGPD uma definição de dados pessoais especiais, embora o artigo 4.º densifique três categorias concretas: dados genéticos[487], dados biométricos[488] e dados relativos à saúde[489]. O legislador europeu optou por elencar de forma taxativa no artigo 9.º os dados que, pela sua natureza, são merecedores deste epíteto.

O artigo 9.º consagra, na realidade, dois grandes blocos: (i) os tratamentos que revelem a origem racial ou étnica, as opiniões políticas, as convicções religiosas ou a filiação sindical; e (ii) os tratamentos de dados genéticos, dados biométricos para identificar uma pessoa de forma inequívoca, dados relativos à saúde ou dados relativos à vida sexual ou orientação sexual de uma pessoa. O primeiro bloco respeita a resultados decorrentes do tratamento e o segundo bloco a categorias de dados[490].

III. A eleição destas categorias de dados – considerada por parte da doutrina como arbitrária e sem critérios claros[491] – não se funda apenas numa única razão, conquanto se reconheça que a proibição de não discriminação, consagrada no artigo 21.º da Carta e no artigo 26.º/1 da CRP, assuma uma preponderância inigualável[492]. A esta *ratio* acresce a natureza de direito fundamental assumida por parte substancial dos dados listados[493], a situação de vulnerabilidade em que o titular de dados se encontra (p.ex.: dados relativos à saúde) ou os potenciais efeitos prejudiciais que resultem do seu tratamento[494]. Tratam-se de categorias de dados intrinsecamente pessoais, na aceção mais pura do termo[495].

487 Artigo 4.º, *13)*.

488 Artigo 4.º, *14)*.

489 Artigo 4.º, *15)*.

490 Jochen Schneider, *Schließt Art. 9 DS-GVO die Zulässigkeit der Verarbeitung bei Big Data aus?*, 7 ZD, 2017, 303-308, 303.

491 Alexander Schiff, *Anotação ao artigo 9.º do RGPD* em *Ehmann/Selmayr*, Rn. 2. Considerando precisamente o oposto, i.e., não ser a escolha arbitrária: Frenzel, *Anotação ao artigo 9.º do RGPD* em *Paal/Pauly*, Rn. 6.

492 Weichert, *Anotação ao artigo 9.º do RGPD* em *Kühling/Buchner*, Rn. 1: parecendo assumir uma conceção unidimensional.

493 Schiff, *Anotação ao artigo 9.º do RGPD* em *Ehmann/Selmayr*, Rn. 1; Albers/Veit, *Anotação ao artigo 9.º do RGPD* em *BeckOK*, Rn. 4.

494 Frenzel, *Anotação ao artigo 9.º do RGPD* em *Paal/Pauly*, Rn. 6.

495 Weichert, *Anotação ao artigo 9.º do RGPD* em *Kühling/Buchner*, Rn. 17; Weichert, *„Sensitive Daten" revisited*, 41 DuD, 2017, 538-543, 539.

O catálogo que hoje compõe o artigo 9.º não é idêntico, por exemplo, ao que constava do artigo 6.º da Convenção 108. É expectável que esta classificação venha a considerar avanços sociais e tecnológicos futuros.

IV. Apesar de os dados sensíveis surgirem como uma categoria especial de dados pessoais. Uma análise à realidade quotidiana aponta para uma grande incidência de tratamentos reconduzíveis a este conceito: o estado civil permite identificar a orientação sexual[496], o mesmo se verificando, por exemplo, com a frequência de um determinado estabelecimento ou com a participação numa manifestação ou num evento de cariz político; o nome e a morada podem igualmente revelar a origem racial ou étnica do seu titular[497]. O contexto assume, a propósito do primeiro bloco, um papel decisivo na recondução ou na não recondução a esse universo.

Outros fatores contribuem para ampliar o campo de aplicação do artigo 9.º: os avanços tecnológicos, a acumulação de informação pessoal em dispositivos variados ou a constante conetividade digital.

V. A solução legal tem sido especialmente criticada por parte da Ciência Jurídica, na medida em que desconsidera tanto as finalidades subjacentes ao tratamento dos dados ditos sensíveis, como o contexto em que este ocorre[498]. Embora se consiga acompanhar, pelo menos parcialmente, esta posição, a inflexibilidade assumida pelo legislador europeu foi motivada, de forma deliberada, pela necessidade de acautelar os titulares dos dados pessoais sensíveis[499].

VI. O artigo 9.º/1 proíbe o tratamento de dados pessoais sensíveis, salvo se as exceções previstas no n.º 2 do mesmo artigo forem em concreto aplicáveis[500].

[496] O número de casamentos entre pessoas do mesmo sexo continua a representar uma percentagem diminuta. Recorde-se que o critério aqui utilizado é o probabilístico.

[497] Frenzel, *Anotação ao artigo 9.º do RGPD* em *Paal/Pauly*, Rn. 8.

[498] Schulz, *Anotação ao artigo 9.º do RGPD* em *Gola*, Rn. 2; Albers/Veit, *Anotação ao artigo 9.º do RGPD* em *BeckOK*, Rn. 8; Frenzel, *Anotação ao artigo 9.º do RGPD* em *Paal/Pauly*, Rn. 9.

[499] Schiff, *Anotação ao artigo 9.º do RGPD* em *Ehmann/Selmayr*, Rn. 3.

[500] O tratamento de dados pessoais sensíveis será objeto de análise no parágrafo seguinte: § 18º.

Para além do artigo 9.º – que compõe o *grosso* do regime especial dos dados sensíveis – o RGPD contém um conjunto variado de preceitos com um campo de aplicação material circunscrito a esta categoria de dados pessoais[501]: artigo 6.º/4 – licitude do tratamento e cláusulas de abertura; artigo 22.º/4 – decisões individuais automatizadas; artigo 30.º/5 – registo das atividades de tratamento ; artigo 35.º/3 – avaliação de impacto sobre a proteção de dados; ou artigo 37.º/1, *c)* – na designação do encarregado de proteção de dados.

59. Categorias de dados especiais

I. *Origem racial.* A proibição de tratamentos de dados pessoais que revelem a origem racial visa combater a catalogação de sujeitos por raças e a subsequente atribuição, não raramente depreciativa, de características estereotipadas[502]. O legislador europeu esclarece que ao utilizar a expressão *origem racial* apenas pretende combater a discriminação e não reconhecer qualquer teoria que procure "determinar a existência de diferentes raças humanas"[503].

A dificuldade de preenchimento desta primeira categoria, comum a todas as que compõem o primeiro bloco do artigo 9.º/1[504], reside na identificação dos dados pessoais reveladores (e supostamente reveladores) da origem racial dos seus titulares. As características físicas, como o tipo de cabelo, a cor da pele, o formato dos olhos ou do nariz, permitem, em abstrato, essa demonstração[505]. Outros dados – línguas ou dialetos regionais, convicções religiosas, nome ou local de residência – poderão igualmente permitir alcançar idêntico resultado, dependendo do exato contexto em que os dados são tratados[506].

501 Weichert, *„Sensitive Daten"* cit., 540-541.

502 Schiff, *Anotação ao artigo 9.º do RGPD* em *Ehmann/Selmayr*, Rn. 15.

503 Considerando 51, p. 2.

504 Schneider, *Schließt Art. 9 DS-GVO* cit., 303.

505 Frenzel, *Anotação ao artigo 9.º do RGPD* em *Paal/Pauly*, Rn. 10.

506 Schiff, *Anotação ao artigo 9.º do RGPD* em *Ehmann/Selmayr*, Rn. 16; Albers/Veit, *Anotação ao artigo 9.º do RGPD* em *BeckOK*, Rn. 29; Schulz, *Anotação ao artigo 9.º do RGPD* em *Gola*, Rn. 14.

II. *Origem étnica*. A origem racial está relacionada com características biológicas e hereditárias, já a origem étnica – apesar de também estar associada a estes elementos – refere-se mais a aspetos culturais comuns a uma determinada comunidade, como o nome do titular e dos seus progenitores, o local de nascimento ou de residência, a língua, a história, as tradições, os costumes, os valores e os tratos socias[507]. Também aqui importa analisar, casuisticamente, a eficácia real do tratamento destes dados na identificação de uma determinada origem étnica[508].

A etnicidade não se confunde com o estrato social a que o titular de dados pertence[509].

III. *Opiniões políticas*. O legislador não fornece qualquer pista no RGPD e nos extensos considerandos que o acompanham sobre o preenchimento da expressão *opiniões políticas*. Numa aceção ampla, poder-se-ia considerar que abrangeria toda e qualquer opinião. Contudo, a *ratio* desta categoria não parece ser a proteção da liberdade de expressão e de opinião[510], mas a proteção de opiniões políticas, numa aceção mais restrita[511]. De todo o modo, em caso de dúvida deve o intérprete-aplicador assumir, em face da funcionalização do Direito da proteção de dados à proteção do direito à autodeterminação informacional, a solução que melhor defenda os interesses dos titulares[512].

Entre os dados pessoais que permitem identificar as opiniões políticas do respetivo titular contam-se a afiliação num partido político, a subscrição de um jornal, a participação em petições públicas, a participação em eventos políticos, a doação de quantias monetárias ou outros bens a partidos, organizações políticas, mesmo que informais, mas também os estabelecimentos frequentados ou a roupa vestida[513]. Os comportamentos nas

[507] Frenzel, *Anotação ao artigo 9.º do RGPD* em *Paal/Pauly*, Rn. 11; Weichert, *Anotação ao artigo 9.º do RGPD* em *Kühling/Buchner*, Rn. 26; David Kampert, *Anotação ao artigo 9.º do RGPD* em *Sydow*, Rn. 7.

[508] Schiff, *Anotação ao artigo 9.º do RGPD* em *Ehmann/Selmayr*, Rn. 18.

[509] Weichert, *Anotação ao artigo 9.º do RGPD* em *Kühling/Buchner*, Rn. 26.

[510] Artigo 37.º da CRP e artigo 11º da Carta.

[511] Schiff, *Anotação ao artigo 9.º do RGPD* em *Ehmann/Selmayr*, Rn. 19.

[512] Ponto 4.

[513] Weichert, *Anotação ao artigo 9.º do RGPD* em *Kühling/Buchner*, Rn. 27; Kampert, *Anotação ao artigo 9.º do RGPD* em *Sydow*, Rn. 8; Albers/Veit, *Anotação ao artigo 9.º do RGPD* em *BeckOK*, Rn. 31.

redes sociais – nomeadamente os *likes* – tendem a assumir um significado variável e subjetivo e não raramente vazio de sentido político efetivo, pelo que a sua recondução ao universo das *opiniões políticas* não é imediata[514].

A necessidade de contextualizar os comportamentos e os atos é, sublinhe-se, decisiva[515] – p.ex.: a participação numa manifestação de apoio ao PNR ou ao PCTP/MRPP são mais esclarecedoras do que a participação numa manifestação de apoio ao Presidente da República ou a compra de ingressos para a Festa do Avante.

Por fim, o sistema não faz depender a aplicação do artigo 9.º de uma certeza quanto ao sentido da opinião política manifestada, nem de uma análise objetiva. A forma como o dado é interpretado pelo responsável pelo tratamento ou pelo subcontratante e o sentido atribuído pelo declaratário assumem-se como critérios delimitadores[516]. Esta afirmação pode ser transposta, com as devidas adaptações, para os demais dados pessoais sensíveis.

IV. *Convicções religiosas ou filosóficas*. Por convicção religiosa entende-se não apenas a assunção de um determinado credo, mas também a sua negação – ateísmo e agnosticismo. A expressão filosófica, por seu lado, assume um sentido amplo, englobando igualmente convicções ditas ideológicas[517] – p.ex.: marxismo e fascismo[518]. A fluidez destas duas categorias é, do ponto de vista prático, pouco relevante, na medida em que o regime jurídico aplicável é o mesmo.

A participação em rituais, procissões ou outras manifestações religiosas, a subscrição de jornais, a vestimenta e demais adereços, são alguns exemplos de dados pessoais que permitem revelar convicções religiosas ou filosóficas[519].

514 Schiff, *Anotação ao artigo 9.º do RGPD* em *Ehmann/Selmayr*, Rn. 20.

515 Albers/Veit, *Anotação ao artigo 9.º do RGPD* em *BeckOK*, Rn. 32; Schiff, *Anotação ao artigo 9.º do RGPD* em *Ehmann/Selmayr*, Rn. 19-21.

516 Schiff, *Anotação ao artigo 9.º do RGPD* em *Ehmann/Selmayr*, Rn. 22.

517 Na versão alemã foi utilizado o termo *ideológicas*.

518 Ambas as convicções têm suporte *constitucional*: artigos 13.º/2 e 41.º da CRP e artigo 10.º da Carta.

519 Schiff, *Anotação ao artigo 9.º do RGPD* em *Ehmann/Selmayr*, Rn. 24; Albers/Veit, *Anotação ao artigo 9.º do RGPD* em *BeckOK*, Rn. 35; Schulz, *Anotação ao artigo 9.º do RGPD* em *Gola*, Rn. 14.

Frenzel considera que o nome pode, em situações muito específicas, revelar as convicções religiosas do seu titular[520]. Weichert nega, expressamente, esta interpretação, por entender que o titular tem sempre liberdade para alterar as suas convicções[521]. Tendemos a assumir esta segunda posição. Porém, da conjugação do nome do titular com o seu local de residência atual é já possível retirar conclusões probabilisticamente mais precisas.

V. *Filiação sindical.* O fundamento desta proteção especial não reside apenas na proteção constitucional que lhe é conferida[522]. Também a liberdade de associação é merecedora de igual proteção, mas não consubstancia um dado sensível[523]. Esta diferenciação reside nas discriminações históricas – políticas e laborais – a que o movimento sindical esteve sujeito.

Esta categoria abrange qualquer tipo de filiação, independentemente do nível de intervenção e de compromisso assumido[524]. Não é evidente se a sua aplicação pressupõe uma formalização da ligação[525] ou se se basta com a participação em eventos promovidos por sindicatos[526]. Tendemos a considerar que o contexto material pode dispensar a ligação formal. Todavia, e atendendo à dimensão política da atividade sindical, a participação em eventos desta natureza estará, em princípio, abrangida pela categoria das *convicções políticas*.

[520] Frenzel, *Anotação ao artigo 9.º do RGPD* em *Paal/Pauly*, Rn. 13. Assumindo a mesma posição: Albers/Veit, *Anotação ao artigo 9.º do RGPD* em *BeckOK*, Rn. 35.

[521] Weichert, *Anotação ao artigo 9.º do RGPD* em *Kühling/Buchner*, Rn. 29.

[522] Artigo 55.º da CRP.

[523] Artigo 46.º da CRP. A proteção à participação em associações *políticas* (artigo 51.º da CRP) resulta da condução desta liberdade ao universo das *opiniões políticas*.

[524] Kampert, *Anotação ao artigo 9.º do RGPD* em *Sydow*, Rn. 10.

[525] Kampert, *Anotação ao artigo 9.º do RGPD* em *Sydow*, Rn. 10; Weichert, *Anotação ao artigo 9.º do RGPD* em *Kühling/Buchner*, Rn. 30: nenhum destes autores se pronuncia sobre a relevância da ligação material.

[526] Schiff, *Anotação ao artigo 9.º do RGPD* em *Ehmann/Selmayr*, Rn. 24; Albers/Veit, *Anotação ao artigo 9.º do RGPD* em *BeckOK*, Rn. 37: a relevância da ligação material dependerá do seu exato contexto. Com idêntica posição: Schulz, *Anotação ao artigo 9.º do RGPD* em *Gola*, Rn. 34.

VI. *Dados genéticos*[527]. Nos termos do artigo 4.º, *13)*, por dados genéticos entende-se "os dados pessoais relativos às características genéticas, hereditárias ou adquiridas, de uma pessoa singular que deem informações únicas sobre a fisiologia ou a saúde dessa pessoa singular e que resulta designadamente de uma análise de uma amostra biológica proveniente da pessoa singular em causa", "nomeadamente da análise de cromossomas, ácido desoxirribonucleico (ADN) ou ácido ribonucleico (ARN), ou da análise de um ou outro elemento que permita obter informações equivalentes"[528].

A especial proteção concedida aos dados genéticos[529] justifica-se em resultado das características e dos riscos de discriminação associados ao seu tratamento[530]: os dados genéticos mantêm-se inalterados durante toda a existência do seu titular, pelo que a sua anonimização é virtualmente impossível[531]; fornecem informações psicológicas, físicas, médicas e de outras índoles sobre o seu titular, mesmo quando ainda não se manifestaram ou sejam desconhecidas do próprio titular – fala-se, a esse propósito, de um direito ao desconhecimento[532]; e revelam informações sobre ascendentes e descendentes, bem como ligações familiares.

Os riscos de abusos e de discriminações são especialmente evidentes no campo laboral, criminal e financeiro – banca, bolsa e seguros.

[527] Mark Taylor, *Genetic Data and the Law: A Critical Perspective on Privacy Protection*, CUP, Cambrigde, 2012: com importantes elementos jurídicos e genéticos, apesar de já desatualizado.

[528] Considerando 34.

[529] Artigo 21.º/1 da Carta; Artigo 26.º/3 da CRP: única referência direta aos dados genéticos na Constituição portuguesa. Artigo 11.º da Convenção sobre os Direitos do Homem e a Biomedicina. Artigo 6.º da Declaração Universal sobre o Genoma Humano e os Direitos Humanos.

[530] GT 29, *Documento de trabalho sobre os dados genéticos* (WP 91), 17-mar.-2004, 4-5; Simone Gräfin von Hardenberg, *Genetische Gesundheitsdaten in der Individualisierten Medizin - Hinreichender Persönlichkeitsschutz oder rechtlicher Regelungsbedarf?*, 4 ZD, 2014, 115-119, 116-117; Thilo Weichert, *Anotação ao artigo 4.º, 13) do RGPD* em *Kühling/Buchner*, Rn. 5-8; Stefan Ernst, *Anotação ao artigo 4.º, 13)* do RGPD em *Paal/Pauly*, Rn. 96-97.

[531] Katrin Schaar, *DS-GVO: Geänderte Vorgaben für die Wissenschaft – Was sind die neuen Rahmenbedingungen und welche Fragen bleiben offen?*, 6 ZD, 2016, 224-226, 225.

[532] Weichert, *Anotação ao artigo 4.º, 13) do RGPD* em *Kühling/Buchner*, Rn. 8.

VII. *Dados biométricos*[533]. O legislador europeu apresenta a seguinte definição de dados biométricos, no artigo 4.º, *14)*: "dados resultantes de um tratamento técnico específico relativo às características físicas, fisiológicas ou comportamentais de uma pessoa singular que permitam ou confirmem a identificação única dessa pessoa singular, nomeadamente os dados dactiloscópicos".

O RGPD positivou um conceito restrito de dados biométricos, mas porventura um conceito tecnologicamente mais preciso, na medida em que apenas são considerados como tal, para efeitos da sua aplicação, os dados biométricos (i) resultantes de um tratamento técnico específico e (ii) que permitam a identificação única do seu titular[534]. Nesse sentido, não são abrangidas as mais comuns fotografias, mas somente as fotografias biométricas[535] – p.ex.: as que constam dos mais modernos passaportes e cartões do cidadão[536].

Como exemplos de dados biométricos, conta-se as impressões digitais (dados dactiloscópicos), a face, a iris, a voz, o odor ou o microbioma do titular[537].

Os dados biométricos, por permitirem a identificação única de pessoas singulares, são particularmente propícios a abusos e a discriminações[538]. Ao contrário do que se verifica com os dados genéticos, os dados biométricos podem sofrer alterações com a passagem do tempo ou por doença; deixando, consequentemente, de permitir a identificação dos respetivos titulares[539].

Os dados biométricos, classicamente empregues no campo policial e criminal, são cada vez mais utilizados no sector privado e com

[533] Veja-se, mais recentemente, o número 7 do volume 41 (2017) da revista alemã DuD, composto somente por artigos relativos aos dados biométricos.

[534] Kampert, *Anotação ao artigo 4.º, 13) do RGPD* em *Sydow*, Rn. 185; Klabunde, *Anotação ao artigo 4.º, 13) do RGPD* em *Ehmann/Selmayr*, Rn. 60.

[535] Considerando 52, p. 3.

[536] TJUE 17-out.-2013, proc. C-291/12 (*Schwarz*).

[537] Weichert, *Anotação ao artigo 4.º, 13) do RGPD* em *Kühling/Buchner*, Rn. 3-4.

[538] Mathias Pocs, *Gestaltung von Fahndungsdateien – Verfassungsverträglichkeit biometrischer Systeme*, 35 DuD, 2011, 163-168: embora desatualizada, trata-se de uma interessante exposição relativa aos riscos subjacentes à utilização dos dados biométricos.

[539] Weichert, *Anotação ao artigo 4.º, 13) do RGPD* em *Kühling/Buchner*, Rn. 2.

propósitos puramente pessoais; pense-se no simples desbloquear de um telemóvel.

VIII. *Dados relativos à saúde.* O artigo 4.º, *15)* avança uma definição legal de dados relativos à saúde: "dados pessoais relacionados com a saúde física ou mental de uma pessoa singular, incluindo a prestação de serviços de saúde, que revelem informações sobre o seu estado de saúde"; complementado pelo extenso, mas esclarecedor Considerando 35: "deverão ser considerados dados pessoais relativos à saúde todos os dados relativos ao estado de saúde de um titular de dados que revelem informações sobre a sua saúde física ou mental no passado, no presente ou no futuro. O que precede inclui informações sobre a pessoa singular recolhidas durante a inscrição para a prestação de serviços de saúde, ou durante essa prestação, conforme referido na Diretriz 2011/24/UE do Parlamento Europeu e do Conselho (9), a essa pessoa singular; qualquer número, símbolo ou sinal particular atribuído a uma pessoa singular para a identificar de forma inequívoca para fins de cuidados de saúde; as informações obtidas a partir de análises ou exames de uma parte do corpo ou de uma substância corporal, incluindo a partir de dados genéticos e amostras biológicas; e quaisquer informações sobre, por exemplo, uma doença, deficiência, um risco de doença, historial clínico, tratamento clínico ou estado fisiológico ou biomédico do titular de dados, independentemente da sua fonte, por exemplo, um médico ou outro profissional de saúde, um hospital, um dispositivo médico ou um teste de diagnóstico in vitro[540]".

Todos os dados recolhidos e subsequentemente tratados pelas *health apps*, *fitness apps* ou *smart watches*, independentemente da sua precisão, são dados relativos à saúde[541].

IX. *Dados relativos à vida sexual ou à Orientação sexual.* Ambas as categorias de dados especiais encontram fundamento *constitucional* no artigo 13.º/2 da CRP e no artigo 21.º/1 da Carta.

[540] TJUE 6-nov.-2003, proc. C-101/01 (*Lindqvist*), 49 ss: relatório médico.

[541] Ernst, *Anotação ao artigo 4.º, 15)* em *Paal/Pauly*, Rn. 110. GT 29, *Annex – health data in apps and devices to the Letter to European Commission, DG CONNECT on mHealth*, 5-fev.-2015.

Numa perspetiva ampla, o conceito de *orientação sexual* é abrangido pelo de *vida sexual*. Contudo e na busca por uma distinção útil, a *orientação sexual* tenderá a circunscrever-se à identidade de género assumida, num determinado período de tempo – presente ou passado – pelo titular ou atribuída por terceiros. Em termos genéricos, reconhece-se quatro géneros principais – feminino, masculino, bissexual e assexual[542] – a que acresce uma multiplicidade crescente de variantes. A transexualidade poderá ainda ser reconduzida ao universo da *orientação sexual*, em face das suas especificidades. De todo o modo e independentemente da terminologia empregue, qualquer informação desta natureza encontra-se sempre coberta por esta dupla categoria: *vida sexual* ou *orientação sexual*.

Como exemplos de dados relativos à vida sexual, contam-se: o estado civil, bens e serviços adquiridos – métodos contracetivos, brinquedos sexuais, produtos farmacêuticos, intervenções médicas e cirúrgicas, serviços de acompanhamento –, estabelecimentos comerciais e de diversão frequentados, sites visitados, preferências sexuais, atividade sexual, mas também a participação em eventos, em petições públicas e em manifestações ou a própria roupa vestida[543].

[542] TJUE 29-dez.-2015, proc. C-528/13 (*Léger*), 50.

[543] Por todos: Schiff, *Anotação ao artigo 9.º do RGPD* em *Ehmann/Selmayr*, Rn. 30. Weicher, *Anotação ao artigo 9.º do RGPD* em *Kühling/Buchner*, Rn. 42.

Parte III

O Tratamento de Dados Pessoais

Capítulo I

Aspetos Gerais

§ 14º CONCEITO E MODALIDADES DE TRATAMENTO

60. O conceito de tratamento

I. O conceito de tratamento assume um papel nuclear na aplicação do RGPD. Sem este elemento, a discussão em torno da proteção concedida pelo sistema aos dados pessoais e aos seus titulares assume contornos meramente teóricos. É o tratamento que espoleta verdadeiramente a aplicação do Direito da proteção de dados e, consequentemente, do RGPD[544].

A definição legal de tratamento decompõe-se em três elementos: (i) uma operação ou um conjunto de operações; (ii) efetuadas sobre dados pessoais; e (iii) por meios automatizados ou não automatizados.

II. A operação corresponde a um ato jurídico, i.e., um acontecimento real, produzido por uma manifestação humana, ao qual o Direito associa a produção de determinados efeitos jurídicos[545]. O termo operação é ainda utilizado

[544] Herbst, *Anotação ao artigo 4.º, 2) do RGPD* em *Kühling/Buchner*, Rn. 1.

[545] Menezes Cordeiro, *Tratado*, II, 83 ss; Reimer, *Anotação ao artigo 4.º, 2) do RGPD* em *Sydow*, Rn. 47: o tratamento pressupõe uma ação.

para designar um conjunto de atos, jurídicos e materiais, funcionalmente interligados. Trata-se de uma expressão com raízes muito sólidas entre nós, em especial no Direito bancário[546] e no Direito dos valores mobiliários[547].

Este preenchimento pode ser trazido para o Direito da proteção de dados sem especiais dificuldades e com todas as vantagens associadas a um termo conhecido e consolidado. Assim, por operação entende-se um ato humano efetuado sobre dados pessoais e por operações vários atos, jurídicos e materiais, efetuados sobre dados pessoais.

A recondução da operação ao universo dos atos jurídicos permite excluir no campo de aplicação do conceito todos os eventuais tratamentos que não tenham origem, direta ou indireta, numa manifestação (vontade) humana – p.ex.: a destruição de dados pessoais na decorrência de uma catástrofe natural.

III. Apenas relevam, para a aplicação do RGPD, operações efetuadas sobre dados pessoais. São excluídos, consequentemente, dados que não sejam relativos a pessoas singulares e todos os demais que não sejam reconduzíveis ao conceito de dado pessoal[548].

IV. O conceito de tratamento abrange as operações realizadas por meios automatizados e por meios não automatizados. Recorde-se que o RGPD, nos termos do artigo 2.º/1, aplica-se a tratamentos de dados pessoais realizados (i) por meios totalmente automatizados; (ii) por meios parcialmente automatizados; e (iii) por meios não automatizados desde que contidos em ficheiros ou a eles destinados[549].

61. Modalidades de tratamentos

I. O legislador europeu, após avançar uma definição geral de tratamento, apresenta, a título exemplificativo – a utilização da expressão "tais como" é esclarecedora –, uma lista de tratamentos de dados pessoais. Nenhuma

[546] Menezes Cordeiro, *Direito bancário* cit., 61 ss.

[547] Barreto Menezes Cordeiro, *Manual* cit., 189 ss.

[548] Ponto 48.

[549] Ponto 28/II.

destas operações é definida pelo RGPD, pelo que o seu preenchimento deve ser realizado partindo do seu sentido mais usual[550], devidamente adaptado à realidade do Direito da proteção de dados e do RGPD – o elemento sistemático assume, a esse propósito, um especial interesse.

Na análise ao artigo 4.º, *2)* não pode o intérprete-aplicador ignorar a relevante flutuação linguística entre as várias versões do RGPD.

II. *Recolha e registo.* Ambas as operações reportam-se à entrada dos dados pessoais na esfera jurídica do primeiro responsável. Tratando-se de operações sobre dados pessoais, tanto a recolha como o registo pressupõem uma atuação. Contudo, o sistema não faz depender a aplicação do RGPD de qualquer cognoscibilidade por parte do sujeito que realiza a operação, quer em relação aos dados efetivamente recolhidos/registados, quer em relação à sua natureza. No limite, não é sequer necessário que este represente estar a recolher/registar dados pessoais.

A recondução a estas categorias de tratamentos não depende, naturalmente, do consentimento dos titulares dos dados recolhidos/registados, como resulta, *a contrario sensu*, dos artigos 13.º, 14.º e 15.º[551].

Em abstrato, é possível distinguir o registo da recolha, na medida em que o primeiro, ao contrário do último, assume contornos mais metódicos e, porventura, mais completos[552]. A recolha transmite a ideia de uma operação menos elaborada.

II. *Organização e estruturação.* O tratamento de organização pressupõe que os dados recolhidos/registados sejam arrumados (organizados) segundo um qualquer processo ou metodologia, mesmo que pouco sofisticado[553]. A estruturação, que corresponde a uma forma de organização, consubstancia uma operação mais elaborada, pela qual os dados são organizados de acordo com fins pré-determinados.

[550] Recorremos ao *Dicionário de língua portuguesa contemporânea*, da Academia de Ciências de Lisboa.

[551] Em todos três é empregue a expressão "recolhidos junto do titular".

[552] O artigo 10.º fala em "registos completos".

[553] Artigo 4.º, *5)* relativo à pseudonimização, faz referência a "medidas técnicas organizativas para assegurar que os dados pessoais não possam ser atribuídos a uma pessoa singular identificada ou identificável".

A expressão *estruturado* é empregue no artigo 4.º, *6)* a propósito do conceito de ficheiro: "qualquer conjunto estruturado de dados pessoais". Esta referência assume especial relevância na clarificação do âmbito de aplicação material do RGPD[554]. Partindo de uma interpretação puramente literal, seríamos levados a concluir que nem todas as organizações de dados pessoais efetuadas manualmente estariam sujeitas ao RGPD, mas somente as organizações estruturadas. Não nos parece que este raciocínio seja correto ou sequer vantajoso por duas razões: (i) a interpretação de todos os preceitos do RGPD deve ser realizada à luz dos seus objetivos, nomeadamente a proteção da posição dos titulares de dados[555]; e (ii) em algumas versões do diploma, a expressão estruturar, embora igualmente utilizada no artigo 4.º, *6)*, não é elencada no artigo 4.º, *2)*[556]. Assim, são subsumíveis ao RGPD todas as organizações manuais de dados contidas em ficheiros ou a eles destinadas.

III. *Conservação*. No seu preenchimento mais comum, conservar significa manter em bom estado, evitando que se estrague, altere ou pereça. Mas o sentido com que o termo é empregue poderá não ser este. Na versão inglesa e na versão alemã é utilizada a expressão armazenamento, o que nos remete para uma operação de natureza distinta.

IV. *Adaptação ou alteração*. Por alteração entende-se uma modificação dos dados pessoais tratados. Neste sentido, a adaptação consubstancia uma modalidade de alteração. Também o aditamento poderá, pelo menos parcialmente, ser apresentado como uma modalidade da alteração de dados.

Na adaptação, o responsável pelo tratamento altera os dados tendo em vista um fim concreto.

V. *Recuperação*. Por recuperação[557] entende-se (i) a operação através da qual os dados inutilizados ou danificados são recuperados ou reconstituídos;

[554] Ponto 28.

[555] Ponto 4.

[556] Caso da versão alemã. Reconheça-se, todavia, que nas versões inglesa, francesa, italiana e espanhola a realidade é idêntica à que se verifica na versão portuguesa.

[557] Esta operação não é mencionada em qualquer preceito do RGPD, pelo menos na versão portuguesa.

e (ii) a operação através da qual os dados que se encontravam perdidos ou extraviados são reavidos ou readquiridos.

VI. *Consulta*. O sentido com que a expressão consulta é aqui empregue não se confunde com o ato de consultar alguém[558]. Por consulta deve apenas entender-se a observação ou a análise dos dados pessoais.

VII. *Utilização*. Numa aceção ampla, o tratamento de utilização engloba a maioria das operações elencadas no artigo 4.º, *2)*, na medida em que traduz, simplesmente, fazer uso de algo, neste caso, o uso de dados pessoais.

VIII. *Divulgação por transmissão*. O ato de divulgar consiste em tornar algo conhecido ou acessível a outrem. Apenas relevam, para preenchimento desta modalidade de tratamento, as divulgações por transmissão, ou seja, operações em que os dados sejam transferidos de um sujeito para outrem.

IX. *Difusão ou qualquer outra forma de disponibilização*. Trata-se de uma operação subsidiária que abrange todas as divulgações de dados que não sejam reconduzíveis a ideia de transmissão.

X. *Comparação ou interconexão*. Numa aceção simples, na comparação, os dados pessoais são sujeitos a uma avaliação de diferenças e semelhanças. Esta modalidade de tratamento abrange, ainda, a hierarquização dos dados analisados de acordo com uma metodologia pré-determinada.

Na interconexão, que pode ser apresentada como uma forma de comparação, o responsável pelo tratamento avalia a existência ou não de uma relação entre os dados analisados.

XI. *Limitação*. Não é claro se esta modalidade de tratamento deve ser preenchida por recurso à definição constante do artigo 4.º, *3)*: "limitação do tratamento"[559]. Numa aceção ampla, é possível conceber, pelo menos, as seguintes limitações de dados: (i) circunscrição temporal ao acesso ou à própria conservação dos dados; (ii) demarcação dos sujeitos que possam

[558] P.ex.: a consulta prévia, prevista no artigo 36.º.

[559] Herbst, *Anotação ao artigo 4.º, 3) do RGPD* em *Kühling/Buchner*, Rn. 1: considerando que sim.

aceder a um conjunto de dados pessoais; e (iii) balizamento das finalidades para as quais os dados possam ser utilizados[560].

Numa aceção estrita – artigo 4.º, *3)* – por limitação entende-se uma restrição ao tratamento. Esta, nas palavras do legislador europeu, pode ocorrer através (i) da transferência temporária de determinados dados para outros sistemas de tratamento; (ii) da indisponibilização do acesso a determinados dados pessoais por parte dos utilizadores; ou (iii) da retirada temporária de um sítio web dos dados aí publicado[561]. No caso de a limitação respeitar a ficheiros automatizados, a restrição deve, em princípio, ser imposta através de meios técnicos de modo a que os dados pessoais não sejam sujeitos a outras operações de tratamento e não possam ser alterados. Deverá, ainda, ser indicada no sistema, de forma clara, que o tratamento se encontra sujeito a restrições[562].

O artigo 18.º reconhece um direito à limitação, na esfera jurídica do titular dos dados. O n.º 2 do preceito estabelece os efeitos dessa limitação. Também as autoridades de controlo têm competências para limitar, de forma temporária ou definitiva, bem como para proibir o tratamento de dados, nos termos do artigo 58.º/2, *f)*[563].

XII. *Apagamento ou destruição.* A destruição surge associada à eliminação física dos dados. O apagamento é um termo mais sofisticado e adaptado à realidade digital. O apagamento pode ocorrer com o simples *delete* dos dados ou gravando novos dados por cima dos antigos.

62. Definição de perfis

I. Por definição de perfil, artigo 4.º, *4)*, entende-se[564]: (i) um tratamento automatizado; (ii) de dados pessoais; (iii) com o propósito de avaliar ou prever certos aspetos dos titulares.

[560] Artigo 47.º/2, *d)*.

[561] Considerando 67.

[562] Considerando 67.

[563] Ponto 143.

[564] GT 29, *Orientações sobre as decisões individuais automatizadas e a definição de perfis para efeitos do Regulamento (UE) 2016/679* (WP 251rev1), 3-out.-2017, revistas, por último, a 6-fev.-2018, 7.

O primeiro elemento abrange tratamentos efetuados total ou parcialmente por meios automatizados[565]: de fora ficam apenas os tratamentos efetuados exclusivamente por meios manuais. Em princípio, o processo de avaliação é prosseguido por recurso a processos algorítmicos ou similares.

Com a sujeição dos dados pessoais a estes procedimentos pretende-se analisar ou prever aspetos relacionados com o desempenho profissional dos respetivos titulares, a sua situação económica, saúde, preferências pessoais, interesses, fiabilidade, comportamento, localização ou deslocações. A organização ou estruturação dos dados não basta para que essa operação seja, só por isso, subsumível ao conceito de definição de perfis, é necessário um *plus*, ou seja: a intenção de avaliar ou prever certos aspetos dos titulares de dados[566]. A eficácia do procedimento é juridicamente irrelevante[567].

II. O conceito de *definição de perfis* não se confunde com o de procedimento de decisão automatizada (artigo 22.º). As decisões automatizadas correspondem à capacidade de tomar decisões através de meios tecnológicos e sem intervenção humana[568].

Nos termos do artigo 22.º/1, o titular tem o direito de não ficar sujeito a uma definição do seu perfil tomada exclusivamente com base em tratamento automatizado.

63. Pseudonimização

I. A pseudonimização consiste, nos termos do artigo 4.º, 5), (i) num tratamento efetuado sobre dados pessoais (ii) que impossibilita a identificação do titular de determinados dados, sem a utilização de informação suplementar. A estes dois critérios estruturais acresce um (iii): a informação suplementar deve ser conservada separadamente, de forma a impedir a identificação do titular dos dados.

[565] Por contraste, o artigo 22.º circunscreve-se a tratamentos efetuados exclusivamente através de meios automatizados.

[566] GT 29, *Orientações sobre as decisões individuais automatizadas* cit., 7.

[567] Buchner, *Anotação ao artigo 4.º, 4) do RGPD* em *Kühling/Buchner*, Rn. 6.

[568] GT 29, *Orientações sobre as decisões individuais automatizadas* cit., 8.

II. A pseudonimização pode ser alcançada de forma simples, com, por exemplo, a separação dos dados e a sua colocação debaixo da alçada de diferente sujeitos ou entidades[569]. A realidade prática das organizações aponta, todavia, para soluções mais complexas, caso paradigmático da encriptação por recurso a palavras secretas[570].

A pseudonimização não se confunde com anonimização[571].

A pseudonimização, incentivada pelo legislador[572], permitir reduzir os riscos de divulgação da identidade dos titulares dos dados pessoais, acautelando os seus interesses[573], e facilitar o cumprimento, pelo responsável pelo tratamento ou pelo subcontratante, dos deveres impostos pelo RGPD[574].

64. A transferência de dados pessoais

I. A transferência de dados pessoais consubstancia um tratamento de dados, pelo que a sua realização lícita encontra-se dependente do cumprimento do RGPD e da demais legislação aplicável. É nesse sentido que se justifica, do ponto de vista legislativo, a não regulação autónoma da transferência de dados pessoais.

A regulamentação especial da transferência de dados pessoais para países terceiros ou para organizações internacionais, prevista nos artigos 44.º e seguintes é motivada, consequentemente, não pela necessidade de regular todas as transferências de dados, mas somente uma modalidade especial de transferências.

II. O legislador europeu, reconhecendo a sua importância para o desenvolvimento do comércio e da cooperação internacionais[575], não proíbe

[569] Buchner, *Anotação ao artigo 4.º, 4) do RGPD* em *Kühling/Buchner*, Rn. 8.

[570] GT 29, *Opinion 05/2014* cit., 20-21: elenca várias outras formas de se alcançar a pseudonimização.

[571] GT 29, *Opinion 05/2014* cit., 5 ss.

[572] Considerando 29.

[573] A pseudonimização é apenas uma entre várias medidas de proteção possíveis: Considerando 28; artigos 6.º/4, *e)*, 32.º/1, *a)* ou 89.º/1.

[574] Considerando 28.

[575] Considerando 101, p. 1.

a transferência de dados pessoais para países não pertencentes à União ou para organizações internacionais. Todavia, faz depender a sua realização da verificação de dois requisitos: (i) a Comissão ter decidido que esse país, território, sector ou organização internacional em concreto assegura um nível de proteção adequado, artigo 45.º; ou (ii) se esse país ou organização internacional em concreto tiver apresentado garantias adequadas e na condição de os titulares dos dados gozarem de direitos oponíveis e de medidas jurídicas corretivas eficazes, artigo 46.º.

§ 15º PRINCÍPIOS RELATIVOS AO TRATAMENTO DE DADOS PESSOAIS

65. Licitude

Em sentido estrito, o princípio da licitude faz depender o tratamento de dados pessoais da subsunção de cada tratamento em concreto a uma das causas de licitude elencadas no artigo 6.º. Em sentido amplo, pressupõe o cumprimento do RGPD e da demais legislação aplicável. Na primeira aceção respeita ao tratamento de dados e na segunda ao cumprimento da Lei[576].

Apesar de ambas as aceções serem corretas e relevantes, os termos licitude e ilicitude são, por princípio, utilizados no RGPD num sentido estrito, ou seja, a licitude do tratamento[577]. Esta interpretação é também suportada pelo 8.º/2 da Carta: "... com o consentimento da pessoa interessada ou com outro fundamento legítimo previsto por lei".

É nesse sentido, por exemplo, que se deve interpretar o artigo 83.º/5, *a)*, quando estabelece que a violação do conteúdo do artigo 5.º se encontra sujeita a coimas até "€ 20 000 000 ou, no caso de uma empresa, até 4% do seu volume de negócios anulas a nível mundial correspondente ao exercício financeiro anterior, consoante o montante mais elevado". Outra interpretação implicaria a aplicação deste preceito a qualquer violação da Lei.[578].

576 Considerando 40. Frenzel, *Anotação ao artigo 5.º do RGPD* em *Paal/Pauly*, Rn. 14; *Buchner/Kühling*, *Anotação ao artigo 5.º do RGPD* em *Kühling/Buchner*, Rn. 8-9.

577 Artigos 6.º, 7.º/3, 13.º/2, *c)*ou 14.º/2, *d)*.

578 Buchner/Kühling, *Anotação ao artigo 5.º do RGPD* em *Kühling/Buchner*, Rn. 10: valorizando, igualmente, este aspeto.

66. Lealdade

I. O segundo princípio elencado na alínea *a)* do artigo 5.º está longe de se encontrar, numa perspetiva linguística, harmonizado nas várias versões do RGPD. Nas línguas portuguesa, espanhola e francesa foi escolhida a expressão lealdade (*lealtad* e *loyauté*); nas inglesa e italiana correção (*fairness* e *correttézza*) e na língua alemã boa-fé (*Treu und Glauben*). Estas diferenças terminológicas não podem deixar de assumir um impacto efetivo no preenchimento assumido, localmente, pelas várias Ciências Jurídicas europeias. Confrontado com este problema, a maioria da doutrina especializada considera que no preenchimento deste termo não pode o intérprete-aplicador recorrer aos desenvolvimentos jurídicos internos, mas somente aos desenvolvimentos do Direito europeu, sob pena de operar um efetivo desvirtuamento das pretensões uniformizadores inerentes a qualquer regulamento[579].

Ao longo do RGPD[580] e dos seus considerandos[581], a expressão "tratamento equitativo" é utilizada para densificar o princípio da lealdade. Estas exposições assumem especial interesse na clarificação do alcance deste princípio.

II. Apesar das diferenças linguísticas e substantivas, a lealdade, independentemente do termo em concreto empregue ou do sistema nacional em questão, representa um *plus* em relação ao princípio da licitude em sentido estrito. Neste sentido, a lealdade permite contestar determinados comportamentos que dificilmente poderiam ser descritos como violadores do artigo 6.º[582]. Trata-se de um conceito aberto[583], passível de ser invocado em situações que contradigam o espírito do RGPD.

[579] Buchner/Kühling, *Anotação ao artigo 5.º do RGPD* em *Kühling/Buchner*, Rn. 13; Heberlein, *Anotação ao artigo 5.º do RGPD* em *Ehmann/Selmayr*, Rn. 9; Plath, *Anotação ao artigo 5.º do RGPD* em Plath, Rn. 4; Roßnagel, *Anotação ao artigo 5.º do RGPD* em *Simitis/Hornung/Spiecker gen. Döhmann*, Rn. 46; Frenzel, *Anotação ao artigo 5.º do RGPD* em *Paal/Pauly*, Rn. 20: atribuí maior relevância aos desenvolvimentos internos.

[580] Artigos 13.º/2 e 40.º/2, *a)*.

[581] Considerandos 39, p. 1, 60, p. 1 e 2, e 71, p. 5.

[582] Reimer, *Anotação ao artigo 5.º do RGPD* em *Sydow*, Rn. 14.

[583] Buchner/Kühling, *Anotação ao artigo 5.º do RGPD* em *Kühling/Buchner*, Rn. 17: sublinhando a natureza aberta do termo.

É no âmbito das relações jurídicas que o princípio da lealdade irá encontrar o seu campo de aplicação por excelência[584]. A lealdade impõe aos responsáveis pelo tratamento a obrigação de atenderem, a todo o tempo, aos interesses e às expectativas legítimas dos titulares dos dados[585].

III. Numa aceção ampla, é possível reconduzir ao universo da lealdade inúmeros preceitos do RGPD – p.ex.: 7.º/4 ou 11.º/2. Temos, todavia, dúvidas que existam efetivas vantagens em apresentar estes ou outros preceitos como manifestações positivadas do princípio da lealdade.

67. Transparência

I. O princípio da transparência apresenta-se como uma novidade do RGPD[586]. As situações hoje reconduzíveis à transparência eram, durante a vigência da Diretriz n.º 95/46/CE, abrangidos pela lealdade[587]. A ligação entre os dois princípios é, de resto, manifesta: com o legislador europeu a emparelhar, sucessivamente, a lealdade e a transparência[588].

II. O princípio da transparência atravessa, horizontalmente, todo o processo de tratamento de dados, desde os primeiros contactos que o responsável pelo tratamento estabelece com potenciais titulares de dados (formação), passando pela sua recolha e demais tratamentos (execução),

[584] Heberlein, *Anotação ao artigo 5.º do RGPD* em *Ehmann/Selmayr*, Rn. 9; Roßnagel, *Anotação ao artigo 5.º do RGPD* em *Simitis/Hornung/Spiecker gen. Döhmann*, Rn. 44.

[585] Considerando 47, p. 1. Heberlein, *Anotação ao artigo 5.º do RGPD* em *Ehmann/Selmayr*, Rn. 9-10; Schantz, *Anotação ao artigo 5.º do RGPD* em *BeckOK*, Rn. 8; Schantz/Wolff, *Das neue Datenschutzrecht*, Rn. 393

[586] Considerando 39; GT 29, *Orientações relativas à transparência na aceção do Regulamento 2016/679* (WP 260rev.1), 29-nov.-2017, revistas, por último, a 11-abr.-2018.

[587] TJUE 1-out.-2015, proc. c-201/14 (*Bara*), 34: "Daqui resulta que a exigência de tratamento leal dos dados pessoais prevista no artigo 6.º da Diretriz 95/46 obriga uma Administração Pública a informar as pessoas visadas da transmissão desses dados a outra Administração Pública, com vista ao seu tratamento por esta última, na sua qualidade de destinatária dos referidos dados"; Buchner/Kühling, *Anotação ao artigo 5.º do RGPD* em *Kühling/Buchner*, Rn. 18.

[588] Artigos 14.º/2 e 40.º/2, *a)* e Considerandos 60, p. 1 e 71, p. 5.

conservando-se mesmo após o termo da relação[589-590]. A transparência engloba tanto o conteúdo das informações a ser transmitidas aos titulares ou a terceiros, como os procedimentos da transmissão[591]. O princípio da transparência não se esgota no exercício do direito à informação dos titulares de dados pessoais[592].

Também o princípio da transparência surge concretizado em inúmeros artigos, com destaque para os artigos 12.º, 13.º e 14.º, mas também nos artigos 34.º ou 37.º.

68. Limitação das finalidades: aspetos gerais

I. O disposto no artigo 5.º/1, *b)* limita a recolhe de dados pessoais a finalidades (i) determinadas, (ii) explícitas e (iii) legítimas. O princípio da limitação de finalidades, previsto já na Diretriz n.º 95/46/CE, encontra o seu fundamento *constitucional* no artigo 8.º/2 da Carta – "fins específicos"[593].

II. A segunda parte do artigo 5.º/1, *b)* veda a prossecução subsequente de tratamentos de dados incompatíveis com as finalidades originariamente indicadas. Esta exigência visa, numa perspetiva geral, acautelar os interesses dos titulares e, numa perspetiva específica, garantir o controlo dos respetivos direitos à autodeterminação informacional[594].

A impossibilidade de rever as finalidades assume especial relevância no âmbito da denominada *Big Data*[595].

589 Como exemplo paradigmático, veja-se o artigo 17.º/2.

590 GT 29, *Orientações relativas à transparência* cit., 6.

591 Frenzel, *Anotação ao artigo 5.º do RGPD* em *Paal/Pauly*, Rn. 21; Heberlein, *Anotação ao artigo 5.º do RGPD* em *Ehmann/Selmayr*, Rn. 11.

592 Roßnagel, *Anotação ao artigo 5.º do RGPD* em *Simitis/Hornung/Spiecker gen. Döhmann*, Rn. 50.

593 Para uma análise às raízes históricas do princípio da limitação das finalidades: GP29, *Opinion 03/2013 on purpose limitations* (WP 203), 2-abr.-2013, 6 ss.

594 Herbst, *Anotação ao artigo 5.º do RGPD* em *Kühling/Buchner*, Rn. 22.

595 Nicolai Culik/Christian Döpke, *Zweckbindungsgrundsatz gegen unkontrollierten Einsatz von Big Data-Anwendungen – Analyse möglicher Auswirkungen der DS-GVO*, 7 ZD, 2017, 226-230.

III. As finalidades que subjazem à recolha de dados devem ser determinadas antes do início do processo se iniciar. Não podem ficar em aberto, ser adiadas ou encontrar-se condicionadas a um qualquer evento futuro[596]. O processo de determinação das finalidades pressupõe, naturalmente, que o responsável pelo tratamento realize um exame prévio, que lhe permita identificar e fundamentar os propósitos prosseguidos[597].

O cumprimento deste primeiro requisito pressupõe um procedimento de concretização, em especial quando sejam vários os propósitos prosseguidos. O sistema não se basta com a utilização de expressões vagas, como "melhorar a experiência dos utilizadores", "fins publicitários" ou "segurança cibernética"[598].

O responsável pelo tratamento pode prosseguir mais do que uma finalidade, desde que naturalmente as exigências legais sejam respeitadas.

IV. O requisito da explicitude respeita não tanto à substância, mas à forma – embora no Direito está distinção seja artificial. As finalidades prosseguidas têm de ser reveladas de modo claro a todo o universo da proteção de dados: titulares, autoridades de controlo e terceiros[599].

V. Por fim, a expressão "finalidades legítimas" deve ser interpretada amplamente: não basta o respeito pelo artigo 6.º, exige-se, igualmente, o cumprimento das demais disposições legais aplicáveis. Assim, todas as finalidades que violem a lei devem ser consideradas, para efeitos de aplicação deste preceito, ilegítimas[600]. Melhor seria que se tivesse utilizado a expressão legal[601].

[596] Heberlein, *Anotação ao artigo 5.º do RGPD* em *Ehmann/Selmayr*, Rn. 13.

[597] GP 29, *Opinion 03/2013* cit., 15.

[598] GP 29, *Opinion 03/2013* cit., 16.

[599] GP 29, *Opinion 03/2013* cit., 17.

[600] GP 29, *Opinion 03/2013* cit., 19; Schantz, *Anotação ao artigo 5.º do RGPD* em *BeckOK*, Rn. 17; Manfred Monreal, *Weiterverarbeitung nach einer Zweckänderung in der DS-GVO – Chancen nicht nur für das europäische Verständnis des Zweckbindungsgrundsatzes*, 6 ZD, 2016, 507-512, 509.

[601] Herbst, *Anotação ao artigo 5.º do RGPD* em Kühling/Buchner, Rn. 37.

69. Limitação das finalidades: tratamentos subsequentes

I. As exigências relativas à determinabilidade, explicitude e legitimidade das finalidades subjacentes à recolha de dados contrasta com a segunda parte do artigo 5.º/1, *b)*. Nesta, o legislador permite que o responsável utilize esses dados para outras finalidades, desde que não sejam incompatíveis com as que foram inicialmente identificadas[602]. A utilização da negativa – "não incompatíveis" – ao invés da positiva – "compatíveis" – aponta para uma maior liberdade de atuação[603]. Trata-se de uma análise sujeita a uma avaliação casuística: cabe ao intérprete-aplicador, à luz dos exatos factos do caso em análise, verificar a não incompatibilidade da nova finalidade[604].

II. Na determinação ou não determinação da incompatibilidade, devemos atender, nomeadamente, aos fatores enumerados no artigo 6.º/4: (i) relação existente entre as finalidades originárias e as finalidades pretendidas; (ii) o contexto em que operou a recolha e, em especial, a relação existente entre os titulares dos dados e o responsável pelo tratamento; (iii) a natureza dos dados pessoais; (iv) as consequências que possam decorrer do tratamento à luz da nova finalidade; e (v) a existência de salvaguardas adequadas, como, por exemplo, a cifragem ou a pseudonomização[605].

Não basta que o responsável pelo tratamento demonstre a não incompatibilidade na nova finalidade. A prossecução de novas finalidades encontra-se igualmente dependente do respeito escrupuloso de todos os princípios positivados no artigo 5.º/1. Cabe-lhe, igualmente, informar os titulares dos dados dessa decisão, nos termos dos artigos 13.º/3 e 14.º/4[606].

602 Considerando 50.

603 Frenzel, *Anotação ao artigo 5.º do RGPD* em *Paal/Pauly*, Rn. 30.

604 GT 29, *Opinion 03/2013* cit., 21-22.

605 Veja-se a anotação correspondente. O legislador europeu inspirou-se em GP29, *Opinion 03/2013* cit., 23.

606 A Ciência Jurídica alemã é unânime: Heberlein, *Anotação ao artigo 5.º do RGPD* em *Ehmann/Selmayr*, Rn. 19 ou Herbst, *Anotação ao artigo 5.º do RGPD* em Kühling/Buchner, Rn. 23

III. A parte final do preceito contém uma importante exceção à prossecução de finalidades não identificadas originariamente: o tratamento posterior para fins de arquivo de interesse público, ou para fins de investigação científica ou histórica ou para fins estatísticos não é considerado incompatível com as finalidades iniciais, em conformidade com o artigo 89.º/1[607].

IV. O conteúdo do Considerando 50 suscita algumas dúvidas interpretativas, em face da aparente contradição que acarreta: "O tratamento de dados pessoais para outros fins que não aqueles para os quais os dados pessoais tenham sido inicialmente recolhidos apenas deverá ser autorizado se for compatível com as finalidades para as quais os dados pessoais tenham sido inicialmente recolhidos. Nesse caso, não é necessário um fundamento jurídico distinto do que permitiu a recolha dos dados pessoais".

De uma leitura mais atenta do Considerando 50 torna-se evidente a sua não aplicação ao caso em análise: a expressão aí utilizada é a de "se for compatível" e não "se não for incompatível"[608]. Assim e *a contraio sensu*, podemos considerar que todas as finalidades e tratamentos compatíveis com as que foram originariamente indicadas não necessitam de qualquer controlo extraordinário.

70. Minimização de dados

I. O princípio da minimização de dados[609] – artigo 5.º/1, *c)* – surge intrinsecamente associado ao princípio da limitação de finalidades: os dados pessoais devem ser "adequados, pertinentes e limitados ao que é necessário relativamente às finalidades para as quais são tratados".

Já previsto na Diretriz n.º 95/46/CE, o princípio da minimização assume, no Direito vigente, contornos mais exigentes: a expressão "não excessivos", presente na Diretriz n.º 95/46/CE, foi substituída por "limitados ao que é necessário".

[607] Ponto 54/III.

[608] Heberlein, *Anotação ao artigo 5.º do RGPD* em *Ehmann/Selmayr*, Rn. 16 e 20.

[609] Este princípio é especialmente desenvolvido na anotação de Roßnagel, *Anotação ao artigo 5.º do RGPD* em *Simitis/Hornung/Spiecker gen. Döhmann*, Rn. 116 ss.

II. O princípio da minimização dos dados compõe-se de três pilares: (i) adequação; (ii) pertinência; e (iii) necessidade. Apesar de dificilmente autonomizáveis, em especial os dois primeiros, cada um visa propósitos distintos[610].

A adequação impõe a circunscrição dos tratamentos aos dados pessoais que se enquadrem nas finalidades prosseguidas. Os dados não relacionados ou inapropriados encontram-se, *ab initio*, excluídos[611].

A pertinência – o termo empregue na versão inglesa é mais feliz: *relevant* – circunscreve as atividades dos responsáveis a tratamentos que possam contribuir para a prossecução dessas finalidades.

Por fim, o tratamento apenas será juridicamente aceitável se não existir um método alternativo menos invasivo; p.ex.: a anonimização – 32.º/1, *a)* – ou a pseudonomização – 25.º/1.

71. Exatidão

I. A alínea *d)* do artigo 5.º/1 abrange três dimensões: (i) a proibição de recolher ou armazenar dados incorretos; (ii) o dever de atualização dos dados detidos, sempre que se mostre necessário; e (iii) o dever de apagar ou de retificar os dados incorretos, à luz das finalidades prosseguidas[612].

A proibição de recolher e de armazenar dados incorretos circunscreve-se aos denominados dados objetivos e já não aos dados subjetivos[613].

II. A inexatidão dos dados pode ter um impacto enorme na vida dos seus titulares[614]. Contudo, nem todos os dados têm de estar, a todo o tempo, atualizados. De resto, alguns dados apenas têm interesse na medida, precisamente, em que se conservem desatualizados, por respeitarem a realidades passadas: pense-se em dados médicos que descrevem um estado clínico antigo. Por outro lado, a incorreção pode ser irrelevante para as

[610] Herbst, *Anotação ao artigo 5.º do RGPD* em Kühling/Buchner, Rn. 57.

[611] Heberlein, *Anotação ao artigo 5.º do RGPD* em *Ehmann/Selmayr*, Rn. 22.

[612] Schantz, *Anotação ao artigo 5.º do RGPD* em *BeckOk*, Rn. 34.

[613] Herbst, *Anotação ao artigo 5.º do RGPD* em *Kühling/Buchner*, Rn. 60.

[614] TJUE 16-dez.-2008, proc. C-524/06 (*Huber*), 60: dados relativos à situação pessoal do titular.

finalidades prosseguidas, não afetando o tratamento ou os resultados que da sua análise decorram.

III. A obrigação de apagar ou de retificar dados incorretos não se confunde com os direitos a exigir o apagamento dos dados – independentemente de serem incorretos ou não –, artigo 17.º ou a sua retificação, artigo 16.º.

72. Limitação da conservação

I. A identidade dos titulares dos dados encontra-se, nos termos da alínea *e)* do artigo 5.º/1, temporalmente limitada às finalidades prosseguidas. Volvido o período de tempo necessário à sua conservação, devem ser, o quanto antes, apagados[615].

Nesse sentido, o responsável pelo tratamento deverá fixar os prazos para o apagamento ou para a revisão periódica, de forma a assegurar que os dados pessoais sejam conservados apenas durante o período de tempo necessário.

II. A segunda parte do preceito consagra uma importante exceção a este princípio: os dados podem ser conservados por períodos temporais mais alargados se forem tratados exclusivamente para fins de arquivo, de interesse público, ou para fins de investigação científica ou histórica ou para fins estatísticos, em conformidade com o artigo 89.º/1. Cabe ao responsável, nestes casos, aplicar as medidas técnicas e organizativas adequadas exigidas pelo presente regulamento, a fim de salvaguardar os direitos e liberdades do titular dos dados.

73. Integridade e confidencialidade

Os últimos princípios elencados no artigo 5.º/1 não encontram paralelo na Diretriz n.º 95/46/CE. A sua inclusão foi sugerida pelo Parlamento[616].

[615] TJUE 13-mai.-2014, proc. C-131/12 (*Google Spain*), 73 e 92.
[616] *Relatório*, 73-74.

O preceito impõe a obrigação de garantirem a segurança e a confidencialidade dos dados. A segurança abrange a perda, a destruição ou a danificação acidental, independentemente do impacto total ou parcial.

Os responsáveis pelo tratamento devem adotar as medidas técnicas e organizativas adequadas a garantir o cumprimento de ambos os princípios.

74. Responsabilidade

I. O artigo 5.º/2 consagra o princípio da responsabilidade: "o responsável pelo tratamento é responsável pelo cumprimento do disposto no n.º 1 e tem de poder comprová-lo".

O preceito prevê dois deveres distintos: (i) o responsável pelo tratamento deve atuar sempre no estrito cumprimento dos princípios elencados no artigo 5.º/1; e (ii) o responsável pelo tratamento deve conseguir demonstrar, *maxime* às autoridades de controlo e aos tribunais, o cumprimento desses mesmos princípios.

O princípio da responsabilidade – as expressões inglesas *accountability* e *compliance* transmitem uma ideia mais precisa do que efetivamente se pretende – assume uma função nuclear na estrutura e na aplicação do RGPD[617]. São inúmeros os preceitos que surgem ora como suas concretizações ou como suas decorrências lógicas: artigos 24.º/1, 30.º ou 33.º.

II. Apesar de a primeira parte do artigo 5.º/2 – o cumprimento – ser descrita por alguma doutrina como redundante[618], não é desprovida de sentido útil: ela impossibilita que o responsável delegue o dever aí contido, a título exemplificativo, num subcontratante ou num encarregado de proteção de dados[619].

[617] O GT 29 desempenhou um papel decisivo na assunção, pelo legislador europeu, desta conceção: GT 29, *Opinion 3/2010 on the principle of accountability* (WP 173), 13-jul.-2010, 8 ss.

[618] Frenzel, *Anotação ao artigo 5.º do RGPD* em *Paal/Pauly*, Rn. 50.

[619] Roßnagel, *Anotação ao artigo 5.º do RGPD* em *Simitis/Hornung/Spiecker gen. Döhmann*, Rn. 175.

Não podemos acompanhar uma interpretação *a contrario* do preceito, no sentido de que todos os demais sujeitos não estão obrigados a atuar de acordo com os princípios do artigo 5.º/1. Certamente que não é assim: tanto os subcontratantes, como as autoridades de controlo, como todas as demais entidades que lidem com dados pessoais estão obrigados a respeitar os princípios fundacionais do RGPD[620].

III. O disposto no artigo 5.º/2 representa um *plus* em relação ao artigo 6.º/1 da Diretriz n.º 95/46/CE, na medida em que este último não mencionava a necessidade de comprovar o cumprimento dos princípios do RGPD[621]. O conceito de *compliance* assume um lugar de destaque no Direito da proteção de dados contemporâneo – num movimento que se estende a cada vez mais ramos jurídicos.

O dever de comprovar o cumprimento do RGPD não consubstancia uma inversão do ónus da prova. Caso o não consiga fazer, o responsável pelo tratamento apenas será responsabilizado pelo incumprimento do dever de comprovar[622].

IV. O legislador europeu não esclarece de que forma o cumprimento dos princípios do artigo 5.º/1 pode ser comprovado, mas deixa-nos importantes pistas: os responsáveis pelo tratamento podem fazê-lo demonstrando a aplicação dos códigos de conduta ou dos procedimentos de certificação mencionados, respetivamente, nos artigos 40.º e 42.º[623].

A complexidade do RGPD e as pesadas coimas que podem ser aplicadas aos responsáveis pelo tratamento espoletaram o estudo da *data compliance*. Naturalmente, que apenas em concreto – atendendo à natureza do responsável e às características dos dados tratados – será possível tomar posição quanto às possíveis soluções a implementar. Mas a experiência empírica

[620] Roßnagel, *Anotação ao artigo 5.º do RGPD* em *Simitis/Hornung/Spiecker gen. Döhmann*, Rn. 179: coloca este ponto em igual evidência.

[621] Não se trata, todavia, de numa novidade: constava já das *Guidelines da OCDE*, de 1980 – artigo 14: "*A data controller should be accountable for complying with measures which give effect to the principles stated above*".

[622] Winfried Veil, *Accountability – Wie weit reicht die Rechenschaftspflicht der DS-GVO? – Praktische Relevanz und Auslegung eines unbestimmten Begriffs*, 8 ZD, 2018, 9-16, 16.

[623] Solução referida nos artigos 24.º/3 e 25.º/3.

aponta para três pontos estruturantes[624]: (i) identificação clara do que se pretende e de quem é internamente responsável pelo seu cumprimento; (ii) implementação de sistemas de gestão de dados (*Data Protection Management Systems*)[625]; e (iii) implementação de procedimentos uniformes.

Numa perspetiva mais concreta, são inúmeras as medidas que poderão facilitar esta tarefa[626]: (i) procedimentos de gestão de dados; (ii) políticas de tratamento de dados; (iii) fiscalização dos procedimentos e das políticas; (iv) nomeação de um encarregado de proteção de dados; (v) formação específica dos funcionários; (vi) protocolos de incumprimento; (vii) avaliação de risco; ou (iv) o registo das atividades de tratamento, nos termos do artigo 30.º. Importa proceder à sua revisão periódica[627].

Por fim, refira-se que a implementação destas medidas, procedimentos e sistemas só podem garantir a não responsabilização na medida em que não sejam violados quaisquer princípios do artigo 5.º/1. Sendo esse o caso, apenas funcionarão como atenuantes, nos termos do artigo 79.º/2, *c)*[628].

[624] Eva Gardyan-Eisenlohr/Kornell Knöpfle, *Accountability für Datenschutz in einem globalen Unternehmen – Fundament einer nachhaltigen Implementierung*, 41 DuD, 2017, 69-73.

[625] Alexander Jung, *Datenschutz-(Compliance-)Management-Systeme – Nachweis- und Rechenschaftspflichten nach der DS-GVO – Praktikable Ansätze für die Erfüllung ordnungsgemäßer Datenverarbeitung*, 8 ZD, 2018, 208-213. Estes sistemas são cada vez mais imprescindíveis para proteger efetiva e eficazmente os direitos dos titulares dos dados: Gisela Quiring-Kock, *Anforderungen an ein Datenschutzmanagementsystem*, 36 DuD, 2012, 832-836. Sebastian Faust/Jan Spittka/Tim Wybitul, *Milliardenbußgelder nach der DS-GVO? – Ein Überblick über die neuen Sanktionen bei Verstößen gegen den Datenschutz*, 6 ZD, 2016, 120-125, 125.

[626] GT 29, *Opinion 3/2010* cit., 11 ss.

[627] O artigo 24.º/1 é claro. Ponto 163.

[628] Sebastian Faust/Jan Spittka/Tim Wybitul, *Milliardenbußgelder nach der DS-GVO? – Ein Überblick über die neuen Sanktionen bei Verstößen gegen den Datenschutz*, 6 ZD, 2016, 120-125, 125.

Capítulo II
Fundamentos de licitude de tratamento

75. Enquadramento

I. Nos termos do artigo 8.º/2 da Carta, o tratamento de dados pessoais apenas poderá ocorrer com o consentimento do titular dos dados[629] ou com outro fundamento previsto na Lei.

Como referido introdutoriamente, o artigo 8.º/2 da Carta, ponto de partida de qualquer análise à licitude do tratamento de dados pessoais, não estabelece, ao contrário do que sustenta a maioria da doutrina alemã[630], um princípio geral de não tratamento, seguidamente excecionado num leque variado de exceções, mas o reconhecimento originário no sentido da permissibilidade do tratamento de dados pessoais sempre que a Lei assim o determine[631].

Esta conceção não proibitiva é ainda suportada pelo artigo 1.º: (i) o RGPD não defende somente o direito à autodeterminação informacional, mas todos os demais direitos e liberdades fundamentais (n.º 2); e (ii) o RGPD promove um equilíbrio entre o direito à autodeterminação informacional e a livre circulação de dados pessoais (n.º 1 e n.º 2)[632].

II. O artigo 6.º/1, estabelece, de forma taxativa, os únicos fundamentos para o tratamento lícito de dados pessoais. O preceito vem, nesse sentido,

[629] Nota 29.
[630] Nota 30.
[631] Nota 31.
[632] Ponto 4.

densificar o princípio da licitude em sentido estrito, previsto no artigo 5.º/1, *a)*[633].

O alcance do texto da Lei é indiscutível: "o tratamento só é válido se e na medida em que se verifique pelo menos uma das seguintes situações". O conteúdo dos números 2 e 3 não contém qualquer cláusula de abertura que permita aos Estados-Membros ou à União Europeia positivar outros fundamentos de licitude de tratamento de dados[634]. As competências legislativas aí consagradas apenas possibilitam concretizações do regime europeu e já não soluções contrárias ou não harmoniosas.

III. O artigo 6.º consagra seis fundamentos de licitude do tratamento de dados pessoais: a) o titular dos dados der o seu consentimento; b) o tratamento ser necessário para a execução de um contrato; c) o tratamento ser necessário para o cumprimento de uma obrigação jurídica; d) o tratamento ser necessário para a defesa de interesses vitais do titular ou de terceiro; e) o tratamento ser necessário ao exercício de funções de interesse público ou ao exercício de autoridade pública; e f) o tratamento ser necessário para efeito dos interesses legítimos prosseguidos pelo responsável pelo tratamento ou por terceiro.

[633] Ponto 65.
[634] Albrecht, *Introdução ao artigo 6.º do RGPD* em *Simitis/Hornung/Spiecker gen. Döhmann*, Rn. 2.

§ 16º O CONSENTIMENTO

76. Enquadramento

I. A necessidade de, por princípio[635], o titular ter de consentir no tratamento dos seus dados pessoais assume-se como uma das principais garantias de proteção dos interesses individuais de cada sujeito. A sua consagração no artigo 8.º/2 da Carta – "com o consentimento da pessoa interessada ou com outro fundamento legítimo previsto por lei" – impossibilita que o consentimento venha, porquanto esta disposição se encontre em vigor, a ser ignorado pelo legislador europeu ou pelos legisladores nacionais[636].

A força *constitucional* do consentimento reflete-se, como não poderia deixar de ser, no RGPD. O consentimento apresenta-se, à luz do artigo 6.º/1, *a)* como a principal causa de legitimidade e de licitude do tratamento de dados pessoais.

[635] Não se trata de uma exigência absoluta, como resulta do artigo 8.º/2 da Carta e do artigo 6.º do RGPD.

[636] A importância atribuída, pela nossa Constituição, ao consentimento não é tão evidente. Este apenas surge, sempre por princípio, como necessário em tratamentos relativos a "dados referentes a convicções filosóficas ou políticas, filiação partidária ou sindical, fé religiosa, vida privada e origem étnica (35.º/3 da CRP). Contudo, a inclusão da expressão "vida privada" permite aumentar consideravelmente o campo de aplicação da norma. Por todos: J.J. Gomes Canotilho/Vital Moreira, *Constituição da República Anotada*, I, 4ª ed., Coimbra ed., Coimbra, 2014 (= 2006), 554 ss. A recondução do direito à proteção de dados (ou direito à autodeterminação informacional) ao campo dos direitos de personalidade impõe igual solução, sem, todavia, o peso formal da CRP ou da Carta.

II. A dogmática do consentimento, balizada pela definição constante no artigo 4.º, *11)* encontra-se globalmente positivada no artigo 7.º – com a epígrafe *Condições aplicáveis ao tratamento.* Na realidade, estes artigos não são autonomizáveis: devem ser lidos e aplicados em conjunto[637]. O conteúdo do artigo 7.º caracteriza-se, de resto, por uma notória falta de sistematização: os preceitos que o compõem respondem a problemas diversos, embora sempre relacionados com o consentimento[638]. Tudo funcionando como se o legislador tivesse dúvidas quanto à matéria que deveria constar da definição e do *regime per se*[639].

A este regime geral acresce uma série de regimes especiais. A saber: (i) no consentimento dado por crianças, artigo 8.º; (ii) a propósito do tratamento de dados pessoais especiais, artigo 9.º/2, *c)* e *d)*; (iii) no âmbito das decisões individuais automatizadas, artigo 22.º; e (iv) em relação a transferência de dados pessoais para países terceiros ou organizações internacionais.

São ainda diversas as referências ao consentimento no texto do RGPD, em especial no capítulo dedicado aos direitos dos titulares[640].

77. Críticas ao consentimento

I. Spiros Simitis, um dos mais reconhecidos autores do Direito da proteção de dados, há muito que descreve o consentimento como uma ficção[641]: o reconhecimento deste direito ao consentimento traduz uma falsa ideia de controlo na esfera jurídica do titular – daí a ideia de ficção. Pouco importa, prossegue Simitis, que o titular consinta formalmente, quando, na esmagadora maioria das vezes, (i) não tem hipótese de não o fazer sem incorrer em pesados riscos – os dados são pedidos por um superior hierárquico

[637] Schulz, *Anotação ao artigo 7.º do RGPD* em *Gola*, Rn. 1.

[638] Schulz, *Anotação ao artigo 7.º do RGPD* em *Gola*, Rn. 11: não vislumbra uma lógica interna.

[639] Com críticas idênticas: Buchner/ Kühling, *Anotação ao artigo 4.º, 11) do RGPD* em *Kühling/Buchner*, Rn. 20.

[640] Artigos 13.º/2, *c)*, 14.º/2, *d)*, 17.º/1, *b)*, e 18.º/2.

[641] Spiros Simitis, *Anotação ao § 4a do BDGS* em *Simitis, Bundesdatenschutzgesetz*, 8ª ed., Nomos, Baden-Baden, 2014, Rn. 3.

ou por um sujeito que detenha uma enorme ascendência – p.ex.: área da saúde; ou (ii) o consentimento é necessário para aceder a bens e serviços indispensáveis – emprego, energia, comunicações, contas bancárias, etc.

Simitis conclui a sua análise afirmando que, distintamente do que o legislador parece considerar, a imposição do consentimento não restringe o uso dos dados pessoais, pelo contrário: representa antes uma chave para um acesso virtualmente ilimitado a um sem fim de informações.

II. As críticas avançadas por Simitis são suportadas por parte da doutrina.

Koops, sublinhando não ser o consentimento o meio mais adequado de legitimação de tratamento de dados, recorre a argumentos igualmente empíricos: a maioria das pessoas limita-se a consentir sem o fazer conscientemente, quer por falta de paciência, ou porque os meios de avaliação são muito pesados e complexos[642]. Estes pontos voltam a ser explorador por Solove, para quem os titulares não têm capacidade para avaliar o que é vantajoso ou desvantajoso nem o alcance exato das consequências associadas ao consentimento[643].

Os estudos comportamentais e económicos disponíveis sobre a realidade da *Internet* são inequívocos: a maioria das pessoas não lê as condições *online*, não tem capacidade ou conhecimentos para compreender o que lê e, se todos os utilizadores o decidissem fazer, os custos económicos seriam elevadíssimos[644].

Estas críticas são válidas e dificilmente poderão não ser reconhecidas[645]. Contudo, não bastam para sustentar a solução diametralmente oposta[646],

[642] Bert-Japp Koops, *The Trouble with European Data Protection Law*, 4 IDPL, 2014, 250-261.

[643] Daniel J. Solove, *Introduction: Privacy Self-Management and the Consent Dilemma*, 126 Harv L Rev, 2013, 1880-1903.

[644] René Arnold/Annette Hillebrand/Martin Waldburger, *Informed Consent in Theorie und Praxis – Warum Lesen, Verstehen und Handeln auseinanderfallen*, 39 DuD, 2015, 730-734, 731.

[645] Entre nós: Sousa Pinheiro, Privacy cit., 812: *Internet* em geral; Alves Leal, *Aspetos jurídicos* cit., 148: *Big Data* em especial.

[646] Reconhecem estas críticas, mas, ao mesmo tempo, afastam a tónica do paternalismo: Benedikt Buchner, *Die Einwilligung im Datenschutzrecht – vom Rechtfertigungsgrund zum Kommerzialisierungsinstrument*, 34 DuD, 2010, 39-43; Solove, *Introduction: Privacy Self--Management* cit., 1882; Peter Schantz/Heinrich Amadeus Wolff, *Das neue Datenschutzrecht – Datenschutz-Grundverordnung und Bundesdatenschutzgesetz in der Praxis*, Beck, Munique, 2017, Rn. 472-473.

ou seja: a de caber ao legislador determinar que dados podem ser utilizados e em que termos (conceção paternalista)[647].

III. A importância do consentimento deve ser contextualizada. Este consiste apenas numa forma de legitimação do tratamento de dados, ao lado de todas as demais elencadas no artigo 6.º[648]. Esta possibilidade é expressamente reconhecida pela Carta (8.º/2) e pela CRP (35.º), ambas admitindo outras formas de legitimação.

Em abstrato, admite-se uma extensão das causas de legitimação de tratamento, mas nunca ao ponto de desvirtuar a natureza intrinsecamente pessoal e única dos dados pessoais. Curiosamente, parte da doutrina que advoga o fim do consentimento ou pelo menos a redução substancial da sua importância mostra-se igualmente contrária à subjetivação do direito à proteção de dados[649].

IV. À luz do sistema jurídico vigente, o consentimento assume-se como indispensável. A nossa atenção deve assim centrar-se não na existência ou inexistência deste requisito, mas nos contornos que deve assumir e na proteção que efetivamente confere aos seus titulares[650].

O RGPD é particularmente exigente: (i) o consentimento só é válido se for livre, específico e informado, 4.º, *11)*; (ii) cabe ao responsável dos dados demonstrar ter sido o consentimento dado validamente, 7.º/1; (iii) o titular pode retirar o seu consentimento a qualquer tempo, 7.º/3[651]; (iv) o consentimento de menores de 13 anos[652] está dependente de autorização dos titulares das responsabilidade parentais, 8.º – sempre considerando os interesses dos menores[653]; (v) o consentimento de dados sensíveis encontra-se sujeito a requisitos agravados, 9.º; e (vi) a necessidade de obter o consentimento agrava, só por si, os deveres dos responsáveis

[647] Parece ser esta a posição de Koops, *The Trouble* cit., 4

[648] Alves Leal, *Aspetos jurídicos* cit., 161 ss.

[649] Koops, *The Trouble* cit.

[650] Buchner, *Die Einwilligun* cit., 40.

[651] Este regime de revogação do consentimento é mais benéfico para o titular do que o previsto no Direito Comum: artigo 81.º/2 do CC.

[652] Artigo 16.º da LE.

[653] Artigo 1878.º/1 do CC.

pelo tratamento e, consequentemente, as competências concretas das entidades de supervisão.

Em suma, o consentimento garante uma proteção mais efetiva aos titulares dos dados, mesmo que os elementos empíricos consultados apontem para um desinteresse efetivo por parte da maioria da população.

78. A definição de consentimento

I. Por consentimento entende-se, nos termos do artigo 4.º, *11)*, (i) uma manifestação de vontade, livre, específica, informada e explícita; (ii) através da qual o titular dos dados aceita, mediante declaração ou ato positivo inequívoco; (iii) que os dados que lhe digam respeito sejam objeto de tratamento.

II. O confronto entre a versão portuguesa e as demais versões do RGPD evidencia uma relevante diferença: a expressão explícita apenas consta da versão nacional[654].

A expressão explicita, incluída da Proposta original da Comissão, foi retirada da versão final. A razão para isso, debatida durante a discussão que intercalou a Proposta e a votação final do RGPD, fundou-se no receio de que, partindo desta expressão, se fizesse depender o válido e legítimo consentimento de forma escrita, o que tornaria o processo excessivamente oneroso[655]. Venceu a posição defendida pelo Conselho[656], contra o Parlamento e a Comissão, mediante, naturalmente, cedências de compromisso[657].

Em face deste cenário é com espanto que se verifica que a versão portuguesa não reflita, ao contrário das demais, o desfecho das negociações. Embora se reconheça que a palavra explícita não é apenas sinónimo, no

[654] A. Barreto Menezes Cordeiro, *O consentimento do titular dos dados*, 3 RDC, 2018, 839-863, 843 ss: análise histórica do preceito.

[655] Schulz, *Anotação ao artigo 7.º do RGPD* em *Gola*, Rn. 42: considera essa cedência pouco significativa, do ponto de vista da proteção dos titulares de dados, na medida em que o consentimento terá sempre de ser inequívoco.

[656] Conselho , doc. 9398/15, 1-jun.-2015, 87 e nota de rodapé 118.

[657] Kühling/Buchner, *Anotação ao artigo 4.º, 11)* em *Kühling/Buchner*, Rn. 4.

contexto em que surge empregue, de forma escrita, não poderiam os autores da versão portuguesa ignorar as dúvidas que da sua conservação poderiam resultar.

79. Manifestação de vontade

I. Ao apresentar o consentimento como uma manifestação de vontade, o legislador reconduz este conceito ao universo dos negócios jurídicos, afastando-o dos atos jurídicos *stricto sensu*[658-659]. Ao imputar esta classificação, o consentimento só poderá encontrar-se sujeito à dogmática civilística e a todos os seus desenvolvimentos. Não consta do RGPD, nem poderia constar, um completo regime negocial. Cabe ao intérprete-aplicador recorrer ao regime do negócio jurídico, previsto no Código Civil[660], com as óbvias adaptações, mas somente na medida em que o RGPD não consagre uma solução especial. Não se justifica, neste como em outras partes do RGPD, ignorar os avanços do Direito Civil e dos demais ramos – Privados ou Públicos – que sustentam o Direito da proteção de dados.

Não se consegue acompanhar a posição, fundada na autonomia do Direito Europeu, que defende a natureza *sui generis* do consentimento e o seu completo afastamento dos Direitos civis internos[661].

II. A manifestação de vontade não se confunde com o consentimento em si. A manifestação (ou declaração) corresponde a um dos requisitos que compõem a figura; sendo o consentimento, numa aceção ampla, o significado jurídico atribuído pelo sistema a uma determinada declaração[662].

[658] A doutrina alemã tem-se mostrado dividida: Patricia Maria Rogosch, *Die Einwilligung im Datenschutzrecht*, Nomos, Baden-Baden, 2013, 37 ss; Michael Funke, *Dogmatik und Voraussetzungen der datenschutzrechtlichen Einwilligung im Zivilrecht – Unter besonderer Berücksichtigung der Datenschutz-Grundverordnung*, Nomos, Baden-Baden, 2017, 74 ss.

[659] Heinrich Ewald Hörster, *A parte geral do Código Civil português – Teoria geral do Direito civil*, Almedina, Coimbra, 2012 (= 1992), 202 ss.

[660] Artigos 217.º ss do CC.

[661] Buchner/Kühling, *Anotação ao artigo 7.º do RGPD* em *Kühling/Buchner*, Rn 1a.

[662] Por todos: Menezes Cordeiro, *Tratado*, II, 123 ss.

A manifestação de vontade comporta dois elementos distintos, conquanto interligados: (i) a vontade humana; e (ii) a declaração dessa vontade, ou seja, a sua exteriorização[663].

III. O facto de a manifestação de vontade ter de ser livre, específica, informada *e explícita* permite trazer para o RGPD inúmeros preceitos do CC, pense-se na *culpa in contrahendo* (227.º) ou nos vícios de vontade que possam ser reconduzidos a estas expressões. Contudo, o facto de esta ligação linguística não ser possível em relação a todos os vícios não significa que estejam excluídos: o Direito Comum será aplicado sempre que não for contrariado por norma especial. Esta invocação, para além de corresponder a um corolário lógico-jurídico da existência de um sistema, impõe-se em face da funcionalização do Direito da proteção de dados aos dois objetivos previstos no artigo 1.º: (i) defender os direitos e as liberdades fundamentais das pessoas singulares, nomeadamente o seu direito à proteção de dados, 1.º/2; e (ii) promover a livre circulação dos dados pessoais, 1.º/3[664].

Por outro lado, a nossa análise a estas características não pode ficar refém das conceções do Direito Civil, em especial se a sua letra ou o seu espírito apontarem para uma diferente densificação, mais vasta ou restrita.

IV. A recondução de uma determinada realidade a uma categoria jurídica é uma tarefa reconhecidamente relativa. Por exemplo: um contrato pode ser um facto jurídico ou um bem, dependendo da perspetiva assumida pelo observador[665]. O mesmo se verifica com o consentimento. É mais do que uma simples manifestação de vontade: pode ser encarado como um bem, na medida em que é transacionado, ou como parte integrante de um contrato[666], visto assumir muitas vezes a natureza de contraprestação de serviços *gratuitos*[667].

[663] Ingold, *Anotação ao artigo 4.º, 11) do RGPD* em *Sydon*, Rn. 169: utilizando, precisamente, à linguagem civilística.

[664] Ponto 4.

[665] Barreto Menezes Cordeiro, *Manual de Direito dos valores mobiliários* cit., 147 ss.

[666] Schulz, *Anotação ao artigo 7.º do RGPD* em *Gola*, Rn. 9: coloca em evidência a natureza contratual do consentimento.

[667] Christiane Wenderhorst/Friedrich Graf von Westphalen, *Das Verhältnis zwischen Datenschutz-Grundverordnung und AGB-Recht*, 69 NJW, 2016, 3745-3750.

80. Manifestação de vontade livre

I. A manifestação de vontade não será válida "se o titular dos dados não dispuser de uma escolha verdadeira ou livre ou não puder recusar nem retirar o consentimento sem ser prejudicado"[668].

A referência "não dispuser de uma escolha verdadeira ou livre" remete-nos, automaticamente, para o universo da coação[669]. Todavia, a ausência de liberdade não se circunscreve a situações em que a vontade tenha sido exteriorizada debaixo de ameaças[670]. Todos os condicionamentos à liberdade do titular dos dados devem ser considerados.

II. Próximo da coação, surge a *undue influence*, figura desconhecida da realidade jurídica continental, mas perfeitamente consolidada na *Common Law*[671]. O Direito inglês conhece duas modalidades de *undue influence*: (i) *presumed undue influence*; e (ii) *actual undue influence*.

A *presumed undue influence* tem um campo de aplicação limitado a um conjunto de relações formais, intrinsecamente caracterizadas por uma ascendência de uma parte sobre a outra. Como exemplos clássicos, contam-se as seguintes relações: os pais e os seus filhos[672], o tutor e o tutelado[673], os advogados e os seus clientes[674], os médicos e os doentes[675], os conselheiros espirituais ou religiosos e os crentes[676], os fiduciários e os beneficiários[677]. Sempre que, no âmbito destas relações, ocorrer um negócio que suscite dúvidas quanto à sua razoabilidade, os tribunais irão presumir a

[668] Considerando 42, p. 5.

[669] Coação física: 246.º – nesta modalidade de coação não há verdadeiramente vontade; e coação moral: 255.º, ambos do CC.

[670] Ernst, *Anotação ao artigo 4.º, 11) do RGPD* em Paal/Pauly, Rn. 69.

[671] A. Barreto Menezes Cordeiro, *Direito inglês dos contratos*, I, AAFDL, Lisboa, 2017, 169: com inúmeras referências doutrinárias e jurisprudenciais.

[672] *Wright v Vanderplank* (1855) 2 K & J 1-18.

[673] *Taylor v Johnston* (1882) 19 Ch D 603-610.

[674] *Bank of Credit and Commerce International SA v Aboody* [1990] 1 QB 923-975, 943.

[675] *Mitchell v Homfray* (1881) 8 QBD 587-593.

[676] *Allcard v Skinner* (1887) 26 Ch D 145-193.

[677] *Bank of Credit and Commerce International SA v Aboody* [1990] 1 QB 923-975, 943. Mas apenas no seu tipo clássico; não sendo extensível às relações fiduciárias comerciais, como os administradores de sociedades comerciais ou intermediários financeiros.

existência de uma utilização indevida da influência detida, cabendo ao titular da posição *dominante* demonstrar o oposto.

Ao contrário do que se verifica com a *presumed undue influence*, a *actual undue influence* não pressupõe a existência de uma especial relação de confiança formal, podendo, assim, ser invocada, em abstrato, a propósito de qualquer relação. Como exemplos clássicos, contam-se a influência exercida por empregadores sobre os seus trabalhadores[678], em virtude da diferença de experiência de vida e de idade[679] e todas as demais situações em que se demonstre a existência de uma influência, indevidamente utilizada, que afete a vontade do agente submetido a essa ascendência[680].

É evidente que em qualquer uma destas modalidades a manifestação de vontade se encontra viciada, por não ser livre. Contudo, a *presumed undue influence* pressupõe um requisito prévio que poderá afastar a sua invocação no âmbito do RGPD: a *Common Law* identificou, através dos seus tribunais, as relações reconduzíveis a esta modalidade. Em face da maior complexidade que envolve esta questão, optámos por autonomizar a sua análise.

III. Para além da mais estruturada influência indevida, haverá ausência de liberdade, pelo menos[681], se o titular der o seu consentimento pressionado por falta de tempo; se o consentimento for acompanhado de *contraprestações* aparentemente excessivas ou desproporcionais; se o titular de dados estiver numa situação de fragilidade ou de necessidade – genericamente reconduzível à figura da usura (282.º do CC), mas que não esgota esta última hipótese –; ou se o não consentimento prejudicar o titular dos dados[682].

678 *Re Brocklehurst's Estate* [1978] Ch 14-49.

679 *Smith v Kay* (1859) 7 HL Cas 750-784.

680 *Bank of Montreal v Jane Jacques Stuart* [1911] AC 120-139: num litígio em que se discutia a ascendência de um marido sobre a sua mulher, o tribunal deu como provado que a mulher faria tudo o que o seu marido dissesse, sem, contudo, ser visível um qualquer tipo de coação.

681 Ernst, *Anotação ao artigo 4.º, 11) do RGPD* em *Paal/Pauly*, Rn. 72 ss.

682 GT 29, *Orientações relativas ao consentimento na aceção do Regulamento (UE) 2016/679* (WP 259rev.01), 28-nov.-2017, revistas, por último, a 10-abr.-2018, 11-12.

81. Manifestação de vontade livre: o desequilíbrio de posições

I. Na Proposta inicial da Comissão, o então artigo 7.º/4 estabelecia que:

> O consentimento não constitui um fundamento jurídico válido para o tratamento se existir um desequilíbrio significativo entre a posição do titular dos dados e o responsável pelo tratamento.

O alcance do preceito surgia densificado no Considerando 34 da Proposta:

> O consentimento não deve constituir um fundamento jurídico válido para o tratamento de dados pessoais se existir um desequilíbrio manifesto entre o titular dos dados e o responsável pelo tratamento, especialmente se o primeiro se encontrar numa situação de dependência em relação ao segundo, em especial quando os dados pessoais são tratados pelo seu empregador no contexto da relação laboral. Sempre que o responsável pelo tratamento é uma autoridade, só haveria desequilíbrio em caso de operações de tratamento especificas no âmbito das quais a autoridade possa, por força das suas prerrogativas de poder público, impor uma obrigação. Neste caso, o consentimento não seria considerado livremente consentido, tendo em conta o interesse do titular dos dados.

Da versão final do RGPD não consta qualquer preceito com um conteúdo próximo do positivado no artigo 7.º/4 da Proposta, mas o Considerando 34, agora Considerando 43, foi parcialmente preservado:

> A fim de assegurar que o consentimento é dado de livre vontade, este não deverá constituir fundamento jurídico válido para o tratamento de dados pessoais em casos específicos em que exista um desequilíbrio manifesto entre o titular dos dados e o responsável pelo seu tratamento, nomeadamente quando o responsável pelo tratamento é uma autoridade pública pelo que é improvável que o consentimento tenha sido dado de livre vontade em todas as circunstâncias associadas à situação específica em causa.

II. Uma leitura exegética do Considerando 43 mostra-se pouco esclarecedora. Por um lado, é afirmado que, havendo desequilíbrio das posições, o consentimento não deverá constituir um fundamento jurídico válido. Todavia, o exemplo das autoridades públicas é acompanhado da seguinte frase "é improvável que o consentimento tenha sido dado de livre vontade". Se a primeira parte aponta para uma evidência absoluta, já a segunda para uma mera improbabilidade.

III. A problemática do desequilíbrio de posições, em especial no campo laboral, é há muito debatida pela Ciência Jurídica alemã. Parte substancial da doutrina local[683] considerava, ao interpretar o § 4a do BDSG – relativo ao consentimento –, que o consentimento dado por um trabalhador, ao seu empregador, no sentido de permitir que este tratasse os seus dados nunca poderia ser livre: o desequilíbrio existente entre as partes, os riscos incorridos pelo trabalhador ao não consentir e o receio de sofrer represálias apontavam, segundo esta linha de pensamento, nesse sentido[684]. Em 2015, o Tribunal Federal do Trabalho (*Bundesarbeitsgericht*) veio sustentar o oposto, ou seja, o consentimento, numa relação de trabalho, pode ser dado livremente[685].

A exclusão da relação laboral do universo das relações em que existe um desequilíbrio manifesto – não vemos outra interpretação possível: este exemplo foi retirado do texto do Considerando 43 – não significa que o consentimento dado nessas circunstâncias seja sempre válido: importa atender aos factos concretos da situação em análise[686]. Acresce que nos termos do artigo 88.º, os Estados-Membros podem estabelecer regimes mais protetores dos trabalhadores, no âmbito da relação laboral.

[683] Karl Riesenhuber, *Die Einwilligung des Arbeitnehmers im Datenschutzrecht*, 64 RdA, 2011, 257-265, 260 ss: com uma posição dissonante.

[684] Stefan Brink/Stephan Schmidt, *Die rechtliche (Un-)Zulässigkeit von Mitarbeiterscreenings – Vom schmalen Pfad der Legalität*, 13 MMR, 2010, 592-596, 593; Judith Nink/Katharina Müller, *Beschäftigtendaten im Konzern – Wie die Mutter so die Tochter? – Arbeits- und datenschutzrechtliche Aspekte einer zentralen Personalverwaltung*, 2 ZD, 2012, 505-509, 507-508; Marie-Theres Tinnefeld/Thomas Petri/Stefan Brink, *Aktuelle Fragen um ein Beschäftigtendatenschutzgesetz – Eine erste Analyse und Bewertung*, 13 MMR, 2010, 727-735, 729.

[685] BAG 11-dez.-2014, 32 NZA, 604-608, 607.

[686] GT 29, *Parecer 15/2011* cit., 14; Stefan Ernst, *Die Einwilligung nach der Datenschutzgrundverordnung – Anmerkungen zur Definition nach Art. 4 Nr. 11 DS-GVO*, 7 ZD, 2017, 110-114, 112.

IV. O conceito de *desequilíbrio manifesto* não se encontra preenchido legislativa nem jurisprudencialmente. Em teoria, poderiam ser reconduzidas a esta categoria as seguintes situações: consumidores, investidores, trabalhadores, doentes, contribuintes ou cidadãos – nas relações com os Estados. Contudo, o facto de ter sido retirado o exemplo da relação laboral dificulta uma tomada de posição definitiva, porquanto o TJUE não se pronunciar.

Por outro lado, na maioria das situações em que os nossos dados pessoais sejam objeto de tratamento existe um desequilíbrio manifesto: os exemplos acima referidos são, aqui e na sua totalidade, invocáveis. Significará que em todos estes casos, e em outros que partilhem idênticas características, o consentimento nunca será válido?

Certamente que não poderá ser assim, sob pena, por um lado, de operar um totalmente esvaziamento do próprio RGPD, e, por outro lado, de penalizar os titulares de dados, que em caso algum poderiam consentir no seu tratamento[687]. O Considerando 43 deve ser interpretado num sentido probabilístico, ou seja, sempre que se verifique uma situação de *desequilíbrio manifesto*, é provável que o consentimento não tenha sido dado livremente[688]. Temos dúvidas que se possa, sem suporte legislativo ou jurisprudencial, sustentar a existência de uma presunção. Sendo esse o caso, estaríamos perante uma *presumed undue influence*. Restaria, por fim, determinar que relações, para além das que se estabelecem com as autoridades públicas, seriam incluídas nesta categoria.

Do ponto de vista prático, esta modalidade da influência indevida é pouco relevante, na medida em que caberá sempre ao responsável pelo tratamento provar a validade do tratamento, 7.º/1.

[687] Philip Laue/Judith Nink/Sascha Kremer, *Das neue Datenschutzrecht in der betrieblichen Praxis*, Nomos, Baden-Baden, 2016, § 2, Rn. 16.

[688] GT 29, *Orientações relativas ao consentimento* cit., 6-8; Buchner/Kühling, *Anotação ao artigo 4.º, 11)* em *Kühling/Buchner*, Rn. 44: é excessivo considerar sempre a existência de um desequilíbrio entre os consumidores e os comerciantes.

82. Manifestação de vontade livre: a prática de acoplamento – artigo 7.º/4

I. Nos termos do artigo 7.º/4[689], conjugado com o disposto no Considerando 43, vigora uma presunção – expressão empregue neste Considerando – de que, estando a execução de um contrato subordinada ao tratamento de dados pessoais que não seja necessário para a execução desse mesmo contrato, o consentimento não será válido; mesmo admitindo que o consentimento seja adequado à situação específica. Receia-se que, não sendo o consentimento dado autonomamente, não haja uma escolha efetivamente livre[690].

O Parlamento, na pendência das negociações do RGPD, propôs uma simples e direta proibição e não somente uma presunção: "A execução de um contrato ou a prestação de um serviço não podem ser condicionadas ao consentimento ao tratamento de dados que não são necessários à execução do contrato ou à prestação do serviço nos termos do artigo 6.º, n.º 1, alínea b)"[691]. Esta conceção não foi acolhida pelos demais parceiros.

Damman considera que à luz dos objetivos do RGPD, nomeadamente a proteção dos interesses dos titulares dos dados, a interpretação só poderá ir no sentido de uma proibição total, embora indireta[692]. Não nos parece que assim seja: não resulta do texto legal[693].

II. A análise do artigo 7.º/4 tem como ponto de partida o conteúdo do artigo 6.º/1, *b)*: o tratamento é lícito se "for necessário para a execução de um contrato no qual o titular dos dados é parte"[694]. Excluídos estes casos, resta ao intérprete-aplicador verificar, em concreto e mediante uma análise

[689] Niclas Krohm/Philipp Müller-Peltzer, *Auswirkungen des Kopplungsverbots auf die Praxistauglichkeit der Einwilligung*, 7 ZD, 2017, 551-556.

[690] Frenzel, *Anotação ao artigo 7.º do RGPD* em *Paal/Pauly*, Rn. 20.

[691] *Relatório* cit., 77.

[692] Ulrich Dammann, *Erfolge und Defizite der EU-Datenschutzgrundverordnung – Erwarteter Fortschritt, Schwächen und überraschende Innovationen*, 6 ZD, 2016, 307-314, 311.

[693] Schulz, *Anotação ao artigo 7.º do RGPD* em *Gola*, Rn. 26: a evolução das negociações não deixa margem para dúvidas.

[694] Ponto 96 ss.

casuística, a validade do consentimento acoplado aos casos em que esse tratamento não seja necessário para a execução do contrato[695].

Apesar de apenas em concreto se poder tomar uma posição definitiva, é possível identificar, *a priori*, alguns elementos interpretativos relevantes: (i) o ponto de partida terá sempre de ser o contrato e os serviços efetivamente prestados[696]; (ii) o consentimento será válido se o tratamento for do interesse do titular[697] ou se o responsável fornecer duas modalidades do mesmo serviço: uma com o consentimento acoplado e outra com o consentimento automatizado[698]; e (iii) o consentimento será inválido se a finalidade do tratamento for excessiva ou inapropriada[699] ou se o responsável pelo tratamento ocupar uma posição de monopólio – sendo que o oposto não é verdade: o consentimento pode igualmente ser inválido em situações não monopolistas[700].

III. Esta disposição assume especial relevância nos negócios *online* ditos gratuitos, em que o tratamento dos dados não é necessário para a utilização do serviço, mas é indispensável para a rentabilidade dos negócios e, consequentemente, para a sua existência. Nestas situações, a Ciência Jurídica tende a concordar, com algumas flutuações, ser o consentimento parte integrante do contrato, sempre considerando os princípios da razoabilidade e da necessidade[701]. Nos termos desta interpretação, o artigo 7.º/4 não será aqui aplicável.

[695] A maioria dos autores sublinha a natureza casuística da abordagem: Heckmann/Paschke, *Anotação ao artigo 7.º do RGPD* em *Ehmann/Selmayr*, Rn. 97.

[696] Buchner/Kühling, *Anotação ao artigo 4.º, 11)* em *Kühling/Buchner*, Rn. 49.

[697] Stemmer, *Anotação ao artigo 7.º do RGPD* em *BeckOK*, Rn. 47

[698] Ingold, *Anotação ao artigo 7.º do RGPD* em *Sydow*, Rn. 33; GT 29, *Orientações relativas ao consentimento* cit., 10.

[699] Frenzel, *Anotação ao artigo 7.º do RGPD* em *Paal/Pauly*, Rn. 18.

[700] Stemmer, *Anotação ao artigo 7.º do RGPD* em *BeckOK*, Rn. 44; GT 29, *Orientações relativas ao consentimento* cit., 10: em casos de não monopólio, importa atender ao que efetivamente é prestado e exigido pelos outros concorrentes.

[701] Frenzel, *Anotação ao artigo 7.º do RGPD* em *Paal/Pauly*, Rn. 21; Buchner/Kühling, *Anotação ao artigo 4.º, 11)* em *Kühling/Buchner*, Rn. 51: considerando que o consentimento deve ser apresentado nesses termos, dando cumprimento ao princípio da transparência; Heckmann/Paschke, *Anotação ao artigo 7.º do RGPD* em *Ehmann/Selmayr*, Rn. 96 ss.

83. Manifestação de vontade específica

I. Seguindo as indicações do GT 29, o elemento da especificidade compreende três dimensões[702]: "(i) especificação em função da finalidade como salvaguarda contra o desvirtuamento da função; (ii) granularidade nos pedidos de consentimento; e (iii) separação clara entre as informações relacionadas com a obtenção de consentimento para atividade de tratamento de dados e as informações sobre outras questões". A estas três dimensões, acrescentamos uma quarta: especificação dos dados a tratar.

II. Nos termos do artigo 5.º/1, *b)*, os dados pessoais devem ser recolhidos para finalidades determinadas, i.e., específicas, apenas podendo ser tratados à luz desses fins[703]. A especificidade das finalidades volta a ser posta em evidência no artigo 6.º/1, *a)*.

O consentimento tenderá a abranger todos os tratamentos e fins legítimos prosseguidos pelo responsável, mas somente se contidos nas "expectativas razoáveis da pessoa em causa"[704], à luz do critério universal do declaratário normal.

No acórdão *Deutsche Telekom AG v Bundesrepublik Deutschland*, o TJUE considerou não ser necessário renovar o consentimento sempre que um novo tratamento – no caso em disputa: a transmissão de dados – estiver abrangido pelas finalidades originariamente consentidas[705]. Esta decisão deve ser interpretada com bastantes cautelas e sempre respeitando o critério do declaratário normal. Em caso de dúvida, prevalecem os interesses do titular dos dados.

III. A granularidade traduz a obrigação, na esfera jurídica do responsável pelo tratamento, de identificar e de autonomizar as várias finalidades para as quais pretende utilizar os dados pessoais recolhidos ou detidos.

[702] GT 29, *Orientações relativas ao consentimento* cit., 13.

[703] Grupo de Trabalho de Proteção de Dados do Artigo 29.º, *Opinion 03/2013 on purpose limitation* (WP 203), 2-abr.-2013, em especial 15 ss.

[704] GT 29, *Parecer 15/2011* cit., 19; GT 29, *Orientações relativas ao consentimento* cit., 13.

[705] TJUE 5-mai.-2011, proc. c-543/09 (*Deutsche Telekom AG v Bundesrepublik Deutschland*), 65.

Esta especificação permite ao titular dos dados conhecer esses fins e consentir, individualmente, para cada um deles[706].

IV. O consentimento apenas poderá ser específico se for disponibilizada ao titular de dados visado toda a informação necessária. A especificidade não é, consequentemente, um critério formal, mas substantivo, em que se espera da parte do titular uma tomada de decisão consciente. Nestes exatos termos, o requisito *informada* molda o requisito *específica*[707].

V. Por fim, a manifestação específica opõe-se, e logo num primeiro nível, à manifestação genérica. O consentimento terá sempre de ser dado para um dado pessoal ou conjunto de dados pessoais determinados e concretos e nunca para todos os dados pessoais do titular ou, por exemplo, para todos os dados pessoais que o responsável pelo tratamento julgue necessários.

84. Manifestação de vontade informada

I. O GT 29 considera que pelo menos as seguintes informações são necessárias para obter um consentimento válido: "(i) identidade do responsável pelo tratamento; (ii) a finalidade de cada uma das operações de tratamento em relação às quais se procura obter o consentimento; (iii) que (tipo de) dados serão recolhidos e utilizados; (iv) existência do direito a retirar o consentimento; (v) informações acerca da utilização dos dados para decisões automatizadas em conformidade com o artigo 22.º, n.º 2, alínea *c)*, quando pertinente, e; (vi) sobre os possíveis riscos de transferências de dados devido à inexistência de uma decisão de adequação e de garantias adequadas, tal como previsto no artigo 46.º"[708].

Não conseguimos acompanhar a totalidade destas considerações. Não vislumbramos qualquer vantagem ou suporte legal em limitar a informação devida aos titulares dos dados, no que aos seus direitos respeita, ao

[706] GT 29, *Orientações relativas ao consentimento* cit., 14.

[707] GT 29, *Parecer 15/2011* cit., 19: sublinhando a ligação umbilical entre os elementos *específica* e *informada*.

[708] GT 29, *Orientações relativas ao consentimento* cit., 14-15.

(iv) direito a retirar o consentimento, nem em circunscrever o dever de informar dos riscos ao disposto no ponto (vi). Temos também dúvidas quanto à autonomização do ponto (v).

II. Afastando-nos da posição do GT 29, consideramos que a informação a disponibilizar aos titulares dos dados deve abranger: (i) os dados pessoais a serem objeto de tratamento; (ii) a identidade do responsável pelo tratamento; (iii) as finalidades a que o tratamento se destina; (iv) os direitos dos titulares dos dados; e (v) os riscos associados ao tratamento. A informação prestada, a propósito de cada um destes pontos, deve ser completa, verdadeira, atual, clara e objetiva[709].

III. O RGPD não esclarece de que forma ou em que suporte deve a informação ser prestada. Não se trata de uma lacuna: cabe ao responsável pelo tratamento identificar, à luz dos exatos contornos da situação, qual a forma mais adequada para o fazer[710].

IV. Toda a informação disponibilizada tem de ser de fácil acesso e percetível[711].

A informação só poderá ser prestada se o seu destinatário a conseguir identificar. A informação deve, em consequência, ser facilmente acedida. Este requisito não se tem por preenchido se a informação for disponibilizada num formato inusual, se se encontrar repartida por diferentes locais ou páginas web, se constar de notas escondidas, notas de rodapé disfarçadas ou em letra miudinha ou de difícil leitura[712].

A informação terá, igualmente, de ser percetível, à luz do critério do declaratário normal. O responsável pelo tratamento deve, por princípio, evitar utilizar linguagem técnica ou de difícil compreensão para o destinatário médio. Reconhece-se, porém, que a linguagem empregue deverá adequar-se ao público a que a informação se destina. O critério do

[709] GT 29, *Orientações relativas ao consentimento* cit., 15-17 e *Parecer 15/2011* cit., 22. Veja-se o artigo 7.º do Código dos Valores Mobiliários. A propósito deste preceito: Barreto Menezes Cordeiro, *Manual de Direito dos valores mobiliários* cit., 100 ss.

[710] GT 29, *Orientações relativas ao consentimento* cit., 15 e *Parecer 15/2011* cit., 22.

[711] GT 29, *Orientações relativas ao consentimento* cit., 15 e *Parecer 15/2011* cit., 22.

[712] Ernst, *Anotação ao artigo 4.º, 11) do RGPD* em *Paal/Pauly*, Rn. 79-80.

declaratário normal é relativo e não absoluto. Nestes termos e sem esconder o peso da língua inglesa no universo digital, a informação deve sempre ser disponibilizada na língua materna dos destinatários[713].

V. Importa, por fim, conjugar as exigências do RGPD com as impostas pelo Direito do consumo e demais diplomas aplicáveis – p.ex.: Lei das Cláusulas Contratuais Gerais ou Decreto-Lei n.º 24/2014, de 14 de fevereiro, relativo aos contratos celebrados à distância e aos contratos celebrados fora do estabelecimento comercial.

85. Manifestação de vontade inequívoca

I. O RGPD não faz depender a validade do consentimento de uma qualquer forma especial[714]. O consentimento, que terá sempre de ser inequívoco, manifesta-se por escrito ou oralmente[715], de forma expressa ou tácita[716]. O critério de avaliação da inequivocidade apenas poderá ser o do declaratário normal[717].

O silêncio não é, como no Direito comum[718], produtor de efeitos jurídicos[719]. O GT 29 apresenta um exemplo, a propósito do valor do silêncio, muito interessante:

> As configurações de privacidade pré-definidas de uma rede social, às quais os utilizadores não têm necessariamente que aceder para utilizar a rede, activam a categoria «amigos de amigos», tornando visível toda a

[713] Ernst, *Anotação ao artigo 4.º, 11) do RGPD* em *Paal/Pauly*, Rn. 84.

[714] Esta posição legislativa obrigou o legislador alemão a rever a exigência formal, prevista no § 4a do BDSG. Niclas Krohm, *Abschied vom Schriftformgebot der Einwilligung – Lösungsvorschläge und künftige Anforderungen*, 6 ZD, 2016, 368-373.

[715] Considerando 32.

[716] Artigo 217.º/1 do CC: "A declaração negocial pode ser expressa ou tácita: é expressa, quando feita por palavras, escrito ou qualquer outro meio direto de manifestação da vontade, e tácita, quando se deduz de factos que, com toda a probabilidade, a revelam".

[717] Artigo 236.º do CC.

[718] Artigo 218.º do CC.

[719] Considerando 32, p. 3: "O silêncio, as opções pré-validadas ou a omissão não deverão, por conseguinte, constituir um consentimento".

> informação pessoal a todos os «amigos de amigos». Os utilizadores que pretendam que a sua informação não seja visualizada por «amigos de amigos» têm de clicar num botão. Se os utilizadores nada fizerem, ou não clicarem no botão, o responsável pelo tratamento considera que o utilizador consentiu que a sua informação fosse visualizada. É, contudo, muito questionável que não clicar no botão signifique que as pessoas em geral consentiram em ter a sua informação visível a todos os «amigos de amigos». Não é certo que uma omissão possa significar consentimento, pelo que não clicar no botão não pode ser considerado um consentimento inequívoco.

Não conseguimos acompanhar as cautelas manifestadas pelo GT 29: é indubitável que neste tipo de situação não se pode falar, em caso algum, de manifestação de vontade, pelo contrário: o titular dos dados não se manifestou, de forma expressa ou tácita.

Também os casos em que o responsável pelo tratamento afirma que: "se nada for dito em contrário, temos o consentimento como válido"[720], ou algo análogo, consubstancia um simples silêncio. Naturalmente que as partes podem, nos termos gerais, atribuir, ao silêncio, neste e em outros casos, um conteúdo positivo[721].

II. O consentimento deve ser dado pelo próprio titular dos dados pessoais objeto do tratamento[722], previamente ao tratamento dos dados pessoais[723] e de forma autónoma, ou seja, o ato de consentir deve ser distinto de todos os demais atos praticados, nomeadamente a celebração de um contrato ou a aceitação das condições gerais de um serviço[724]. O disposto no artigo 7.º/2 surge como um corolário deste

[720] GT 29, *Parecer 15/2011* cit., 27.

[721] Artigo 218.º do CC: convenção. Como caso clássico, veja-se a venda a contendo: 923º do CC.

[722] Reconhece-se a possibilidade de o consentimento ser transmitido por outrem, mas já não a delegação da decisão ou não do consentimento em terceiros. Com idêntica posição: Ernst, *Anotação ao artigo 4.º, 11) do RGPD* em *Paal/Pauly*, Rn. 65.

[723] GT 29, *Orientações relativas ao consentimento* cit., 20; Schulz, *Anotação ao artigo 7.º do RGPD* em *Gola*, Rn. 8.

[724] GT 29, *Orientações relativas ao consentimento* cit., 18.

pressuposto, ao exigir que o pedido de consentimento seja apresentado de uma forma que o distinga claramente de todos os demais possíveis assuntos.

Como exemplos de atos inequívocos contam-se: marcar uma caixa de um formulário de um sítio web (*ticking or unticking a box*); selecionar os parâmetros técnicos para os serviços da sociedade da informação – p.ex.: aceitando a utilização de *cookies*[725]; deslizar o dedo por uma barra no ecrã, assentir com a cabeça em frente de uma câmara inteligente; rodar o telemóvel no sentido dos ponteiros do relógio ou movimentá-lo de forma a desenhar no ar o número oito[726].

III. Também em relação aos consentimentos tácitos se exige a demonstração de uma vontade inequívoca[727]. A fronteira entre os comportamentos tácitos e o silêncio é por vezes ténue. Por princípio, o simples facto de um titular entrar num espaço que se encontra sujeito a vigilância vídeo não significa que consinta no tratamento dos dados pessoais aí recolhidos[728]. O titular não tem conhecimento, por exemplo, da entidade do responsável ou das finalidades para as quais os seus dados pessoais serão utilizados.

IV. Como referimos introdutoriamente, e ao contrário do que se verifica na versão portuguesa do RGPD, o regime geral do consentimento não faz depender a sua validade de uma manifestação explícita, independentemente do sentido que em concreto lhe seja atribuído.

A explicitude circunscreve-se, na verdade, a consentimentos relativos a dados pessoais especiais, 9.º/2, *a)*[729]. Esta característica assume igual relevância no âmbito do direito de portabilidade – 20.º/1, *a)*[730] – ou do tratamento automatizado – 22.º/2, *c)*.

[725] Considerando 32; Voigt/Bussche, *A Pratical Guide*, 93-94.

[726] GT 29, *Orientações relativas ao consentimento* cit., 19.

[727] GT 29, *Parecer 15/2011* cit., 26: com um exemplo simples e esclarecedor de um consentimento tácito.

[728] Schulz, *Anotação ao artigo 7.º do RGPD* em *Gola*, Rn. 48.

[729] Ponto 117.

[730] Pontos 156 ss.

O termo explícito, não preenchido direta ou indiretamente pelo legislador, parece ser utilizado no RGPD com o nosso mais comum sentido de expresso, por oposição a tácito[731].

86. A prova do consentimento

I. Nos termos do artigo 7.º/1, sempre que o tratamento de dados tiver na sua origem o consentimento por parte de um titular, deve o responsável correspondente conseguir provar ter o titular dos dados consentido nesse mesmo tratamento.

Esta exigência representa mais do que um simples dever do responsável; atua, igualmente, como um mecanismo de proteção contra esquecimentos, desatenções ou má-fé dos titulares de dados pessoais que tenham consentido no tratamento[732].

II. O dever de provar o consentimento é acompanhado, naturalmente, pelo dever de provar o cumprimento de todas as exigências formais e substantivas das quais dependa um válido e legítimo consentimento[733]. Trata-se, de resto, de uma decorrência lógica do conteúdo do artigo 5.º/2: "O responsável pelo tratamento é responsável pelo cumprimento do disposto no n.º 1 e tem de poder comprová-lo"; para além, naturalmente, de favorecer a transparência.

O titular dos dados não pode renunciar a um hipotético direito a exigir que o responsável prove o consentimento. À luz do texto legal não parece, sequer, que este direito exista: o legislador reconhece, isso sim, um dever na esfera jurídica do responsável pelo tratamento[734].

Da não demonstração do consentimento não resulta qualquer consequência contraordenacional ou civil; simplesmente: o consentimento tem-se por inexistente[735].

[731] GT 29, *Orientações relativas ao consentimento* cit., 20-22.

[732] Frenzel, *Anotação ao artigo 7.º do RGPD* em *Paal/Pauly*, Rn. 6.

[733] Schulz, *Anotação ao artigo 7.º do RGPD* em *Gola*, Rn. 61; Stemmer, *Anotação ao artigo 7.º do RGPD* em *BeckOK*, Rn. 87: sublinhando a necessidade de interpretar este preceito de forma ampla.

[734] Frenzel, *Anotação ao artigo 7.º do RGPD* em *Paal/Pauly*, Rn. 9.

[735] Heckmann/Paschke, *Anotação ao artigo 7.º do RGPD* em *Ehmann/Selmayr*, Rn. 68.

III. Quanto menos exigente for a forma pela qual o consentimento tiver sido manifestado, mais difícil será, naturalmente, a sua demonstração. O RGPD deixa ao critério do responsável os meios que este utiliza para demonstrar a prática do consentimento. A prova pode, por princípio, ser feita através dos vários mecanismos disponibilizados no Estado-Membro em que a questão se suscita[736].

Do responsável pelo tratamento espera-se que conserve todos os elementos necessários para comprovar o consentimento, nomeadamente e-mails confirmando esse mesmo consentimento.

87. A revogação do consentimento

I. O RGPD prevê de forma expressa, no seu artigo 7.º/3, a revogação do consentimento. Trata-se de uma novidade, quando confrontamos o conteúdo do RGPD e o da Diretriz n.º 95/46/CE – embora se considerasse que a revogação do consentimento decorria de forma implícita da Diretriz n.º 95/46/CE[737]. A revogação, à luz do Direito português, seria em teoria possível durante a vigência da Diretriz n.º 95/46/CE, por invocação do artigo 81.º/2 do CC[738].

II. O direito à revogação antevê a possibilidade de o titular não prever todas as consequências que decorram do seu consentimento, não antecipar eventuais e prováveis evoluções tecnológicas, que permitam ao responsável pelo tratamento retirar, desses dados pessoais, mais informação do que o titular esteja disposto a partilhar ou, simplesmente, acautelar alterações subjetivas de opinião: o titular quer voltar atrás[739].

III. O responsável pelo tratamento deve informar, previamente ao consentimento ser transmitido, a existência do direito à revogação, bem como

[736] Heckmann/Paschke, *Anotação ao artigo 7.º do RGPD* em *Ehmann/Selmayr*, Rn. 71-74.

[737] GT 29, *Parecer 15/2011* cit., 41: embora o referindo, considerava que, numa eventual revisão da Diretriz n.º 95/46/CE, deveria o direito à revogação ser expressamente positivado.

[738] Por todos: Menezes Cordeiro, *Tratado*, IV, 124 ss.

[739] Frenzel, *Anotação ao artigo 7.º do RGPD* em *Paal/Pauly*, Rn. 16; *Kühling/Buchner, Anotação ao artigo 4.º, 11)* em *Kühling/Buchner.*, Rn. 34.

as condições em que este pode ser exercido[740]. A revogação só poderá ocorrer se o consentimento for lícito, ou seja, se todos os requisitos formais e substantivos acima analisados forem respeitados. Não nos parece, ao contrário do que defende Plath, que da não informação deste facto resulte um qualquer vício para o próprio consentimento[741].

IV. A revogação pode ser dada a todo o tempo, total ou parcialmente, apenas para algumas finalidades[742].

A revogação do consentimento não produz efeitos retroativos. Todavia, o responsável pelo tratamento está obrigado a apagar os dados detidos assim que o direito seja exercido, nos termos do artigo 17.º/1, *b)*. Não será este o caso se o tratamento tiver um outro fundamento jurídico, artigo 6.º.

Apesar de o artigo 7.º/3 referir que o consentimento deve ser tão fácil de retirar quanto de conceder, nada impede que o responsável pelo tratamento o torne ainda mais fácil: a lei estabelece um máximo – quanto à forma e formalidades –, mas já não um mínimo[743].

V. Aparentemente simples e direto, o processo de revogação suscita maiores incertezas sempre que o consentimento tenha sido dado (i) no âmbito contratual, i.e., o titular recebe, em contrapartida, uma quantia monetária ou a prestação de um serviço; ou (ii) seja parte integrante da própria relação – pense-se no caso paradigmático da relação laboral[744].

Como ponto de partida, cumpre sublinhar que a revogação em si não pode ser condicionada de qualquer forma[745], nem pode o titular renunciar a esse direito antecipadamente[746]. Contudo, cabe ao Direito da proteção de dados e, em especial, ao Direito Civil, acautelar, igualmente, os interesses do responsável, enquanto parte contratual.

[740] Heckmann/Paschke, *Anotação ao artigo 7.º do RGPD* em *Ehmann/Selmayr*, Rn. 88.

[741] Kai-Uwe Plath, *Comentário ao artigo 7.º do RGPD* em *Plath*, Rn. 16.

[742] Buchner/Kühling, *Anotação ao artigo 4.º, 11) do RGPD* em *Kühling/Buchner*, Rn. 35.

[743] Frenzel, *Anotação ao artigo 7.º do RGPD* em *Paal/Pauly*, Rn. 16.

[744] Buchner/Kühling, *Anotação ao artigo 4.º, 11) do RGPD* em *Kühling/Buchner*, Rn. 38.

[745] Schulz, *Anotação ao artigo 7.º do RGPD* em *Gola*, Rn. 54.

[746] Sobre o princípio da irrenunciabilidade antecipada a direitos: Menezes Cordeiro, *Tratado*, VI, 2ª ed., 69.

Dificilmente se poderá dar uma resposta padrão: importa atender, em concreto para cada caso, aos efeitos negativos que decorram da revogação do consentimento[747]. No limite, não será excessivo impor uma solução idêntica à prevista na parte final do artigo 81.º/2 do CC: "A limitação voluntária, quando legal, é sempre revogável, *ainda que com obrigação de indemnizar os prejuízos causados às legítimas expectativas da outra parte*".

Por fim, recorde-se que o exercício do direito à revogação estará sempre sujeito ao artigo 334.º do CC, independentemente da existência de uma relação contratual, e ao artigo 762º/2 do CC, se a relação for reconduzível a este universo[748]. A conceção de sistema e a constante presença do princípio da boa-fé isso o impõem.

[747] Buchner/Kühling, *Anotação ao artigo 4.º, 11) do RGPD* em *Kühling/Buchner*, Rn. 38.

[748] Schulz, *Anotação ao artigo 7.º do RGPD* em *Gola*, Rn. 56-58.

§ 17º O CONSENTIMENTO DE MENORES (CRIANÇAS)

88. Enquadramento

I. O artigo 8.º estabelece um regime específico para o consentimento dos menores/crianças[749] em relação à oferta direta de serviços da sociedade da informação. Trata-se de uma novidade do RGPD, quando comparado com a Diretriz n.º 95/46/CE. As diferenças entre os Direitos contratuais dos Estados-Membros e os propósitos limitados da Diretriz n.º 95/46/CE inviabilizaram qualquer consenso nesse âmbito[750].

Confrontados com esta lacuna deliberada, restava aos intérpretes-aplicadores recorrem aos regimes internos: entre nós, artigos 122.º ss do CC. A Lei da Proteção de Dados de 98 também não continha qualquer preceito que pudesse aqui ser aplicável.

II. O artigo 8.º assenta no pressuposto de que os menores, em face da sua imaturidade, estão, por princípio, menos cientes dos riscos[751] que incorrem ao consentir no tratamento dos seus dados pessoais, o que os coloca numa situação de especial vulnerabilidade[752].

[749] Assuminos estas expressões como sinónimas.

[750] Buchner/Kühling, *Anotação ao artigo 8.º do RGPD* em *Kühling/Buchner*, Rn. 5.

[751] Considerando 38, p. 1.

[752] Por todos: Ernst, *Die Einwilligung* cit., 112; Benedikt Buchner/Jürgen Kühling, *Die Einwilligung in der Datenschutzordnung 2018*, 41 DuD, 2017, 544-548, 546; Marie-Theres Tinnefeld/Isabell Conrad, *Die selbstbestimmte Einwilligung im europäischen Recht – Voraussetzungen*, 8 ZD, 2018, 391-398, 393-394.

Esta especial preocupação – constitucionalmente fundada no artigo 24.º da CRP e no artigo 24.º da Carta – manifesta-se em outros preceitos do RGPD[753]. A saber: 6.º/1, *f)* – tratamento necessário para efeito dos interesses legítimos prosseguidos pelo responsável ou por terceiros; 12.º/1 – dever de informação do responsável pelo tratamento; 17.º/1, *f)* – direito ao esquecimento; 40.º/2, *g)* – elaboração de códigos de conduta; ou 57.º/1, *b)* – atuação das autoridades de controlo; o que nos permite sustentar a vigência de um princípio geral de especial proteção dos menores, transversal a todo o RGPD.

III. O artigo 8.º apenas dispõe sobre o consentimento relativo ao tratamento de dados pessoais. O Direito contratual dos Estados-Membros, nos termos do seu número 3, conserva toda a sua aplicabilidade, nomeadamente em relação à validade, à formação ou aos efeitos do contrato na esfera jurídica do menor. No limite, a solução positivada abre as portas para soluções antagónicas: (i) o consentimento é válido, mas o contrato não o é; ou (ii) o contrato é válido, muito embora não haja consentimento para o tratamento de dados. Neste último caso, o artigo 6.º/1, *b)* permite uma harmonização da solução final.

IV. Na análise ao artigo 8.º importa considerar: (i) o conceito de menor; (ii) o campo de aplicação material do preceito: ofertas diretas de serviços da sociedade da informação; e (iii) o papel do consentimento do titular das responsabilidades parentais no tratamento de dados pessoais de menores.

89. Os menores

I. A Proposta da Comissão continha a seguinte definição de criança: "qualquer pessoa com menos de 18 anos"[754]. O conceito não sobreviveria, por ascendência do Conselho, às negociações tripartidas, deixando um vazio legal que pode suscitar dúvidas interpretativas

[753] O conteúdo dos Considerandos 38, 58 e 65 favorece, igualmente, este entendimento.
[754] Artigo 4.º, *18)* da Proposta.

II. O Direito europeu não conhece uma definição geral de menor[755]. De resto, alguns diplomas em vigor, embora mais antigos, assumem conceções particularmente heterodoxas. Por exemplo: (i) a Diretriz n.º 94/33/CE, de 22 de junho de 1994 – *relativa à proteção dos jovens no trabalho* – avança três definições distintas: "(a) Jovem: qualquer pessoa menor de 18 anos; (b) Criança: qualquer jovem que ainda não tenha atingido a idade de 15 anos ou que ainda se encontre submetido à obrigação escolar a tempo inteiro imposta pela legislação nacional; e (c) Adolescente: qualquer jovem que tenha no mínimo 15 anos e menos de 18 anos e que já não se encontre submetido à obrigação escolar a tempo inteiro imposta pela legislação nacional"[756]; e (ii) a Diretriz n.º 2004/38/CE, de 29 de abril de 2004 – *relativa ao direito de livre circulação e residência dos cidadãos da União e dos membros das suas famílias no território dos Estados-Membros* –, sem usar o termo criança, aponta para um preenchimento mais alargados: "descendentes diretos com menos de 21 anos ou que estejam a cargo"[757].

Apesar destas excentricidades, a maioria dos diplomas europeus elege os 18 anos como idade chave[758]. Conquanto se reconheça este facto, todos estes diplomas encontram-se materialmente limitados às situações específicas que regulam.

III. Confrontado com estes fatores – nem o RGPD nem o Direito Europeu conhecem uma definição de menor –, resta aos intérpretes-aplicadores recorrem aos respetivos Direitos internos.

No Direito português, a maioridade é atingida aos 18 anos (artigos 122.º e 130.º do CC)[759-760]. O Direito nacional encontra-se, a esse propósito, em

[755] Agência dos Direitos Fundamentais da União Europeia e Conselho da Europa, *Manual de legislação europeia sobre os direitos da criança*, 2015, 18 ss.

[756] Artigo 3.º.

[757] Artigo 2.º/2, *a)*.

[758] Diretiva (UE) 2016/800, de 11 de maio de 2016, *relativa a garantias processuais para os menores suspeitos ou arguidos em processo penal*: artigo 3.º; Diretiva n.º 2012/29/UE, 25 de outubro de 2012, que estabelece normas mínimas relativas aos direitos, ao apoio e à proteção das vítimas da criminalidade: artigo 2.º; ou Diretiva n.º 2011/92/UE, de 13 de dezembro, *relativa à luta contra o abuso sexual e a exploração sexual de crianças e a pornografia infantil*: artigo 2.º.

[759] Menezes Cordeiro, *Tratado*, IV, 487.

[760] O sistema jurídico português reconhece outra forma geral de emancipação: o casamento – artigo 132.º do CC.

perfeita harmonia com a Convenção sobre os Direitos da Criança[761] – artigo 1.º: "crianças é todo o ser humano menor de 18 anos, salvo se, nos termos da lei que lhe for aplicável, atingir a maioridade mais cedo"[762].

Assim, para efeitos de aplicação do RGPD, entende-se por criança todo o menor de 18 anos.

IV. Nem todos os menores são abrangidos pelo artigo 8.º: somente os que tiverem menos de 13 anos – artigo 16.º/1 da LE.

O artigo 8.º/1 estabelece uma idade subsidiária – os 16 anos – mas atribui poderes legislativos aos Estados-Membros para positivarem, internamente, uma idade inferior, limitada, por baixo, aos 13 anos. Não conseguimos concordar com a decisão do legislador português em escolher os 13 anos como idade diferenciadora. Do ponto de vista sistemático, os 16 anos são utilizados, de forma reiterada, como a idade em que os menores atingem um grau de maturidade e de vontade consciente: é assim no Direito Civil[763], no Direito Penal[764] e até no Direito da segurança dos dados: apenas os cidadãos com idade igual ou superior a 16 anos podem requerer a Chave Móvel Digital[765]. O legislador decidiu colocar os menores numa situação de enorme fragilidade sem daí retirar, pelo menos que se vislumbrem, quaisquer vantagens sociais[766].

[761] Adotada pela Assembleia Geral das Nações Unidas a 20 de novembro de 1989 e ratificada por Portugal a 21 de setembro de 1990.

[762] O TEDH aplica esta Convenção. Por todos: TEDH 9-out.-2012, appl. n.º 1413/07 (*Çoşelav v Turkey*), 36: sublinhado a natureza imperativa da Convenção perante todos os membros do Conselho da Europa.

[763] Capacidade negocial: 127.º/1, *a)* e 1888.º/1, *d)*; capacidade para casar: 1601.º, *a)* e 1612.º/1; direito a escolher, autonomamente, a sua educação religiosa: 1886.º; direito de convocar o conselho de família, todos do CC.

[764] Artigo 19.º do CP: "Os menores de 16 anos são inimputáveis".

[765] Artigo 2.º/1 da Lei n.º 37/2014, de 26 de junho, alterado pela Lei n.º 32/2017, de 1 de junho. Não deixa se ser caricato que a referência aos 16 anos apenas foi introduzida com a reforma de 2017.

[766] A escolha pelos 13 anos foi, de acordo com a exposição de motivos que acompanhou a Proposta de LE, tomada em "harmonia com a opção feita noutros Estados-membros da União Europeia quanto a redes e plataformas que, em regra, têm um carácter transnacional". Todavia, isso não resulta de uma análise aos demais diplomas nacionais: 13 anos: Bélgica, Dinamarca, Estónia, Finlândia, Letónia, Malta, Portugal, Suécia e Reino Unido; 14 anos: Áustria, Bulgária, Chipre, Itália, Lituânia e Espanha; 15 anos: Eslovénia, França,

O conteúdo do artigo 8.º foi objeto de intensas negociações[767]: a Proposta original da Comissão não previa qualquer cláusula de abertura e estabelecia a idade nos 13 anos[768]; enquanto a primeira versão do Conselho estendia o campo de aplicação subjetivo do artigo 8.º a todos os menores, independentemente da sua idade concreta[769].

De fora, ficam todos os demais grupos a que tradicionalmente o sistema concede especial proteção – caso paradigmático, entre nós, dos maiores acompanhados[770].

90. Campo de aplicação material: serviços da sociedade da informação

I. O artigo 8.º encontra-se materialmente limitado "à oferta direta de serviços da sociedade da informação às crianças". Fora do seu campo de aplicação encontram-se, consequentemente: (i) todas as ofertas diretas ou não diretas de outros bens ou serviços; e (ii) todas as ofertas não diretas de serviços da sociedade da informação.

Do ponto de vista teleológico, esta limitação só poderá ser interpretada como apontando para uma circunscrição das preocupações manifestadas

Grécia e República Checa; 16 anos: Alemanha, Croácia, Eslováquia, Holanda, Hungria, Irlanda, Luxemburgo, Polónia e Roménia. https://www.betterinternetforkids.eu/web/portal/practice/awareness/detail?articleId=3017751: com uma análise pormenorizada aos processos legislativos internos.

767 Sobre o processo legislativo: Buchner/Kühling, *Anotação ao artigo 8.º do RGPD* em *Kühling/Buchner*, Rn. 4-8; Frenzel, *Anotação ao artigo 8.º do RGPD* em *Paal/Pauly*, Rn. 3-5.

768 "Para efeitos do presente regulamento, no que respeita à oferta de serviços da sociedade da informação às crianças, o tratamento de dados pessoais de uma criança com idade inferior a 13 anos só é lícito se...".

769 "*When Article 6(1)(a) applies, in relation to the offering of information society services directly to a child, the processing of personal data of a child shall only be lawful if and to the extent that such consent is given or authorised by the holder of parental responsibility over the child or is given by the child in circumstances where it is treated as valid by Union or Member State law*".

770 Katharina Joachim, *Besonders schutzbedürftige Personengruppen – Einordnung gruppenspezifischer Schutzbedürftigkeit in der DS-GVO*, 7 ZD, 2017, 414-418: no mesmo sentido; inclui os idosos nesta lista.

pelo legislador europeu – a vulnerabilidade dos menores – ao espaço digital[771], com destaque para as inevitáveis redes sociais[772].

Embora criticável, a solução positivada surge suportada pelos dados estatísticos disponíveis: os menores assumem-se como a categoria demográfica mais informatizada[773]. Os dados recolhidos e disponibilizados, em junho de 2018 pela ANACOM são particularmente esclarecedores:

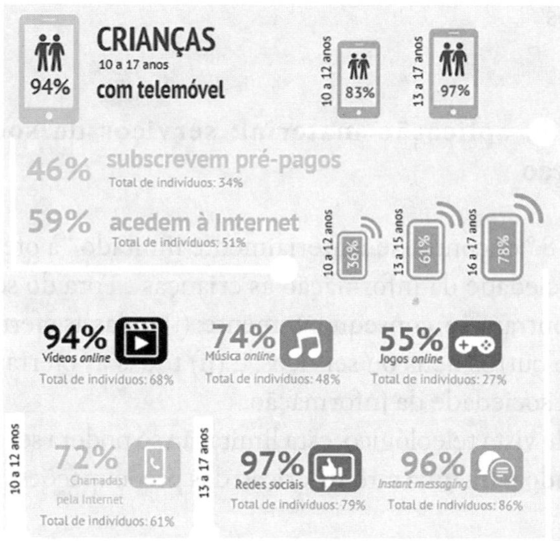

Serviços de Internet no telemóvel mais usados pelas crianças

O Direito europeu acompanha, com naturais diferenças, o caminho anteriormente trilhado pelo legislador estado-unidense: *Children's Online Privacy Protection Act (COPPA)*[774-775]. Também aí, a atenção é centrada no espaço digital.

[771] Buchner/Kühling, *Die Einwilligung* cit., 546.

[772] Considerando 38, p. 2.

[773] Peter Gola/Sebastian Schutz, *DS-GVO – Neue Vorgaben für den Datenschutz bei Kindern? – Überlegungen zur einwilligungsbasierten Verarbeitung von personenbezogenen Daten Minderjähriger*, 3 ZD, 2013, 475-481, 475: a realidade era já assim há seis anos.

[774] Veja-se a nota 142.

[775] Christian Rauda, *Gemeinsamkeiten von US Children Online Privacy Protection Act (COPPA) und DS-GVO – Zustimmungserfordernis der Eltern zur Verarbeitung von Daten Minderjähriger*, 20 MMR, 2017, 15-19: análise comparativa dos dois diplomas.

II. O conceito de *serviço da sociedade da informação* surge definido no artigo 4.º, *25)* que remete para o artigo 1.º/1, *b)*, da Diretriz n.º 2015/1535, de 9 de setembro:

> "Serviço" significa qualquer serviço da sociedade da informação, isto é, qualquer serviço prestado normalmente mediante remuneração, à distância, por via eletrónica e mediante pedido individual de um destinatário de serviços;
>
> Para efeitos da presente definição, entende-se por:
>
> i) "à distância": um serviço prestado sem que as partes estejam simultaneamente presentes,
> ii) "por via eletrónica": um serviço enviado desde a origem e recebido no destino através de instrumentos eletrónicos de processamento (incluindo a compressão digital) e de armazenamento de dados, que é inteiramente transmitido, encaminhado e recebido por cabo, rádio, meios óticos ou outros meios eletromagnéticos,
> iii) "mediante pedido individual de um destinatário de serviços": um serviço fornecido por transmissão de dados mediante pedido individual.

A remissão para uma Diretriz – de aplicação não imediata – pode suscitar problemas interpretativos[776].

São cinco os elementos que compõem a definição: (i) uma prestação – prestações que desempenhem um papel secundário ou não nuclear no serviço efetivamente prestado não são relevadas[777]; (ii) normalmente mediante remuneração – não se exige uma contraprestação monetária, nem sequer que a contraprestação seja suportada pelo beneficiário, mas somente que se trate de uma relação comercial em sentido amplo[778]; (iii) realizada à

[776] Heckmann/Paschke, *Anotação ao artigo 8.º do RGPD* em *Ehmann/Selmayr*, Rn. 17: no mesmo sentido.

[777] TJUE 20-dez.-2017, proc. C-434/15 (*Asociación Professional Elite Taxi v Uber Systems Spain*), 40.

[778] Buchner/Kühling, *Anotação ao artigo 4.º, 25)* em *Kühling/Buchner*, Rn. 6: com variadas referências legislativas doutrinárias e jurisprudenciais. TJUE 15-set.-2016, proc. C-484/14 (*Tobias McFadden v Sony*), 44. No mesmo sentido, veja-se a interpretaçã do TJUE em

distância – o oposto de presencialmente, independentemente dos meios eletrónicos utilizados[779]; (iv) por via eletrónica; e (v) mediante o pedido individual do destinatário do serviço – serviços prestados a uma generalidade de clientes não são abrangidos[780].

III. De forma a facilitar a aplicação do preceito, o legislador apresenta, no Anexo I da Diretriz n.º 2015/1535, uma lista, indicativa, dos serviços não incluídos nesta definição:

1. Serviços que não são prestados «à distância»

Serviços prestados na presença física do prestador e do destinatário, mesmo que impliquem a utilização de dispositivos eletrónicos:

a) exames ou tratamentos num consultório médico por meio de equipamentos eletrónicos mas na presença física do paciente;
b) consulta de um catálogo eletrónico num estabelecimento comercial na presença física do cliente;
c) reserva de um bilhete de avião de uma rede de computadores numa agência de viagem na presença física do cliente;
d) disponibilização de jogos eletrónicos numa sala de jogos na presença física do utilizador.

2. Serviços que não são fornecidos «por via eletrónica»

Serviços cujo conteúdo é material mesmo quando impliquem a utilização de dispositivos eletrónicos:

a) distribuição automática de notas e bilhetes (notas de banco, bilhetes de comboio),
b) acesso às redes rodoviárias, parques de estacionamento, etc., mediante pagamento, mesmo que existam dispositivos eletrónicos à entrada e/ou saída para controlar o acesso e/ou garantir o correto pagamento;

Serviços off-line: distribuição de CD-Rom ou de software em disquetes;

relação ao termo *serviço*, empregue no artigo 56.º do TFUE: Klabunde, *Anotação ao artigo 4.º do RGPD* em *Ehmann/Selmayr*, Rn. 95.

779 Frenzel, *Anotação ao artigo 4, 25) do RGPD* em *Paal/Pauly*, Rn. 144.

780 Frenzel, *Anotação ao artigo 4, 25) do RGPD* em *Paal/Pauly*, Rn. 145.

Serviços não fornecidos por intermédio de sistemas eletrónicos de armazenagem e processamento de dados:

a) serviços de telefonia vocal,
b) serviços de telecópia/telex,
c) serviços prestados por telefonia vocal ou telecópia,
d) consulta de um médico por telefone/telecópia,
e) consulta de um advogado por telefone/telecópia,
f) marketing direto por telefone/telecópia.

3. Serviços que não são fornecidos «mediante pedido individual de um destinatário de serviços»

Serviços fornecidos por envio de dados sem pedido individual e destinados à receção simultânea por um número ilimitado de destinatários (transmissão de «ponto para multiponto»):

a) serviços de radiodifusão televisiva (incluindo o quase vídeo a pedido) previstos no artigo 1.º, n.º 1, alínea e), da Diretriz 2010/13/UE;
b) serviços de radiodifusão sonora;
c) teletexto (televisivo).

Esta lista constava já da Diretriz n.º 98/45/CE, de 29 de julho.

O TJUE considerou, a propósito de um diploma que também recorre a esta definição, que o conceito de *serviço da sociedade da informação* engloba, igualmente, a compra e venda de bens online[781], já o serviço de entrega ou de distribuição de serviços *per se* não se encontra abrangido[782].

91. Campo de aplicação material: ofertas diretas

I. O artigo 8.º apenas respeita a ofertas diretas às crianças. O critério elegido foi o da natureza da oferta e não o da natureza do serviço subjacente. Nesse sentido, não são abrangidas pelo preceito ofertas cujos serviços, embora relacionados com crianças – p.ex.: *babysitting*

[781] TJUE 2-dez.-2010, proc. C-108/09 (*Ker-Optika*), 23 ss.

[782] GT 29, *Orientações relativas ao consentimento* cit., 28.

ou explicações de matemática –, tenham adultos como destinatários, *maxime*, os Pais[783].

Serviços que tenham um público alvo indiferenciado – crianças e adultos – estão cobertos pelo texto do artigo 8.º[784]. Uma interpretação contrária levaria a um esvaziamento do preceito, na medida em que a maioria dos serviços prestados *online* é direcionada a todas as categorias demográficas[785].

II. De forma a determinar se um concreto serviço é ou não oferecido diretamente às crianças importa considerar todo o contexto que envolve a oferta. A título de exemplo[786]: (i) a identificação dos menores enquanto público alvo preferencial é conclusivo – a inexistência desta referência ou, no limite, a exclusão dos menores, pode, por outro lado, não ser determinante; (ii) a natureza dos dados recolhidos; (iii) a linguagem utilizada no sítio, bem como a sua apresentação; ou (iv) a natureza dos serviços – serviços que apenas podem ser prestados a adultos são excluídos; p.ex.: o aluguer de automóveis.

Em caso de dúvida, o intérprete-aplicador deverá optar pela solução que melhor acautele a *ratio* do preceito, ou seja, a proteção dos menores, enquanto sujeitos vulneráveis.

92. Consentimento do titular das responsabilidades parentais

I. Caso o titular dos dados tenha uma idade inferior a 13 anos – nos termos do artigo 16.º da LE –, o responsável pelo tratamento deve desenvolver todos os esforços adequados, nos termos do artigo 8.º/2, de forma a verificar se o consentimento foi dado ou autorizado pelo titular das

[783] Frenzel, *Anotação ao artigo 8.º do RGPD* em *Paal/Pauly*, Rb. 7; Schulz, *Anotação ao artigo 8.º do RGPD* em *Gola*, Rn. 16.

[784] Buchner/Kühling, *Anotação ao artigo 8.º do RGPD* em *Kühling/Buchner*, Rn. 16.

[785] Heckmann/Paschke, *Anotação ao artigo 8.º do RGPD* em *Ehmann/Selmayr*, Rn. 21.

[786] Buchner/Kühling, *Anotação ao artigo 8.º do RGPD* em *Kühling/Buchner*, Rn. 15-17; Heckmann/Paschke, *Anotação ao artigo 8.º do RGPD* em *Ehmann/Selmayr*, Rn.16-25; Frenzel, *Anotação ao artigo 8.º do RGPD* em *Paal/Pauly*, Rn. 7; GT 29, *Orientações relativas ao consentimento* cit., 28.

responsabilidades parentais – definição a preencher internamente[787]. A utilização no artigo 16.º/2 da LE da expressão "de preferência" é deste modo enganadora.

Espera-se que o responsável pelo tratamento verifique, num primeiro momento, a idade do titular dos dados e, posteriormente, tratando-se de um menor, confirme o consentimento do respetivo titular das responsabilidades parentais[788]. Apesar de a letra do artigo 8.º apenas abranger, de forma expressa, esta última tarefa, a não inclusão da primeira – verificação da idade do titular dos dados – corresponderia a um esvaziamento do próprio preceito

II. O cumprimento da bitola de esforço é analisado casuisticamente, à luz do sempre presente critério do declaratário normal, do princípio da proporcionalidade, atendendo aos demais direitos e liberdades fundamentais invocáveis – p.ex.: iniciativa económica[789] – e ao princípio da livre circulação de dados dentro do espaço da União[790].

Entre os vários fatores a considerar, destacam-se (i) à tecnologia existente – princípio da neutralidade tecnológica[791]; (ii) a natureza dos dados objeto de tratamento – os dados sensíveis exigem cuidados redobrados[792]; (iii) ao princípio da minimização de dados[793]; e (iv) aos custos e tempo despendidos[794].

A Proposta da Comissão atribuía competências à Comissão "a fim de especificar mais concretamente os critérios e requisitos aplicáveis à obtenção do consentimento" dos titulares das responsabilidades parentais[795]. O Relatório do Parlamento atribuia idênticas competências ao Comité

[787] A formulação empregue pelo legislador nacional no artigo 17.º/2 é enganadora e dogmaticamente incorreta: "de preferência com recurso a meios de autenticação segura".

[788] Schulz, *Anotação ao artigo 8.º do RGPD* em *Gola*, Rn. 20.

[789] Artigo 16.º da Carta; artigo 80.º, *c)* da CRP.

[790] Ponto 4.

[791] Considerando 15, p. 1.

[792] Buchner/Kühling, *Anotação ao artigo 8.º do RGPD* em *Kühling/Buchner*, Rn. 23.

[793] Ponto 70.

[794] Heckmann/Paschke, *Anotação ao artigo 8.º do RGPD* em *Ehmann/Selmayr*, Rn. 37.

[795] Artigo 8.º/2 da Proposta.

Europeu para a Proteção de Dados[796]. Ao não positivar qualquer solução deste tipo, o legislador europeu deixou um vazio legal que se assume especialmente prejudicial dos interesses dos responsáveis pelo tratamento de dados, em face das pesadas coimas a que se encontram sujeitos – artigo 83.º/4, *a)*[797].

III. Numa perspetiva mais prática, a bitola de esforço deve-se ter por violada se o responsável pelo tratamento se limitar a colocar uma *ticking box* através da qual o menor confirma a autorização dos titulares das responsabilidades parentais[798] ou a indicar, na página de abertura, que a consulta do sítio é proibida a menores de 13 anos[799].

O sistema exige uma confirmação direta junto dos titulares das responsabilidades parentais[800]. O denominado processo de *double opt-in* (DOI), através do qual é enviado um pedido de confirmação para o e-mail dos titulares das responsabilidades parentais, traz algum segurança a este procedimento, conquanto não seja infalível: como garantir que o e-mail fornecido pertence, efetivamente, aos titulares dessas responsabilidades? Ou como garantir que o menor não tem acesso a esse e-mail[801]? Embora pertinentes, teremos de admitir que não havendo razões fundadas para desconfiar da autenticidade do e-mail, a bitola de esforço deve ter-se por respeitada[802].

IV. A *Federal Trade Commission* apresenta um considerável número de soluções que poderão ser consideradas pelo responsável pelo tratamento,

[796] Artigo 8.º/3 do Relatório.

[797] Com idênticas críticas: Buchner/Kühling, *Anotação ao artigo 8.º do RGPD* em *Kühling/Buchner*, Rn. 27; Heckmann/Paschke, *Anotação ao artigo 8.º do RGPD* em *Ehmann/Selmayr*, Rn. 36; Schulz, *Anotação ao artigo 8.º do RGPD* em *Gola*, Rn. 29: esta lacuna é violadora do princípio da confiança.

[798] Plath, *Anotação ao artigo 8.º* do RGPD em *Plath*, 131, Rn. 12.

[799] Heckmann/Paschke, *Anotação ao artigo 8.º do RGPD* em *Ehmann/Selmayr*, Rn. 37.

[800] Frenzel, *Anotação ao artigo 8.º do RGPD* em *Paal/Pauly*, Rn. 13.

[801] Schulz, *Anotação ao artigo 8.º do RGPD* em *Gola*, Rn. 22: considerando que se trata de um problema que extravasa o conteúdo das obrigações dos responsáveis pelo tratamento.

[802] Buchner/Kühling, *Anotação ao artigo 8.º do RGPD* em *Kühling/Buchner*, Rn. 24.

porquanto o procedimento não esteja esclarecido pelas autoridades de controlo ou pelos tribunais[803]. A saber[804]:

- *sign a consent form and send it back to you via fax, mail, or electronic scan;*
- *use a credit card, debit card, or other online payment system that provides notification of each separate transaction to the account holder;*
- *call a toll-free number staffed by trained personnel;*
- *connect to trained personnel via a video conference;*
- *provide a copy of a form of government issued ID that you check against a database, as long as you delete the identification from your records when you finish the verification process;*
- *answer a series of knowledge-based challenge questions that would be difficult for someone other than the parent to answer; or*
- *verify a picture of a driver's license of other photo ID submitted by the parent and then comparing that photo to a second photo submitted by the parent, using facial recognition technology.*

Se, apesar de todos os esforços desenvolvidos, o consentimento por parte dos titulares das responsabilidades parentais se mostrar falso ou inexistente, o responsável pelo tratamento deve, assim que tome conhecimento deste facto, proceder ao apagamento dos dados. Neste caso não lhe poderão ser aplicadas as coimas correspondentes.

[803] Heckmann/Paschke, *Anotação ao artigo 8.º do RGPD* em *Ehmann/Selmayr*, Rn. 39: enquanto estes critérios não forem esclarecidos, cabe aos responsáveis pelo tratamento implementarem modelos que julguem mais adequados, no estrito cumprimento do RGPD.
[804] https://www.ftc.gov/tips-advice/business-center/guidance/childrens-online-privacy-protection-rule-six-step-compliance#step4.

§ 18º DEFESA DOS INTERESSES VITAIS

93. Enquadramento

I. A alínea *d)* do artigo 6.º/1 abrange os tratamentos de dados necessários à defesa dos interesses vitais dos titulares de dados e de outros sujeitos singulares[805]. A parte final do preceito não encontra paralelo na Diretriz n.º 95/46/CE: a alínea *d)* do seu artigo 7.º apenas poderia ser invocada ara defender os interesses vitais dos próprios titulares cujos dados fossem objeto de tratamento. Este acrescento foi positivado por sugestão do Conselho[806].

II. O artigo 6.º/1, *d)* tem um campo de aplicação tendencialmente circunscrito, na medida em que a maioria dos tratamentos necessários à defesa dos interesses vitais destes irá implicar o tratamento de dados relativos à saúde. Sendo, nesse caso, aplicável a alínea *c)* do artigo 9.º/1[807]: "se o tratamento for necessário para proteger os interesses vitais do titular dos dados ou de outra pessoa singular, no caso de o titular dos dados esta física ou legalmente incapacitado de dar o seu consentimento"[808].

Numa perspetiva subjetiva, o artigo 6.º/1, *d)* apenas poderá ser invocado por sujeitos privados: as entidades públicas têm sempre à sua disposição

[805] Conceito de interesse vital excluia, *ab initio*, as pessoas coletivas do campo de aplicação do artigo 6.º/1, *d)*.

[806] *General Approach*, 97: o documento não contém qualquer justificação para a alteração proposta.

[807] Ponto 119.

[808] Circunscrição reconhecida pela unanimidade da doutrina. Por todos: Buchner/Petri, *Anotação ao artigo 6.º do RGPD* em *Kühling/Buchner*, Rn. 106.

às alíneas *c)* ou *e)*. O princípio da proporcionalidade isso o impõe, artigo 52.º/1, § 2 da Carta[809].

94. O conceito de interesse vital

I. O legislador não avança no texto do RGPD qualquer definição de interesse vital. O disposto no Considerando 112, p. 2 aponta para um preenchimento restrito ou clássico do conceito: "interesses vitais do titular dos dados ou de outra pessoa, nomeadamente a integridade física ou a vida". Nesse sentido, apenas em situações de maior gravidade poderá o responsável pelo tratamento fazer uso deste fundamento[810].

II. A alínea *d)* do artigo 6.º/1 abrange, ainda, tratamentos que visem a proteção de interesses de um conjunto indeterminado de sujeitos, por exemplo "se o tratamento for necessário para fins humanitários incluindo a monitorização de epidemias de da sua propagação ou em situações de emergência humanitária, em especial em situações de catástrofes naturais e de origem humana"[811]. De fora ficam os tratamentos de dados necessários para o combate ao terrorismo ou à criminalidade organizada[812].

95. Necessário

I. O requisito da necessidade volta a assumir um preenchimento mais prático que o afasta da esfera de influência do princípio da proporcionalidade. Por necessário deve entender-se todo o tratamento que a não ocorrer levará ou não impedirá a produção de danos gravosos: vida, saúde ou integridade física[813].

[809] Albers/Veit, *Anotação ao artigo 6.º do RGPD* em *BeckOk*, Rn. 37: com idêntica posição, mas sem invocar qualquer fundamento legal.

[810] GT 29, *Parecer 06/2014 sobre o conceito de interesses legítimos do responsável pelo tratamento dos dados na aceção do artigo 7.º da Diretiva n.º 95/46/CE* (WP 217), 9-abr.-2014, 32.

[811] Considerando 46, p. 3.

[812] Frenzel, *Anotação ao artigo 6.º do RGPD* em *Paal/Pauly*, Rn. 20.

[813] Reimer, *Anotação ao artigo 6.º do RGPD* em *Sydow*, Rn. 34.

II. Nos termos do Considerando 46, p. 3, o tratamento de dados pessoais baseado neste fundamento apenas deverá ocorrer, em princípio, se o responsável pelo tratamento não poder recorrer a qualquer um dos demais fundamentos elencados no artigo 6.º. Temos dúvidas que esta passagem possa ser invocada, atendendo a que esta aparente limitação – a utilização da expressão em princípio tenderá a esvaziá-la – não encontra respaldo no texto legal[814-815], embora se reconheça que o preceito foi concebido para lidar com situações de risco extremo e eminente[816].

Falta uma indicação, mesmo que indireta, a essa subsidiariedade, em moldes idênticos aos que encontramos, por exemplo, na ação direta comum, artigo 336.º do CC.

[814] Ponto 12.

[815] A maioria da doutrina tende a assumir o disposto neste considerando, invocando a natureza especial do direito à identidade informacional. Por todos: Schantz, *Anotação ao artigo 6.º* em *Simitis/Hornung/Spiecker gen. Döhmann*, Rn. 62.

[816] No mesmo sentido: Plath, *Anotação ao artigo 6.º do RGPD* em *Plath*, Rn. 43.

§ 19º CONTRATO E DILIGÊNCIA PRÉ-CONTRATUAIS

96. Enquadramento

A alínea *b)* do artigo 6.º/1 reconhece a licitude do tratamento de dados sempre que seja necessário para a execução de um contrato do qual o titular seja parte, ou para diligências pré-contratuais, sempre que a iniciativa seja imputável ao titular dos dados.

As *rationes* deste segundo fundamento de licitude de tratamento de dados pessoais volta a desembocar no direito à autodeterminação informacional[817]: o tratamento dos dados pessoais consubstancia, neste caso, uma consequência indireta da tomada de decisão livre e consciente por parte do titular[818].

Numa perspetiva prática, o tratamento de dados pessoais é, na maioria dos contratos, indispensável para a sua própria execução, ou seja, será a única forma que o titular tem de ver as suas pretensões e interesses alcançados[819]. Trata-se de uma realidade que, embora abrangendo igualmente os contratos clássicos, assume um destaque natural nos contratos digitais contemporâneos[820].

[817] Buchner/Petri, *Anotação ao artigo 6.º do RGPD* em *Kühling/Buchner*, Rn. 30; Schulz/Gola, *Anotação ao artigo 6.º* em *Gola*, Rn. 27.

[818] Reimer, *Anotação ao artigo 6.º do RGPD* em *Sydow*, Rn. 18.

[819] Buchner/Petri, *Anotação ao artigo 6.º do RGPD* em *Kühling/Buchner*, Rn. 26.

[820] Christiane Wendehorst/Friedrich Graf von Westphalen, *Das Verhältnis zwischen Datenschutz-Grundverordnung und AGB-Recht*, 69 NJW, 2016, 3745-3750, 3746.

97. O contrato e a sua execução

I. A expressão contrato assume uma conotação jurídica própria, comum aos vários sistemas jurídicos nacionais e ao embrionário Direito europeu dos contratos[821]. Estruturalmente, um contrato pressupõe um encontro de duas ou mais vontades[822]. Nesse sentido, serão contratos tanto os negócios bilaterais como os negócios multilaterais, mas já não os negócios unilaterais[823]. São abrangidos tanto os contratos privados como os contratos públicos.

Numa perspetiva literal, tudo aponta para a exclusão dos negócios unilaterais do campo de aplicação do artigo 6.º/1, *b)*: a expressão contrato atravessou intocável todo o processo legislativo do RGPD e é empregue nas várias versões do RGPD[824]. Contudo, a segunda parte do preceito, relativa às diligências pré-contratuais, sustenta a inclusão de todos os negócios jurídicos unilaterais manifestados pelos titulares de dados – como exemplo de escola pense-se numa proposta negocial. O mesmo já não se verifica nos negócios unilaterais em que apenas o responsável ou um terceiro intervenham: o direito à autodeterminação informacional assim o obriga[825].

O âmbito de aplicação material do artigo 6.º/1, *b)* suscita, a propósito do conceito de contrato, duas outras dúvidas: abrangerá o preceito (i) os denominados diplomas privados; e (ii) as relações paracontratuais?

II. Como exemplos de diplomas privados[826] contam-se: (i) as convenções coletivas de trabalho; (ii) o contrato de sociedade; (iii) os estatutos das associações; ou (iv) os regulamentos de propriedade horizontal[827].

[821] Por todo: Menezes Cordeiro, *Tratado* VII, 61 ss, em especial 171 ss. Carlos Ferreira de Almeida, *Contratos*, I, 6ª ed., Almedina, Coimbra, 2018, 27 ss. No Direito inglês: Barreto Menezes Cordeiro, *Direito inglês dos contratos*, I, cit., 17 ss.

[822] Menezes Cordeiro, *Tratado*, VII, 171.

[823] Menezes Cordeiro, *Tratado*, II, 90.

[824] Para além da versão portuguesa, considerámos as versões alemã, espanhola, francesa, inglesa e italiana.

[825] Buchner/Petri, *Anotação ao artigo 6.º do RGPD* em *Kühling/Buchner*, Rn. 28.

[826] Sobre o conceito de diploma privado: Menezes Cordeiro, *Tratado*, I, 547.

[827] A esta lista, Menezes Cordeiro acrescenta os contratos-quadro e os contratos de abertura de conta: *Direito do trabalho*, I, Almedina, Coimbra, 2018, 745. Não conseguimos acompanhar esta posição, em face da definição de diploma privado avançada por Menezes Cordeiro.

A particularidade dos diplomas privados reside na natureza jurídica das normas que os compõem: não se tratam de cláusulas contratuais típicas, cuja juridicidade se circunscreve às próprias partes do contrato; correspondem a efetivas normas jurídicas, de aplicação geral e abstrata, que irão regular a atuação de sujeitos não envolvidos no processo de formação *contratual*. Nesse sentido, os diplomas privados devem considerar-se como não abrangidos pelo conceito de contrato, visto que apenas indiretamente se poderia afirmar que os visados consentiram nesse tratamento[828].

No caso das convenções coletivas, importa atender ao disposto no artigo 88.º.

III. A categoria *relações paracontratuais* abrange um conjunto multifacetado de relações jurídicas desenvolvidas autonomamente, mas que, por razões de comodidade regimental, podem ser apresentadas conjuntamente. A saber: (i) a *culpa in contrahendo*; (ii) a insubsistência do contrato; (iii) a proteção de terceiros; (iv) a *culpa post pactum finitum*; e (v) a respondência pela confiança[829]. Em todos estes casos, apesar de faltar um ou mais elementos que possibilitam a perfeita subsunção ao conceito de contrato, o sistema impõe deveres de natureza contratual. É precisamente por não serem as partes a acordar nesses deveres, mas o sistema a impô-los – o artigo 227.º do CC é esclarecedor – que o artigo 6.º/1, *b)* deve ter-se por afastado. Contudo e por maioria de razão, poderá, por este mesmo fundamento, se aplicar a alínea *c)* do artigo 6.º/1[830].

A manifestação de vontade, direta e esclarecida, de se sujeitar a um conjunto de regras privadas assume-se como critério decisivo da aplicação do artigo 6.º/1, *b)*.[831]

[828] Buchner/Petri, *Anotação ao artigo 6.º do RGPD* em *Kühling/Buchner*, Rn. 32; Schantz, *Anotação ao artigo 6.º* em *Simitis/Hornung/Spiecker gen. Döhmann*, Rn. 16; Tim Wybitul/Armin Fladung, *U-Datenschutz-Grundverordnung – Überblick und arbeitsrechtliche Betrachtung des Entwurfs*, BB, 2012, 509-515, 515; Reimer, *Anotação ao artigo 6.º* em *Sydow*, Rn. 19: considerando que poderão ser abrangidos pela alínea *c)* do artigo 6.º/1.

[829] Por todos: Menezes Cordeiro, *Tratado*, VII, 645 ss.

[830] Schantz, *Anotação ao artigo 6.º* em *Simitis/Hornung/Spiecker gen. Döhmann*, Rn. 18.

[831] Schantz, *Anotação ao artigo 6.º* em *Simitis/Hornung/Spiecker gen. Döhmann*, Rn. 16.

IV. A expressão *execução do contrato* deve ser interpretada latamente, abrangendo não apenas todo o período que medeia o início e o fim do contrato, mas também o tratamento de dados realizados após o seu termo[832], se do contrato constar uma cláusula com esse alcance – não sendo esse o caso, será de aplicar a alínea *c)*, como acima demonstrado.

Todas as obrigações – principais ou secundárias – encontram-se abrangidas pelo espírito do preceito.

98. Diligências pré-contratuais

I. A alínea *b)* aplica-se, igualmente, à negociação e à formação do contrato, desde que a iniciativa tenha partido do titular dos dados. É indiferente, para aplicação deste preceito, que o contrato seja efetivamente concluído[833].

O processamento de dados pessoais é, não raramente, imprescindível para a apresentação de uma proposta contratual – p.ex.: prestação de serviços de viagem, determinação do preço para a entrega de bens ou a realização de serviços em casa[834].

II. O critério da iniciativa do titular dos dados exclui do âmbito de aplicação do preceito todas as diligências pré-contratuais pedidas ou exigidas pelo responsável pelo tratamento – p.ex.: dados patrimoniais para avaliar os riscos bancários ou dados de saúde no âmbito de seguros de vida[835].

99. Necessidade

I. A alínea *b)* abrange o tratamento de dados necessários para o cumprimento de contratos e para a realização de diligência contratuais, quando iniciadas pelos próprios titulares. O campo de aplicação deste fundamento

[832] Buchner/Petri, *Anotação ao artigo 6.º do RGPD* em *Kühling/Buchner*, Rn. 33.
[833] Buchner/Petri, *Anotação ao artigo 6.º do RGPD* em *Kühling/Buchner*, Rn. 34.
[834] Frenzel, *Anotação ao artigo 6.º do RGPD* em *Paal/Pauly*, Rn. 15; Schulz/Gola, *Anotação ao artigo 6.º* em *Gola*, Rn. 30.
[835] Heberlein, *Anotação ao artigo 6.º do RGPD* em *Ehmann/Selmayr*, Rn. 14.

encontra-se circunscrito a relações entre sujeitos privados ou que envolvam também sujeitos públicos, desde que não atuem munidos de *ius imperii*. Nesse sentido, o elemento da necessidade, para efeitos da alínea *b)*, assume um conteúdo muito próprio[836]. De resto e ao contrário do que seria mais lógico, o termo necessidade é empregue nas várias alíneas do artigo 6.º/1 com um sentido não coincidente. Não nos parece, sequer, que os acórdãos em que o princípio da proporcionalidade tenha sido discutido possam aqui ser invocados[837]. Reconhece-se, todavia, a pertinência, conquanto parcial, de alguns dos desenvolvimentos produzidos a esse propósito.

II. O tratamento será necessário sempre que exista uma relação direta entre o próprio tratamento e o cumprimento das obrigações contratuais assumidas pelo responsável[838]. Do conteúdo do contrato pode ainda emergir, direta ou indiretamente, a obrigação e, consequentemente, a necessidade de tratamento de dados pessoais[839]. Para Schantz o tratamento apenas será necessário se resultar claramente do próprio conteúdo do contrato[840].

Em relação às diligências contratuais, o tratamento deverá ser considerado necessário sempre que a conclusão do contrato ou a preparação da oferta pressuponham o tratamento de dados[841].

III. O requisito da necessidade não deve ser preenchido por recurso à ideia de indispensabilidade. Por outro lado, por necessário também não se deve considerar conveniente ou sequer vantajoso para o titular dos dados – p.ex.: menores custos, temporais ou monetários[842]. No caso de o tratamento

[836] Para uma comparação sucinta veja-se: A. Barreto Menezes Cordeiro, *O tratamento de dados pessoais fundado em interesses legítimos*, 1 RDTec, 2019, 1-32, 9-10.

[837] Frenzel, *Anotação ao artigo 6.º do RGPD* em *Paal/Pauly*, Rn. 14: critério demasiado pesado.

[838] Buchner/Petri, *Anotação ao artigo 6.º do RGPD* em *Kühling/Buchner*, Rn. 39 ss e Schulz/Gola, *Anotação ao artigo 6.º do RGPD* em *Gola*, Rn. 38; Albers/Veit, *Anotação ao artigo 6.º do RGPD* em *BeckOk*, Rn. 32.

[839] Schulz/Gola, *Anotação ao artigo 6.º do RGPD* em *Gola*, Rn. 40.

[840] Schantz, *Anotação ao artigo 6.º do RGPD* em *Simitis/Hornung/Spiecker gen. Döhmann*, Rn. 32.

[841] Reimer, *Anotação ao artigo 6.º do RGPD* em *Sydow*, Rn. 20.

[842] Buchner/Petri, *Anotação ao artigo 6.º do RGPD* em *Kühling/Buchner*, Rn. 39 ss e Schulz/Gola, *Anotação ao artigo 6.º do RGPD* em *Gola*, Rn. 38.

de dados permitir uma melhor execução do contrato, deve o responsável buscar o consentimento do titular. O mesmo se verifica em relação aos serviços online *gratuitos* em que o tratamento dos dados pessoais assume a natureza de contraprestação[843]. Por fim, o tratamento será necessário sempre que não exista uma alternativa menos intrusiva da esfera privada do titular dos dados [844].

O critério do declaratário normal poderá ser invocado com promissores resultados: será necessário se o declaratário normal assim o considerar[845].

[843] Schantz, *Anotação ao artigo 6.º do RGPD* em *Simitis/Hornung/Spiecker gen. Döhmann*, Rn. 33.

[844] Plath, *Anotação ao artigo 6.º do RGPD* em *Plath*, Rn. 16-17. Veja-se, a esse propósito, o princípio da minimização de dados: Ponto 70.

[845] Schantz, *Anotação ao artigo 6.º do RGPD* em *Simitis/Hornung/Spiecker gen. Döhmann*, Rn. 32.

§ 20º OBRIGAÇÕES LEGAIS

100. Enquadramento

I. Nos termos da alínea *c)* do artigo 6.º/1, o tratamento de dados pessoais será lícito sempre que for necessário para o cumprimento de uma obrigação jurídica a que o responsável pelo tratamento se encontre sujeito. Numa perspetiva subjetiva, este preceito encontra-se circunscrito aos responsáveis pelo tratamento de dados: sujeitos privados e sujeitos públicos. A utilização, na versão portuguesa, da expressão *obrigação jurídica* é enganadora[846]. Melhor seria ter mantido a locução *obrigação legal*, consagrada na Diretriz n.º 95/46/CE[847], na Lei n.º 67/98[848] e em inúmeras versões do RGPD[849]. O fundamento da alínea *c)* será sempre uma disposição legislativa e não uma disposição contratual[850].

II. Ao contrário do que se verifica para as duas alíneas anteriores, o fundamento jurídico da alínea *c)* não reside no direito à autodeterminação informacional, mas nas competências legislativas dos Estados-Membros e da União. Não se nega, naturalmente, que as ambas as competências

[846] A versão alemã comete a mesma imprudência. A doutrina local crítica, como seria expectável, a solução adotada. Por todos: Buchner/Petri, *Anotação ao artigo 6.º do RGPD* em *Kühling/Buchner*, Rn. 77.

[847] Artigo 7.º, *c)*.

[848] Artigo 6.º, *c)*.

[849] Versões inglesa, francesa, italiana ou espanhola.

[850] GT 29, *Opinion 6/2014 on the notion of legitimate interests of the data controller under Article 7 of Directive 95/46/EC* (WP 217), 9-abr.-2014, 19.

surgem, elas próprias, limitadas pelos direitos dos cidadãos, nomeadamente pelo direito à autodeterminação informacional.

III. A aplicação artigo 6.º1/ *c)* pressupõe, partindo de uma conceção sistematizadora que considere, igualmente, os seus números 2 e 3, o preenchimento de quatro elementos distintos: (i) necessário para o cumprimento (ii) de uma obrigação legal (iii) imposta pelo Direito da União ou de um Estados-Membro, artigo 6.º/3; e (iv) essa imposição legal deve responder (a) a um objetivo de interesse público e (b) ser proporcional ao objetivo legítimo prosseguido.

101. Necessidade

A expressão *necessário (para o cumprimento de uma obrigação legal)* assume aqui um sentido distinto do atribuído no âmbito da alínea *b)*. Sendo o tratamento apenas necessário na medida em que a Lei assim o determine, o conceito de necessidade terá de ser preenchido somente à luz do conteúdo da própria obrigação legal[851].

Esta interpretação mais restritiva do conceito de necessidade visa impedir que o responsável, invocando uma determinada obrigação legal, proceda ao tratamento de dados não necessários para o cumprimento da Lei[852].

102. Obrigações legais impostas pelos Direito da União ou pelos Direitos dos Estados-Membros

I. Por obrigação legal deve entender-se qualquer obrigação imposta pelo Direito da União ou pelo Direito do Estado-Membro ao qual o responsável pelo tratamento se encontra sujeito[853], independentemente da natureza do diploma: a expressão Direito abrange todas as leis – em sentido

[851] Frenzel, *Anotação ao artigo 6.º do RGPD* em *Paal/Pauly*, Rn. 16.
[852] Buchner/Petri, *Anotação ao artigo 6.º do RGPD* em *Kühling/Buchner*, Rn. 81.
[853] Considerando 45, p 1.

amplo – nos termos determinados pela ordem constitucional interna[854]. O sistema também não exige a produção de uma lei especifica para cada tratamento de dados: um mesmo diploma poderá cobrir várias operações relativas à mesma categoria ou categorias de responsáveis[855].

Diplomas legais pertencentes a sistemas jurídicos estrangeiros não relevam para efeitos de aplicação deste preceito, salvo, naturalmente, se forem reconhecidos ou transpostos. Contudo, sendo esse o caso, deixarão de ser diplomas estrangeiros[856].

II. Esta cláusula de abertura surge duplamente limitada, o que tenderá a diminuir o seu impacto real: (i) tratam-se de competências legislativas concretizadoras do RGPD e que, por isso mesmo, terão sempre de respeitar o seu espírito; e (ii) estas competências legislativas encontram-se limitadas pelo conteúdo do artigo 6.º/3.

III. Como exemplos clássicos de obrigações legais contam-se as obrigações de comunicação, da entidade empregadora, às entidades fiscais e de segurança social[857] ou as obrigações de comunicação, das entidades financeiras, no âmbito do combate ao branqueamento de capitais e ao financiamento do terrorismo[858].

IV. O § 2 do artigo 6.º/3 indica alguns elementos que devem fazer acompanhar a imposição da obrigação legal[859]: "as condições gerais de licitude do tratamento pelo responsável pelo seu tratamento; os tipos de dados objeto de tratamento; os titulares dos dados em questão; as entidades a que os dados pessoais poderão ser comunicados e para que efeitos; os limites a que as finalidades do tratamento devem obedecer; os prazos de conservação; e as operações e procedimentos de tratamento, incluindo as medidas destinadas a garantir a legalidade e lealdade do tratamento, como as medidas relativas a outras situações específicas de tratamento em conformidade com o capítulo IX".

[854] Considerando 41, p 1.
[855] Considerando 45, p. 2.
[856] Considerando 45, p. 1.
[857] Lei n.º 110/2009, de 16 de setembro.
[858] Lei n.º 83/2017, de 18 de agosto. Em especial o seu artigo 43.º.
[859] Considerando 45, p. 4.

103. Limite: interesse público e proporcionalidade

I. A positivação de obrigações legais de tratamento de dados encontra-se sempre sujeita a dois vetores. (i) a prossecução de um objetivo de interesse público; e (ii) ser proporcional ao objetivo legítimo prosseguido, artigo 6.º/3, § 2. Trata-se de limites às competências legislativas dos Estados-Membros e da União e não de limites ao próprio tratamento de dados. Conjuntamente, estes dois requisitos compõem, nos termos do disposto no artigo 52.º/1 da Carta, o princípio da proporcionalidade[860-861]:

> "Qualquer restrição ao exercício dos direitos e liberdades reconhecidos pela presente Carta deve ser prevista por lei e respeitar o conteúdo essencial desses direitos e liberdades. Na observância do princípio da proporcionalidade, essas restrições só podem ser introduzidas se forem necessárias e corresponderem efetivamente a objetivos de interesse geral reconhecidos pela União, ou à necessidade de proteção dos direitos e liberdades de terceiros".

II. Nos termos do artigo 6.º/3, § 1, o conceito de interesse público e a forma como este é prosseguido é determinado pelo Direito da União ou pelos Direitos dos Estados-Membros – o RGPD atribui, a esse propósito, especial discricionariedade aos Estados-Membros.[862] De resto, dificilmente se poderá avançar como uma noção precisa de interesse público: trata-se de um conceito indeterminado e de preenchimento casuístico[863].

[860] TJUE 8-jun.-2010, proc. C-58/08 (*Vodafone*), 51: "Resulta de jurisprudência assente que o princípio da proporcionalidade faz parte dos princípios gerais do direito comunitário e exige que os meios postos em prática por uma disposição do direito comunitário sejam aptos a realizar os objetivos legítimos prosseguidos pela regulamentação em causa e não vão além do que é necessário para os alcançar".

[861] Vitalino Canas, *O princípio da proibição do excesso: em especial, na conformação e no controlo de atos legislativos*, Almedina, Coimbra, 2017, 105 ss

[862] Considerando 10, p. 3.

[863] STA 27-mar.-2003 (Pais Borges), proc. 0831/02: "embora balizada pelos valores constitucionalmente prescritos ou programados, a determinação do que é interesse nacional depende integralmente de juízos de valoração extra-legal que o legislador deixou à determinação casuística e à responsabilidade da Administração".

Atendendo a estes dois aspetos, é sem espanto que se constata que o RGPD não define o que se entende por interesse público, no âmbito do tratamento. Contudo, do texto do RGPD e dos considerandos que o acompanham constam, direta e indiretamente, vários exemplos de interesses públicos: (i) a proteção contra ameaças graves para a saúde e de segurança dos cuidados de saúde e dos medicamentes ou dispositivos médicos[864]; (ii) a gestão dos serviços e sistemas de saúde ou de ação social, incluindo o tratamento por parte da administração e das autoridades sanitárias centrais nacionais desses dados para efeitos de controlo da qualidade, informação de gestão e supervisão geral a nível nacional e local do sistema de saúde ou de ação social, assegurando a continuidade dos cuidados de saúde ou de ação social e da prestação de cuidados de saúde transfronteiriços[865]; (iii) o arquivamento para fins de investigação científica ou histórica ou para fins estatísticos[866]; (iv) a segurança do Estado[867]; (v) a defesa[868]; (vi) a segurança pública[869]; (vii) a prevenção, a investigação, a deteção ou a repressão de infrações penais, ou a execução de sanções penais, incluindo a salvaguarda e a prevenção de ameaças à segurança pública[870]; (viii) interesses económicos ou financeiros importantes, incluindo nos domínios monetário, orçamental ou fiscal, da saúde pública e da segurança social[871]; (ix) a defesa da independência judiciária e dos processos judiciais[872]; ou (x) a prevenção, investigação, deteção e repressão de violações da deontologia de profissões regulamentadas[873].

III. O equilíbrio entre o interesse público e o direito à autodeterminação informacional foi especialmente analisado, pelo TJUE, no incontornável

[864] Artigo 9.º/2, *i)*.
[865] Considerando 53, p. 1.
[866] Artigo 9.º/2, *j)*.
[867] Artigo 23.º/1, *a)*.
[868] Artigo 23.º/1, *b)*.
[869] Artigo 23.º/1, *c)*.
[870] Artigo 23.º/1, *d)*.
[871] Artigo 23.º/1, *e)*.
[872] Artigo 23.º/1, *f)*.
[873] Artigo 23.º/1, *g)*.

acórdão *Schecke*[874]. Aí, o TJUE seguiu a seguinte abordagem: (i) verificação, em concreto, da alegada violação do direito à proteção de dados; (ii) identificação dos fundamentos invocados no diploma legal para sustentar essa violação; (iii) subsunção desses fundamentos à luz do interesse público, nomeadamente o seu suporte *constitucional*; e (iv) verificação da necessidade de sujeitar o direito da proteção de dados aos fins efetivamente prosseguidos. O TJUE considerou, em face dos factos do caso, que o princípio da confiança, embora *constitucionalmente* protegido, não justificava a publicitação dos nomes das pessoas singulares e dos montantes recebidos no âmbito de fundos públicos.

[874] TJUE 9-nov.-2010, proc. c-92/09 e C-93/09 (*Schecke*). Veja-se a seguinte anotação: Anna-Sara Lind/Magnus Strand, *A New Proportionality Test for Fundamental Rights? The Joined Cases C-92/09 and C-93/09 Volker und Markus Schecke GbR (C-92/09) and Hartmut Eifert (C-93/09) v. Land Hessen*, EPA, 2011, 1-11.

§ 21º INTERESSE PÚBLICO E AUTORIDADE PÚBLICA

104. Enquadramento

I. O tratamento fundado no interesse público ou no exercício de autoridade pública assume-se, conjuntamente com o consentimento, como o mais relevante fundamento para o tratamento de dados pessoais.

Estruturalmente, o preceito apresenta-se como um espelho da alínea *c)*. A proximidade manifesta-se nos elementos que compõem a sua aplicação: (i) o tratamento ser necessário (ii) para o exercício de funções de interesse público ou de autoridade pública (iii) determinadas pelo Direito da União ou de um Estado-Membro, artigo 6.º/3; e (iv) essa imposição legal deve responder (a) a um objetivo de interesse público e (b) ser proporcional ao objetivo legítimo prosseguido.

II. Apesar da evidente proximidade substantiva, com reflexos nos correspondentes preenchimentos, os requisitos (i) e (ii) não se confundem com o (iv): têm campos de aplicação distintos. Os dois primeiros respeitam ao tratamento *per se*: o tratamento apenas será lícito se for necessário para o exercício de determinadas funções. Já o quarto requisito delimita as competências legislativas da União Europeia e dos Estados-Membros no processo de concretização legal dessas mesmas funções, nos termos do artigo 6.º/3, acima analisado[875].

[875] Ponto 102.

III. É no âmbito desta alínea que o conceito de necessidade assume um conteúdo devedor do princípio da proporcionalidade, genericamente consagrado no artigo 52.º/1 da Carta[876].

105. Funções de interesse público e de autoridade pública

I. O RGPD não contém uma definição de interesse público. Todavia, como *supra* analisado, o intérprete-aplicador tem à sua disposição um número considerável de exemplos constantes do RGPD e dos seus extensos considerandos que, isolada e conjuntamente, facilitam o processo jurisdicional[877].

Recorde-se que, neste ponto, aos tribunais cabe apenas verificar a adequação do tratamento em concreto prosseguido em face da legislação aplicável – nacional ou europeia –, ou seja, subsumir a atuação do responsável pelo tratamento ao Direito vigente.

II. De modo idêntico ao que se verifica para o conceito de interesse público, também o de autoridade pública volta a não constar do texto do RGPD. O seu preenchimento é atribuído, nos termos do artigo 6.º/3, aos Estados-Membros ou à própria União[878]. O tratamento de dados pessoais fundado nesta alínea *e)* circunscreve-se, em consequência, aos sujeitos indicados na Lei[879]: cabe ao legislador europeu e aos legisladores nacionais determinarem que entidades – públicas ou privadas, singulares ou coletivas – se encontram habilitadas a prosseguir uma função de autoridade pública[880].

A assunção de um modelo funcional – não releva a natureza da entidade, mas somente se a Lei atribui poderes de *autoridade pública*[881] – vem

[876] Ponto 103.

[877] Ponto 103/II.

[878] Ponto 103.

[879] TJUE 30-mai.-2013, proc. C-342/12 (*Worten v ACT*), 36: "só a concessão de acesso a autoridades com competência nessa matéria pode ser considerada necessária, na aceção do artigo 7.º, alínea *e)*, da Diretiva 95/46".

[880] Considerando 45, p. 4.

[881] Considerando 45, p. 4. Por todos: Frenzel, *Anotação ao artigo 6.º do RGPD* em *Paal/Pauly*, Rn. 23; Buchner/Petri, *Anotação ao artigo 6.º do RGPD* em *Kühling/Buchner*, Rn. 111.

agravar as dúvidas que envolvem este quinto fundamento de licitude do tratamento de dados pessoais.

III. O RGPD não contém uma definição de autoridade pública. Trata-se, de resto, de um conceito de conteúdo não consolidado, tanto no Direito português como no Direito europeu.

O preenchimento avançado pela Diretriz n.º 2003/4/CE, de 28 de janeiro de 2003[882]:

> a) O governo ou outros órgãos da administração pública nacional, regional ou local, incluindo órgãos consultivos;
> b) Qualquer pessoa singular ou coletiva que exerça funções administrativas públicas nos termos da legislação nacional, incluindo deveres, atividades ou serviços específicos, relacionados com o ambiente;
> c) Qualquer pessoa singular ou coletiva que tenha responsabilidades ou exerça funções públicas ou que preste serviços públicos relacionados com o ambiente, sob o controlo de um organismo ou pessoa referidos nas alíneas a) ou b)[883].

e transposto para a ordem jurídica interna pela hoje revogada Lei n.º 19/2006, de 12 de junho[884]:

> i) O Governo ou outros órgãos da administração pública central, regional ou local, bem como os órgãos de governo próprio das Regiões Autónomas, incluindo órgãos consultivos;
> ii) Qualquer pessoa singular ou colectiva que pertença à administração indirecta das entidades referidas na subalínea i) e que tenha atribuições, competências, exerça funções administrativas públicas ou preste serviços públicos relacionados com o ambiente, nomeadamente institutos públicos, associações públicas, empresas públicas,

[882] *Relativa ao acesso do público às informações sobre ambiente.*

[883] Artigo 2.º, *2)*. Sobre o conceito de autoridade pública, no âmbito desta Diretriz, veja-se: TJUE 1-out.-2015, proc. C-279/12 (*Fish Legal*), 49 ss.

[884] *Regula o acesso à informação sobre ambiente.* Revogada pela Lei n.º 26/2016, de 22 de agosto: o diploma em vigor não contém qualquer preceito sucedâneo.

> entidades públicas empresariais e empresas participadas, bem como as empresas concessionárias[885];

não pode aqui ser invocado, em face das *rationes* específicas que sustentam ambos os diplomas e dos seus campos de aplicação circunscritos ao universo ambiental.

IV. Em abstrato e como referido introdutoriamente, são dois os caminhos que antevemos como possíveis: (i) interpretar o conceito de autoridade pública como sinónimo de pessoa jurídica pública; ou (ii) circunscrever o conceito de autoridade pública a um conjunto delimitado de entidades públicas. Será de assumir esta segunda interpretação. Vejamos.

O RGPD emprega em variadas situações e conjuntamente as expressões "autoridades públicas e organismos públicos"[886]. Deste facto podemos retirar uma primeira conclusão: a de que o legislador europeu conhece mais do que uma categoria de pessoa coletiva pública, sendo que apenas as autoridades públicas são incluídas no campo de aplicação da alínea *e)*.

Quanto ao conteúdo concreto do conceito, o RGPD fornece-nos algumas pistas, sendo a mais relevante a utilização do termo *autoridade pública* na definição de autoridade de controlo, artigo 4.º, *21)*.

Apesar das dúvidas que inevitavelmente permanecem, somos tentados a considerar que por autoridade pública devemos somente entender as pessoas coletivas públicas munidas de *ius imperii* e atuando nessa capacidade[887].

[885] Artigo 3.º, *a)*. Sobre o conceito de autoridade pública no âmbito desta Lei e a sua adequação ao texto da Diretriz transposta, veja-se: STA 7-jan.-2009 (Edmundo Moscoso), proc. 0848/08.

[886] Considerandos 92, 108, 154, 158. Artigos 27.º/2, *b)*, 41.º/6, 46.º/2, *a)* e 3, *b)* e 83.º/7.

[887] No mesmo sentido: Heberlein, *Anotação ao artigo 6.º* em *Ehmann/Selmayr*, Rn. 24 e Nolte, *Anotação ao artigo 6.º do RGPD* em *Gierschmann/Schlender/Stentzel/Veil*, Rn. 125-127.

§ 22º INTERESSES LEGÍTIMOS

106. Enquadramento

I. Ao abrigo da alínea *f)* do artigo 6.º/1[888], a licitude do tratamento de dados pessoais depende do preenchimento dos seguintes elementos: (i) necessário (ii) para efeito dos interesses (iii) legítimos (iv) prosseguidos (v) pelo responsável pelo tratamento ou por terceiros (vi) exceto se prevalecerem os interesses ou os direitos e liberdades fundamentais do titular que exijam a proteção dos dados pessoais, (vii) em especial se o titular for uma criança.

Este último fundamento de licitude do tratamento de dados pessoais distingue-se dos demais, na medida em que não se sustenta no denominado direito à autodeterminação informacional ou em outros direitos fundamentais – alíneas *a)*, *b)* e *d)* – ou em disposições legais expressas – alíneas *c)* e *e)*, devidamente conjugadas com os números 2 e 3 – mas nos interesses do próprio responsável pelo tratamento ou de terceiros.

II. O artigo 6.º/1, *f)* tem sido especialmente criticado pelas enormes dificuldades interpretativas que suscita[889]: a solução positivada caracteriza-se por um elevado grau de abstração, fruto da utilização de conceitos

[888] Para uma análise à evolução histórica do preceito: A. Barreto Menezes Cordeiro, *O tratamento de dados pessoais fundado em interesses legítimos*, 1 RDTEC, 2019, 1-32, 6 ss.

[889] Schantz, *Anotação ao artigo 6.º do RGPD* em *Simitis/Hornung/Spiecker gen. Döhmann*, Rn. 86: o Autor vê, apesar de também o criticar, alguns méritos da flexibilização conferida pelo preceito. Não conseguimos acompanhar este otimismo.

indeterminados não consolidados no espaço europeu[890]. O facto de os poderes densificadores atribuídos na Proposta original à própria Comissão "para adotar atos delegados em conformidade com o artigo 86.º a fim de melhor especificar as condições previstas no n.º 1, alínea *f)*, para os vários sectores e situações em matéria de tratamento de dados, incluindo quanto ao tratamento de dados pessoais relativos a crianças", terem sido excluídos da versão final do diploma, apenas veio tornar o processo ainda mais complexo. Recorde-se, por fim, que ao contrário do que se verifica para as alíneas *c)* e *e)*, via artigo 6.º/3, o RGPD não concede quaisquer competências legislativas à União ou aos Estados-Membros na clarificação do exato sentido e alcance deste preceito. Caberá às autoridades de controlo e aos tribunais iniciaram um longo processo de concretização[891].

III. A solução positivada coloca o titular dos dados numa situação de particular fragilidade, visto competir ao responsável decidir, em concreto, a realização ou não do tratamento e em que moldes este irá ocorrer[892]. Não se ignora, naturalmente, que o responsável terá de informar os titulares dos dados, nos termos dos artigos 13.º/1, *d)* e 14.º/2, *b)*, assim como demonstrar o cumprimento de todos os princípios elencados no artigo 5.º, como impõe o artigo 5.º/2[893]. Contudo, a alínea *f)* abre as portas a tratamentos de dados com consequências imprevisíveis. Nada garantindo que o apagamento ou a destruição subsequente, caso se verifique a prevalência dos interesses do titular, por intervenção das autoridades de controlo ou dos próprios tribunais, irá colocar o titular, recorrendo ao esclarecedor artigo 562.º do CC, na "situação que existiria, se não se tivesse verificado o evento que obriga à reparação".

[890] Por todos: Frenzel, *Anotação ao artigo 6.º do RGPD* em Paal/Pauly, Rn. 27; Alexander Roßnagel/Maxi Nebel/Philipp Richter, *Was bleibt vom Europäischen Datenschutzrecht? – Überlegungen zum Ratsentwurf der DS-GVO*, 5 ZD, 2015, 455-460, 457; Nolte, *Anotação ao artigo 6.º do RGPD* em *Gierschmann/Schlender/Stentzel/Veil*, Rn. 119: o mais flexível de todos os fundamentos de licitude; Federico Ferretti, *Data Protection and the Legitimate Interest of Data Controllers: Much Ado about Nothing or the Winter of Rights?*, 51 CMLR, 2014, 1-26, 17.

[891] Buchner/Petri, *Anotação ao artigo 6.º do RGPD* em *Kühling/Buchner*, Rn. 143.

[892] Não se trata, todavia, de uma particularidade exclusiva da alínea *f)*.

[893] Schantz, *Anotação ao artigo 6.º do RGPD* em *Simitis/Hornung/Spiecker gen. Döhmann*, Rn. 87: sublinhando todos estes pontos.

107. Necessidade

Apesar das dúvidas manifestadas por parte de alguma doutrina[894], parece-nos evidente que o conceito de necessidade não só não é passível de ser reconduzido ao princípio da proporcionalidade[895], como assume um conteúdo distinto dos preenchimentos preconizados para as demais alíneas do artigo 6.º/1.

À luz de uma interpretação sistemática e partindo de uma visão mais prática, o tratamento será necessário se: (i) demonstrada a presença de um interesse legítimo do responsável ou de terceiro (ii) os interesses e as liberdades fundamentais dos titulares do titular não prevalecerem. Na prática, o requisito da necessidade não é autonomizável, sendo consumido pelo núcleo do artigo 6.º/1, *f)*: a prevalência dos interesses e dos direitos dos titulares dos dados.

A assunção desta posição não impossibilita, pelo contrário, que na decomposição desenvolvida o intérprete-aplicador recorra aos desenvolvimentos prosseguidos no âmbito do princípio da proporcionalidade – p.ex.: o tratamento nunca será necessário se esses interesses puderem ser alcançados por intermédio de uma alternativa menos intrusiva da esfera privada do titular dos dados.

108. Interesses prosseguidos

I. O conceito de interesse tem ocupado a Ciência Jurídica desde tempos imemoráveis[896]. Em termos genéricos, duas grandes teses se confrontam: (i) em sentido subjetivo, "traduz uma relação de apetência entre o sujeito considerado e as realidades que ele considera aptas para satisfazer as suas necessidades ou os seus desejos"[897]; e (ii) em sentido objetivo "traduz a relação entre o sujeito necessidades e os bens aptos

[894] Frenzel, *Anotação ao artigo 6.º do RGPD* em *Paal/Pauly*, Rn. 29.

[895] Com idêntica posição: Albers/ Veit, *Anotação ao artigo 6.º do RGPD* em *BeckOk*, Rn. 50.

[896] Por todos: Paulo Mota Pinto, *Interesse contratual negativo e interesse contratual positivo*, I, Coimbra ed., Coimbra, 2008, em especial 81 ss e 481 ss.

[897] Mota Pinto, *Interesse*, I, cit., 500.

a satisfazê-las"[898]. Parte da doutrina nacional, à qual aderimos, tende hoje a afastar-se desta discussão dicotómica e a assumir uma perspetiva pragmática, focada no exato contexto e nos propósitos subjacentes à utilização do conceito[899].

O legislador europeu não toma posição quanto ao preenchimento do conceito de interesse, nem no texto do RGPD nem nos considerandos que o acompanham, limitando-se a apresentar alguns exemplos. Este caminho é igualmente seguido pelo GT 29: apesar de apresentar o interesse como um benefício para o responsável pelo tratamento, apenas procura densificá-lo através da apresentação de casos reais[900].

Como ponto de partida e apesar de todas as cautelas que se exigem, podemos apresentar o interesse, para efeitos de aplicação deste preceito, como uma vantagem, legal ou fática[901], obtida pelo responsável pelo tratamento ou por um terceiro, decorrente, direta ou indiretamente, do tratamento de dados pessoais. A concretização do interesse depende de uma avaliação casuística, sustentada na figura do declaratário normal e que considere todas as especificidades contextuais do caso concreto.

II. Apenas os interesses efetivamente prosseguidos, i.e., interesses reais, identificáveis, efetivos e presentes, são juridicamente relevantes. O tratamento de dados motivado por interesses hipotéticos ou não identificados devem ser desconsiderados.

A alínea *f)* também não abrange interesses difusos[902]. O tratamento de dados pessoais motivado por interesses públicos é regulado pela alínea *e)* do artigo 6.º/1, devidamente conjugada com os seus números 2 e 3[903].

898 António Menezes Cordeiro, *A responsabilidade civil dos administradores das sociedades comerciais*, Lex, Lisboa, 1997, 516-517. Ambas as definições são, com ligeiras flutuações, seguidas pela generalidade da doutrina.

899 A. Barreto Menezes Cordeiro, *Do trust no Direito civil*, Almedina, Coimbra, 2014, 978 ss: com outras indicações bibliográficas.

900 GT 29, *Parecer 06/2014* cit., 37-38.

901 Buchner/Petri, *Anotação ao artigo 6.º do RGPD* em *Kühling/Buchner*, Rn. 146.

902 Reimer, *Anotação ao artigo 6.º do RGPD* em *Sydow*, Rn. 54: o tratamento motivado por interesses públicos consubstancia um limite à invocação da alínea *f)*; Buchner/Petri, *Anotação ao artigo 6.º do RGPD* em *Kühling/Buchner*, Rn. 146.

903 O GT 29 assume uma posição inversa.

109. Interesses legítimos

I. Apesar de não definir o que entende por interesses legítimos, o legislador europeu avança nos Considerandos 47 a 49 um conjunto variado de exemplos: (i) a existência de uma relação prévia entre o responsável e o titular[904]; (ii) a prevenção e o controlo de fraudes[905]; (iii) a comercialização direta de bens ou serviços[906]; (iv) a existência de uma relação de grupo[907]; e (v) a segurança de redes de informação[908]. Acrescente-se a esta lista os exemplos sugeridos pelo GT 29[909]: (vi) a proteção[910] e o exercício de direitos – p.ex.: direitos de expressão[911], de informação[912], de privacidade, mas também direitos patrimoniais, caso da livre iniciativa económica, direitos de propriedade, em sentido amplo, englobando os direitos de autor e os direitos intelectuais[913]; (vii) publicidade e *marketing*, de índole comercial, política ou outra[914]; (viii) a prossecução de ações judiciais ou extrajudiciais; (ix) a monitorização de trabalhadores, com fins de segurança ou de administração; (x) a denúncia de práticas ilícitas; ou (xi) o processamento para fins históricos, científicos, estatísticos ou de investigação.

[904] Considerando 47, p. 2.
[905] Considerando 47, p. 6.
[906] Considerando 47, p. 7.
[907] Considerando 48.
[908] Considerando 49.
[909] GT 29, *Parecer 06/2014* cit., 39; Schantz, *Anotação ao artigo 6.º do RGPD* em *Simitis/Hornung/Spiecker gen. Döhmann*, Rn. 98-99.
[910] TJUE 11-dez.-2014, proc. C-212/13 (*Ryneš*), 34: "a aplicação das disposições desta diretiva permite atender, se for caso disso, nos termos dos artigos 7.º, alínea *f)*, 11.º, n.º 2, e 13.º, n.º 1, alíneas *d)* e *g)*, da referida diretiva, aos legítimos interesses do responsável pelo tratamento, que consistem, designadamente, como acontece no processo principal, na proteção dos bens, da saúde e da vida desse responsável e da sua família".
[911] TJUE 6-nov.-2003, proc. C-101/01 (*Lindqvist*), 86; TJUE 16-dez.-2008, proc. C-73/07 (*Satamedia*), 53-54.
[912] TJUE 13-mai.-2014, proc. C-131/12 (*Google Spain*), 97.
[913] TJUE 29-jan.-2008, proc. C-275/06 (*Promusicae*), 61.
[914] Sibylle Gierschmann, *Gestaltungsmöglichkeiten bei Verwendung von personenbezogenen Daten in der Werbung – Auslegung des Art. 6 Abs. 1 lit. f DS-GVO und Lösungsvorschläge*, 21 MMR, 2018, 7-12.

II. A lista ora apresenta demonstra, pela sua extensão e versatilidade, as dificuldades que os intérpretes-aplicadores sentem quando confrontados com a necessidade de aplicar a alínea *f)* do artigo 6.º/1. Resta-nos reconhecer, à luz dos dados disponíveis, que o conceito de interesse legítimo abrange todas as vantagens, legais ou fáticas, próprias ou alheias, cuja prossecução em concreto seja lícita, atendendo ao RGPD e ao demais Direito vigente[915].

III. Na perspetiva dos sujeitos abrangidos, a letra do artigo 6.º/1, *f)* inclui os responsáveis pelo tratamento e os terceiros e exclui as autoridades públicas, em todas as suas atividades: a parte final do § 2 – "*nas suas atribuições por via eletrónica*" – deve ser desconsiderada atendendo à sua originalidade em face das demais versões do RGPD e dos trabalhos preparatórios disponíveis. O preceito não se aplica, igualmente, aos subcontratantes, por se tratar de uma categoria distinta da dos responsáveis e da dos terceiros.

Quanto ao conceito de autoridade pública veja-se os desenvolvimentos prosseguidos a propósito da alínea *e)* do artigo 6.º/1[916].

110. Os interesses, direitos e liberdades do titular dos dados

I. Após verificar a existência de interesses concretos, do responsável ou de terceiros, subjacentes a um determinado tratamento de dados pessoais, cabe ao intérprete-aplicador analisar se desse mesmo tratamento resulta uma afetação "dos interesses ou direitos e liberdades fundamentais do titular que exijam a proteção dos dados pessoais".

Esta passagem do artigo 6.º/1, *f)* deve ser interpretada extensivamente, de forma a abranger todas as situações jurídicas, ativas ou passivas, que direta ou indiretamente acautelem a posição jurídica dos titulares dos

[915] GT 29, *Parecer 06/2014* cit., 39: com idêntica posição. Winfried Veil, *Einwilligung oder berechtigtes Interesse? – Datenverarbeitung zwischen Skylla und Charybdis*, 71 NJW, 2018, 3337-3344, 3341: todos os interesses lícitos serão, numa perspetiva abstrata, legítimos.

[916] Barreto Menezes Cordeiro, *O tratamento de dados pessoais fundado em interesses legítimos* cit., 8.

dados. A catalogação jurídica adotada é irrelevante[917]. A ausência do adjetivo *legítimos* para descrever os interesses do titular reforça esta ideia de amplitude máxima[918].

Curiosamente, a parte final do trecho transcrito, ao circunscrever a proteção devida ao universo dos dados pessoais, aponta em sentido inverso. Certamente que assim não será, pelo menos em relação aos direitos e liberdades dos titulares dos dados: todos eles devem ser considerados, independentemente de o direito à autodeterminação informacional ser ou não afetado[919]. Uma interpretação contrária seria insustentável, à luz da prevalência dos direitos fundamentais do titular e dos próprios objetivos do RGPD, previstos no seu artigo 1.º[920].

II. Todos os interesses, direitos e liberdades dos titulares dos dados pessoais devem ser atendidos, incluindo os direitos de base patrimonial ou económica[921], bem como, a título de exemplo, a reputação do titular[922] e aos eventuais efeitos discriminatórios associados[923].

111. O teste de ponderação do GT 29

I. De forma a responder à questão central do artigo 6.º/1, *f)* o GT 29 propõe um teste de ponderação assente no que designa de quatro epígrafes

[917] Menezes Cordeiro, *Tratado*, I, 863 ss: categorias de Direito privado. J.J. Gomes Canotilho, *Direito constitucional e teoria da constituição*, 7ª ed., Almedina, Coimbra, 2003, 393 ss: categorias de Direito público.

[918] GT 29, *Parecer 06/2014* cit., 47.

[919] Parece ser também essa a posição do TJUE: TJUE 24-nov.-2011, proc. C-468/10 e C-469/10 (*ASNEF*), 38: "O referido artigo 7.º, alínea *f)*, prevê duas condições cumulativas para que um tratamento de dados pessoais seja lícito, a saber, por um lado, que o tratamento de dados pessoais deve ser necessário para prosseguir interesses legítimos do responsável pelo tratamento ou do terceiro ou terceiros a quem os dados sejam comunicados e, por outro, que os direitos e liberdades fundamentais da pessoa em causa não prevaleçam".

[920] Schantz, *Anotação ao artigo 6.º do RGPD* em *Simitis/Hornung/Spiecker gen. Döhmann*, Rn. 101.

[921] Buchner/Petri, *Anotação ao artigo 6.º do RGPD* em *Kühling/Buchner*, Rn. 148.

[922] TJUE 27-set.-2017, proc. C-73/16 (*Puškár*), 114.

[923] Heberlein, *Anotação ao artigo 6.º do RGPD* em *Ehmann/Selmayr*, Rn. 34.

principais: (a) a avaliação do interesse legítimo do responsável pelo tratamento; (b) o impacto nas pessoas em causa; (c) o equilíbrio provisório; e (d) as garantias complementares aplicadas pelo responsável pelo tratamento para evitar qualquer impacto indevido nas pessoas em causa[924].

II. No âmbito da *avaliação do interesse legítimo do responsável pelo tratamento*, o GT 29 dedica a sua atenção a explorar o conceito de interesse legítimo, recorrendo, para o efeito, a uma multiplicidade de preenchimentos. Nesse sentido e dependendo, naturalmente, do contexto concreto, o interesse poderá ser legítimo se (i) consubstanciar um direito fundamental; (ii) corresponder total[925] ou parcialmente a um interesse público; (iii) se identificar com outros fundamentos de licitude elencados no artigo 6.º/1; ou (iv) for merecedor de reconhecimento jurídico, cultural ou social.

III. A segunda epígrafe engloba todas as questões relacionadas com o tratamento e com os dados pessoais[926]: (i) a avaliação do impacto do tratamento – positivo, negativo, objetivo ou subjetivo; (ii) a natureza dos dados; (iii) a forma como os dados são tratados; (iv) as expectativas razoáveis da pessoa em causa; e (v) os estados do responsável pelo tratamento dos dados e da pessoa em causa, nomeadamente a existência de uma relação de proximidade ou de ascendência.

IV. Os dois últimos pontos assumem um propósito essencialmente complementar. No primeiro, o GT 29 sugere a realização de um novo exercício de ponderação sempre que o equilíbrio dos interesses em disputa não seja claro[927]. No segundo, elenca várias *garantias*, para utilizar a linguagem do próprio GT 29, que visam melhor acautelar os interesses dos titulares dos dados[928]: (i) medidas técnicas e organizativas para assegurar que os dados não possam ser utilizados para tomar decisões ou outras medidas em

[924] GT 29, *Parecer 06/2014* cit., 52 ss.

[925] Não conseguimos suportar esta posição: a simples invocação de um interesse público não deverá bastar. O artigo 6.º/1 conhece outros fundamentos de licitude mais adequados a esta situação.

[926] GT 29, *Parecer 06/2014* cit., 57 ss.

[927] GT 29, *Parecer 06/2014* cit., 65 ss.

[928] GT 29, *Parecer 06/2014* cit., 66 ss.

relação às pessoas; (ii) utilização de técnicas de anonimização; (iii) agregação de dados; (iv) tecnologias para reforçar a proteção da privacidade, privacidade desde a conceção, avaliação de impacto na privacidade e na proteção de dados; (v) maior transparência; (vi) direito generalizado e incondicional de optar por não permitir o tratamento; e (vii) portabilidade dos dados e medidas afins para capacitar as pessoas em causa.

112. Sistematização preconizada: enquadramento

I. O modelo de ponderação do GT 29 suscita-nos reservas, não tanto em relação ao conteúdo, i.e., aos elementos substantivos a considerar, mas em relação à sistematização proposta.

A complexidade do artigo 6.º/1, *f)* surge como um reflexo da multiplicidade de fatores a ponderar. Nesta medida, na busca por um modelo de ponderação adequado importa atender tanto ao *sistema interno*, como ao *sistema externo*.

II. O teste desenvolvido por Constantin Herfurth[929] responde a estes anseios. O investigador estrutura o seu modelo de ponderação em três dimensões – dados pessoais, partes e tratamento. Herfurth leva, todavia, este esforço de sistematização a um ponto que parece sacrificar o *sistema interno* em benefício da harmonia aritmética do modelo proposto e que o próprio descreve como 3x5.

Apesar destas ligeiras críticas, cremos ser de suportar, com ligeiras adaptações, o modelo de Herfurth, assente na divisão tripartida: dados pessoais, partes e tratamento.

113. Os dados pessoais

I. Na primeira dimensão do teste de ponderação, o intérprete-aplicador deve considerar os seguintes aspetos: (i) o tipo ou a natureza dos dados pessoais

[929] Constantin Herfurth, *Interessenabwägung nach Art. 6 Abs. 1 lit. f DS-GVO – Nachvollziehbare Ergebnisse anhand von 15 Kriterien mit dem sog. „3x5-Modell“*, 8 ZD, 2018, 514-520.

tratados; (ii) o grau de identificabilidade do titular dos dados; (iii) a quantidade de dados objeto de tratamento; (iv) a origem dos dados; e (v) a qualidade dos dados.

II. Por dado pessoal entende-se toda a "informação relativa a uma pessoa singular identificada ou identificável", artigo 4.º, *1)*. Todos os dados pessoais são juridicamente relevantes. Não há informação pessoal não merecedora de proteção jurídica, por muito insignificante ou fútil que possa parecer[930]. Por outro lado, nem todos os dados pessoais são merecedores da mesma proteção. O próprio legislador o reconhece, por exemplo, quando especializa o regime dos dados sensíveis[931].

Na avaliação da relevância da natureza dos dados pessoais, o intérprete-aplicador terá sempre de atender aos demais elementos: alguns dados aparentemente supérfluos – como a nossa localização – podem ter um impacto considerável na vida dos titulares[932].

III. De entre os elementos que compõem o conceito de dado pessoal, é o da identificabilidade que suscita maiores dificuldades de análise e de preenchimento[933]. Como ponto de partida, podemos considerar que uma determinada informação será relativa a pessoa determinável sempre que haja uma probabilidade razoável de o responsável pelo tratamento ou de terceiros conseguirem identificar, através da conjugação de mais informação, a identidade do titular dos dados[934].

Do ponto de vista da aplicação do artigo 6.º/1, *f)* o intérprete-aplicador não pode deixar de atender a probabilidade desta identificação.

[930] Ponto 50.

[931] Artigo 9.º. A natureza especial dos dados é apresentada como sendo um elemento a relevar em diversos outros preceitos: 6.º/4, *c)*; 10.º; 22.º/4; 27.º/2, *a)*; 30.º/5; 35.º/3, *b)*; 37.º/1, *c)*.

[932] Schantz, *Anotação ao artigo 6.º do RGPD* em *Simitis/Hornung/Spiecker gen. Döhmann*, Rn. 105.

[933] Barreto Menezes Cordeiro, *Dados pessoais* cit., 33 ss.

[934] Barreto Menezes Cordeiro, *Dados pessoais* cit., 313.

IV. O legislador europeu demonstra, ao longo do texto do RGPD[935] e dos seus considerandos[936], uma especial preocupação com o tratamento de grandes quantidades de dados pessoais – com um impacto direto no conteúdo das obrigações dos responsáveis pelo tratamento[937] – e que extravasa, largamente, a problemática da definição de perfis, artigo 4.º, *4)*[938].

Existe uma correlação direta e lógica entre o número de dados pessoais disponíveis ou tratados e a profundida do conhecimento detido pelo responsável pelo tratamento em relação ao titular. Com a agravante de este conhecimento se refletir, naturalmente, na posição de fragilidade em que o titular se encontra[939].

V. O intérprete-aplicador deve, ainda, relevar a origem dos dados pessoais objeto de tratamento – p.ex.: se foram recolhidos diretamente junto do titular dos dados ou se constavam de fontes acessíveis ao público[940]. O primeiro exemplo aponta para a existência de uma relação de proximidade entre o responsável pelo tratamento e o titular dos dados[941] e para uma maior exclusividade da informação. O segundo exemplo encontra-se no campo oposto, o que não significa que a posição do titular não seja igualmente merecedora de proteção jurídica[942].

[935] A expressão *o contexto do tratamento*, empregue em incontáveis artigos, aponta, indiretamente, no sentido da valorização de elementos quantitativos.

[936] Considerandos 63, p. 6; 75; 91, p. 1; 157, p. 4.

[937] Artigo 25.º/2.

[938] O conceito de *definição de perfis* decompõe-se em três elementos: (i) um tratamento automatizado; (ii) de dados pessoais; (iii) com o propósito de avaliar ou prever certos aspetos dos titulares. Sobre esta matéria: GT 29, *Orientações sobre as decisões individuais automatizadas* cit., 6.

[939] TJUE 13-mai.-2014, proc. C-131/12 (*Google Spain*), 80.

[940] Stefan Drewes, *Dialogmarketing nach der DSGVO ohne Einwilligung der Betroffenen – Berechtigte Unternehmensinteressen bleiben maßgebliche Rechtsgrundlage*, C&R, 2016, 721-729, 725: sublinhado que nem tudo o que está *online* pode ser considerado público.

[941] Este elemento surge parcialmente sobreposto ao primeiro elemento da terceira dimensão: o tratamento.

[942] TJUE 4-mai.-2017, proc. C-13/16 (*Rigas*), 32; TJUE 24-nov.-2011, proc. C-468/10 e C-469/10 (*ASNEF*), 44.

VI. O último elemento desta primeira dimensão apresenta-se como um corolário lógico-jurídico do disposto no artigo 5.º/1, *d)*. O princípio da exatidão, aí consagrado, subdivide-se em três dimensões: (i) proibição de recolher ou armazenar dados incorretos; (ii) dever de atualização dos dados detidos, sempre que se mostre necessário; e (iii) dever de apagar ou retificar os dados incorretos, à luz das finalidades prosseguidas[943].

O tratamento de dados inexatos pode ter um impacto tremendo na vida do titular correspondente[944].

114. As partes

I. A segunda dimensão do teste de ponderação decompõe-se nos seguintes elementos: (i) o titular dos dados: natureza e características; (ii) o número de titulares afetados pelo tratamento; (iii) o número de entidades envolvidas no tratamento; (iv) a natureza da relação existente entre o titular e o responsável; (v) as expectativas dos titulares dos dados em relação às finalidades do tratamento; e (vi) a eventual participação de responsáveis ou de subcontratantes não estabelecidos na União no processo de tratamento.

II. Apesar de o legislador europeu apenas mencionar as crianças[945] na parte final do artigo 6.º/1, *f)*, todas as características justificadoras de uma especial proteção devem ser consideradas[946] – p.ex.: em virtude de capacidade jurídica diminuída ou da idade[947-948].

943 Schantz, *Anotação ao artigo 5.º do RGPD* em *BeckOk*, Rn. 34.
944 TJUE 16-dez.-2008, proc. C-524/06 (*Huber*), 60: dados relativos à situação pessoal do titular.
945 Sobre o conceito de criança: Pontos 88 ss.
946 Considerando 38.
947 Considerando 75: faz expressa referência às "pessoas singulares vulneráveis".
948 Não se justifica nem se consegue acompanhar a razão que motivou a circunscrição do artigo 8.º apenas às crianças: Katharina Joachim, *Besonders schutzbedürftige Personengruppen – Einordnung gruppenspezifischer Schutzbedürftigkeit in der DS-GVO*, 7 ZD, 2017, 414-418. O mesmo se verificando nesta alínea *f)* do artigo 6.º/1.

A proteção concedida em concreto irá necessariamente variar consoante a idade da criança[949].

III. O número de titulares de dados afetados pelo tratamento deve igualmente ser ponderado. Não apenas por implicar uma multiplicação de interesses, proporcional ao número de titulares de dados afetados, mas também pelos riscos envolvidos[950]: o tratamento de dados pessoais relativos a vários titulares possibilita a identificação de padrões comportamentais comuns a determinadas categorias de sujeitos e, consequentemente, a previsão de comportamentos futuros dos titulares que compõem essa categoria[951].

IV. Também o número de entidades envolvidas no tratamento de dados pessoais releva para efeitos de aplicação do artigo 6.º/1, *f)*. O valor deste fator não se esgota, uma vez mais, na simples multiplicação de interesses a apreciar: os riscos associados são igualmente superiores. Riscos de tratamentos incorretos, de fugas de informação e, no geral, de violação do RGPD e demais diplomas conexos.

V. A natureza da relação existente entre o titular dos dados e o responsável pelo tratamento pode ser determinante na clarificação do interesse prevalecente – p.ex.: se o titular dos dados for um cliente, estiver ao serviço do responsável pelo tratamento[952], se entre os dois existir uma relação fiduciária ou de confiança[953] ou se o responsável pelo tratamento tiver uma especial ascendência sobre o titular dos dados[954].

Em princípio, quanto mais próxima for a relação, de facto ou de direito, maior relevância deverá ser atribuída aos interesses dos titulares.

[949] Schantz, *Anotação ao artigo 6.º do RGPD* em *Simitis/Hornung/Spiecker gen. Döhmann*, Rn. 112.

[950] Considerando 91, p. 1.

[951] Considerando 91, p. 2. Herfurth, *Interessenabwägung nach Art. 6 Abs. 1 lit. f DS-GVO* cit., 517-518.

[952] Considerando 47, p. 2.

[953] Por todos: A. Barreto Menezes Cordeiro, *Relações fiduciárias: por uma doutrina unitária* em *Código Civil: Livro do Cinquentenário*, I, Almedina, Coimbra, 2019, 25-47.

[954] Sobre os problemas da influência indevida e do desequilíbrio de posições no RGPD, veja-se, Barreto Menezes Cordeiro, *O consentimento* cit., 848 ss.

VI. As expectativas dos titulares dos dados em relação às finalidades do tratamento no momento e o contexto em que os dados são recolhidos assumem especial destaque, tanto na perspetiva subjetiva do titular dos dados, como na perspetiva objetiva do declaratário normal[955]: "os interesses e os direitos fundamentais do titular dos dados podem, em particular, sobrepor-se ao interesse do responsável pelo tratamento, quando os dados pessoais sejam tratados em circunstâncias em que os seus titulares já não esperam um tratamento adicional". O princípio da limitação das finalidades – artigo 5.º/1, *b)* – isso o determina[956].

VII. Por fim, importa atender à eventual participação de responsáveis ou de subcontratantes não estabelecidos na União no processo de tratamento de dados pessoais[957]. Apesar da tendencial aplicação extraterritorial do RGPD[958], a intervenção destes sujeitos poderá agravar a posição de fragilidade em que os titulares se encontram.

115. O tratamento

I. A última dimensão, relativa ao tratamento, comporta os seguintes elementos: (i) o modo como o tratamento se realiza; (ii) o tipo de tratamento realizado; (iii) a duração do tratamento; (iv) a frequência do tratamento; (v) os propósitos subjacentes ao tratamento; e (vi) o impacto do tratamento na esfera jurídica do titular.

O conteúdo do (v) corresponde aos desenvolvimentos prosseguidos a propósito dos pontos 108 e 109. O último elemento, parcialmente coberto pel'*o tipo ou natureza dos dados pessoais tratados*, permite reponderar eventuais direitos e interesses do titular não avaliados anteriormente.

[955] Considerando 47, p. 3; Drewes, *Dialogmarketing nach der DSGVO* cit., 723: o Autor explora a importância do contexto na emergência das expectativas criadas.

[956] Para uma análise às raízes históricas do princípio da limitação das finalidades: GP 29, *Opinion 03/2013 on purpose limitations* (WP 203), 2-abr.-2013, 6 ss. O princípio assume especial relevância no âmbito da denominada *Big Data*: Nicolai Culik/Christian Döpke, *Zweckbindungsgrundsatz gegen unkontrollierten Einsatz von Big Data-Anwendungen – Analyse möglicher Auswirkungen der DS-GVO*, 7 ZD, 2017, 226-230.

[957] Herfurth, *Interessenabwägung nach Art. 6 Abs. 1 lit. f DS-GVO* cit., 518-519.

[958] Ponto 36.

II. *O modo como o tratamento se realiza* sobrepõe-se, parcialmente, a alguns aspetos já abordados, nomeadamente n'*a origem dos dados* e n'*a expectativa razoável dos titulares*. Contudo, a perspetiva aqui assumida é distinta. Ao intérprete-aplicador importa analisar, sobretudo, a participação do titular no processo de recolha dos dados, nos tratamentos subsequentes e as informações que lhe foram fornecidas.

III. Após apresentar, no artigo 2.º, *2)*, uma definição de tratamento[959], o legislador europeu avança, a título exemplificativo – a utilização da expressão "tais como" é conclusiva –, uma extensa lista de tratamentos de dados pessoais. Não é indiferente que operação é efetivamente realizada, tanto em relação ao impacto produzido na esfera jurídica do titular[960], como na análise aos interesses prosseguidos pelo responsável pelo tratamento. Em termos gerais, quanto mais invasivo for o tratamento – p.ex.: utilização, divulgação por transmissão ou difusão – mais esclarecedoras e fundadas têm de ser as justificações do responsável pelo tratamento.

IV. A duração do tratamento – p.ex.: a duração da conservação dos dados pessoais – não pode deixar de ser valorada. Em teoria, quanto maior o período de conservação dos dados, maiores serão os riscos para o titular dos dados. Este elemento assume-se como uma decorrência lógico-jurídica direta do princípio da limitação da conservação, consagrado no artigo 5.º/1, *e)* [961].

V. Também a frequência com que os dados pessoais são objeto de tratamento tem um reflexo da posição jurídica dos titulares dos dados. A correlação volta a ser direta e proporcional: quanto maior a frequência, maiores os riscos.

959 Ponto 60.

960 Artigo 35.º. GT 29, *Orientações relativas à avaliação de impacto sobre a proteção de dados (AIPD) e que determinam se o tratamento é «suscetível de resultar num elevado risco» para efeitos do Regulamento (UE) 2016/679* (WP 248 rev.01), 4-abr.-2017, revistas, por último, a 4-out.-2017.

961 Considerando 39, p. 8.

§ 23º TRATAMENTO DE DADOS SENSÍVEIS

116. Enquadramento

I. O artigo 9.º consagra um regime especial para o tratamento dos dados sensíveis[962]. A positivação de um regime próprio e diferenciado justifica-se em face da sua natureza – a maioria dos dados sensíveis corresponde a direitos fundamentais – e aos riscos associados ao seu tratamento[963], em especial de discriminação[964].

Do confronto entre o regime comum – artigo 6.º – e o regime dos dados sensíveis – artigo 9.º – verifica-se, no essencial, um agravamento dos requisitos legais para o tratamento de dados pessoais – p.ex.: o consentimento relativo a dados sensíveis tem de ser prestado explicitamente, ao contrário do que se verifica para regime comum; ou o tratamento de dados sensíveis fundado em interesses vitais circunscreve-se aos casos em que o titular dos dados esteja física ou legalmente incapacitado de dar o seu consentimento.

II. São os seguintes, os fundamentos para o tratamento de dados sensíveis: a) o titular dos dados der o seu consentimento explícito; b) o tratamento ser necessário para efeitos do cumprimento de obrigações e do

[962] Pontos 116 ss.

[963] A opção do legislador tem, todavia, sido criticada por alguns sectores da doutrina: Ponto 58.

[964] Weichert, *Anotação ao artigo 9.º do RGPD* em *Kühling/Buchner*, Rn. 2. Albers/Veit, *Anotação ao artigo 9.º do RGPD* em *BeckOK*, Rn. 4: as *rationes* subjacentes ao preceito extravasam a simples preocupação com a não discriminação dos titulares.

exercício de direitos específicos do responsável pelo tratamento ou do titular dos dados em matéria de legislação laboral, de segurança social e de proteção social; c) o tratamento ser necessário para a defesa de interesses vitais do titular ou de terceiro; d) o tratamento ser efetuado por uma fundação, associação ou qualquer outro organismo sem fins lucrativos; e) o tratamento respeitar a dados que tenham sido manifestamente tornados públicos pelo seu titular; f) o tratamento ser necessário à declaração, ao exercício ou à defesa de um direito num processo judicial ou sempre que os tribunais atuem no exercício das suas funções jurisdicionais; g) o tratamento ser necessário por motivos de interesse público importante; h) o tratamento ser necessário para efeitos de medicina preventiva ou do trabalho, para a avaliação da capacidade de trabalho do empregado, o diagnóstico médico, a prestação de cuidados ou tratamentos de saúde ou de ação social ou a gestão de sistemas e serviços de saúde ou de ação social; i) o tratamento ser necessário por motivos de interesse público no domínio da saúde pública; j) o tratamento se necessário para fins de arquivo de interesse público, para fins de investigação científica ou histórica ou para fins estatísticos.

III. Importa ainda conjugar o regime previsto no artigo 9.º, com a regulação especial operada por intermédio do artigo 29.º da LE, que versa (i) sobre o tratamento de dados de saúde e de dados genéticos; e (ii) sobre o tratamento de dados sensíveis no âmbito das alíneas *h)* e *i)* do artigo 9.º/1.

Numa perspetiva geral, o artigo 29.º da LE impõe, para ambas as categorias de tratamentos, estritos deveres de sigilo a todos os trabalhadores, funcionários e demais sujeitos que auxiliam o responsável pelo tratamento e o subcontratante[965].

117. Consentimento

I. O regime geral do consentimento – artigo 7.º e 4, *11)* – e o regime especial do consentimento de menores – artigo 8.º – aplicam-se aqui por inteiro, com todos os desenvolvimentos jurisprudenciais e doutrinários

[965] Artigo 29.º/4 e 5 da LE.

analisados[966]. Espera-se, todavia, uma atenção redobrada por parte do intérprete-aplicador, em virtude da natureza particular destes dados pessoais, em especial no âmbito das relações marcadas por um desequilíbrio de forças ou pela ascendência do responsável pelo tratamento sobre o titular dos dados pessoais.

II. A principal diferença entre o regime comum e o regime dos dados sensíveis reside na exigência, para este último, de um requisito extra: a explicitude, que não encontra paralelo do artigo 4.º, *11)*[967].

O termo explícito é empregue como sinónimo de expresso, por oposição a tácito ou implícito[968].

III. A segunda parte do artigo 9.º/2, *a)* atribui competências legislativas à União e aos Estados-Membros para afastarem esta primeira exceção à proibição geral de tratamento de dados pessoais sensíveis: "exceto se o direito da União ou de um Estado-Membro previr que a proibição a que se refere o n.º 1 não pode ser anulada pelo titular dos dados". Trata-se, no caso de efetivamente ser decretada por Lei, de uma limitação ao direito à autodeterminação informacional[969], na medida em que o titular não pode autorizar o tratamento dos seus próprios dados. Esta decisão apenas deve ser tomada em situações limite, nomeadamente quando a ausência de vontade seja patente[970] ou a proteção de outros interesses – concretos ou difusos – o determinarem[971].

Partindo de uma interpretação extensiva do preceito, será igualmente de admitir a atribuição de competências legislativas para agravar o processo

[966] Por todos: Albers/Veit, *Anotação ao artigo 9.º do RGPD* em *BeckOk*, Rn. 50.

[967] Recorde-se que a inclusão da expressão "explícita" na versão portuguesa do artigo 4.º, *11)* deve ser desconsiderada: trata-se de um manifesto erro de escrita.

[968] Por todos: Schiff, *Anotação ao artigo 9.º do RGPD* em *Ehmann/Selmayr*, Rn. 33.

[969] Jochen Schneider/Niko Härting, *Wird der Datenschutz nun endlich internettauglich? - Warum der Entwurf einer Datenschutz-Grundverordnung enttäuscht*, 2 ZD, 2012, 199-203, 201: sublinham a natureza paternalista do preceito. A preocupação com os interesses do titular dos dados não esgota, porém, as suas *rationes*: também a proteção de outros interesses podem justificar uma intervenção legislativa.

[970] Weichert, *Anotação ao artigo 9.º do RGPD* em *Kühling/Buchner*, Rn. 48.

[971] Kampert, *Anotação ao artigo 9.º do RGPD* em *Sydow*, Rn. 15.

de consentimento – p.ex.: requisitos formais mais exigentes, períodos de reflexão ou aconselhamento especializado obrigatório[972]. Esta posição é contrariada por Schiff, com os seguintes argumentos: (i) o artigo 9.º/2, *a)* apenas menciona a anulação da exceção à proibição (elemento literal); (ii) o artigo 9.º/4 atribui competências legislativas aos Estados-Membros para introduzirem novas condições, mas somente em relação ao tratamento de dados genéticos, dados biométricos ou dados relativos à saúde (elemento sistemático); e (iii) uma interpretação contrária poria em causa as pretensões subjacentes a qualquer regulamento, i.e. a unificação dos Direito internos[973].

118. Obrigações laborais

I. A alínea *b)* permite o tratamento de dados sensíveis mediante o preenchimento dos seguintes requisitos: (i) necessário (ii) para efeitos do cumprimento de obrigações e do exercício de direitos específicos do responsável pelo tratamento ou do titular (iii) mas somente em matéria de legislação laboral, de segurança social e de proteção social (iv) e desde que seja permitido pelo Direito da União ou dos Estados-Membros ou em convenção coletiva de trabalho.

O artigo 88.º, que atribui poderes legislativos aos Estados-Membros em matéria laboral, não abrange os dados pessoais sensíveis: esses são especificamente regulados pelo artigo 9.º/2, *b)*.

II. O elemento da necessidade assume, como analisado a propósito do artigo 6.º, um preenchimento difuso e não homogéneo. O mesmo se verifica no artigo 9.º

Para efeitos de aplicação da alínea *b)*, o elemento da necessidade pressupõe o preenchimento cumulativo dos seguintes elementos[974]: (i) existência suporte legal bastante; e (ii) existência de uma relação direta entre

[972] Petri, *Anotação ao artigo 9.º do RGPD* em *Simitis/Hornung/Spiecker gen. Döhmann*, Rn. 36; Weichert, *Anotação ao artigo 9.º do RGPD* em *Kühling/Buchner*, Rn. 48.

[973] Schiff, *Anotação ao artigo 9.º do RGPD* em *Ehmann/Selmayr*, Rn. 36.

[974] Há uma marcada proximidade com as alíneas *b)* e *c)* do artigo 6.º/2.

o tratamento e o cumprimento das obrigações ou o exercício do direito. O tratamento também só poderá ser descrito como necessário se não existir uma alternativa menos intrusiva da esfera privada do titular dos dados[975].

IV. O artigo 9.º/2, *b)* tem um campo de aplicação determinado: legislação laboral, de segurança social – incluindo pensões[976] – e de proteção social.

A positivação desta exceção reflete um reconhecimento, por parte do legislador europeu, da necessidade de o empregador tratar alguns dados pessoais dos seus trabalhadores; p.ex.: dados relativos à saúde – limitações em resultado de doenças, alergias ou outras –, filiação sindical dados biométricos – por questões de segurança de instalações ou outras – e, eventualmente, dados genéticos[977].

V. A utilização da expressão Direito da União e dos Estados-Membros parece estender o campo de aplicação do preceito a todos as fontes imediatas do Direito e não apenas à Lei. No caso português será efetivamente assim, mas noutros sistemas jurídicos, como o inglês, o leque poderá ser mais alargado.

O tratamento destes dados sensíveis poderá ainda encontrar fundamento em convenções coletivas de trabalho[978] – a sua natureza híbrida isso o justifica[979] –, mas já não em contratos individuais.

As obrigações e os direitos do responsável pelo tratamento apenas podem ter, consequentemente, dois fundamentos legais: (i) a Lei; ou (ii) as convenções coletivas de trabalho.

975 Princípio da minimização de dados: Ponto 70.

976 Considerando 52, p.1.

977 Frenzel, *Anotação ao artigo 9.º do RGPD* em *Paal/Pauly*, Rn. 26; Weichert, *Anotação ao artigo 9.º do RGPD* em *Kühling/Buchner*, Rn. 55 ss; Schiff, *Anotação ao artigo 9.º do RGPD* em *Ehmann/Selmayr*, Rn. 38.

978 Considerando 155, p. 1.

979 Por todos: Menezes Cordeiro, *Direito do trabalho*, I, cit., 613 ss.

119. Interesses vitais

I. A alínea *c)* do artigo 9.º/2 encontra um evidente paralelo na alínea *d)* do artigo 6.º/2: ambas regulam o tratamento de dados pessoais fundado nos interesses vitais do titular ou de terceiros.

O conceito de interesses vitais assume, recorde-se, um preenchimento restrito, abrangendo, *grosso modo*, situações em que integridade física ou a vida do titular dos dados ou de terceiros esteja em perigo[980].

Por necessário deve entender-se todo o tratamento que a não ocorrer levará ou não impedirá a produção de danos gravosos[981]. Importa, naturalmente, considerar as consequências daí decorrentes[982] e respeitar o sempre presente princípio da minimização de dados[983].

II. O regime dos dados especiais, precisamente em face da sua natureza particular, pressupõe um *plus*: o tratamento apenas poderá ocorrer "no caso de o titular dos dados estar física ou legalmente incapacitado de dar o seu consentimento".

O requisito da incapacidade física ou legal tenderá a abranger todas as situações em que não seja possível obter o consentimento do titular, de todo ou em tempo útil – p.ex.: doença, acidente ou desaparecimento[984]. Mas mesmo sendo esse o caso, importa verificar, à luz de critérios objetivos, a vontade hipotética do titular dos dados[985].

Por fim, o intérprete-aplicador deve considerar a eventual existência de representantes legais do titular, que possam suprir a falta de consentimento[986].

[980] Ponto 94.

[981] Reimer, *Anotação ao artigo 6.º do RGPD* em *Sydow*, Rn. 34.

[982] Schiff, *Anotação ao artigo 9.º do RGPD* em *Ehmann/Selmayr*, Rn. 42.

[983] Ponto 70.

[984] Frenzel, *Anotação ao artigo 9.º do RGPD* em *Paal/Pauly*, Rn. 30; Schiff, *Anotação ao artigo 9.º do RGPD* em *Ehmann/Selmayr*, Rn. 41.

[985] Weichert, *Anotação ao artigo 9.º do RGPD* em *Kühling/Buchner*, Rn. 65.

[986] Weichert, *Anotação ao artigo 9.º do RGPD* em *Kühling/Buchner*, Rn. 68.

120. Fundações e associações

I. A alínea *d)* do artigo 9.º permite o tratamento de dados pessoais sensíveis quando realizados por fundações, associações ou qualquer outro organismo sem fins lucrativos[987], mas somente se prosseguirem fins políticos – p.ex.: partidos políticos –, filosóficos, religiosas – p.ex.: organizações religiosas – ou sindicais – p.ex.: sindicatos e federações de sindicatos: trata-se de uma lista taxativa e não exemplificativa.

A forma que estas entidades assumem é juridicamente irrelevante. Contudo, exige-se um nível de organização e de estrutura interna mínimos, que permitam a prossecução efetiva de atividades.

II. A estes dois requisitos relativos à pessoa do responsável pelo tratamento, acrescem três atinentes ao tratamento *per se*: (i) devem ser efetuados no âmbito das atividades legítimas destas entidades; (ii) apenas os dados dos seus membros, antigos membros ou de pessoas que com essas entidades tenham, em concreto, mantido contactos relacionados com os seus objetivos podem ser objeto de tratamento; e (iii) os dados pessoais tratados não podem ser divulgados a terceiros sem o consentimento dos respetivos titulares.

III. A expressão "atividades legítimas" ramifica-se em, pelo menos, três manifestações. Apenas serão legítimas as atividades (i) lícitas; (ii) passíveis de serem subsumíveis ao respetivo objeto social; e (iii) que promovam os interesses dos titulares ou interesses públicos – é essa a *ratio* do preceito[988] e não a de possibilitar que determinadas entidades utilizem esses dados pessoais para fins próprios ou para fins contrários aos interesses dos titulares.

IV. Apenas os dados relativos a membros, antigos membros ou pessoas que mantenham contactos com estas entidades no âmbito das *atividades legítimas* – p.ex.: doadores ou voluntários[989], podem ser objeto de tratamento.

[987] Por fins lucrativos deve entender-se fins comerciais.

[988] Considerando 51, p. 6: menciona a promoção do exercício de liberdades fundamentais.

[989] Frenzel, *Anotação ao artigo 9.º do RGPD* em *Paal/Pauly*, Rn. 34.

Não são abrangidos dados relativos a todas as demais pessoas – p.ex.: fornecedores e outras entidades empresariais ou comerciais[990].

V. Por fim, esses dados pessoais não podem ser transmitidos a terceiros, salvo se os respetivos titulares o consentirem. Não vemos razão para a positivação desta proibição: não consta das demais alíneas e resulta já da aplicação geral do RGPD.

121. Dados tornados públicos pelo próprio titular

I. Nos termos da alínea *e)* do artigo 9.º/2, o tratamento de dados sensíveis é admissível sempre "que tenham sido manifestamente tornados públicos pelo seu titular".

A divulgação pública de dados pessoais, quando decidida pelo próprio titular, é interpretada pelo sistema com um sentido de renúncia à proteção que o artigo 9.º/1 lhe confere[991], o que se justifica por inteiro: é o próprio titular que reconhece que o tratamento lícito desses dados não o prejudica ou incomóda[992].

II. O artigo 9.º/2, *e)* apenas abrange divulgações promovidas pelo próprio titular: informações difundidas por terceiros ou por sujeitos incertos obstam à aplicação do preceito.

Não podem restar dúvidas de que a divulgação da informação partiu de uma decisão livre e esclarecida do titular dos dados. Sempre que a fonte não seja clara, deve o responsável abster-se de proceder ao tratamento desses dados[993]. O sistema não se basta com a simples divulgação pública dessa informação.

Como exemplos de escola de situações em que a informação foi manifestamente tornada pública pelo titular contam-se comunicados assinados pelo próprio, *blogs* e páginas de *Internet* acompanhadas da identificação do

990 Kampert, *Anotação ao artigo 9.º do RGPD* em *Sydow*, Rn. 28.

991 Weichert, *Anotação ao artigo 9.º do RGPD* em *Kühling/Buchner*, Rn. 77.

992 Kampert, *Anotação ao artigo 9.º do RGPD* em *Sydow*, Rn. 30.

993 Weichert, *Anotação ao artigo 9.º do RGPD* em *Kühling/Buchner*, Rn. 80.

seu autor e demais declarações públicas, independentemente do suporte em que tenham sido manifestadas[994].

Por fim, a informação será pública sempre que for divulgada a um número indeterminado de sujeitos.

122. Processo judicial

I. A alínea *f)* do artigo 9.º/2 permite o tratamento de dados pessoais sensíveis sempre que seja necessário para (i) a declaração, o exercício ou a defesa de um direito num processo judicial; ou (ii) sempre que os tribunais atuem no exercício das suas funções jurisdicionais.

A exceção contida neste preceito justifica-se em face da *ratio* prosseguida: a administração da Justiça[995].

II. A primeira situação prevista na alínea *f)* deve ser interpretada de forma extensiva em relação a todos os seus três elementos: (i) necessidade; (ii) processo judicial; e (iii) direitos.

O tratamento será necessário sempre que exista uma qualquer correlação entre o litígio em disputa e os dados sensíveis objeto de tratamento. O sistema não exige que o tribunal avalie os méritos da ação, mas somente se o tratamento desses dados especiais se justifica em face do objeto da ação[996]. De fora ficam apenas invocações notoriamente descabidas[997] ou arbitrárias[998].

A expressão processo judicial abrange todas as ações, independentemente da sua natureza ou do tribunal em que corram – cíveis ou

[994] Frenzel, *Anotação ao artigo 9.º do RGPD* em *Paal/Pauly*, Rn. 36; Weichert, *Anotação ao artigo 9.º do RGPD* em *Kühling/Buchner*, Rn. 81; Schiff, *Anotação ao artigo 9.º do RGPD* em *Ehmann/Selmayr*, Rn. 45.

[995] Frenzel, *Anotação ao artigo 9.º do RGPD* em *Paal/Pauly*, Rn. 37;

[996] Schiff, *Anotação ao artigo 9.º do RGPD* em *Ehmann/Selmayr*, Rn. 48: considerando que o exercício judicial de direitos se sobrepõe ao direito à identidade informacional.

[997] Weichert, *Anotação ao artigo 9.º do RGPD* em *Kühling/Buchner*, Rn. 86; Schulz, *Anotação ao artigo 9.º do RGPD* em *Gola*, Rn. 27.

[998] Albers/Veit, *Anotação ao artigo 9.º do RGPD* em *BeckOK*, Rn. 71.

administrativos. O preceito incluí, ainda, processos extrajudiciais, ou seja, arbitragens e outros meios alternativos de resolução de litígios[999].

O terceiro elemento – declaração, exercício ou defesa de um direito – reporta-se à realidade judicial: não releva, também aqui, a natureza do direito, mas somente se se insere num litígio, independentemente da fase processual em que a necessidade do tratamento de dados sensíveis é invocada[1000].

III. O tratamento de dados sensíveis é igualmente permitido sempre que seja necessário para o exercício de atividades jurisdicionais. Nesta segunda parte da alínea *f)* já se justifica preencher o conceito de necessidade por recurso ao princípio da proporcionalidade, pelo que os tribunais devem optar sempre pela solução menos intrusiva da esfera privada do titular[1001].

O preceito apenas abrange a atividade jurisdicional dos tribunais – p.ex.: o tratamento de dados de saúde para o cálculo de indemnizações[1002].

123. Interesses públicos importantes

I. A alínea *g)* exceciona a proibição de não tratamento de dados sensíveis, prevista no artigo 9.º/1, por motivos de interesse público importante, mediante o preenchimento dos seguintes requisitos: (i) previsão no Direito da União ou dos Estados-Membros; (ii) proporcional ao objetivo visado, ou seja, ao *interesse público importante*; (iii) respeitar o direito à autodeterminação informacional; e (iv) ser acompanhado de medidas adequadas e específicas que salvaguardem os direitos fundamentais e os interesses do titular dos dados.

Estruturalmente, o conteúdo da alínea *g)* distingue-se das demais exceções do artigo 9.º/2. Em todas as outras alíneas, o legislador europeu optou por circunscrever os correspondentes campos de aplicação: a natureza dos dados pessoais isso o determina. O texto da alínea *g)* suscita,

[999] Considerando 52, p. 3.

[1000] Schulz, *Anotação ao artigo 9.º do RGPD* em *Gola*, Rn. 29.

[1001] Schiff, *Anotação ao artigo 9.º do RGPD* em *Ehmann/Selmayr*, Rn. 50.

[1002] Albers/Veit, *Anotação ao artigo 9.º do RGPD* em *BeckOK*, Rn. 70.

consequentemente, dúvidas de aplicação que apenas em concreto poderão ser ultrapassadas[1003].

II. O artigo 9.º/2, *g)* encontra um evidente paralelo no artigo 6.º/1, *e)*[1004]: ambos regulam o tratamento de dados pessoais fundado no interesse público. Todavia, os dados pessoais sensíveis apenas podem ser objeto de tratamento na prossecução de *interesses públicos importantes.* O legislador não apresenta qualquer pista, no texto do RGPD e nos seus considerandos, sobre o conceito de interesse público importante. Nem sequer elenca uma lista de exemplos, como o faz a propósito do artigo 6.º/1, *e)*, de forma a facilitar o preenchimento do conceito e a aplicação do preceito.

A inclusão do adjetivo *importante* reflete a natureza particular dos dados sensíveis e dos riscos associados ao seu tratamento, para os respetivos titulares. Nesse sentido, não basta alegar que o tratamento de dados sensíveis é necessário para a prossecução de interesses públicos, importa ainda demonstrar a relevância desse tratamento, quer numa perspetiva qualitativa – pela positiva: os benefícios do tratamento: pela negativa: as consequências do não tratamento[1005] – quer numa perspetiva quantitativa – número de sujeitos beneficiados ou prejudicados, respetivamente pelo tratamento ou pelo não tratamento.

III. O tratamento de dados sensíveis motivado por interesses públicos importantes pode ser determinado pelo Direito da União Europeia ou pelos Direitos internos dos Estados-Membros. Exige-se, em resultado da natureza particular destes dados, um cuidado redobrado na correspondente preparação legislativa, nomeadamente na clarificação do interesse público em concreto prosseguido e na identificação dos dados objeto do tratamento[1006].

[1003] Schiff, *Anotação ao artigo 9.º do RGPD* em *Ehmann/Selmayr*, Rn. 51: com idênticas considerações.

[1004] Pontos 104-105.

[1005] Schiff, *Anotação ao artigo 9.º do RGPD* em *Ehmann/Selmayr*, Rn. 52.

[1006] Schiff, *Anotação ao artigo 9.º do RGPD* em *Ehmann/Selmayr*, Rn. 54; Petri, *Anotação ao artigo 9.º do RGPD* em *Simitis/Hornung/Spiecker gen. Döhmann*, Rn. 70.

A lei que permita este tipo de tratamento deverá "prever medidas adequadas e específicas que salvaguardem os direitos fundamentais e os interesses do titular dos dados"[1007]. Entra essas possíveis medidas[1008], a preparar casuisticamente, contam-se, por exemplo, direitos e deveres de informação, possibilidade de recorrer da decisão de tratamento[1009] ou faculdade de acompanhar o processo de tratamento.

IV. O tratamento de dados sensíveis fundado em interesse público importante deverá ainda respeitar: (i) o princípio da proporcionalidade, nos termos desenvolvidos pelo TJUE[1010]; e (ii) a essência do direito à proteção de dados, ou seja, do tratamento não pode resultar um total esvaziamento da intrínseca relação pessoal e individual existente entre os dados tratados e o respetivo titular[1011].

124. Cuidados de saúde

I. Os tratamentos de dados pessoais sensíveis permitido ao abrigo do artigo 9.º/2, *h)* podem, genericamente, ser reconduzidos ao conceito de cuidados de saúde: (i) medicina preventiva ou de trabalho; (ii) avaliação da capacidade de trabalho do empregado; (iii) diagnóstico médico; (iv) prestação de cuidados ou tratamentos de saúde ou de ação social; e (v) gestão de sistemas e serviços de saúde ou de ação social, incluindo o tratamento por parte da administração e das autoridades centrais nacionais desses dados para efeitos de controlo da qualidade, informação de gestão e supervisão geral a nível nacional e local do sistema de saúde ou de ação social, assegurando a continuidade dos cuidados de saúde ou de ação social[1012].

[1007] TEDH 4-dez.-2008, appl. n.º 30562/04 e 30566/04 (*Marper v The United Kingdom*), 103.

[1008] Petri, *Anotação ao artigo 9.º do RGPD* em *Simitis/Hornung/Spiecker gen. Döhmann*, Rn. 76-77.

[1009] Artigo 77.º.

[1010] Ponto 103.

[1011] Kampert, *Anotação ao artigo 9.º do RGPD* em *Sydow*, Rn. 38.

[1012] Considerando 53, p. 1.

Os interesses acautelados pelo preceito – interesses individuais e, eventualmente, interesses de terceiros e interesses coletivos[1013] – justificam a autonomização preconizada, em especial em relação à alínea *a)* do artigo 9.º/2, relativa ao consentimento[1014].

II. O tratamento de dados sensíveis tendo em vista a prossecução de cuidados de saúde pode fundar-se: (i) no Direito da União ou dos Estados-Membros, nos termos *supra* analisados[1015]; ou (ii) por força de uma relação jurídica estabelecida com um profissional de saúde sujeito a obrigação de sigilo, nos termos do artigo 9.º/3.

125. Saúde pública

I. O interesse público no domínio da saúde pública[1016] apresenta-se como a penúltima exceção à proibição de tratamento de dados pessoais sensíveis. Este tipo de tratamento será permitido sempre que seja necessário – princípio da proporcionalidade[1017] – e o Direito da União ou o Direito dos Estados-Membros o preveja.

A alínea *i)* distingue-se da alínea *h)*, na medida em que esta última visa, preferencialmente, a proteção de interesses individuais, e, a primeira, a proteção de interesses coletivos. Ao contrário do que se verifica para a alínea *g)*, os fins aqui prosseguidos não têm de ser importantes: o sistema basta-se com a prossecução de interesses públicos no domínio da saúde pública.

II. O conceito de saúde pública é decalcado[1018] do artigo 3.º/1, *c)* do Regulamento (CE) n.º 1338/2008, de 16 de dezembro[1019]:

[1013] Considerando 53, p. 1.
[1014] Weichert, *Anotação ao artigo 9.º do RGPD* em *Kühling/Buchner*, Rn. 92.
[1015] Ponto 124.
[1016] O artigo 168.º do TFUE é elucidativo da importância atribuída pela União Europeia à saúde pública.
[1017] Ponto 103.
[1018] O Considerando 54, p.3 faz uma remissão direta.
[1019] *Relativo às estatísticas comunitárias sobre a saúde e segurança no trabalho.*

> [T]odos os elementos relacionados com a saúde, a saber, o estado de saúde, incluindo a morbilidade e a incapacidade, as determinantes desse estado de saúde, as necessidades de cuidados de saúde, os recursos atribuídos aos cuidados de saúde, a prestação de cuidados de saúde e o acesso universal aos mesmos, assim como as despesas e o financiamento dos cuidados de saúde, e as causas de mortalidade.

Em abstrato, qualquer um destes elementos pode justificar o tratamento de dados sensíveis, desde que, naturalmente, seja motivado pela prossecução de um interesse público: não basta, consequentemente, a prossecução de um interesse individual.

O legislador europeu avança alguns exemplos no próprio texto do artigo 9.º/2, *i)*: "a proteção contra ameaças transfronteiriças graves para a saúde ou para assegurar um elevado nível de qualidade e de segurança dos cuidados de saúde e dos medicamentos ou dispositivos médicos".

III. A fonte legislativa – da União ou dos Estados-Membros – deve, para além de dar cumprimento a todas as exigências legais genéricas: identificação dos dados objeto do tratamento e fim em concreto prosseguido, prever medidas adequadas e específicas que salvaguardem os direitos e as liberdades do titular dos dados – direitos e deveres de informação, possibilidade de recorrer da decisão de tratamento[1020], faculdade de acompanhar o processo de tratamento e, em particular, o siligo profissional[1021]. Não nos parece que o artigo 29.º da LE cumpra estas exigências legais: as medidas de salvaguarda aí previstas não podem ser descritas como sendo específicas. Nesse sentido e porquanto não sejam introduzidas medidas adicionais, não cremos que possam ser realizados tratamentos motivados pelo interesse público no domínio da saúde pública.

Os dados tratados e os resultados obtidos não podem ser utilizados para outros fins ou por outras entidades, nomeadamente por companhias de seguros ou por instituições de crédito[1022].

[1020] Artigo 77.º.

[1021] A única medida expressamente prevista no artigo 9.º/2, *i)*.

[1022] Considerando 54, p. 4.

126. O tratamento de dados de saúde e de dados genéticos na LE

I. Nos termos do artigo 9.º/4: "Os Estados-Membros podem manter ou impor nova condições, incluindo limitações, no que respeita ao tratamento de dados genéticos, dados biométricos ou dados relativos à saúde".

Esta cláusula de abertura atribui competências aos Estados-Membros para legislarem de forma a regular o tratamento destas três categorias de dados pessoais sensíveis, sempre com o propósito de proteger os direitos dos correspondentes titulares[1023].

O legislador português optou apenas por regular no artigo 29.º da LE os tratamentos relativos a dados de saúde – não se compreende o porquê de o legislador nacional utilizar ora a expressão *dados de saúde* ora a expressão *dados relativos à saúde*: a consolidação terminológica é indispensável à aplicação do Direito – e a dados genéticos.

II. Apesar da epígrafe que o acompanha, o artigo 29º da LE não regula apenas o tratamento de dados relativos à saúde e de dados genéticos: os números 2 e 3 respeitam ao tratamento de dados sensíveis relacionados com cuidados de saúde e por motivos de interesse público no domínio da saúde pública, artigo 9.º/2, *h)* e *i)* do, respetivamente. Apenas os números 1, 4, 5 e 7 do artigo 29.º da LE respeitam ao tratamento de dados relativos à saúde e de dados genéticos.

O alcance do número 6 não é claro, na medida em não esclarece o seu âmbito de aplicação material. Em caso de dúvida – como manifestamente se verifica – será de assumir a solução que melhor acautele os interesses dos titulares dos dados, para mais tratando-se de um preceito relativo a dados sensíveis. Assim, devemos assumir que o número 6 do artigo 29.º da LE se aplica (i) tanto ao tratamento de dados relativos à saúde e de dados genéticos (ii) como ao tratamento de dados sensíveis relacionados com cuidados de saúde e por motivos de interesse público no domínio da saúde pública.

[1023] Weichert, *Anotação ao artigo 9.º* em em *Simitis/Hornung/Spiecker gen. Döhmann*, Rn. 150 ss.

III. O artigo 29.º/1 da LE consagra o usualmente denominado princípio *need to know*. A sua inclusão terá sido motivada pelas sugestões formuladas pela CNPD[1024].

O princípio *need to know* não consta dos princípios fundadores do Direito da proteção de dados – elencados no artigo 5.º –, nem tem consagração legal expressa. Todavia, este pode ser apresentado como uma concretização dos princípios da integridade e da confidencialidade, artigo 5.º/1, *f)*, e, porventura, do próprio princípio da minimização de dados, artigo 5.º/1, *c)*. A sua positivação não era necessária, ele seria sempre aplicável.

O princípio *need to know* traduz uma ideia particularmente simples: os funcionários, prestadores de serviços e demais sujeitos que auxiliam os responsáveis pelo tratamento de dados ou os subcontratantes apenas podem aceder a dados pessoais na medida em que seja necessário para o exercício das suas funções. Surge, nesse sentido, como uma medida a implementar no âmbito da segurança dos dados, artigo 32.º.

IV. Os números 4 e 5 impõem um estrito dever de confidencialidade a três grandes grupos de sujeitos, na exata medida em que tenham acesso a dados relativos à saúde e a dados genético: (i) os titulares de órgãos, os trabalhadores e prestadores de serviços e os encarregados de proteção de dados de responsáveis que procedam ao tratamento de dados relativos à saúde e de dados genéticos; (ii) os estudantes e os investigadores na área da saúde e da genética e todos os demais profissionais de saúde; e (iii) os titulares de órgãos e trabalhadores que, no contexto do acompanhamento, financiamento ou fiscalização da atividade de prestação de cuidados de saúde, tenham acesso a dados de saúde.

As versões preparatórias dos números 4 e 5 – que pouco diferem das correspondentes versões finais – foram particularmente criticadas pela CNPD[1025]. Para a autoridade de controlo nacional, a LE reconhecia a um grande número de sujeitos a possibilidade de acederem a dados pessoais sensíveis. A CNPD sugeriu, em face dos riscos associados a esta suposta abertura, a redução dos sujeitos que poderiam aceder a dados pessoais sensíveis.

[1024] CNPD, *Parecer n.º 20/2018*, 29v. As críticas então apontadas pela CNPD mantêm a sua pertinência.

[1025] CNPD, *Parecer n.º 20/2018*, 29.

Os números 4 e 5 do artigo 29.º da LE não devem, todavia, ser interpretados como uma porta aberta ao tratamento de dados sensíveis: o seu propósito é somente o de impor a todas estas classes de sujeitos rígidos deveres de sigilo. O acesso em concreto é regulado pelo RGPD, em especial pelo artigo 9.º, e sempre considerando os princípios constantes do artigo 5.º.

V. O número 7 do artigo 29.º da LE versa sobre as medidas de segurança a implementar, no âmbito de tratamentos de dados relativos à saúde e de dados genéticos. Ficamos a aguardar a(s) referida(s) portaria(s).

Este preceito deve ser conjugado com o artigo 32.º e seguintes do RGPD. Em termos sucintos, o responsável pelo tratamento e o subcontratante devem implementar as medidas técnicas e organizativas necessárias para assegurar um nível de segurança bastante, em face do risco em concreto incorrido[1026].

127. Arquivo, investigação científica ou histórica e fins estatísticos

A última alínea do artigo 9.º/2 – a alínea *j)* – abre as portas ao tratamento de dados sensíveis para fins de arquivo de interesse público, para fins de investigação científica ou histórica e para fins estatísticos, no estrito cumprimento do disposto no artigo 89.º/1 e mediante o preenchimento dos seguintes requisitos: (i) previsão legal no Direito da União ou no Direito dos Estados-Membros; (ii) proporcional ao objetivo visado, ou seja, ao fim prosseguido pelo tratamento; (iii) respeitar o direito à autodeterminação informacional; e (iv) ser acompanhado de medidas adequadas e específicas que salvaguardem os direitos fundamentais e os interesses do titular dos dados. Estes quatro requisitos são idênticos aos previstos para a alínea *g)*: para lá se remete. Importa igualmente considerar o artigo 31.º da LE.

Apesar de a letra do preceito suscitar dúvidas, o tratamento de dados sensíveis apenas poderá ser prosseguido ao abrigo deste preceito na medida em que o interesse público assim o determine[1027].

[1026] Pontos 177 ss.

[1027] Por todos: Schiff, *Anotação ao artigo 9.º do RGPD* em *Ehmann/Selmayr*, Rn. 63.

Parte IV

O Titular de Dados

128. Enquadramento

I. O RGPD não apresenta uma definição de titular dos dados. O preenchimento do conceito é realizado, indiretamente, através do conceito nuclear de dados pessoais. Recorde-se o disposto no artigo 4.º, *1)*: "“Dados pessoais”, informação relativa a uma pessoa singular identificada ou identificável (“titular dos dados”)".

Para efeitos de aplicação do RGPD apenas relevam, por princípio, os dados de pessoas singulares identificadas ou identificáveis, o que não significa, naturalmente, que numa aceção ampla o termo titular dos dados não possa igualmente ser utilizado para designar pessoas coletivas ou mesmo sujeitos não identificáveis.

II. A recondução de um determinado sujeito em concreto ao conceito de titular de dados (pessoa singular) é feita não autonomamente, mas por aplicação do disposto no artigo 3.º[1028]. Nesses termos, será titular de dados, para efeitos de aplicação do RGPD e da demais legislação extravagante (i) todo aquele, independentemente da sua nacionalidade ou residência, cujos dados sejam objeto de tratamento efetuado no âmbito de atividades desenvolvidas pelo estabelecimento de um responsável pelo tratamento ou de um subcontratante situado em território da União, artigo 3.º/1; e (ii) todos os residentes no espaço da União cujos dados pessoais sejam objeto de tratamento nos termos do artigo 3.º/2.

[1028] Pontos 38 ss.

III. Os direitos dos titulares dos dados surgem positivados, *grosso modo*, no Capítulo III do RGPD, precisamente intitulado *Direitos do titular dos dados*. Contudo, os três primeiros artigos deste capítulo apenas indiretamente respeitam à posição dos titulares dos dados, antes versam sobre os deveres dos responsáveis pelo tratamento.

São os seguintes, os principais direitos dos titulares de dados: (i) o direito de acesso, 15.º; (ii) o direito de retificação, 16.º; (iii) o direito ao apagamento, 17.º; (iv) o direito à limitação do tratamento, 18.º; (v) o direito de portabilidade, 20.º; e (vi) o direito de oposição, 21.º.

Antes de iniciarmos o estudo individual de cada um destes direitos, importa analisar a natureza jurídica da posição do titular dos dados, classicamente denominada de *direito à autodeterminação informacional*.

§ 24º O DIREITO À AUTODETERMINAÇÃO INFORMACIONAL

129. O Acórdão da Lei dos Censos

I. A subjetivação da posição jurídica do titular de dados pessoais ocorre no espaço germânico por intermédio da designação *direito à autodeterminação informacional*[1029]. O termo, pela primeira vez cunhado por Steinmüller[1030], foi consagrado pelo Tribunal Constitucional Federal na célebre decisão da Lei dos Censos[1031-1032].

O Tribunal Constitucional Federal beneficiou da intensa discussão jurídica anterior. A recondução do direito (individual) à proteção de dados ao universo da autodeterminação granjeava um consenso considerável[1033], conquanto não fosse unânime[1034]. Também o reconhecimento da insuficiência

[1029] Veja-se, em especial, Marion Albers, *Informationelle Selbstbestimmung*, Nomos, Baden-Baden, 2005 e a obra clássica de Hans Peter Bull, *Informationelle Selbstbestimmung – Vision oder Illusion*, 2ª ed., Mohr, Tubinga, 2011.

[1030] *Grundfragen des Datenschutzes* cit., 93.

[1031] BVerfG 15-dez.-1983, 37 NJW, 1984, 419-428.

[1032] Por todos: Spiros Simitis, *Die informationelle Selbstbestimmung – Grundbedingung einer verfassungskonformen Informationsordnung*, 37 NJW, 1984, 398-405. Em língua inglesa: Gerrit Hornung/Christoph Schnabel, *Data Protection in Germany I: The Population Census Decision and the Right to Informational Self-Determination*, 25 CLSR, 2009, 84-88. Entre nós, com importantes elementos bibliográficos e históricos: Sousa Pinheiro, *Privacy* cit., 463 ss.

[1033] Steinmüller, *Grundfragen des Datenschutzes* cit., 84; Walter Schmidt, *Die bedrohte Entscheidungsfreiheit*, 29 JZ, 1974, 241-250; E. Schwan, Datenschutz, Vorbehalt des Gesetzes und Freiheitsgrundrechte, 66 VerwArch, 1975, 120–150, 146.

[1034] Carl-Eugen Eberle, *Datenschutz durch Meinungsfreiheit*, DOV, 1977, 306-321, 308

dos modelos clássicos da intimidade da vida privada para regular esta posição contribui para a busca de um novo ponto de partida[1035].

II. Na origem do acórdão encontramos a apresentação, junto deste tribunal, de várias queixas contestando a constitucionalidade da Lei dos Censos de 1983 – *Volkszählungsgesetzes*. Tratava-se de um diploma particularmente ambicioso, que tinha como propósito recolher informação relativa a pessoas singulares e coletivas de índole muito variada, desde elementos de identificação gerais – nome, morada, telefone, sexo, data de nascimento – passando por informações de caráter profissional, académico ou mesmo religioso.

Depois de afastar a eventual violação de outros preceitos constitucionais, o tribunal analisa a constitucionalidade da Lei dos Censos à luz da proteção concedida ao direito geral da personalidade, partindo do § 1.º/1 – princípio da dignidade da pessoa humana – e, principalmente, do § 2.º/1 – direito ao livre desenvolvimento da personalidade –, ambos da Lei Fundamental alemã[1036].

III. O Tribunal Constitucional Federal alemão considerou, sucintamente, que o direito ao livre desenvolvimento da personalidade pressupõe: (i) um conhecimento, por parte do respetivo titular, relativo a que informação sua é detida por outros, em que momento e em que contexto; e (ii) a liberdade de agir sem as suas atuações ou decisões serem constantemente monitorizadas[1037].

Não se trata, como esclarece o Tribunal Constitucional Federal alemão, de um direito absoluto: os titulares dos dados não dispõem de um controlo total sobre os seus próprios dados[1038].

Após identificar as linhas gerais deste *novo direito*, o Tribunal Constitucional Federal alemão procede à sua concretização[1039]: (i) em princípio, cabe ao próprio titular determinar em que termos os seus dados pessoais

[1035] Schmidt, *Die bedrohte Entscheidungsfreiheit* cit., 245.

[1036] Cit., 421 ss.

[1037] Cit., 422.

[1038] Cit., 422.

[1039] Podem, no geral, ser confrontadas no sumário do Acórdão.

podem ser divulgados e tratados; (ii) as restrições ao direito à autodeterminação informacional apenas podem ocorrer quando fundadas no interesse público e encontrarem suporte constitucional bastante – o princípio da proporcionalidade deve a todo o tempo ser respeitado; e (iii) a utilização dos dados pessoais deve ser limitada por lei.

O alcance da decisão dividiu a doutrina: teria o Tribunal Constitucional Federal alemão reconhecido um direito geral passível de ser invocado contra todos os terceiros[1040] ou um direito apenas exercível no universo do Direito público[1041]? Os desenvolvimentos posteriores viriam a demonstrar a amplitude e transversalidade deste *novo* direito – p.ex.: trata-se de um direito passível de ser invocado contra todos os sujeitos e entidades, independentemente da sua natureza pública ou privada[1042] e o tratamento de dados pessoais para fins distintos dos originais apenas é possível quando a lei assim o determine[1043].

130. Críticas e natureza jurídica

I. Num primeiro nível linguístico, o termo *direito à autodeterminação informacional* apresenta-se pouco adequado. Melhor seria empregar a variante avançada por Teresa Coelho Moreira[1044] ou por Libório Dias Pereira[1045] e consolidada no espaço brasileiro – direito à autodeterminação informativa – ou o mais apelativo direito à identidade informacional, sugerido por Sousa Pinheiro[1046]. Todavia, a designação encontra-se perfeitamente consolidada entre nós, em especial no seio dos nossos

[1040] Simitis, *Die informationelle Selbstbestimmung* cit., 401.

[1041] Jürgen Wente, *Informationelles Selbstbestimmungsrecht und absolute Drittwirkung der Grundrechte*, 37 NJW, 1984, 1446-1447: considerando não ser possível retirar outra conclusão do texto do acórdão.

[1042] BVerfG 12-abr.-2005, 58 NJW, 2005, 1917-1923, 1918-1919; BVerfG 9-mar.-2005, 58 NJW, 2005, 2330-2333, 2331.

[1043] BVerfG 12-abr.-2005, 57 NJW, 2004, 999-1122, 1119.

[1044] *A privacidade dos trabalhadores* cit., 293 ss.

[1045] Alexandre Libório Dias Pereira, *O "direito à autodeterminação informativa" na jurisprudência portuguesa: breve apontamento*, 5 AIS-TA, 2017, 27-30.

[1046] Sousa Pinheiro, *Privacy* cit., em especial 803 ss. Nós próprios recorremos a esta nomenclatura em diversas situações, escritas e orais.

tribunais superiores[1047], pelo que não vemos vantagens efetivas em assumir uma terminologia diferente.

II. A subjetivação da posição jurídica do titular dos dados tem sido um dos pontos menos consensuais do Direito da proteção de dados, com parte importante da doutrina germânica a contestar a sua existência ou pelo menos a sustentar a sua reconceitualização[1048].

No núcleo da discussão encontramos a seguinte questão: poderá a informação relativa a um membro de uma comunidade ser apresentada como algo que, por princípio, apenas a este pertence? Se atendermos a informações muito simples, como o nome, ou a informação muito pessoal, como as posições religiosas ou políticas a resposta parece ser evidente[1049]. Todavia, recorde-se que toda a informação, por muito insignificante que seja, encontra-se coberta pelo âmbito de aplicação do RGPD[1050]. O mesmo se verifica em relação aos dados subjetivos, ou seja, opiniões formuladas por terceiros sobre cada um de nós. Esta extensão ilimitada do conceito de dado pessoal fragiliza objetivamente a posição jurídica do titular: ninguém consegue controlar todos os seus dados, nem quem os detêm.

Também numa perspetiva dogmática, i.e., à luz da aplicação do RGPD, a sustentação de um direito à autodeterminação informacional decalcado dos direitos de personalidade é pouco convincente, pelas seguintes razões principais: (i) o tratamento de dados no exercício de atividades exclusivamente pessoais ou domésticas é perfeitamente válido e lícito[1051]

1047 Tribunal Constitucional: TC 26-mar.-2010 (Catarina Sarmento e Castro), proc. 157/10; TC 2-mar.-2007 (Gil Galvão), proc. 155/07; TC 6-mai.-1997 (Tavares da Costa), proc. 182/97: acórdão fundamental na consagração do termo na realidade nacional; Supremo Tribunal e Justiça: STJ 28-mai.-2014, proc. 171/12.3TAFLG.G1-A.S1; Relações: REv 16-fev.-2016 (João Gomes de Sousa), proc. 235/14.9JELSB; RPt 27-fev.-2013 (Francisco Marcolino), proc. 494/09.0GAVLG.P1.

1048 Sem propósitos exaustivos: Bull, *Informationelle Selbsbestimmung* cit., 34 ss; Albers, *Informationelle Selbstbestimmung* cit., 234 ss; Winfried Veil, *Die Datenschutz-Grundverordnung: des Kaisers neue Kleider – Der gefährliche Irrweg des alten wie des neuen Datenschutzrechts*, 37 NVwZ, 2018, 686-696, 687.

1049 Curiosamente, estas situações são merecedoras de proteção jurídica por aplicação do regime geral dos direitos de personalidade.

1050 Ponto 49.

1051 Ponto 32.

– o contraste com direito à imagem, por exemplo, é manifesto; e (ii) ao contrário do que se verifica com os direitos de personalidade, o consentimento do próprio corresponde apenas a um dos fundamentos de licitude do tratamento[1052].

III. Na busca pela natureza jurídica do direito à autodeterminação informacional, o juscientista terá, naturalmente, de partir do regime vigente – o que não significa que não o possa criticar.

Nestes termos, a posição jurídica do titular dos dados compreende todos os direitos que o RGPD lhe reconhece, devidamente amparados na proteção constitucional que lhes é concedida. Considerando o conteúdo do RGPD, podemos avançar as seguintes diretrizes gerais: (i) trata-se de uma posição jurídica complexa, composta por inúmeras situações jurídicas ativas, mas também passivas; (ii) parte da proteção concedida aos titulares dos dados advém da imposição de obrigações aos responsáveis pelo tratamento, pelo que, numa aceção ampla, o direito à autodeterminação informacional não se circunscreve às situações jurídicas ativas que compõem essa posição jurídica; (iii) não se trata de um direito absoluto, no sentido em que nem todo o tratamento de dados se encontra, *ab initio*, vedado; e (iv) o direito à autodeterminação informacional deverá sempre ser avaliado tendo em consideração as vantagens sociais, numa aceção amplíssima, da livre fluição da informação – recupere-se, a esse propósito, as palavras TJUE: "o direito à protecção dos dados pessoais não é uma prerrogativa absoluta, mas deve ser tomado em consideração relativamente à sua função na sociedade"[1053].

[1052] Veil, *Die Datenschutz-Grundverordnung* cit., 687: o Autor faz um levantamento completo de todas as limitações constante no RGPD relativas ao direito à autodeterminação informacional.

[1053] TJUE 9-nov.-2010, proc. C-92/09 e C-93/09 (*Schecke*), 48.

§ 25º DIREITO DE ACESSO

131. Enquadramento

I. O direito de acesso (*lato sensu*), consagrado no artigo 15.º, subdivide-se em duas grandes concretizações: (i) o direito a obter do responsável pelo tratamento a confirmação de que os dados pessoais que lhe digam respeito são ou não objeto de tratamento; e (ii) sendo esse o caso, o direito de acesso (*stricto sensu*) aos dados pessoais e às informações elencadas nas alíneas *a)* a *h)* do artigo 15.º[1054].

II. É no âmbito do direito de acesso, atendendo ao conteúdo do direito à autodeterminação informacional, que encontramos o núcleo da posição jurídica dos titulares de dados[1055]. A sua relevância manifesta-se na proteção *constitucional* que o artigo 8.º da Carta lhes confere: "todas as pessoas têm o direito a aceder aos dados coligidos que lhe digam respeito"[1056].

O direito de acesso assume, ainda, um papel fundacional no exercício dos demais direitos dos titulares dos dados: se estes não conhecerem que dados são objeto de tratamento, não lhes será possível pedirem a sua retificação ou o seu apagamento (16.º); como também não será possível exercerem o direito ao esquecimento (17.º) ou o direito de portabilidade (20.º)[1057].

[1054] Peter Bräutigam/Florian Schmidt-Wudy, *Das geplante Auskunfts- und Herausgaberecht des Betroffenen nach Art. 15 der EU-Datenschutzgrundverordnung*, 31 C&R, 2015, 56-63.

[1055] Dix, *Anotação ao artigo 15.º do RGPD* em *Simitis/Hornung/Spiecker gen. Döhmann*, Rn. 1.

[1056] Sobre a conjugação entre o artigo 8.º da Carta e o artigo 15.º: Ehmann, *Anotação ao artigo 15.º do RGPD* em *Ehmann/Selmayr*, Rn. 2-3.

[1057] TJUE 7-mai.-2009, proc. C-553/07 (*Rijkeboer*), 51-52.

III. Apesar da terminologia legal positivada, o denominado direito de acesso[1058] corresponde ao mais comum e usual direito à informação: é esse o seu conteúdo mais relevante.

Na perspetiva do responsável pelo tratamento, o artigo 15.º distingue-se dos artigos 13.º e 14.º visto o primeiro consubstanciar um dever de informação passivo, i.e., o responsável apenas está obrigado a prestar informações na exata medida em que titular dos dados exerça o correspondente direito; e os últimos deveres de informação ativos, ou seja, o responsável está obrigado a prestar as informações legalmente consagradas, independentemente de o titular apresentar qualquer pedido de esclarecimento[1059].

Estranhamente, existe uma sobreposição entre as informações a prestar no âmbito dos artigos 13.º e 14.º e no âmbito do artigo 15.º.

132. Confirmação do tratamento

I. A primeira parte do direito de acesso concretiza-se com o envio de um pedido de informação por parte do titular dos dados ao responsável pelo tratamento requerendo que este o informe sobre o eventual tratamento de dados pessoais que lhe digam respeito. A letra da lei é indiscutível: o direito de confirmação de tratamento circunscreve-se aos dados do titular que endereça o pedido; de fora, ficam os dados pessoais de terceiros.

O campo de aplicação do artigo 15.º é particularmente vasto: estende-se a todo o tipo de dados[1060] e abrange tratamento presentes e transcorridos[1061]: "se assim não fosse, a pessoa interessada não estaria em condições de eficazmente exercer o seu direito de obter a retificação, supressão ou

[1058] Terminologia já utilizada na Diretriz n.º 95/46/CE: artigo 12.º.

[1059] Bäcker, *Anotação ao artigo 15.º do RGPD* em *Kühling/Buchner*, Rn. 1; Specht, *Anotação ao artigo 15.º do RGPD* em *Sydow*, Rn. 2.

[1060] Incluindo, nos termos do Considerando 63, p. 2: "o seu direito de acederem a dados sobre a sua saúde, por exemplo os dados dos registos médicos com informações como diagnósticos, resultados de exames, avaliações dos médicos e quaisquer intervenções ou tratamentos realizados".

[1061] Bäcker, *Anotação ao artigo 15.º do RGPD* em *Kühling/Buchner*, Rn. 8: expressando opinião diversa. Não conseguimos acompanhar esta posição, até pelos riscos que o próprio Autor identifica.

bloqueio dos dados que se presume serem ilícitos ou incorrectos e de intentar uma acção em justiça e de ser ressarcida pelo prejuízo sofrido"[1062].

II. Nos termos do Considerando 63, p. 7, o responsável pelo tratamento que proceda ao tratamento de grande quantidade de informação relativa ao titular de dados poderá, quando confrontado com um pedido de confirmação de tratamento, solicitar um esclarecimento em relação aos dados ou tratamento a que em concreto o titular se refere. O alcance exato desta passagem suscita dúvidas interpretativas[1063].

Como ponto de partida, cumpre recordar que os considerandos não têm valor de lei: o seu propósito é *somente* o de clarificar o sentido de uma norma ou de explicitar as suas fundamentações, mas em caso algum poderão ser invocados para sustentar uma interpretação que não encontre correspondência na letra da lei[1064]. Nesse sentido, e conquanto se reconheça a possibilidade de o responsável dirigir um pedido de esclarecimentos ao titular dos dados – p.ex.: 12.º/6 –, não poderá recusar-se a prestar as informações invocando uma possível falta de concretização do pedido formulado pelo titular dos dados. O RGPD apenas admite recusas de esclarecimentos ou de prestação de informações em situações muito concretas, nomeadamente nos termos do artigo 12.º/5, *b)*[1065]: pedidos manifestamente infundados, excessivos ou reiterados[1066].

133. Direito de acesso *stricto sensu*

Recebido o pedido de confirmação de tratamento, deve o responsável, após afastar eventuais dúvidas que possam existir em relação à identidade do titular – 12.º/6 –, possibilitar o acesso aos correspondentes

[1062] TJUE 7-mai.-2009, proc. C-553/07 (*Rijkeboer*), 54; TJUE 20-dez.-2017, proc. C-434/16 (*Nowak*), 57.

[1063] Specht, *Anotação ao artigo 15.º do RGPD* em *Sydow*, Rn. 6-9.

[1064] Ponto 12.

[1065] Ponto 170/IV.

[1066] Atente-se, todavia, ao conteúdo do Considerando 63, p. 1: "Os titulares de dados deverão ter o direito de aceder aos dados pessoais recolhidos que lhes digam respeito e de exercer esse direito com facilidade e a intervalos razoáveis".

dados pessoais[1067].

Em relação às formalidades que devem acompanhar o pedido de confirmação e a correspondente resposta, importa conjugar o regime geral, previsto no artigo 12.º[1068], com algumas regras especiais consagradas no artigo 15.º/3: (i) o responsável deve fornecer uma cópia dos dados pessoais em fase de tratamento, gratuitamente, 12.º/5; (ii) o titular dos dados pode solicitar outras cópias – sendo esse o caso, o responsável pode exigir o pagamento de uma taxa razoável tendo em conta os eventuais custos administrativos; e (iii) se o titular apresentar o pedido através de meios eletrónicos, a informação deve-lhe ser prestada igualmente por meio eletrónico de uso corrente, salvo se o titular pedir que esses elementos lhe sejam prestado de modo diverso, 12.º/3, p. 4.

134. Direito a que informação?

I. O direito de acesso aos dados pessoais tratados pelo responsável é completado pelo direito à informação relativo: (i) às finalidades do tratamento dos dados; (ii) às categorias de dados em questão; (iii) aos destinatários ou categorias de destinatários a quem os dados foram ou serão divulgados; (iv) ao prazo de conservação dos dados ou aos critérios para a sua fixação; (v) aos direitos do titular; e (vi) às origens dos dados, no caso de estes não terem sido recolhidos diretamente junto dos titulares.

II. *Finalidades*[1069]. Apesar de o preceito, ao contrário do que se verifica para os artigos 13.º/1, *c)* e 14.º/1, *c)*, não mencionar os fundamentos jurídicos para o tratamento[1070], o princípio da transparência aponta nesse sentido, ou seja, o titular dos dados tem o direito a saber quais os fundamentos jurí-

[1067] Andrew Cormack, *Is the Subject Access Right Now Too Great a Threat To Privacy?*, 2 EDPL, 2016, 15-27: interessante estudo sobre os riscos envolvidos, para o próprio titular dos dados, na transmissão desta informação

[1068] Ponto 170.

[1069] Considerando 63, p. 3.

[1070] Stefan Walter, *Die datenschutzrechtlichen Transparenzpflichten nach der Europäischen Datenschutz-Grundverordnung*, 7 DSRITB, 2016, 387, 382-383: mostrando-se espantando com esta incongruência.

dicos que sustentam o tratamento dos seus dados pessoais[1071]. Em teoria, poderíamos admitir o contrário, i.e., os deveres de informação ativos assumirem contornos mais circunscritos que os deveres de informação passivos, mas nunca o seu oposto: a lógica jurídica não o sustenta.

III. *Categorias dos dados pessoais em questão.* Pense-se no caso paradigmático dos dados sensíveis ou de outros dados especiais[1072]. A divulgação desta informação encontra-se já coberta pelos artigos 13.º/1, *d)* e 14.º/1, *d)*.

IV. *Destinatários ou categorias de destinatários*[1073]. Da comparação entre o conteúdo deste preceito e o conteúdo das alíneas 13.º/1, *e)* e 14.º/1, *e)* resulta uma importante diferença: nestes últimos preceitos, o responsável está apenas obrigado a informar sobre os destinatários ou categorias de destinatários passados e presentes, enquanto no primeiro – 15.º/1, *c)* – está ainda obrigado a informar em relação a destinatários ou categorias de destinatários futuros, desde que, naturalmente, se encontrem determinados ou sejam determináveis. A parte final do preceito – "nomeadamente os destinatários estabelecidos em países terceiros ou pertencentes a organizações internacionais" – deve ser interpretada como o simples exemplo que é.

V. *Prazo e critérios de conservação*[1074]. O responsável deve esclarecer o titular, a seu pedido, quanto ao prazo previsto para a conservação dos dados e, caso não seja possível indicar um prazo concreto, os critérios utilizados para o fixar. Existe uma total sobreposição entre o disposto nesta alínea e o conteúdo dos artigos 13.º/2, *a)* e 14.º/2 *a)*.

A indicação de que os dados serão conservados porquanto sejam necessários não basta: o responsável deve indicar prazos concretos.

VI. *Direitos dos titulares.* O titular dos dados pode requerer informa-

[1071] Dix, *Anotação ao artigo 15.º do RGPD* em *Simitis/Hornung/Spiecker gen. Döhmann*, Rn. 18.
[1072] Ponto 58.
[1073] Considerando 63, p. 3.
[1074] Considerando 63, p. 3.

ção, junto do responsável, relativa ao direito de retificação, de apagamento, de limitação do tratamento dos seus dados pessoais, do direito a opor-se a esse tratamento e do direito a reclamar junto de uma autoridade pública. Do confronto com os conteúdos dos artigos 13.º/2, *c)* e *e)* e 14.º/2, *c)* e *e)* resulta uma estranha diferença: o responsável tem o dever de informar o titular dos dados em relação à existência do direito de portabilidade, mas o titular dos dados não tem o direito de exigir essa informação.

VII. *Origem dos dados.* Sempre que os dados pessoais objeto de tratamento não tiverem sido recolhidos junto do titular, tem este o direito a exigir do responsável todas as informações disponíveis sobre a sua origem. A alínea *g)* do artigo 15.º/1 deve sempre ser conjugada com o disposto no artigo 14.º[1075].

De forma a responder aos eventuais pedidos de informação formulados pelos titulares dos dados, deve o responsável conservar toda a documentação relacionada com o tratamento[1076].

135. Direito a ser esclarecido sobre questões técnicas

I. Os artigos 13.º/2, *f)*, 14.º/2, *g)* e 15.º/1, *g)* têm um conteúdo análogo: o titular dos dados tem o direito a ser informado e o responsável pelo tratamento um dever (passivo e ativo) de informar sobre a existência de decisões automatizadas, incluindo a definição de perfis, referida no artigo 22.º/1 e 4. Pelo menos nestes casos, tem o titular dos dados ainda o direito a exigir e o responsável o dever de prestar informações úteis relativas à lógica subjacente.

Numa perspetiva pragmática, estes preceitos reconhecem ao titular um efetivo direito a ser informado sobre as questões técnicas que envolvam o tratamento dos seus dados pessoais.

Na origem deste reconhecimento encontramos a ideia de que os algo-

[1075] Pontos 172 ss.

[1076] Bäcker, *Anotação ao artigo 15.º do RGPD* em *Kühling/Buchner*, Rn. 26.

ritmos utilizados podem fundar-se, mesmo que inconscientemente, em critérios discriminatórios[1077].

II. Aplaudido por muitos quadrantes científicos, o direito ao esclarecimento tem sido encarado, por um número crescente de autores, com algum ceticismo[1078]. São duas as críticas principais que lhe têm sido apontadas: (i) o direito ao esclarecimento cede perante os direitos de autor, direitos de propriedade industrial ou segredos de negócio; e (ii) o homem médio, sem formação ou conhecimentos especiais, não consegue compreender o funcionamento dos algoritmos.

[1077] Bryce Goodman/Seth Flaxman, *European Union Regulation on Algorithmic Decision Making and a "Right to Explanation"*, AI Magazine, 2017, 50-57; Andrew D. Selbst/Julia Powles, *Meaningful Information and the Right to Explanation*, 7 IDPL, 2017, 233-242.
[1078] Merle Temme, *Algorithms and Transparency in View of the New General Data Protection Regulation*, 3 EDPL, 2017, 473-485; Lilian Edwards/Kichael Veale, *Slave to the Algorithm? Why a "Right to an Explanation" is Probably not the Remedy You Are Looking For*, 16 Duke L & Tech Rev, 2017, 18-84.

§ 26º DIREITO À RETIFICAÇÃO

136. Enquadramento

I. O direito à retificação, consagrado no artigo 16.º, ramifica-se em dois direitos aparentemente distintos: (i) o direito a exigir, sem demora injustificada, a retificação de dados inexatos; e (ii) o direito a, atendendo às finalidades do tratamento, exigir que os dados pessoais incompletos sejam completados, incluindo por meio de uma declaração adicional.

O reconhecimento do direito à retificação – e a imposição do correspondente dever[1079] – funda-se nos riscos para os respetivos titulares dos dados decorrentes do tratamento de dados pessoais incorretos ou incompletos[1080]. Este direito pode ainda ser analisado numa perspetiva colaborativa, ou seja, em muitas situações será expectável que o titular dos dados detenha informação mais correta e atualizada quando comparada com a informação detida pelo responsável pelo tratamento[1081].

II. O direito à retificação era meramente mencionado na Diretriz n.º 95/46/CE, não lhe sendo atribuída qualquer densificação ou delimitação. Caberia aos Estados-Membros, se assim o entendessem, desenvolver internamente um regime jurídico coincidente. A Lei n.º 67/98 previa no artigo 11.º/1, *c)* o direito à retificação "dos dados cujo tratamento não

[1079] Esse dever emerge também do artigo 5.º/1, *d)*.

[1080] Herbst, *Anotação ao artigo 16.º do RGPD* em *Kühling/Buchner*, Rn. 1; Kamann/Braun, *Anotação ao artigo 16.º do RGPD* em *Ehmann/Selmayr*, Rn. 1

[1081] Dix, *Anotação ao artigo 16.º do RGPD* em *Simitis/Hornung/Spiecker gen. Döhmann*, Rn. 2.

cumpra o disposto na presente lei, nomeadamente devido ao carácter incompleto ou inexacto desses dados".

III. O direito à ratificação encontra um forte suporte constitucional, tanto no Direito português (artigo 35.º/1 da CRP), como no Direito europeu (artigo 8.º/2 da Carta)[1082].

O direito à ratificação assume-se, ainda, como uma manifestação do princípio da exatidão, previsto no artigo 5.º/1, *d)*[1083].

IV. Nos termos do artigo 19.º, o responsável pelo tratamento deve comunicar a cada destinatário a quem os dados pessoais tenham sido transmitidos qualquer retificação dos dados, salvo se tal comunicação se revelar impossível ou implicar um esforço desproporcionado. O titular dos dados pode, à luz do mesmo preceito, solicitar ao responsável pelo tratamento informações sobre os destinatários a quem os dados tenham sido transmitidos.

137. Dados inexatos

I. A determinação da correção ou incorreção de um determinado dado é avaliada segundo critérios objetivos: este será incorreto sempre que do confronto entre a informação detida e a informação real resulte um qualquer tipo de desconformidade[1084]. Nesse sentido, o direito à retificação encontra-se circunscrito ao universo dos dados objetivos; de fora ficam, por princípio, os dados subjetivos[1085] – p.ex.: opiniões ou julgamentos de valor: estes podem, naturalmente, ser contestados através dos meios tradicionais do Direito civil ou do Direito penal.

Apesar de não existir um dever de corrigir dados subjetivos, já o existe em relação aos dados objetivos que os sustentem, ou seja, uma determinada

[1082] Peuker, *Anotação ao artigo 16.º do RGPD* em *Sydow*, Rn. 5.

[1083] Ponto 71.

[1084] Kamann/Braun, *Anotação ao artigo 16.º do RGPD* em *Ehmann/Selmayr*, Rn. 14: com especiais desenvolvimentos em torno do conceito de dados incorretos. Herbst, *Anotação ao artigo 16.º do RGPD* em *Kühling/Buchner*, Rn. 8.

[1085] Herbst, *Anotação ao artigo 16.º do RGPD* em *Kühling/Buchner*, Rn. 9; Peuker, *Anotação ao artigo 16.º do RGPD* em *Sydow*, Rn. 6.

opinião pode fundar-se em dados incorretos[1086]. Reconheça-se, por fim, a fronteira por vezes ténue entre os conceitos de dados subjetivos e dados objetivos[1087].

II. Para efeitos de aplicação do artigo 16.º, não releva a dimensão do erro[1088], o seu impacto efetivo[1089] ou se a incorreção remonta ao próprio processo de recolha[1090]. O direito à retificação não permite, todavia, que o titular dos dados pretenda ver corrigida informação relativa à sua pessoa que embora prejudicial seja correta[1091].

Conquanto a primeira parte do preceito não o refira, as finalidades subjacentes ao tratamento têm um impacto direto no direito à retificação. A conservação de dados incorretos é fundamental em inúmeras situações; pense-se no caso paradigmático das comuns fichas médicas, em que o historial do doente é indispensável para a adequada avaliação do doente[1092]. Nestes casos, o titular apenas poderá exigir a atualização da informação[1093].

Cabe ao titular dos dados demonstrar em que medida os dados padecem de um qualquer tipo de incorreção[1094]. O pedido de correção é feito nos termos gerais do artigo 12.º. O artigo 16.º não prevê qualquer exigência adicional de forma[1095].

1086 Dix, *Anotação ao artigo 16.º do RGPD* em *Simitis/Hornung/Spiecker gen. Döhmann*, Rn. 14.

1087 Kamann/Braun, *Anotação ao artigo 16.º do RGPD* em *Ehmann/Selmayr*, Rn. 19.

1088 Kamann/Braun, *Anotação ao artigo 16.º do RGPD* em *Ehmann/Selmayr*, Rn. 16.

1089 Herbst, *Anotação ao artigo 16.º do RGPD* em *Kühling/Buchner*, Rn. 11; Peuker, *Anotação ao artigo 16.º do RGPD* em *Sydow*, Rn. 8: o artigo 16.º basta-se com a verificação de uma incorreção mínima; Dix, *Anotação ao artigo 16.º do RGPD* em *Simitis/Hornung/Spiecker gen. Döhmann*, Rn. 11: sublinhado que as consequências futuras do tratamento de dados incorretas são sempre imprevisíveis.

1090 Paal, *Anotação ao artigo 16.º do RGPD* em *Paal/Pauly*, Rn. 15; Herbst, *Anotação ao artigo 16.º do RGPD* em *Kühling/Buchner*, Rn. 12.

1091 TJUE 20-dez.-2017, proc. C-434/16 (*Nowak*), 50 ss.: um candidato pretendia alterar as respostas que deu num exame invocando o direito à retificação. O TJUE considerou que estávamos fora do âmbito de aplicação do preceito.

1092 Herbst, *Anotação ao artigo 16.º do RGPD* em *Kühling/Buchner*, Rn. 12.

1093 Peuker, *Anotação ao artigo 16.º do RGPD* em *Sydow*, Rn. 23.

1094 Paal, *Anotação ao artigo 16.º do RGPD* em *Paal/Pauly*, Rn. 15.

1095 Peuker, *Anotação ao artigo 16.º do RGPD* em *Sydow*, Rn. 24.

III. A retificação dos dados pelo responsável pelo tratamento deve ocorrer sem demora injustificada. Trata-se de um conceito indeterminado a preencher casuisticamente[1096], à luz dos factos concretos e atendendo à natureza específica deste direito – repare-se que o exato conteúdo da expressão "sem demora injustificada" irá depender do direito em questão; o prazo concedido ao responsável pelo tratamento será aqui sempre mais alargado, por exemplo, do que o prazo expectável no âmbito do direito ao apagamento[1097]. De todo o modo, segundo os critérios gerais do artigo 12.º/4, esta correção não poderá, em princípio, exceder o período de 1 mês.

O processo de correção encontra-se regulado pelo disposto no artigo 12.º[1098]. Porquanto este tiver a ser seguido (de boa-fé) não se poderá falar em demora injustificada.

IV. Confrontado com um pedido de correção, cabe ao responsável pelo tratamento dos dados optar pela solução mais adequada ao caso concreto, alterando, completando ou apagando parte da informação detida[1099]. O titular dos dados pode, sempre que não ficar satisfeito com o resultado da correção, dirigir um novo pedido ao responsável pelo tratamento.

138. Dados incompletos

I. A eventual incompletude dos dados pessoais deve sempre ser analisada à luz das finalidades do tratamento. Sendo que apenas podem ser descritos nestes termos se os propósitos subjacentes a essa finalidade deixaram efetivamente de poder ser alcançados[1100]. Pela negativa, se a incompletude for, em concreto, irrelevante, considerando as finalidades prosseguidas, o responsável pelo tratamento não tem qualquer dever de os corrigir, nem o titular dos dados um direito a exigir a sua completude. Na análise à

[1096] Paal, *Anotação ao artigo 16.º do RGPD* em *Paal/Pauly*, Rn. 17: aponta para um prazo médio de 2 semanas.

[1097] Pontos 139 ss.

[1098] Ponto 171.

[1099] Peuker, *Anotação ao artigo 16.º do RGPD* em *Sydow*, Rn. 12.

[1100] Paal, *Anotação ao artigo 16.º do RGPD* em *Paal/Pauly*, Rn. 18.

relevância ou irrelevância importa atender às consequências que daí possam decorrer para o respetivo titular.

O direito a completar os dados deve ser exercido com especiais cautelas: o titular dos dados deve estar ciente de que quanto mais informação transmitir, maiores serão os riscos incorridos[1101].

II. A segunda parte do artigo 16.º não menciona que os dados devem ser completados "sem demora injustificada". Contudo, isso mesmo se exige ao responsável pelo tratamento, à luz de uma interpretação sistemática do preceito e por invocação do regime geral previsto no artigo 12.º.

[1101] Jiahong Chen, *The Dangers of Accuracy: Exploring the Other Side of the Data Quality Principle*, 4 EDPL, 2018, 36-52.

§ 27º DIREITO AO APAGAMENTO (DIREITO AO ESQUECIMENTO)

139. Enquadramento

I. Apesar das incertezas terminológicas, não esclarecidas pelos Considerandos 65 e 66[1102], o artigo 17.º parece consagrar dois direitos distintos: um direito ao apagamento *stricto sensu*, consagrado no seu n.º 1, e um direito *sui generis* ao esquecimento, positivado no n.º 2. Conjuntamente, dão corpo ao direito ao apagamento *lato sensu*[1103-1104].

O direito ao apagamento apresenta-se como uma concretização do princípio da minimização de dados[1105].

[1102] Os termos são aí utilizados indiscriminadamente, sem critério sistemático aparente.

[1103] Kamann/Braun, *Anotação ao artigo 17.º do RGPD* em *Ehmann/Selmayr*, Rn. 2-3: com uma diferente sugestão de enquadramento.

[1104] A bibliografia sobre o tema é inesgotável. Trata-se de um ponto do Direito da proteção de dados especialmente trabalhado: Sebastian Gerling/Rainer W. Gerling, *Wie realistisch ist ein „Recht auf Vergessenwerden"?*, 37 DuD, 2013, 445-446; Volker Boehme-Neßler, *Das Recht auf Vergessenwerden – Ein neues Internet-Grundrecht im Europäischen Recht*, 33 NVwZ, 2014, 825-830; Bernd Holznagel/Sarah Hartmann, *Das „Recht auf Vergessenwerden" als Reaktion auf ein grenzenloses Internet - Entgrenzung der Kommunikation und Gegenbewegung*, 19 MMR, 2016, 228-232. Em língua inglesa: Alessandro Mantelero, *The EU Proposal for a General Data Protection Regulation and the Roots of the "Right to Be Forgotten*, 29 CLSR, 2013, 229-335; Emily Adams Shoor, *Narrowing the Right to Be Forgotten: Why the European Union Needs to Amend the Proposed Data Protection Regulation*, 39 Brook J Int'l L, 2014, 487-519. Em língua portuguesa: Catarina Santos Botelho, *Novo ou velho direito? O direito ao esquecimento e o princípio da proporcionaldiade no constitucionalismo global*, 7 AB Instantia, 2017, 49-71; Rui Ataíde, *Direito ao esquecimento*, 3 RDC, 2018, 281-295.

[1105] Ponto 70.

II. O direito ao apagamento *stricto sensu* permite que o titular exija do responsável pelo tratamento o apagamento dos seus dados pessoais, desde que verificados um dos pressupostos elencados nas seis alíneas que compõem o n.º 1.

A natureza jurídica do direito ao esquecimento (17.º/2) suscita dúvidas. Seguindo a letra do preceito, o direito ao esquecimento não consiste num direito a exigir, do público em geral, o apagamento de determinados dados pessoais, mas somente no direito a exigir ao responsável pelo tratamento que informe os demais responsáveis de que o titular dos dados lhes solicitou o apagamento das ligações para esses dados pessoais, bem como o apagamento de eventuais cópias ou reproduções[1106]. A comunicação desta intenção não parece sequer fazer emergir na esfera jurídica desses outros responsáveis pelo tratamento uma obrigação (passiva) de apagamento: cabe ao titular dos dados requerê-lo individualmente[1107].

O direito ao esquecimento surge como um reconhecimento da insuficiência do apagamento dos dados pelo responsável pelo tratamento originário, em face das especificidades da *Internet*[1108]. Como é notório, o simples facto de se apagar uma determinada informação de um sítio não significa que ele tenha sido apagado de *toda a Internet*[1109].

III. Apesar de ser apresentado, não raramente, como uma das grandes novidades do RGPD, quando comparado com o conteúdo da Diretriz

[1106] O que leva alguma doutrina a considerar a expressão *direito ao esquecimento* como enganadora: Peuker, *Anotação ao artigo 17.º do RGPD* em *Sydow*, Rn. 2. Na Proposta da Comissão, a epígrafe do artigo 17.º colocava o termo *direito ao esquecimento* em maior evidência – "*Direito a ser esquecido e ao apagamento*". Na versão final ocupa um papel mais discreto. Com esta alteração pretendeu evitar-se mal-entendidos em relação ao conteúdo desse direito: Roßnagel/Nebel/Richter, *Was bleibt vom Europäischen Datenschutzrecht?* cit., 458.

[1107] A natureza jurídica do direito ao esquecimento tem merecido especial atenção doutrinária: Gerrit Hornung/Kai Hofmann, *Ein „Recht auf Vergessenwerden"? Anspruch und Wirklichkeit eines neuen Datenschutzrechts*, 68 JZ, 2013, 163-170, 167; Paal, *Anotação ao artigo 17.º do RGPD* em *Paal/Pauly*, Rn. 32; Herbst, *Anotação ao artigo 17.º do RGPD* em *Kühling/Buchner*, Rn. 61-63.

[1108] Paal, *Anotação ao artigo 17.º do RGPD* em *Paal/Pauly*, Rn. 8; Considerando 66, p. 1: apresenta o direito ao esquecimento como uma forma de reforçar o direito ao apagamento *lato sensu* e *stricto sensu*.

[1109] Herbst, *Anotação ao artigo 17.º do RGPD* em *Kühling/Buchner*, Rn. 49.

n.º 95/46/CE, o direito ao apagamento encontrava-se já então aí previsto, conquanto genericamente[1110], tendo como é sabido sido invocado e aplicado a propósito do incontornável acórdão *Google Spain*[1111].

M. Costeja González apresentou uma reclamação na Autoridade de Controlo espanhola (AEPD) contra um jornal – o *La Vanguardia* – e contra a *Google Spain* e a *Google Inc.*, fundada no seguinte facto principal: "quando um internauta inseria o nome de M. Costeja González no motor de busca do grupo obtinha ligações a duas páginas do jornal da La Vanguardia de, respetivamente, 19 de janeiro e 9 de março de 1998, nas quais figurava um anúncio de uma venda de imóveis em hasta pública decorrente de um arresto com vista à recuperação de dívidas à Segurança Social, que mencionava o nome de M. Costeja González"[1112]. M. Coesteja González alegou que este processo se encontrava resolvido há vários anos pelo que a conservação da referência carecia de relevância efetiva[1113].

Nesse sentido, M. Coesteja González pediu à AEPD que "ordenasse à Google Spain ou à Google Inc. que suprimissem ou ocultassem os seus dados pessoais, para que deixassem de aparecer nos resultados de pesquisa e de figurar nas ligações da La Vanguardia"[1114].

Instado a pronunciar-se sobre este caso, o TJUE decidiu (i) que o direito ao apagamento se estendia também aos operadores de motores de busca; e (ii) na análise em concreto ao exercício do direito ao apagamento importa atender aos prejuízos causados para o titular dos dados e aos benefícios públicos trazidos pela conservação dessa informação[1115].

[1110] Artigo 12.º, *b)* da Diretriz n.º 95/46/CE.

[1111] TJUE 13-mai.-2014, proc. C-131/12 (*Google Spain*). Com inúmeras anotações: Moritz Karg, *EuGH: Löschungsanspruch gegen Google – „Recht auf Vergessen"*, 4 ZD, 2014, 350-361; Wolfgang Ziebarth, *Google als Geheimnishüter? – Verantwortlichkeit der Suchmaschinenbetreiber nach dem EuGH-Urteil*, 4 ZD, 2014, 394-399; Norbert Nolte, *Das Recht auf Vergessenwerden – mehr als nur ein Hype?*, 67 NJW, 2014, 2238-2242; Eleni Frantziou, *Further Developments in the Right to Be Forgotten: The European Court of Justice in Case C-131/12, Google Spain, SL, Google Inc v Agencia Espanola de Proteccion de Datos*, 14 Hum Right L Rev, 2014, 761-777.

[1112] Cit., 14.

[1113] Cit., 15.

[1114] Cit., 15.

[1115] Atente-se às conclusões 3) e 4).

A grande novidade trazida pelo RGPD não foi, consequentemente, a positivação do direito ao apagamento, mas a consagração legal do direito ao esquecimento, recorrendo à terminologia adotada. Esta solução, prevista logo na Proposta da Comissão, suscitou algumas incertezas durante o processo legislativo[1116], tendo ainda sido objeto de importantes críticas[1117]: focadas na sua desadequação ou inviabilidade em face da realidade prática da *Internet*; no facto de criar a expectativa de que a informação poderia ser livremente apagada, por simples iniciativa do próprio titular; na importância social da informação; ou nos problemas concorrenciais, numa perspetiva global, que esse direito ao esquecimento poderia provocar[1118].

IV. Nos termos do artigo 19.º, o responsável pelo tratamento deve comunicar a cada destinatário a quem os dados pessoais tenham sido transmitidos qualquer apagamento dos dados, salvo se tal comunicação se revelar impossível ou implicar um esforço desproporcionado. O titular dos dados

[1116] Paal, *Anotação ao artigo 17.º do RGPD* em *Paal/Pauly*, Rn. 3. Conselho, doc. 7978/1/15, 27-abr.-2015, 36, nota de rodapé 152: "*Whereas some Member States have welcomed the proposal to introduce a right to be forgotten (AT, EE, FR, IE); other delegations were more sceptical as to the feasibility of introducing a right which would go beyond the right to obtain from the controller the erasure of one's own personal data (DE, DK, ES). The difficulties flowing from the household exception (UK), to apply such right to personal data posted on social media were highlighted (BE, DE, FR), but also the impossibility to apply such right to 'paper/offline' data was stressed (EE, LU, SI). Some delegations (DE, ES) also pointed to the possible externalities of such right when applied with fraudulent intent (e.g. when applying it to the financial sector). Several delegations referred to the challenge to make data subjects active in an online environment behave responsibly (DE, LU and UK) and queried whether the creation of such a right would not be counterproductive to the realisation of this challenge, by creating unreasonable expectations as to the possibilities of erasing data (DK, LU and UK). Some delegations thought that the right to be forgotten was rather an element of the right to privacy than part of data protection and should be balanced against the right to remember and access to information sources as part of the freedom of expression (DE, ES, LU, NL, SI, PT and UK)*".

[1117] Niko Härting, *Starke Behörden, schwaches Recht – der neue EU-Datenschutzentwurf*, BB, 2012, 459-466, 464; Tim Wybitul/Armin Fladung, *EU-Datenschutz-Grundverordnung – Überblick und arbeitsrechtliche Betrachtung des Entwurfs*, BB, 2018, 509-515, 511; Gabriele Bucholtz, *Buchholtz: Das „Recht auf Vergessen" im Internet - Vorschläge für ein neues Schutzkonzept*, 5 ZD, 2015, 570-577, 573.

[1118] Paal, *Anotação ao artigo 17.º do RGPD* em *Paal/Pauly*, Rn. 3-5.

pode, à luz do mesmo preceito, solicitar ao responsável pelo tratamento informações sobre estes destinatários.

140. Direito ao apagamento

I. À luz do disposto no artigo 17.º/1, o titular dos dados tem o direito de exigir o apagamento dos seus dados pessoais (e apenas dos seus dados pessoais), nas seguintes situações: (i) os dados deixarem de ser necessários para a finalidade que motivou o tratamento; (ii) o titular retirar o seu consentimento; (iii) o titular opor-se nos termos do artigo 21.º; (iv) os dados terem sido tratados ilicitamente; (v) o apagamento dos dados resultar de disposição expressa, de origem nacional ou europeia; ou (vi) os dados terem sido recolhidos no contexto da oferta de serviços da sociedade de informação, ao abrigo do artigo 8.º.

Quanto ao apagamento em si, aplicam-se aqui as várias considerações tecidas a propósito do direito à retificação: o apagamento deve ocorrer o mais rápido possível, atendendo ao exato contexto dos factos e no estrito cumprimento das exigências positivadas no artigo 12.º.

A obrigação de apagamento, na esfera jurídica do responsável, pressupõe a inexistência de quaisquer outros fundamentos que sustentem o tratamento dos dados pessoais[1119], ou seja, o titular não pode exigir o apagamento quando o tratamento dos dados seja legalmente possível.

II. *Finalidade*. O apagamento fundado no facto de os dados deixarem de ser necessários à luz da finalidade que motivou a recolha ou os tratamentos subsequentes assume-se como a mais óbvia razão, em face do princípio fundador do artigo 17.º: o da minimização de dados[1120] e do próprio princípio da limitação da conservação[1121].

[1119] Esta afirmação apenas surge na alínea *b)*: "e se não existir outro fundamento jurídico para o referido tratamento".

[1120] Ponto 70.

[1121] Ponto 72.

Importa conjugar esta alínea *a)* com o disposto nos artigos 5.º/1, *b)* e 6.º/4; atendendo, naturalmente, aos demais princípios positivados no artigo 5.º[1122-1123].

III. *Consentimento.* O consentimento pode, nos termos do artigo 17.º/1, *b)*, ser retirado a todo o tempo. Ao contrário do que se verifica no âmbito dos direitos de personalidade, esta revogação não obriga o titular dos dados a "indemnizar os prejuízos causados às legítimas expectativas da outra parte", artigo 81.º/2 do CC[1124].

IV. *Oposição.* A alínea *c)* do artigo 17.º/1 prevê dois motivos distintos: (i) a situação particular do titular dos dados, sempre que o fundamento do tratamento seja necessário para a prossecução de interesses legítimos, 6.º/1, *e)*[1125] ou necessário para o exercício de funções de interesse público ou ao exercício de autoridade pública, 6.º/1, *f)*[1126], desde que não existam interesses legítimos prevalecentes[1127]; e (ii) quando os dados forem tratados para efeitos de comercialização direta.

V. *Tratamentos ilícitos.* A expressão ilicitude é aqui empregue numa aceção estrita e não numa aceção ampla, pelo que o apagamento apenas poderá ser exigido quando o tratamento não surja sustentado em qualquer um dos fundamentos previstos no artigo 6.º. A simples violação de um preceito do RGPD – p.ex.: violação de um direito do titular ou de uma obrigação do responsável – ou de legislação extravagante aplicável não basta[1128].

1122 Pontos 65 ss.

1123 Sobre este ponto em concreto: Herbst, *Anotação ao artigo 17.º do RGPD* em *Kühling/Buchner*, Rn. 21-23.

1124 Tratava-se de uma questão controvertida no espaço jurídico alemão, antes da entrada em vigor do RGPD: Kamann/Braun, *Anotação ao artigo 17.º do RGPD* em *Ehmann/Selmayr*, Rn. 23.

1125 Pontos 106 ss.

1126 Ponto 104.

1127 O conceito de interesse legítimo deve ser preenchido à luz, respetivamente, das alíneas *e)* e *f)* do artigo 6.º/1.

1128 Herbst, *Anotação ao artigo 17.º do RGPD* em *Kühling/Buchner*, Rn. 28-29: em sentido coincidente.

VI. *Obrigações legais*. O apagamento requerido pelo titular dos dados pode não ser possível por invocação de Direito especial, de origem nacional ou europeia. Apesar de o legislador empregar, incorretamente, a expressão *obrigação jurídica*, apenas relevam, para efeitos de aplicação da alínea *e)*, obrigações legais, i.e., fundadas em disposições normativas positivas.

VI. *Consentimento de crianças (menores)*. De todas as alíneas que compõem o artigo 17.º/1, é esta última a que suscita maiores dúvidas interpretativas[1129]. O preceito parece poder ser invocado em duas situações distintas: (i) o consentimento é facultado pelos titulares das responsabilidades parentais, sendo posteriormente retirado por esses mesmos sujeitos, se o menor ainda não tiver 13 anos, ou pelo próprio menor, nos demais casos; ou (ii) o consentimento que havia sido dado por um menor com pelo menos 13 anos de idade é subsequentemente retirado pelo próprio[1130].

141. Direito ao esquecimento

I. Nos termos do artigo 17.º/2, o direito ao esquecimento pressupõe o preenchimento cumulativo de dois elementos: (i) o responsável pelo tratamento tiver tornado públicos dados pessoais; e (ii) for obrigado a apagá-los, por determinação do disposto no artigo 17.º/1.

O primeiro elemento decompõe-se em dois requisitos: (i) ter sido o próprio responsável pelo tratamento a divulgar a informação; *a contrario* quando não o tiver sido, o titular nada lhe pode exigir[1131]; e (ii) ter tornado os dados públicos, i.e., disponibilizado os dados a um número indeterminado de sujeitos[1132]. O RGPD não exige que essa

[1129] Kamann/Braun, *Anotação ao artigo 17.º do RGPD* em *Ehmann/Selmayr*, Rn. 29-30.

[1130] Considerando 65, p. 3: "Esse direito assume particular importância quando o titular dos dados tiver dado o seu consentimento quando era criança e não estava totalmente ciente dos riscos inerentes ao tratamento, e mais tarde deseje suprimir esses dados pessoais, especialmente na *Internet*. O titular dos dados deverá ter a possibilidade de exercer esse direito independentemente do facto de já ser adulto".

[1131] Herbst, *Anotação ao artigo 17.º do RGPD* em *Kühling/Buchner*, Rn. 50

[1132] TJUE 6-nov.-2003, proc. C-101/01 (*Lindqvist*), 47. Paal, *Anotação ao artigo 17.º do RGPD* em *Paal/Pauly*, Rn. 33.

divulgação tenha sido realizada via *Internet*, conquanto corresponda ao caso padrão[1133].

As seguintes situações não são abrangidas pelo artigo 17.º: informação disponibilizada somente a um grupo restrito de pessoas[1134] e informação que tenha chegado ao espaço público por intermédio de atuações ilícitas de terceiros – p.ex.: por violação da segurança do responsável pelo tratamento[1135].

Quanto ao segundo elemento, a emergência do direito ao esquecimento apenas ocorrerá na medida em que o titular possa exigir o apagamento dos dados, nos termos do n.º 1. Sem a subsunção do caso concreto a uma dessas alíneas, não pode o titular dos dados invocar o artigo 17.º/2.

II. Verificado o preenchimento destes requisitos, deve o responsável pelo tratamento, mediante a apresentação, pelo titular visado, de um pedido nesse sentido, informar (i) os responsáveis pelo tratamento efetivo dos dados pessoais do pedido formulado pelo titular, (ii) recorrendo às medidas que forem razoáveis, atendendo à tecnologia disponível (princípio da neutralidade tecnológica[1136]) e aos custos da sua aplicação.

Ao responsável pelo tratamento não cabe garantir o apagamento dessa informação, mas apenas participar aos demais responsáveis pelo tratamento efetivo[1137].

Dificilmente conseguirá o responsável pelo tratamento originário identificar ou comunicar com todos os responsáveis efetivos – incluindo os que se encontrem fora do espaço da União –, o que suscita dúvidas quanto à forma pelo qual o pedido do titular deva ser difundido. De todo o modo, espera-se que o tente fazer, recorrendo às medidas necessárias, sem assumir custos excessivos e atendendo às consequências decorrentes da conservação pública dessa informação para o titular dos dados visado[1138].

1133 Herbst, *Anotação ao artigo 17.º do RGPD* em *Kühling/Buchner*, Rn. 50.

1134 Kamann/Braun, *Anotação ao artigo 17.º do RGPD* em *Ehmann/Selmayr*, Rn. 43.

1135 Kamann/Braun, *Anotação ao artigo 17.º do RGPD* em *Ehmann/Selmayr*, Rn. 44.

1136 Considerando 15.

1137 Numa primeira versão informal do RGPD, a Comissão terá aventado essa possibilidade: Kamann/Braun, *Anotação ao artigo 17.º do RGPD* em *Ehmann/Selmayr*, Rn. 47.

1138 Dix, *Anotação ao artigo 17.º do RGPD* em *Simitis/Hornung/Spiecker gen. Döhmann*, Rn. 27.

Não sendo possível identificar todos os responsáveis efetivos, alguma doutrina sugere que o responsável divulgue o pedido do titular no sítio onde a informação constava inicialmente[1139]. Temos dúvidas dos méritos desta solução, visto que dificilmente será possível divulgar esse pedido sem dar a conhecer precisamente a informação que se pretende apagar – o paralelismo com o direito de resposta é evidente.

III. Introdutoriamente, referimos que a comunicação da vontade do titular dos dados não faz emergir na esfera jurídica dos demais responsáveis pelo tratamento, a quem essa intenção for transmitida, a obrigação (passiva) de apagar essa informação. Importa esclarecer o sentido desta afirmação.

Os responsáveis pelo tratamento, independentemente de lhes ser dirigido um pedido para apagarem determinados dados pessoais, diretamente pelo titular ou indiretamente pelo responsável pelo tratamento a quem foi dirigido um pedido nos termos do artigo 17.º/2, devem sempre atuar no estrito cumprimento, entre outros, do princípio da minimização dos dados[1140] e do princípio da limitação da conservação[1141]. Nesse sentido, a obrigação de apagar existirá sempre.

O que não parece existir é uma obrigação específica para com o titular dos dados que requeira a comunicação da intenção de ver uma determinada informação esquecida do espaço digital. O direito ao esquecimento apenas permite acelerar o apagamento desses dados[1142]. De resto, é perfeitamente possível que em relação a um ou mais desses responsáveis pelo tratamento sejam aplicáveis algumas das exceções elencadas no n.º 3[1143].

A comunicação da intenção do titular dos dados abrange todos os *links*, cópias e reproduções relativos à informação que se pretende ver esquecida.

[1139] Herbst, *Anotação ao artigo 17.º do RGPD* em Kühling/Buchner, Rn. 53: com indicações bibliográficas.

[1140] Ponto 70.

[1141] Ponto 72.

[1142] Kamann/Braun, *Anotação ao artigo 17.º do RGPD* em *Ehmann/Selmayr*, Rn. 42.

[1143] Dix, *Anotação ao artigo 17.º do RGPD* em *Simitis/Hornung/Spiecker gen. Döhmann*, Rn. 28.

142. Exceções

I. O complexo e intrincado artigo 17.º culmina com a apresentação de um conjunto de exceções que, a verificarem-se, permitem ao responsável pelo tratamento não dar seguimento aos pedidos de apagamento (n.º 1) e de esquecimento (n.º 2). A saber: se a conservação desses dados for necessária (i) ao exercício da liberdade de expressão e de informação; (ii) ao cumprimento de uma obrigação legal prevista no Direito da União ou no Direito de um Estado-Membros, ou no âmbito do exercício de funções de interesse público ou no do exercício de autoridade pública de que esteja investido o responsável pelo tratamento; (iii) por motivos de interesse público no domínio da saúde pública, nos termos do artigo 9.º/2, alíneas *h)* e *i)* e do artigo 9.º/3; (iv) para fins de arquivo de interesse público, para fins de investigação científica ou histórica ou para fins estatísticos, nos termos do artigo 89.º/1, e na medida em que o direito referido no n.º 1 seja suscetível de tornar impossível ou prejudicar gravemente a obtenção dos objetivos desse tratamento; ou (v) para efeitos de declaração, exercício ou defesa de um direito num processo judicial.

II. *Liberdade de expressão e de informação.* A alínea *a)* consagra a mais relevante exceção ao exercício do direito ao esquecimento: a liberdade de expressão e a liberdade de informação – liberdade de informar e liberdade de ser informado. O confronto entre o direito ao esquecimento e estas duas liberdades fundamentais, perfeitamente identificado pelo TJUE no acórdão *Google Spain*[1144], consubstancia um dos problemas mais intricados e de difícil resolução do Direito da proteção de dados.

Do intérprete-aplicador espera-se que, à luz de todo o contexto factual e jurídico, pondere que direito deve em concreto prevalecer[1145].

III. *Obrigação legal e interesse público.* O artigo 17.º/3, *b)* consagra não uma, mas duas exceções distintas – não se vislumbram razões para a sua não autonomização legislativa. A primeira parte da alínea *b)* rege-se

[1144] Ponto 139/III.

[1145] TJUE 13-mai.-2014, proc. C-131/12 (*Google Spain*), conclusões 3) e 4). Considerando 4.

pelo disposto no artigo 6.º/1, *c)*[1146] e a segunda parte pelo disposto no artigo 6.º/1, *e)*[1147].

IV. *Domínio da saúde.* Nos termos do disposto na alínea *c)*, a obrigação de apagar cessa sempre que a prossecução de cuidados de saúde, 9.º/2, *h)*[1148] ou o interesse público no domínio da saúde pública, 9.º/2, *i)*[1149] assim o determinem, bem quando os dados sejam tratados ao abrigo de uma relação jurídica com um profissional da saúde, 9.º/3.

V. *Interesse público científico.* A alínea *d)* consagra uma exceção comum à proibição do tratamento de dados pessoais: quando o tratamento seja motivado para fins de arquivo de interesse público, para fins de investigação científica ou histórica ou para fins estatísticos, nos termos do artigo 89.º/1.

VI. *interesse judicial.* Por fim, a última alínea do artigo 17.º/3 permite o bloqueio da efetividade do exercício do direito ao apagamento, em sentido amplo, sempre que a informação em causa seja judicialmente relevante. De forma idêntica ao que se verifica para com o artigo 9.º/2, *f)*[1150], o sistema não exige que o tribunal avalie os méritos da ação, mas somente se o tratamento desses dados especiais se justifica em face do seu objeto. Naturalmente que cabe ao intérprete-aplicador dar seguimento ao exercício do direito ao apagamento sempre que a invocação desta exceção seja notoriamente infundada.

A expressão processo judicial abrange todas as ações, independentemente da sua natureza ou do tribunal em que corram – cíveis ou administrativos. O preceito incluí, ainda, processos extrajudiciais, ou seja, arbitragens e demais meios alternativos de resolução de litígios.

[1146] Ponto 96. Curiosamente, aqui já é empregue a expressão correta: obrigação legal e não obrigação jurídica, como se verifica no artigo 6.º/1, *c)*.

[1147] Pontos 104 ss.

[1148] Ponto 124.

[1149] Ponto 125.

[1150] Ponto 123.

§ 28º DIREITO À LIMITAÇÃO DO TRATAMENTO

143. Enquadramento

I. Por limitação do tratamento, em sentido estrito, entende-se, nos termos do artigo 4.º, *3)*, "a inserção de uma marca nos dados pessoais conservados com o objetivo de limitar o seu tratamento no futuro". Este tratamento tem como função dar a conhecer a terceiros que o tratamento de determinados dados se encontra limitado. Como exemplos de marcas pense-se na inclusão das expressões "restrito" ou "bloqueado"[1151]. A limitação de tratamento através da inserção de marcas assume maior complexidade no âmbito digital[1152].

Numa aceção ampla, a expressão limitação de tratamento é empregue com o sentido de restrição de tratamento. Esta, nas palavras do legislador europeu, pode ocorrer através (i) da transferência temporária de determinados dados para outros sistemas de tratamento; (ii) da indisponibilização do acesso a dados pessoais por parte dos utilizadores; ou (iii) da retirada temporária de um sítio web dos dados aí publicados[1153].

No caso de a limitação respeitar a ficheiros automatizados, a restrição deve, em princípio, ser ditada através de meios técnicos, impedindo, deste modo, que os dados pessoais possam ser objeto de outros tratamentos. Deverá ainda ser indicado no sistema, de forma clara, que o tratamento se encontra sujeito a restrições[1154].

[1151] Dix, *Anotação ao artigo 4.º, 3) do RGPD* em *Simitis/Hornung/Spiecker gen. Döhmann*, Rn. 2.
[1152] Dix, *Anotação ao artigo 4.º, 3) do RGPD* em *Simitis/Hornung/Spiecker gen. Döhmann*, Rn. 3.
[1153] Considerando 67, p. 1.
[1154] Considerando 67, p. 2.

II. O artigo 18.º regula os termos em que o titular dos dados pode requer ao responsável a limitação do tratamento dos seus dados. As situações em que este pedido pode ser formulado são elencadas no n.º 1. O n.º 2 consagra algumas exceções à limitação do tratamento. Por fim, nos termos do n.º 3, o titular que tiver obtido a limitação do tratamento nos termos do n.º 1, deve ser informado pelo responsável antes de a limitação ser anulada por aplicação do n.º 2.

144. A limitação do tratamento

I. De acordo com o disposto no artigo 18.º/1, o titular dos dados tem o direito de exigir a limitação do tratamento nas seguintes situações: (i) na pendência de uma contestação à exatidão do dados; (ii) se o tratamento for ilícito; (iii) se os dados deixarem de ser necessários para a finalidade que motivou o tratamento; ou (iv) na pendência de um pedido de oposição, intentado ao abrigo do artigo 21.º.

Salvo situações manifestamente infundadas ou arbitrárias, não cremos que o responsável pelo tratamento se possa recusar a dar seguimento aos *pedidos* apresentados pelos titulares, razão pela qual utilizamos, ao longo deste ponto, a expressão *direito a exigir.*

II. *Exatidão dos dados.* O titular dos dados pode, concomitantemente com a apresentação de um pedido de retificação, exigir a limitação do tratamento dos dados cuja exatidão conteste, durante a pendência de um processo de verificação dessa mesma observância.

Recorde-se que, por invocação do princípio da exatidão[1155], o tratamento apenas será considerado lícito na medida em que o responsável consiga demonstrar a precisão dos dados[1156].

III. *Tratamentos ilícitos.* A expressão ilicitude é também aqui empregue numa aceção estrita e não numa aceção ampla, pelo que o apagamento apenas poderá ser exigido quando o tratamento não surja sustentado em

[1155] Ponto 71.

[1156] Paal, *Anotação ao artigo 18.º do RGPD* em *Paal/Pauly*, Rn. 16.

qualquer um dos fundamentos previstos no artigo 6.º. A simples violação de um preceito do RGPD – p.ex.: violação de um direito do titular ou de uma obrigação do responsável – ou de legislação extravagante aplicável não basta[1157].

Nos termos da alínea *b)* do artigo 18.º/1, cabe ao titular dos dados decidir se pretende que os seus dados pessoais objeto de tratamento ilícito sejam apagados (17.º) ou meramente limitados (18.º).

IV. *Finalidade.* De acordo com o princípio geral da limitação da conservação, 5.º/1, *e)*, os dados apenas podem ser conservados, de forma a que possibilitem a identificação dos respetivos titulares, porquanto isso for necessário à prossecução de finalidades determinadas[1158]. O responsável está, consequentemente, obrigado a apagar os dados logo que estas finalidades se encontrem esgotadas. Também o titular pode, nos termos do artigo 17.º/1, *a)*, exigir o seu apagamento.

O artigo 18.º/1, *c)* consagra uma exceção a este desfecho padrão: o titular dos dados pode, mesmo após os dados já não serem necessários para a prossecução das finalidades eleitas pelo responsável, obter a sua limitação se estes forem necessários para efeitos de declaração, exercício ou defesa de um direito no âmbito de um processo judicial.

V. *Oposição.* O titular dos dados pode, conjuntamente com a apresentação de um pedido de oposição, exigir a limitação do tratamento dos dados durante a pendência de um processo de oposição.

Ao contrário do que se verifica para o artigo 17.º/1, *c)*, a obtenção da limitação do tratamento apenas pode ser requerida quando o fundamento do tratamento seja necessário para a prossecução de interesses legítimos, 6.º/1, *e)*[1159] ou necessário para o exercício de funções de interesse público ou ao exercício de autoridade pública, 6.º/1, *f)*, desde que não existam interesses legítimos prevalecentes[1160].

1157 Herbst, *Anotação ao artigo 17.º do RGPD* em *Kühling/Buchner*, Rn. 28-29: em sentido coincidente.

1158 Ponto 72.

1159 Pontos 106 ss.

1160 O conceito de interesse legítimo deve ser preenchido à luz, respetivamente, das alíneas *e)* e *f)* do artigo 6.º/1.

145. Anulação da limitação do tratamento

Os dados cujo tratamento seja limitado continuam a existir, logo têm de ser conservados. Numa perspetiva sistemática, este seria o único tratamento a que estes dados poderiam ser sujeitos. O artigo 18.º/2 prevê um conjunto variado de exceções a esta regra lógica: (i) o titular dos dados der o seu consentimento, nos termos dos artigos 7.º ou 8.º; (ii) o tratamento ser necessário para efeitos de declaração, exercício ou defesa de um direito num processo judicial; (iii) o tratamento ser necessário para efeitos de defesa dos direitos de outra pessoa singular ou coletiva; ou (iv) por motivos ponderosos de interesse público da União ou de um Estado-Membro[1161].

[1161] A linguagem utilizada aproxima-se da prevista no artigo 21.º/1, *e*).

§ 29º DIREITO DE PORTABILIDADE

146. Enquadramento

I. O direito de portabilidade dos dados decompõe-se, à luz do artigo 20.º/1, em dois direitos distintos do titular dos dados: (i) o direito a receber os seus dados pessoais; e (ii) o direito de transmitir esses dados para outro responsável – nos termos densificados no n.º 2 deste preceito[1162].

A emergência do direito de portabilidade dos dados pressupõe a verificação cumulativa de dois elementos[1163]: (i) o tratamento fundar-se no consentimento do titular – 6.º/1, *a)* e 9.º/2, *a)* –, ser necessário para a execução de um contrato no qual o titular dos dados é parte ou para a realização de diligências pré-contratuais a pedido do titular dos dados – 6.º/1, *c)*; e (ii) o tratamento ser realizado por recurso a meios automatizados.

[1162] Sobre o direito de portabilidade veja-se, entre a vasta bibliografia disponível: Tim Jülicher/Charlotte Röttgen/Max v. Schönfeld, *Das Recht auf Datenübertragbarkeit – Ein datenschutzrechtliches Novum*, 6 ZD, 2016, 358-362; Michael Strubel, *Anwendungsbereich des Rechts auf Datenübertragbarkeit – Auslegung des Art. 20 DS-GVO unter Berücksichtigung der Guidelines der Art. 29-Datenschutzgruppe*, 7 ZD, 2017, 355-361. Em inglês: Gabriela Zanfir, *The Right to Data Portability in the Context of the EU Data Protection Reform*, 2 IDPL, 2012, 149-162: análise à versão original proposta pela Comissão; Paul De Hert/Vagelis Papakonstantinou/Gianclauido Malgieri/Lauren Beslay/Ignacio Sanchez, *The Right to Data Portability in the GDPR: Towards User-Centric Interoperability of Digital Services*, 34 CLSR, 2018, 193-203. Em português: Vítor Palmela Fidalgo, *O direito à portabilidade de dados pessoais*, 1 RDTec, 2019, 89-135.

[1163] GT 29, *Orientações sobre o direito à portabilidade dos dados* (WP 242 rev.01), 13-dez.-2016, por último revistas a 5-abr.-2017, 3.

Os demais fundamentos de licitude de tratamento não se encontram abrangidos[1164].

Numa perspetiva prática, o direito de portabilidade permite, por exemplo, que um cliente/consumidor possa mudar de operador telefónico, de fornecedor de eletricidade ou mesmo de instituição de crédito sem perder os seus dados[1165].

II. Apesar de ser uma das novidades do RGPD – não encontra paralelo, mesmo que indiretamente, na Diretriz n.º 95/46/CE[1166] – o direito de portabilidade era já anteriormente reconhecido por alguma legislação europeia sectorial[1167].

Previsto na Proposta da Comissão[1168], o direito de portabilidade suscitou inúmeras dúvidas ao longo de todo o processo legislativo[1169]. Dúvidas genéricas quanto à sua relevância efetiva[1170] e quanto ao cabimento de ser regulado pelo RGPD – trata-se, no entender de vários autores e Estados-Membros[1171], de uma questão de Direito do consumo, de Direito da propriedade intelectual ou, eventualmente, de Direito da concorrência, mas não de Direito da proteção de dados. Certamente que o direito de portabilidade pode ser analisado partindo de diferentes perspetivas jurídicas.

[1164] Considerando 68, p. 4: "Não deverá ser aplicável se o tratamento se basear num fundamento jurídico que não seja o consentimento ou um contrato".

[1165] Dydow/Wilhelm, *Anotação ao artigo 20.º do RGPD* em *Sydow*, Rn. 1.

[1166] Susanne Dehmel/Nils Hullen, *Auf dem Weg zu einem zukunftsfähigen Datenschutz in Europa? – Konkrete Auswirkungen der DS-GVO auf Wirtschaft, Unternehmen und Verbraucher*, 3 ZD, 2013, 147-153, 153: ambos os estudos sublinham a natureza inovadora do direito de portabilidade e, em certa medida, dos seus benefícios individuais e sociais.

[1167] Palmela Fidalgo, *O direito à portabilidade* cit., 91 ss.

[1168] Dix, *Anotação ao artigo 20.º do RGPD* em *Simitis/Hornung/Spiecker gen. Döhmann*, Rn. 2: na origem desta inclusão, coloca as críticas que haviam sido apresentadas por utilizadores de redes sociais em relação às dificuldades sentidas em consultar a informação compilada.

[1169] Herbst, *Anotação ao artigo 20.º do RGPD* em em *Kühling/Buchner*, Rn. 2-3 e Paal, *Anotação ao artigo 20.º do RGPD* em *Paal/Pauly*, Rn. 2-3.

[1170] Parecer da Comissão dos Assuntos Jurídicos: Parlamento, *Relatório*, 549.

[1171] Conselho , doc. 7978/1/15, 25-abr.-2015, 45, nota 190: "*UK reservation: while it supports the concept of data portability in principle, the UK considers it not within scope of data protection, but in consumer or competition law. Several other delegations (DK, DE, FR, IE, NL, PL and SE) also wondered whether this was not rather a rule of competition law and/or intellectual property law or how it related to these fields of law. Therefore the UK thinks this article should be deleted*".

Contudo, do ponto de vista da estrutura do direito à autodeterminação informacional a possibilidade de o titular transferir os seus dados pessoais para outro operador apresenta-se como uma concretização expectável e não como algo artificial ou não relacionado. Temos o seu tratamento no RGPD como perfeitamente justificado[1172].

As críticas mais severas foram endereçadas aos riscos incorridos pelas empresas que são obrigadas a transmitir essas informações para outras entidades, muitas vezes concorrentes diretos. A situação assume especial relevância se estivermos a lidar com segredos de negócio ou com direitos de propriedade intelectual[1173]. A pressão então exercida culminou com o acrescento de um novo n.º 4, não previsto na Proposta da Comissão: "O direito a que se refere o n.º 1 não prejudica os direitos e as liberdades de terceiros".

III. A atribuição do direito de portabilidade encontra na sua origem dois objetivos primordiais[1174]: (i) numa perspetiva individual, pretende reforçar o controlo que cada titular detém sobre os seus próprios dados pessoais[1175]; e (ii) numa perspetiva social, visa impulsionar a livre concorrência[1176] e a iniciativa económica, ao enfraquecer as amarras que ligam

[1172] Kamann/Braun, *Anotação ao artigo 20.º do RGPD* em *Ehmann/Selmayr*, Rn. 4: com idêntica posição.

[1173] Parecer da Comissão do Emprego e dos Assuntos Sociais: Parlamento, *Relatório*, 323: "Convém ter em devida conta os limites à portabilidade dos dados, especialmente no que se refere aos interesses legítimos das empresas na proteção do segredo comercial e dos direitos de propriedade intelectual, em termos razoáveis"; Conselho , doc. 7978/1/15, 25-abr.-2015, 45, nota 190: "*DE, DK and UK pointed to the risks for the competitive positions of companies if they were to be obliged to apply this rule unqualifiedly and referred to/raises serious issues about intellectual property and commercial confidentiality for all controllers*"; Susanne Dehmel/ Nils Hullen, *Auf dem Weg zu einem zukunftsfähigen Datenschutz in Europa? – Konkrete Auswirkungen der DS-GVO auf Wirtschaft, Unternehmen und Verbraucher*, 3 ZD, 2013, 147-153, 153: sublinhado o impacto económico e empresarial da positivação do direito de portabilidade.

[1174] Palmela Fidalgo, *O direito à portabilidade* cit., 96 ss: análise pormenorizada aos vários propósitos subjacentes à introdução do direito de portabilidade.

[1175] Considerando 68, p. 1.

[1176] Sobre a interligação entre o Direito da proteção de dados e o Direito da concorrência veja-se, a título introdutório: Hans-Georg Kamann/Robin Dominik Miller, *Kartellrecht und Datenschutzrecht – Verhältnis einer „Hass-Liebe"?*, 4 NZKart, 2016, 405-412; Aysem DIker Vanberg/Mehmet Bilal Ünver, *The Right to Data Portability in the GDPR and EU Competition Law: Odd Couple or Dynamic Duo?*, 8 EJLT, 2017, 1-22.

o consumidor a um determinado serviço[1177]: a impossibilidade de receber e de transmitir os dados tende a desincentivar os consumidores/titulares de dados a mudar de prestador de serviço[1178]. O direito à portabilidade tenderá ainda a potenciar o desenvolvimento de novas técnicas de tratamento de dados[1179] e, consequentemente, o próprio mercado europeu[1180].

IV. Nos termos do disposto no artigo 20.º/3, o titular dos dados pode, concomitantemente ou posteriormente, exercer o direito ao apagamento, previsto no artigo 17.º[1181]. Essa possibilidade apenas lhe será vedada em relação aos tratamentos que sejam necessários para o exercício de funções de interesse público ou ao exercício da autoridade pública[1182].

147. O exercício e o conteúdo do direito de portabilidade

I. Como referido introdutoriamente, o direito de portabilidade encontra-se circunscrito aos dados pessoais cujo tratamento seja realizado por meios automatizados e que tenham como fundamento de licitude o consentimento – 6.º/1, *a)* e 9.º/2, *a)*[1183], a execução de um contrato[1184] ou um pedido de diligências pré-contratuais dirigido pelo titular dos dados[1185].

II. O titular tem o direito a receber e a transmitir "os dados pessoais que lhe digam respeito e que tenha fornecido a um responsável pelo tratamento". Esta passagem, que tem suscitado intensas dúvidas

[1177] Jülicher/Röttgen/Schönfeld, *Das Recht auf Datenübertragbarkeit* cit., 360; Kamann/Braun, *Anotação ao artigo 20.º do RGPD* em *Ehmann/Selmayr*, Rn. 3: considerando que será esta a motivação principal do direito de portabilidade e não tanto a proteção dos interesses individuais do titular dos dados.
[1178] GT 29, *Orientações sobre o direito à portabilidade* cit., 6.
[1179] GT 29, *Orientações sobre o direito à portabilidade* cit., 6.
[1180] Kamann/Braun, *Anotação ao artigo 20.º do RGPD* em *Ehmann/Selmayr*, Rn. 3
[1181] Pontos 139 ss.
[1182] Ponto 104 ss.
[1183] O artigo 8.º, relativo ao consentimento de menores não é abrangido pelo preceito.
[1184] Considerando 68, p. 4: "não deverá ser aplicável se o tratamento se basear num fundamento jurídico que não seja o consentimento ou um contrato".
[1185] Pontos 96 ss.

interpretativas[1186]: assume-se como o ponto mais sensível da aplicação do direito de portabilidade[1187].

O "GT 29 considera que, para potenciar ao máximo o valor deste novo direito, os dados «fornecidos pelo» titular devem igualmente incluir os dados pessoais que sejam observados a partir das atividades dos utilizadores, tais como os dados brutos tratados por um contador inteligente ou por outros tipos de objetos conectados, os registos das atividades e os históricos da utilização de um sítio Web ou das pesquisas realizadas. Esta última categoria de dados não inclui os dados criados pelo responsável pelo tratamento (com base nos dados observados ou diretamente inseridos), por exemplo um perfil de utilizador criado através de uma análise dos dados brutos de contagem inteligente recolhidos"[1188]. Na prática, apenas os dados subjetivos parecem não se abrangidos pelo direito de portabilidade; todos os demais, independentemente de terem ou não sido fornecidos pelo titular, encontram-se abrangidos.

A posição do GT 29 foi criticada por desconsiderar os elementos interpretativos reconhecidos pelo TJUE[1189]. Para os seus críticos, apenas a informação efetivamente fornecida pelo titular dos dados poderá ser atendida[1190].

Tendemos a concordar com esta última posição: a letra do artigo 20.º e a diferença (elemento sistemático) quando comparamos o conteúdo deste preceito com o conteúdo do artigo 15.º – o direito de acesso abrange os dados que digam respeito ao titular e o direito de portabilidade os dados que digam respeito ao titular e que este tenha fornecido ao responsável pelo tratamento – apresentam-se como fatores decisivos. Acresce que posição

[1186] Von Lewinski, *Anotação ao artigo 20.º do RGPD* em *BeckOk*, Rn. 37 ss: levantamento pormenorizado das várias posições produzidas.

[1187] Miriam Westphal/Marco Wichtermann, *Datenportierung nach Art. 20 DS-GVO – Ausgewählte Ausschlussgründe*, 9 ZD, 2019, 191-194, 191.

[1188] GT 29, *Orientações sobre o direito à portabilidade* cit., 11.

[1189] Notavelmente por Strubel, *Anwendungsbereich des Rechts auf Datenübertragbarkeit* cit., 357 ss. Curiosamente, o Autor reconhece, em face da posição do GT 29, não ser aconselhável aos responsáveis pelo tratamento assumirem uma posição diferente; importa esperar por uma eventual decisão do TJUE. Mas também: Plitz, *Anotação ao artigo 20.º do RGPD* em *Gola*, Rn. 15.

[1190] Vejam-se os autores mencionados na nota anterior.

do GT 29 está longe de poder ser apresentada como uma interpretação bem fundamentada.

O artigo 18.º/1 da LE vem reforçar este entendimento, ao afirmar que "o direito de portabilidade dos dados, previsto no artigo 20.º do RGPD, abrange apenas os dados fornecidos pelos respetivos titulares". Todavia, não cabe ao legislador nacional interpretar ou esclarecer o sentido do RGPD, para mais, como é o caso, quando não seja atribuída qualquer competência legislativa aos Estados-Membros.

III. O responsável pelo tratamento deve entregar os dados pessoais ao respetivo titular (i) num formato estruturado, (ii) de uso corrente e (iii) de leitura automática. O legislador europeu não fornece especiais pistas quanto ao preenchimento destes requisitos[1191]. Todavia, é possível identificar algumas diretrizes gerais.

Como ponto de partida, cumpre sublinhar que a escolha do formato não se encontra na total disponibilidade do responsável pelo tratamento[1192]. Este terá de respeitar os três requisitos já referidos. Tem de ser (i) estruturado: os dados devem ser arrumados através de um qualquer processo ou metodologia, mesmo que pouco elaborado; não podendo, consequentemente, estar (des)organizados de forma aleatória ou assumir uma disposição variável; (ii) de uso corrente: o formato escolhido deve atender às práticas do mercado, i.e., deve ser um formato conhecido e dominado pelos destinatário médio; e (iii) de leitura automática: os dados têm de ser consultáveis em sistemas de operação, necessariamente comuns, por imposição do elemento (ii).

Nos considerandos que acompanham o artigo 20.º, apenas é acrescentado uma outra característica: a da interoperabilidade, ou seja, os dados devem ser fornecidos em formatos abertos, passíveis de serem consultados em vários sistemas operativos[1193]. Isso mesmo é sublinhado no artigo 18.º/2 da LE.

[1191] GT 29, *Orientações sobre o direito à portabilidade* cit., 18.

[1192] Plitz, *Anotação ao artigo 20.º do RGPD* em *Gola*, Rn. 23; von Lewinski, *Anotação ao artigo 20.º do RGPD* em *BeckOK*, Rn. 70 ss.

[1193] Considerando 68, p.2.

148. A transmissão

I. A transmissão de dados pessoais de um operador para outro pode ocorrer de duas formais distintas: (i) o próprio titular dos dados promove essa transferência, atuando como um *intermediário*, 20.º/1 – transferência indireta; ou (ii) o responsável pelo tratamento originário transfere esses dados para o novo responsável pelo tratamento indicado pelo titular, 20.º/2 – transferência direta. Esta segunda possibilidade, mais atrativa para os titulares dos dados, foi criticada pelo Conselho. A sua conservação no texto final apenas foi garantida pela insistência do Parlamento[1194].

Da interpretação sistemática destes dois números, parece evidente que cabe ao titular dos dados escolher, considerando as eventuais limitações técnicas, entre estas duas modalidades[1195].

II. A transferência direta dos dados entre responsáveis ocorre sempre que o respetivo titular o requeira ao responsável originário e isso seja tecnicamente possível, nos termos do artigo 20.º/2. Ao contrário do que se verifica, por exemplo, com o artigo 17.º/2, os eventuais custos elevados não poderão ser invocados de forma a não dar seguimento ao pedido de transferência[1196].

O preceito não impõe ao novo responsável pelo tratamento qualquer obrigação de aceitar a transferência desses dados. Em abstrato irá fazê-lo, sob pena de não conseguir angariar novos clientes, mas juridicamente não está obrigado a isso[1197]. O novo responsável poderá, ainda, estar apenas interessado em ver transferida parte da informação[1198].

[1194] Plitz, *Anotação ao artigo 20.º do RGPD* em *Gola*, Rn. 25.

[1195] O Considerando 68, p. 10 aponta em idêntico sentido: "Sempre que seja tecnicamente possível, o titular dos dados deverá ter o direito a que os dados pessoais sejam transmitidos diretamente entre os responsáveis pelo tratamento".

[1196] Jülicher/Röttgen/von Schönfeld, *Das Recht auf Datenübertragbarkeit* cit., 359; Dix, *Anotação ao artigo 20.º do RGPD* em *Simitis/Hornung/Spiecker gen. Döhmann* cit., Rn. 14.

[1197] Por todos: Paal, *Anotação ao artigo 20.º* em *Paal/Pauly*, Rn. 22 e Jülicher/Röttgen/von Schönfeld, *Das Recht auf Datenübertragbarkeit* cit., 362.

[1198] Dix, *Anotação ao artigo 20.º do RGPD* em *Simitis/Hornung/Spiecker gen. Döhmann* cit., Rn. 15.

O responsável a quem é dirigido um pedido de transmissão de dados não é responsável, em sentido técnico, pelo cumprimento, por parte do novo responsável pelo tratamento, da legislação aplicável[1199].

III. Na análise à possibilidade técnica de promover essa transferência importa considerar dois aspetos distintos: (i) a capacidade técnica do responsável originário; e (ii) a capacidade técnica do novo responsável, abrangendo a compatibilidade do sistema do novo responsável com o sistema do responsável originário[1200]. Este último ponto poderá suscitar algumas dificuldades práticas, na medida em que os responsáveis não estão obrigados a "adotar ou manter sistemas de tratamento que sejam tecnicamente compatíveis"[1201]. Também aqui existe um interesse por parte dos potenciais novos responsáveis em adotar sistemas comuns.

149. A portabilidade no sector da Administração Pública

I. O direito de portabilidade circunscreve-se, como resulta de forma expressa do artigo 20.º/1, *a)*, ao universo do consentimento e da execução contratual. Não existe, consequentemente, um direito de portabilidade quando o tratamento se funde numa das outras alíneas do artigo 6.º/1 ou do artigo 9.º/2.

A segunda parte do artigo 20.º/3 exclui o direito de portabilidade, de forma expressa, dos tratamentos necessários "para o exercício de funções de interesse público ou ao exercício da autoridade pública de que está investido o responsável pelo tratamento"[1202].

II. O RGPD parece, nesse sentido, ser contrariado pelo disposto no artigo 18.º/3 da LE: "no âmbito da Administração Pública, sempre que a interoperabilidade dos dados não seja tecnicamente possível, o titular dos

1199 GT 29, *Orientações sobre o direito à portabilidade* cit., 7.

1200 Kamann/Braun, *Anotação ao artigo 20.º do RGPD* em *Ehmann/Selmayr*, Rn. 23.

1201 Considerando 68, p. 7.

1202 Westphal/ Wichtermann, *Datenportierung nach Art. 20 DS-GVO*, 191: considerando esta dupla exclusão desnecessária.

dados tem o direito de exigir que os mesmos lhe sejam entregues num formato digital aberto, de acordo com o Regulamento Nacional de Interoperabilidade Digital[1203] em vigor".

Como ponto prévio, cumpre sublinhar que o RGPD não atribui competências legislativas aos Estados-Membros relativas ao direito de portabilidade, pelo que, do ponto de vista do regime em vigor, apenas devem ser consideradas as passagens da LE que não coloquem em causa a aplicação uniforme do RGPD.

O artigo 18.º/3 da LE deve, nestes termos, ser interpretado à luz do conteúdo do artigo 20.º do RGPD, i.e., apenas pode ser invocado no âmbito de tratamentos de dados pessoais que puderem ser reconduzidos ao campo de aplicação dos artigos 6.º/1, *a)* e *c)* e 9.º/2, *a)*.

150. Os direitos de terceiros

I. Nos termos do número 4 do artigo 20.º, o direito de portabilidade não pode prejudicar os direitos e as liberdades de terceiros[1204]. Apesar de relevante, do ponto de vista da sistematização do RGPD, a necessidade de ponderar os interesses do titular dos dados, quando este pretenda exercer o direito de portabilidade, e os direitos e liberdades de terceiros que possam ser afetados resultaria sempre da aplicação das regras gerais do Direito europeu e dos Direitos internos[1205].

II. O intérprete-aplicador deve atender aos direitos de todos os sujeitos efetivamente prejudicados – não basta uma mera probabilidade[1206] – e isso independentemente de serem pessoas singulares ou pessoas coletivas. Foi precisamente a necessidade de acautelar os interesses comerciais e industriais das pessoas coletivas que impeliu a positivação deste número 4.

1203 Lei n.º 36/2011, de 21 de junho, Decreto-Lei n.º 83/2018, de 19 de outubro e Resolução do Conselho de Ministros n.º 2/2018, de 5 de janeiro.

1204 Palmela Fidalgo, *O direito à portabilidade* cit., 118 ss: com especial profundidade.

1205 Kamann/Braun, *Anotação ao artigo 20.º do RGPD* em *Ehmann/Selmayr*, Rn. 34: no mesmo sentido.

1206 Dix, *Anotação ao artigo 20.º do RGPD* em *Simitis/Hornung/Spiecker gen. Döhmann* cit., Rn. 18.

Também os interesses do responsável pelo tratamento originário devem ser considerados[1207]: o conceito de terceiro assume um sentido não coincidente com o do conceito de terceiro do artigo 4.º, *10)* – contém a definição de terceiro para efeitos de aplicação do RGPD. Nas demais versões do RGPD não é utilizada a expressão terceiro, evitando-se, assim, a aplicação incorreta da definição constante no artigo 4.º, *10)*[1208].

[1207] Kamann/Braun, *Anotação ao artigo 20.º do RGPD* em *Ehmann/Selmayr*, Rn. 35.

[1208] Consultámos as versões alemã, espanhola, inglesa e italiana. Apenas a francesa comete a mesma imprudência que a versão portuguesa.

§ 30º DIREITO DE OPOSIÇÃO

151. Enquadramento

I. O direito de oposição, positivado no artigo 21.º, permite que o titular se oponha ao tratamento lícito dos seus dados pessoais[1209]. Distingue-se do direito ao apagamento e do direito à limitação, visto o campo de aplicação destes últimos se encontrar circunscrito a tratamentos ilícitos – artigo 17.º/1, *d)* e artigo 18.º, respetivamente[1210].

O direito de oposição também não se confunde com a faculdade, prevista no artigo 7.º/3, de revogação do consentimento.

II. Apesar de não encontrar suporte constitucional[1211] – na CRP ou na Carta – o direito de oposição assume-se como a manifestação lógica do princípio da ilicitude *strictu senso*[1212] e da natureza pessoal do direito à autodeterminação informacional.

III. Já previsto na Diretriz n.º 95/46/CE[1213], o direito de oposição assume três concretizações distintas, correspondentes a três regimes particulares:

[1209] Considerando 69, p. 1.

[1210] Os regimes podem ser aplicados conjugadamente: direito ao apagamento – artigo 17.º/1, *c)*; direito à limitação – 18.º/1, *d)*.

[1211] Kamann/Braun, *Anotação ao artigo 21.º do RGPD* em *Ehmann/Selmayr*, Rn. 2: considerando o oposto, i.e., que o direito de oposição é um reflexo da proteção constitucional concedida ao direito à proteção de dados.

[1212] Schulz, *Anotação ao artigo 21.º do RGPD* em *Gola*, Rn. 6.

[1213] Artigo 14.º.

(i) direito geral de oposição; (ii) direito de oposição relativo à comercialização direta; e (iii) direito de oposição relativo a tratamentos para fins de investigação científica.

IV. O regime positivado no artigo 21.º apenas consagra uma regra formal especial, prevista no seu número 5: no âmbito dos serviços da sociedade da informação[1214], o direito de oposição pode ser exercício por meios automatizados, utilizando especificações técnicas. No demais, aplicam-se as regras gerais do artigo 12.º[1215].

Quanto ao dever de informação previsto no artigo 21.º/4 – dever de informar o titular dos dados em relação à existência do próprio direito de oposição –, ele encontra-se já coberto pelos artigos 13.º/2, *b)* e 14.º/2, *c)*.

152. Direito geral de oposição

I. O direito geral de oposição permite que o titular se oponha ao tratamento lícito dos seus dados pessoais mediante a verificação cumulativa dos seguintes elementos: (i) os motivos relacionados com a sua situação particular o justificarem; e (ii) o tratamento em concreto se funde (a) no artigo 6.º/1, *e)*: necessário ao exercício de funções de interesse público ou ao exercício da autoridade pública de que o responsável esteja investido; (b) no artigo 6.º/1, *f)*: necessário para efeito dos interesses legítimos prosseguidos pelo responsável ou por terceiros; ou (c) no artigo 6.º/4.

O direito geral de oposição apenas pode ser exercido em relação aos dados pessoais do próprio titular. O que inclui, naturalmente, os dados pessoais indiretos – p.ex.: dados genéticos de ascendentes.

II. Como referido introdutoriamente, o direito de oposição não se confunde com o direito ao apagamento fundado na ilicitude do tratamento, artigo 17.º/1, *d)*. Ao titular dos dados cabe, aqui, demonstrar que a situação particular em que se encontra justifica a não realização do tratamento

[1214] Ponto 90.

[1215] Ponto 171.

dos seus dados pessoais[1216]. Ou seja, não se contesta a licitude do tratamento, numa perspetiva geral e abstrata, mas somente este tratamento em concreto.

A oposição ao tratamento pode fundar-se na eventual violação de direitos e liberdades do titular dos dados, mas também nos seus interesses especiais, nos termos da segunda parte do artigo 21.º/1. O legislador europeu optou por positivar uma solução ampla e de índole casuística. Importa que o titular dos dados seja claro e preciso nas razões que apresenta.

III. O termo direito geral de oposição é enganador: apenas abrange um número limitado dos vários fundamentos de licitude elencados no artigo 6.º[1217]. Esta circunscrição reflete a natureza especial destes três fundamentos. Ao contrário do que se verifica com as demais alíneas do artigo 6.º, o tratamento fundado nas alíneas *e)* e *f)* do número 1 e no número 4 do artigo não surge como uma manifestação do direito à autodeterminação informacional, nem visa a prossecução dos interesses do titular dos dados (p.ex.: interesses vitais[1218]), pelo contrário: visa, em termos genéricos, a prossecução de interesses de terceiros, individuais ou coletivos[1219].

A atribuição deste direito *extra* justifica-se, ainda, em face das especificidades destes fundamentos de licitude: não raramente, a tomada de decisão, por parte do responsável pelo tratamento, é alcançada de forma genérica ou probabilística, sem conhecer a situação especial dos titulares de dados visados. O direito de oposição permite que o titular a dê a conhecer[1220].

Por fim, não podemos deixar de sublinhar a eventual incoerência dogmática que resultaria do exercício de um direito de oposição no âmbito de

[1216] TJUE 13-mai.-2014, proc. C-131/12 (*Google Spain*), 76: "A ponderação a efetuar... permite assim ter em conta, de maneira mais específica, todas as circunstâncias que rodeiam a situação concreta da pessoa em causa".

[1217] Helfrich, *Anotação ao artigo 21.º do RGPD* em *Sydow*, Rn. 59: sublinhado não existir um direito geral de oposição, na aceção mais perfeita da expressão.

[1218] Na Proposta original da Comissão, o direito de oposição poderia ainda ser exercido sempre que o tratamento se fundasse na alínea *d)* – interesses vitais. A solução cairia por intervenção do Conselho.

[1219] Martini, *Anotação ao artigo 21.º do RGPD* em *Paal/Pauly*, Rn. 17.

[1220] Kamann/Braun, *Anotação ao artigo 21.º do RGPD* em *Ehmann/Selmayr*, Rn. 10.

alguns fundamentos de licitude não cobertos pelo artigo 21.º[1221] – p.ex.: o seu exercício no âmbito da alínea *b)* (execução de um contrato) consubstanciaria um *venire contra factum propirum* e no âmbito da alínea *c)* (obrigação legal) a lei prevaleceria sempre sobre a vontade do titular dos dados, pelo que seria juridicamente inconsequente.

Ao contrário do que se verificava na Diretriz 95/46/CE[1222], os Estados-Membros não podem estender o direito de oposição a outras situações.

IV. O titular dos dados pode invocar o direito de oposição contra todos os responsáveis, independentemente da sua natureza ou forma que assumam – mas já não contra os subcontratantes – e em relação a todo o tipo de tratamento. A passagem relativa à definição de perfis é, nestes termos, juridicamente irrelevante: o preceito seria sempre aplicável a estes casos, independentemente desta menção. Esta referência deve ser interpretada apenas como uma chamada de atenção para estes casos mais delicados[1223].

O direito de oposição pode ser exercido a todo o tempo, i.e., antes ou na pendência do tratamento, mas já não após o seu termo. Pode, ainda, ser exercido total ou parcialmente.

O exercício do direito de oposição não produz efeitos retroativos, mas somente para o futuro[1224].

V. Confrontado com o exercício do direito de oposição, deve o responsável analisar o pedido formulado pelo titular dos dados[1225] e cessar o tratamento, salvo se (i) apresentar razões imperiosas e legítimas para a realização em concreto do tratamento e que se sobreponham aos interesses, direitos ou liberdades invocados pelo titular dos dados; ou (ii) esse tratamento seja necessário para efeitos de declaração, exercício ou defesa de um direito num processo judicial.

[1221] Kamann/Braun, *Anotação ao artigo 21.º do RGPD* em *Ehmann/Selmayr*, Rn. 13.

[1222] Atente-se ao início do disposto no artigo 14.º, *a)* da Diretriz n.º 95/46/CE: "Os Estados-Membros reconhecerão à pessoa em causa o direito de *pelo menos* nos casos referidos nas alíneas e) e f) do dartigo 7.º, se opor..." Itálico nosso.

[1223] Em sentido próximo: Herbst, *Anotação ao artigo 21.º do RGPD* em *Kühling/Buchner*, Rn. 13; Helfrich, *Anotação ao artigo 21.º do RGPD* em *Sydow*, Rn. 54.

[1224] Helfrich, *Anotação ao artigo 21.º do RGPD* em *Sydow*, Rn. 71.

[1225] TJUE 13-mai.-2014, proc. C-131/12 (*Google Spain*), 77.

O ónus da prova corre, neste ponto, por conta do responsável pelo tratamento[1226]. Em caso de dúvida prevalece a posição do titular dos dados[1227].

Cabe-lhe demonstrar, em relação à primeira situação, a existência de razões imperiosas e legítimas e a sua prevalência em relação aos direitos, liberdades ou interesses do titular dos dados[1228]. A expressão *razões imperiosas e legítimas* abarca interesses próprios e interesses de terceiros[1229]: o conteúdo dos artigos 6.º/1, *e)*, *f)* e 6.º/4 não permite uma interpretação diversa. O titular dos dados pode sempre recorrer à autoridade de controlo e aos tribunais no caso de o responsável ignorar a sua oposição ou de não concordar com a ponderação de interesses realizada[1230].

O responsável está ainda obrigado a apagar os dados pessoais objeto do direito de oposição, nos termos do artigo 17.º/1, *c)*, mediante pedido apresentado pelo respetivo titular dos dados.

153. Direito de oposição relativo à comercialização direta

I. Nos termos do disposto no artigo 21.º/2, os titulares podem opor-se ao tratamento dos seus dados pessoais sempre que estes estejam a ser tratados para efeitos de comercialização direta[1231].

O direito de oposição relativo à comercialização pode ser exercido a todo o tempo e não pressupõe a invocação de qualquer argumento substantivo: o simples facto de os dados serem utilizados com este propósito é quanto basta para a invocação e aplicação do preceito.

O exercício deste direito especial de oposição – por contraste com o direito geral de oposição – faz emergir, sem mais, na esfera jurídica do responsável pelo tratamento uma obrigação de não mais tratar os dados visado para esse fim, artigo 21.º/3. Trata-se, consequentemente, de um

1226 Não era assim na Diretriz n.º 95/46/CE: o ónus da prova era todo do titular dos dados.

1227 Helfrich, *Anotação ao artigo 21.º do RGPD* em *Sydow*, Rn. 67.

1228 Considerando 69, p. 2.

1229 Herbst, *Anotação ao artigo 21.º do RGPD* em *Kühling/Buchner*, Rn. 19.

1230 TJUE 13-mai.-2014, proc. C-131/12 (*Google Spain*), 77.

1231 Considerando 70.

direito potestativo clássico[1232]. Não releva para a aplicação deste regime os interesses que subjazem à comercialização direta; para além, naturalmente, dos interesses mais imediatos.

O responsável está ainda obrigado a apagar os dados pessoais objeto do direito de oposição, nos termos do artigo 17.º/1, *c)*, mediante pedido apresentado pelo respetivo titular dos dados.

II. O RGPD não contém qualquer definição de comercialização direta: nem no texto da Lei, nem nos considerandos que a acompanham. O Direito da União Europeia também não conhece nenhuma definição geral que aqui possa ser invocada. Apesar de o diploma não ter sido aprovado, a definição *comunicações comerciais diretas*, constante da proposta de Regulamento relativo à privacidade e às comunicações eletrónicas pode ser empregue como um importante ponto de partida[1233]:

> Qualquer forma de publicidade, oral ou escrita, enviada a um ou mais utilizadores finais identificados ou identificáveis de serviços de comunicações eletrónicas, incluindo a utilização de sistemas de chamada e de comunicação automatizados, com ou sem interação humana, de correio eletrónico, SMS, etc.

II. A Ciência Jurídica alemã mostra-se dividida quanto ao exato alcance do termo *comercialização direta*, com parte da doutrina a defender uma interpretação restritiva de base teológica e a consequente circunscrição do preceito ao universo da comercialização direta com propósitos comerciais[1234] e a outra parte a defender uma interpretação literal e a resultante

[1232] *Regulamento relativo ao respeito pela vida privada e à proteção dos dados pessoais nas comunicações eletrónicas e que revoga a Diretiva 2002/58/CE.*

[1233] Kamann/Braun, *Anotação ao artigo 21.º do RGPD* em *Ehmann/Selmayr*, Rn. 45 ss: o Autor alcança um resultado idêntico por recurso ao conceito de publicidade, nos termos em que surge preenchido na Diretriz 2006/114/CE, de 12 de dezembro (*relativa à publicidade enganosa e comparativas*). Artigo 2.º, *a)*: “”Publicidade”: qualquer forma de comunicação feita no âmbito de uma actividade negocial, comercial, artesanal ou liberal com o objectivo de promover o fornecimento de bens ou de serviços, incluindo bens imoveis, direitos e obrigações”.

[1234] Martini, *Anotação ao artigo 21.º do RGPD* em *Paal/Pauly*, Rn. 48a.

aplicação do artigo 21.º/2 a todo o tipo de comercialização direta, independentemente de visar propósitos comerciais, políticos, religiosos ou de outra índole[1235].

Apesar de a sua letra apontar neste último sentido, a aplicação do preceito é demonstrativa da impraticabilidade da solução[1236]. Vejamos um exemplo elucidativo[1237]: imagine-se que o tratamento dos dados se funda no artigo 6.º/1, *e)* – interesse público – e que a comercialização direta visa informar os cidadãos de um determinado perigo ou ocorrência; sendo esse o caso e considerando que o artigo 21.º/2, ao contrário do 21.º/1, não permite qualquer avaliação dos interesses em disputa, o titular dos dados poderia opor-se, sem mais, a esta comercialização.

Pesando todos os elementos interpretativos, consideramos ser de apoiar a interpretação que circunscreve a aplicação do artigo 21.º/2 às comercializações diretas com propósitos comerciais. A todas as demais é aplicável o regime geral consagrado no artigo 21.º/1.

154. Direito de oposição relativo a tratamentos para fins de investigação científica

I. O número 6 do artigo 21.º consagra um outro direito especial de oposição: direito a opor-se ao tratamento de dados para fins de investigação científica ou histórica ou para fins estatísticos.

Do confronto entre o conteúdo deste direito especial e as outras duas modalidades positivadas no artigo 21.º não podemos deixar de notar uma estranha ausência de elementos que dificultam a sua aplicação e que apenas poderão ser resolvidos através de uma interpretação sistemática do preceito[1238].

[1235] Herbst, *Anotação ao artigo 21.º do RGPD* em *Kühling/Buchner*, Rn. 26; Kamann/Braun, *Anotação ao artigo 21.º do RGPD* em *Ehmann/Selmayr*, Rn. 46.

[1236] Ponto 12.

[1237] Exemplo baseado na argumentação de Martini, *Anotação ao artigo 21.º do RGPD* em *Paal/Pauly*, Rn. 48a.

[1238] No mesmo sentido: Martini, *Anotação ao artigo 21.º do RGPD* em *Paal/Pauly*, Rn. 61

II. De modo próximo ao que se verifica com o direito geral do número 1, o direito de oposição relativo a tratamentos para fins de investigação científica apenas pode ser exercido eficazmente se a situação particular do titular dos dados o justificar. As considerações acima tecidas podem aqui ser recebidas com especiais proveitos: o titular dos dados deve alegar um qualquer direito, liberdade ou interesse que justifique bloquear a realização de um tratamento lícito.

A não procedência do direito de oposição depende da demonstração de que o tratamento desses dados é necessário para a prossecução de interesses públicos[1239]. O contraste com o disposto no n.º 1 é evidente: aí, o responsável pode contrapor invocando razões imperiosas e legítimas.

III. Do ponto de vista prático, o direito de oposição pode ser exercido a todo o tempo. Quanto ao ónus da prova: cabe ao titular demonstrar a particularidade da sua situação e ao responsável pelo tratamento a necessidade do tratamento para a prossecução de interesses públicos.

O responsável está obrigado a informar o titular dos dados da existência do direito de oposição, nos termos gerais dos artigos 13.º/2, *b)* e 14.º/2, *c)*. Todavia, nos termos do artigo 14.º/5, o dever de informação cessa sempre que o esforço envolvido seja desproporcionado.

[1239] Sobre o conceito de interesse público: Ponto 105.

Parte V

O Responsável pelo Tratamento

Capítulo I

Aspetos gerais e deveres

§ 31º CONCEITOS INTRODUTÓRIOS

155. O responsável pelo tratamento

I. Por responsável pelo tratamento entende-se, nos termos do artigo 4.º, *7)* (i) a pessoa singular ou coletiva, a autoridade pública, a agência ou outro organismo, (ii) que, individualmente ou em conjunto, (iii) determine as finalidades e os meios de tratamento de dados pessoais[1240].

O conceito de responsável pelo tratamento é alheio às categorias nacionais de pessoas: não releva a natureza jurídica ou a forma que em concreto assuma[1241].

No caso das pessoas coletivas, o responsável pelo tratamento será a própria pessoa e não o funcionário ou o representante que, em concreto, eleja as finalidades e os meios de tratamento utilizados. Essa pessoa singular

[1240] GT 29, *Parecer 1/2010 sobre os conceitos de "responsável pelo tratamento" e "subcontratante"* (WP 169), 16-fev.-2010, 11 ss; Manfred Monreal, *"Der für die Verarbeitung Verantwortliche" – das unbekannte Wesen des deutschen Datenschutzrechts – Mögliche Konsequenzen aus einem deutschen Missverständnis*, 4 ZD, 2014, 611-616, 612 ss.

[1241] O Considerando 22, p. 3 pode aqui ser invocado, em face do evidentemente paralelismo.

encontra-se, naturalmente, sujeita aos mecanismos civis, criminais ou administrativos aplicáveis. Há, todavia, uma importante exceção a esta regra: se um trabalhador utilizar os dados para a prossecução de fins próprios ou fora do âmbito das atividades da entidade empregadora, essa pessoa singular será considerada, para todos os efeitos legais, como responsável de facto pelo tratamento. A identificação do responsável é central no processo de imputação de deveres e de responsabilidades.

II. A realidade prática mostra-nos que a escolha das finalidades e dos meios de tratamento resulta muitas vezes não de uma vontade comum, mas de uma vontade conjunta. A clarificação do sujeito ou sujeitos envolvidos neste processo é, sublinhe, determinante para a imputação de deveres e de responsabilidades.

Importa ainda distinguir, a este propósito, os tratamentos desenvolvidos conjuntamente dos tratamentos autónomos relativos aos mesmos dados pessoais[1242]. Apenas os primeiros se encontram sujeitos ao regime da responsabilidade conjunta pelo tratamento, 26.º.

III. O terceiro elemento – a interpretar integrado com os demais – para além de ser decisivo para identificar o sujeito a quem os deveres e as responsabilidades devem ser imputados, estabelece as bases concretas para a aplicação do RGPD a propósito de cada situação real – p.ex.: os dados pessoais devem ser recolhidos para finalidades determinadas, 5.º/1, *b)*; o consentimento é manifestado a propósito de finalidades específicas, 6.º/1, *a)*; ou o titular dos dados tem o direito conhecer as finalidades que subjazem ao seu tratamento, 15.º/1.

156. O subcontratante

I. A figura do subcontratante não se confunde com a do responsável pelo tratamento: tratam-se de pessoas material e formalmente distintas. O subcontratante não é um funcionário do responsável pelo tratamento[1243].

[1242] GT 29, *Parecer 1/2010* cit., 23 ss: com exemplos esclarecedores.
[1243] GT 29, *Parecer 1/2010* cit., 29 ss.

A natureza e a forma assumidas pelo subcontratante são igualmente irrelevantes.

II. O subcontratante é um mandatário do responsável pelo tratamento: atua por conta deste último, 4.º, 8)[1244]. O subcontratante será ainda, por maioria de razão, titular de uma posição fiduciária: está obrigado a atuar sempre no melhor interesse do beneficiário da relação – o responsável pelo tratamento[1245].

A distinção entre as duas posições – responsável e subcontratante –, particularmente clara do ponto de vista teórico, suscita intensas dúvidas práticas. Na busca por esta distinção, importa atender aos seguintes indícios, que apontam para a pessoa do responsável pelo tratamento[1246]: (i) utilização discricionária dos dados pessoais; (ii) junção de dados próprios aos dados que lhe foram transmitidos: (iii) aplicação dos dados transmitidos para propósitos próprios ou distintos dos originais; (iv) recolha de dados diretamente junto dos titulares; e (v) assunção de responsabilidades autónomas no tratamento dos dados.

III. O responsável pelo tratamento apenas pode recorrer, nos termos do artigo 28.º/1[1247], a subcontratantes que ofereçam garantias suficientes – especialmente em termos de conhecimentos especializados, fiabilidade e recursos –, de execução das medidas técnicas e organizativas adequadas[1248], de forma a cumprir as exigências do RGPD e demais legislação aplicável (perspetiva formal) e a assegurar a proteção dos os direitos dos direitos dos dados (perspetiva material). A conformidade com estas exigências pode ser comprovada através da demonstração do cumprimento dos códigos de conduta ou dos procedimentos de certificação mencionados, respetivamente, nos artigos 40.º e 42.º[1249].

[1244] Artigo 1157.º do CC: "Mandato é o contrato pelo qual uma das partes se obriga a praticar um ou mais atos jurídicos por conta da outra".

[1245] Barreto Menezes Cordeiro, *Relações fiduciárias* cit.

[1246] Voigt/Bussche, *A Practical Guide* cit., 18.

[1247] Completado pelo Considerando 81

[1248] Sobre o conceito de medidas técnicas e organizativas adequadas: Ponto 161.

[1249] Artigo 28.º/5.

A relação estabelecida entre o responsável pelo tratamento e o subcontratante é regulada por contrato[1250], podendo as partes recorrer a cláusulas contratuais padronizadas para o efeito[1251].

A subcontratação num outro subcontratante apenas pode ocorrer mediante autorização escrita do responsável pelo tratamento, nos termos do artigo 28.º/2. A atuação do subsubcontratado rege-se pelo contrato celebrado entre o subcontratado e o responsável pelo tratamento[1252].

157. Figuras afins

I. Os responsáveis e os subcontratantes não se confundem com outras categorias de sujeitos típicas do Direito da proteção de dados, nomeadamente os destinatários, os terceiros e os encarregados de proteção de dados – a analisar no capítulo correspondente.

II. Por destinatário entende-se, nos termos do artigo 4.º, *9)*, qualquer pessoa, singular ou coletiva, pública ou privada, independentemente da natureza ou da forma em concreto assumidas, a quem sejam divulgados[1253] dados pessoais: o ato de divulgar consiste em tornar algo conhecido ou acessível.

O conceito de destinatário inclui igualmente o de terceiro. De fora ficam os responsáveis pelo tratamento e os subcontratantes e, consequentemente, os respetivos funcionários e dependentes[1254].

O legislador europeu exclui do conceito de destinatário as autoridades públicas que possam receber dados pessoais no âmbito de inquéritos específicos nos termos do Direito da União ou dos Estados-Membros.

III. A definição de terceiro assume um preenchimento idêntico ao que se verifica no Direito comum, ou seja, todo aquele que não é parte inte-

[1250] Artigo 28.º/3: elenca todos os pontos que devem ser cobertos pelo contrato.

[1251] Artigo 28.º/8.

[1252] Artigo 28.º/4.

[1253] A expressão divulgação, por ser mais ampla, é preferível à de comunicação.

[1254] Hartung, *Anotação ao artigo 4.º, 9) do RGPD* em *Kühling/Buchner*, Rn. 6

grante de um contrato ou que seja estranho à execução de uma situação jurídica. À luz do RGPD, não são terceiros: os titulares dos dados pessoais, os responsáveis pelo tratamento, os subcontratantes e todos os demais sujeitos que se encontrem, formal ou substancialmente, na dependência ou na estrutura destes dois últimos. Apesar de serem sujeitos externos às relações abrangidas pelo RGPD, o diploma atribui, pontualmente, juridicidade aos seus interesses[1255].

Os terceiros perdem esta qualidade assim que possam ser reconduzidos às demais categorias, nomeadamente à de responsável pelo tratamento.

158. Responsáveis conjuntos pelo tratamento

I. O tratamento de dados pessoais realizados com a intervenção de mais do que um sujeito apresenta-se como uma realidade comum e com uma clara tendência para aumentar[1256]: grupos de sociedades, organizações matriciais (*matrix organizations*)[1257], *outsourcing*[1258] ou colaborações mais ou menos formais.

O regime em concreto aplicável, a imputação e a repartição de responsabilidades encontram-se dependentes das circunstâncias específicas de cada caso concreto. É necessário distinguir, pelo menos, três situações distintas: (i) os dados são tratados por um subcontratante – artigo 28.º; (ii) os dados são tratados por dois responsáveis conjuntos – artigo 26.º; ou (iii) os dados são tratados por dois responsáveis a título individual, independentemente de terem sido recolhidos conjuntamente ou transmitidos posteriormente[1259]. As suas fronteiras nem sempre são fáceis de delimitar:

[1255] Artigos 6.º/1, *f)*; 13.º/1, *d)* ou 14.º/2, *d)*.

[1256] Spoer, *Anotação ao artigo 26.º do RGPD* em *BeckOK*, Rn. 4.

[1257] Christian Kuß, *Folge dem weißen Kaninchen – Datenaustausch in der Matrixorganisation*, 40 DuD, 2016, 150-154.

[1258] Caso paradigmático de serviços de recursos humanos: Jens Eckhardt/Rudi Kramer, *Auftragsdatenverarbeitung beim Einsatz von Persönlichkeitsanalysetools*, 40 DuD, 2016, 144-149.

[1259] Lukas Lezzi/Jutta Sonja Oberlin, *Gemeinsam Verantwortliche in der konzerninternen Datenverarbeitung – Eine praxisorientierte Darstellung möglicher Konstellationen*, 8 ZD, 2018, 398-404, 400 ss: apesar de o estudo se centrar nos grupos de sociedades, a análise pode ser generalizada sem especiais perdas científicas.

ao intérprete-aplicador cabe analisar de forma pormenorizada as particularidades dos casos com que é confrontado[1260].

II. O artigo 26.º regula os tratamentos conjuntos de dados pessoais, i.e., quando as finalidades e os meios do tratamento sejam determinados conjuntamente por dois ou mais responsáveis pelo tratamento.

Não é necessário que todos os responsáveis contribuam com a mesma intensidade. Todavia, o disposto no artigo 26.º é claro ao exigir que cada um deles esteja envolvido no processo de determinação das finalidades e dos meios[1261]: "podem estar envolvidos em diferentes fases desse tratamento e em diferentes graus"[1262].

Apesar de a letra da lei ser clara[1263] – finalidades e meios –, alguma doutrina considera que, dependendo das circunstâncias concretas do caso, o preceito é aplicável independentemente de os meios e os fins serem determinados por todos os responsáveis pelo tratamento[1264]. O acórdão *Testemunhas de Jeová* esvaziou esta discussão[1265], ao sustentar que basta, para a aplicação do preceito, a demonstração de uma influência[1266], ou seja, a demonstração de uma simples influência (efetiva) na determinação das finalidades e dos meios permite aplicar o artigo 26.º.

[1260] GT 29, *Parecer 1/2010* cit., 22 ss: os exemplos apresentados pelo GT 29 são demonstrativos das subtilezas desta análise.

[1261] TJUE 5-jun.-2018, proc. C-210/16 (*Wirtschaftsakademie*), 43.

[1262] TJUE 10-jul.-2018, proc. C-25/17 (*Testemunhas de Jeová*), 66.

[1263] Ingemar Kartheuser/Selma Nabulsi, *Abgrenzungsfragen bei gemeinsam Verantwortlichen – Kritische Analyse der Voraussetzungen nach Art. 26 DS-GVO*, 21 MMR, 2018, 717-721, 720: sublinhando a insuficiências dos argumentos até agora apresentados para contrariar o elemento literal; Plitz, *Anotação ao artigo 26.º do RGPD* em *Gola*, Rn. 3; Petri, *Anotação ao artigo 26.º do RGPD* em *Simitis/Hornung/Spiecker gen. Döhmann*, Rn. 12: é manifesto ser essa a vontade do legislador; reconhece, todavia, que o legislador poderia ter ido mais longe na regulação da responsabilidade conjunta: o regime positivado deixa em aberto várias questões.

[1264] Alexander Jung/Guido Hansch, *Die Verantwortlichkeit in der DS-GVO und ihre praktischen Auswirkungen – Hinweis zur Umsetzung im Konzern- oder Unternehmensumfeld*, 9 ZD, 2019, 143-148, 144: recorrem ao caso das *Testemunhas de Jeová* – TJUE 10-jul.-2018, proc. C-25/17.

[1265] Petri, *Anotação ao artigo 26.º do RGPD* em *Simitis/Hornung/Spiecker gen. Döhmann*, Rn. 12: em sentido coincidente.

[1266] TJUE 10-jul.-2018, proc. C-25/17 (*Testemunhas de Jeová*), 68.

É irrelevante se apenas um dos sujeitos têm o controlo físico do sistema que procede aos tratamentos[1267] ou se para o exterior tudo se desenrola como se o tratamento fosse realizado por apenas um responsável[1268]

Os propósitos prosseguidos podem não ser os mesmos, mas deverá sempre existir um qualquer tipo de relação[1269] – p.ex.: várias empresas criam uma plataforma comum na *Internet* para prosseguir finalidades próprias[1270].

III. Nos termos do artigo 26.º/1, 2ª Parte, e 26.º/2, 1ª Parte, os responsáveis conjuntos devem determinar quais as funções, as responsabilidades e as obrigações que cada um deles assume individualmente, com destaque para as obrigações devidas para com os titulares dos dados visados – a referência aos artigos 13.º e 14.º consubstancia um simples exemplo. O acordo pode, ainda, indicar qual dos responsáveis pelo tratamento será o ponto de contacto por excelência junto dos titulares dos dados (3ª parte do artigo 26.º/1).

O não cumprimento destas exigências formais não afeta a aplicação deste regime especial – não se trata, consequentemente, de nenhuma condição de validade ou sequer de eficácia –, apenas poderá dar lugar à aplicação de uma coima, nos termos do artigo 83.º/4, *a)*[1271].

O acordo deve ser celebrado por escrito[1272] – o princípio da transparência isso o exige – e "a essência do acordo" deve ser disponibilizada aos titulares de dados visados, ou seja, não é o acordo em si mesmo que deve ser facultado aos titulares dos dados, mas somente as partes que lhes digam respeito, nomeadamente a divisão de obrigações, responsabilidades e funções. De forma a dar cumprimento ao princípio da transparência,

[1267] Spoer, *Anotação ao artigo 26.º do RGPD* em *BeckOK* cit., Rn. 19.

[1268] Lezzi/Oberlin, *Gemeinsam Verantwortliche in der konzerninternen Datenverarbeitung* cit., 400.

[1269] Alexander Jung/Guido Hansch, *Die Verantwortlichkeit in der DS-GVO und ihre praktischen Auswirkungen – Hinweis zur Umsetzung im Konzern- oder Unternehmensumfeld*, 9 ZD, 2019, 143-148, 144. Isso parece resultar, de forma clara, do TJUE 5-jun.-2018, proc. C-210/16 (*Wirtschaftsakademie*), 35 ss.

[1270] GT 29, *Parecer 1/2010* cit., 24.

[1271] Martini, *Anotação ao artigo 26.º do RGPD* em *Paal/Pauly*, Rn. 22 e

[1272] Hartung, *Anotação ao artigo 24.º* em *Kühling/Buchner*, Rn. 20.

as informações disponibilizadas aos titulares devem sê-lo de forma clara, completa, objetiva e adequada aos destinatários concretos[1273]. Não conseguimos acompanhar a posição que considera que também o contrato celebrado entre os responsáveis conjuntos deve guiar-se por esta diretriz[1274].

IV. Independentemente da divisão de obrigações acordada, da validade do contrato ou do ponto de contacto designado, os titulares dos dados podem sempre exercer os seus direitos contra todos os responsáveis pelo tratamento individualmente, artigo 26.º/3. O contrato celebrado entre os responsáveis conjuntos não afeta a posição jurídica dos titulares, sendo irrelevante o papel assumido efetivamente por cada um deles[1275]. Na prática, apenas produz efeitos internamente e já não externamente.

Na perspetiva dos responsáveis pelo tratamento, a responsabilidade conjunta condensa duas grandes vantagens: (i) divisão de funções e de responsabilidades; e (ii) emergência de um direito de regresso, nos termos do artigo 82.º/5.

O artigo 26.º visa, por um lado, proteger os direitos dos titulares dos dados[1276] – em especial porque o número três lhes possibilita exercer os seus direitos contra qualquer um dos responsáveis[1277] – e, por outro lado, esclarecer, para todos os efeitos legais, os sujeitos a quem devem ser, em última análise, imputadas as obrigações previstas no RGPD e na demais legislação aplicável[1278].

[1273] Spoer, *Anotação ao artigo 26.º do RGPD* em *BeckOK* cit., Rn. 29.

[1274] Kristina Schreiber, *Gemeinsame Verantwortlichkeit gegenüber Betroffenen und Aufsichtsbehörden Anwendungsbereiche, Vertragsgestaltung und Folgen nicht gleichwertiger Verantwortung*, 9 ZD, 2019, 55-60, 56.

[1275] Philipp Hacker, *Mehrstufige Informationsanbieterverhältnisse zwischen Datenschutz und Störerhaftung – Gestufte Kontrolle – gemeinsame Verantwortung?*, 21 MMR, 2018, 779-784, 780.

[1276] TJUE 5-jun.-2018, proc. C-210/16 (*Wirtschaftsakademie*), 42.

[1277] Lezzi/Oberlin, *Gemeinsam Verantwortliche in der konzerninternen Datenverarbeitung* cit., 717

[1278] Considerando 79, p. 1.

§ 32º DEVER PRINCIPAL

159. Dificuldades e identificação do dever principal

I. Na busca pela identificação do dever principal – i.e., dever nuclear ou característico – da posição jurídica de responsável pelo tratamento dos dados, o juscientista é confrontado com diversas dificuldades interpretativas, de entre as quais três se destacam: (i) o número de deveres previstos no RGPD é muito superior ao que constava da Diretriz n.º 95/46/CE; (ii) o disposto no artigo 24.º – comumente apresentado como o dever geral do responsável pelo tratamento dos dados – não encontra paralelo na Diretriz n.º 95/46/CE; e (iii) é notória a existência quer de uma sobreposição quer de uma complementaridade entre os vários deveres do responsável ou, porventura mais correto, entre vários artigos que compõem o Capítulo V do RGPD, relativo ao responsável pelo tratamento e ao subcontratante.

II. Apesar de parte relevante da doutrina – conquanto, reconheça-se, com algumas cautelas e importantes flutuações – apresentar o conteúdo do artigo 24.º como a prestação principal[1279] do responsável pelo tratamento ou o núcleo da sua obrigação principal[1280], não conseguimos acompanhar

[1279] Clemens Koós/Bastian Englisch, *Eine „neue" Auftragsdatenverarbeitung? - Gegenüberstellung der aktuellen Rechtslage und der DS-GVO in der Fassung des LIBE-Entwurfs*, 4 ZD, 2014, 276-285, 278: trata-se da prestação principal do responsável pelo tratamento dos dados.

[1280] Posição tipicamente defendida em comentários ao RGPD: Petri, *Anotação ao artigo 24.º do RGPD* em *Simitis/Hornung/Spiecker gen. Döhmann*, Rn. 1: afirma-o de forma categórica; Hartung, *Anotação ao artigo 24.º* em *Kühling/Buchner*, Rn. 1: corresponde a uma síntese ou um apanhado geral do núcleo da obrigação principal do responsável pelo tratamento;

esta conceção: ela cede quando sujeita a uma análise sistemática do regime jurídico do responsável pelo tratamento.

III. À luz de uma interpretação integrada e teleológica no RGPD, o dever principal do responsável pelo tratamento de dados corresponde, numa perspetiva formal, ao dever de realizar o tratamento de dados pessoais no estrito cumprimento da legislação aplicável – RGPD e legislação extravagante – e, numa perspetiva material, ao dever de realizar o tratamento de dados pessoais no estrito respeito pelos direitos dos titulares dos dados eventualmente afetados[1281].

Nestes termos, o dever consagrado no artigo 24.º não corresponde ao dever principal do responsável pelo tratamento dos dados, nem sequer ao núcleo desse dever, densificado ou aprofundado ao longo de todo o regime jurídico[1282] e, em especial, nos artigos 25.º e 32.º[1283]. Trata-se apenas de mais uma ramificação do dever principal.

IV. O dever de realizar tratamentos nos termos estipulados na legislação aplicável (formal) e no estrito respeito pelos direitos à autodeterminação informacional dos titulares dos dados eventualmente visados (material) concretiza-se em três manifestações principais:

- dever de aplicar as medidas técnicas e organizativas adequadas para assegurar e poder comprovar que o tratamento é realizado em conformidade com o RGPD e demais legislação extravagante e a proteger os direitos dos titulares dos dados, artigo 24.º;
- dever de aplicar, tanto no momento da definição dos meios de tratamento como no momento do próprio tratamento, as medidas

Bertermann, *Anotação ao artigo 24.º do RGPD* em *Ehmann/Selmayr*, Rn. 1: apesar de atribuir ao artigo 24.º este epíteto, afirma, logo de seguida, que esse papel é partilhado com os artigos 25.º e 32.º; Piltz, *Anotação ao artigo 24.º do RGPD* em *Gola*, Rn. 1; Veil, *Anotação ao artigo 24 do RGPD* em *Gierschmann/Schlender/Stentzel/Veil*, Rn. 1.

[1281] Esta dupla dimensão – material e formal – é, em certa medida, reconhecida pelo conteúdo do artigo 25.º/1: "de uma forma que cumpra os requisitos do presente regulamento e proteja os direitos dos titulares dos dados".

[1282] Piltz, *Anotação ao artigo 24.º do RGPD* em *Gola*, Rn. 1.

[1283] Raschauer, *Anotação ao artigo 24.º do RGPD* em *Sydow*, Rn. 1.

técnicas e organizativas adequadas a aplicar com eficácia os princípios da proteção de dados e proteger os direitos dos titulares dos dados, artigo 25.º/1 (*privacy by design*);
- dever de aplicar as medidas técnicas e organizativas adequadas para assegurar que, por defeito, só sejam tratados os dados pessoais que forem necessários para cada finalidade específica do tratamento, artigo 25.º/2 (*privacy by default*);
- dever de aplicar as medidas técnicas e organizativas adequadas para assegurar a segurança dos dados pessoais detidos, artigo 32.º.

Apesar de interligados, estes deveres têm um campo de aplicação distinto e próprio: os dois primeiros assumem uma dimensão essencialmente profilática, o terceiro respeita ao tratamento *per se* e o quarto à segurança dos dados.

V. Para além de partilharem uma última *ratio*, estes deveres surgem ainda moldados por dois conceitos basilares, presentes, de forma transversal, em todo o RGPD: (i) o *risk based approach*; e (ii) a implementação de medidas técnicas e organizativas adequadas.

160. *Risk based approach*

I. O anglicismo *risk based approach* – abordagem baseada no risco – pode assumir múltiplos preenchimentos, dimensões e intensidades[1284].

Numa aceção clássica, traduz uma ideia particularmente simples: o responsável pelo tratamento deve atender, a todo o tempo e em relação a todas as decisões que tome e aos atos que pratique, aos riscos que daí possam decorrer para os titulares dos dados. Na prática, espera-se que o responsável pelo tratamento adeque a sua atuação às especificidades concretas de cada caso.

Numa aceção económica, o *risk based approach* surge como um modelo a empregar pelo responsável pelo tratamento de forma a verificar em que

[1284] O GT 29 chama a atenção para esta multiplicação de significados: GT 29, *Statement on the Role of a Risk-Based Approach in Data Protection Legal Frameworks* (WP 128), 30-mai.-2014.

medida um determinado tratamento em concreto viola o RGPD ou, porventura mais correto, de quantificar o risco dessa violação[1285].

Numa aceção científico-ideológica, o termo é utilizado para designar uma nova abordagem ao Direito da proteção de dados, focada não nos direitos dos titulares dos dados, mas nas consequências efetivas que possam resultar do tratamento de dados pessoais.

II. Para efeitos de aplicação do RGPD e, em especial, das obrigações do responsável pelo tratamento interessa-nos a apenas primeira aceção[1286].

Apesar do entusiamo com que parte da doutrina especializada a tem recebido[1287], o *risk based approach* era já reconhecida pela Diretriz n.º 95/46/CE[1288] e os seus fundamentos têm sólidas raízes jurídicas. Recorde-se que a ancestral bitola do bom pai de família não é avaliada em abstrato, mas sempre tendo em consideração as circunstâncias do caso concreto: "A culpa é apreciada, na falta de outro critério legal, pela diligência de um bom pai de família, *em face das circunstâncias de cada caso*"[1289]. Nesse sentido, não conseguimos acompanhar a doutrina que apresenta este modelo como revolucionário, pelo contrário: é perfeitamente lógico que assim o seja.

III. Na Proposta original da Comissão a necessidade de o responsável pelo tratamento adotar uma abordagem de índole casuística apenas era referida no artigo 30.º – artigo 32.º da versão final – relativo à segurança do tratamento[1290]. O modelo viria a ser estendido, por ascendência do Conselho e do Parlamento, às medidas técnicas e organizativas a implementar para assegurar e poder comprovar a conformidade dos tratamentos

[1285] Raphaël Gellert, *We Have Always Managed Risks in Data Protection Law: Understanding the Similarities and Differences Between the Rights-Based and the Risk-Based Approaches to Data Protection*, 2 EDPL, 2016, 481-492

[1286] Por todos: Bertermann, *Anotação ao artigo 24.º do RGPD* em *Ehmann/Selmayr*, Rn. 6.

[1287] Winfried Veil, *Risikobasierter Ansatz statt rigides Verbotsprinzip - Eine erste Bestandsaufnahme*, 5 ZD, 2015, 347-353: indispensável para combater a hipertrofia do Direito da proteção de dados.

[1288] Artigo 17.º da Diretriz n.º 95/46/CE.

[1289] Artigo 487.º/2 do CC.

[1290] E nos artigos relacionados; p.ex.: artigo 33.º da Proposta – artigo 35.º da versão final do RGPD.

realizados com o RGPD (artigo 24.º); à definição dos meios de tratamento e ao tratamento *per se* (artigo 25.º) ou às comunicações entre o responsável e o titular dos dados (artigo 34.º), num movimento que era igualmente defendida por parte da doutrina[1291].

Na prática, as mais relevantes atuações e decisões a tomar pelo responsável pelo tratamento, se não mesmos todas, surgem moldadas por este exercício casuístico.

IV. Apesar de o risco surgir, nos artigos 24.º/1, 25.º/1 e 32.º/1[1292], apenas como mais um elemento a considerar no âmbito da análise casuística a aplicar pelo responsável pelo tratamento, o conceito tende a consumir toda esta atividade[1293]. A primeira parte do Considerando 76 é esclarecedora: "a probabilidade e a gravidade dos riscos para os direitos e liberdades do titular dos dados deverá ser determinada por referência à natureza, âmbito, contexto e finalidades do tratamento de dados".

Cabe ao responsável pelo tratamento proceder a uma análise objetiva[1294] que atente a todos os elementos relevantes, com destaque para a natureza e a origem dos dados, para o âmbito e o contexto em que o tratamento é realizado e para as finalidades prosseguidas[1295] ou para o possível impacto de um determinado ato na esfera jurídica dos titulares de dados afetados[1296]. Quanto maiores os riscos envolvidos, maiores serão, naturalmente, os cuidados a ter[1297].

O exame desenvolvido pelo responsável pelo tratamento, tendo em vista a identificação dos riscos potenciais e da sua gravidade, possibilita

1291 Florian Thoma, *Risiko im Datenschutz – Stellenwert eines systematischen Risikomanagements in BDSG und DS-GVO-E*, 3 ZD, 2013, 578-581: o Autor mostrou-se particularmente crítico do papel reduzido que a abodagem baseada no risco assumia, nas suas diferentes dimensões, na Proposta original do RGPD, apresentada pela Comissão.

1292 E também no Considerando 74, p.2.

1293 Martini, *Anotação ao artigo 24.º do RGPD* em *Paal/Pauly*, Rn. 26a.

1294 Considerando 76, p. 2.

1295 Para além do próprio artigo 24.º/1, veja-se, ainda, o Considerando 77, p. 1.

1296 Petri, *Anotação ao artigo 24.º do RGPD* em *Simitis/Hornung/ Spiecker gen. Döhmann*, Rn. 3-4: assume uma conceção de risco distinta: mais económica e menos jurídico-dogmática. Não cremos que os resultados finais sejam distintos.

1297 Felix Bieker, *Die Risikoanalyse nach dem neuen EU-Datenschutzrecht und dem Standard--Datenschutzmodell*, 42 DuD, 2018, 27-31, 27.

uma tomada de posição mais consciente, transparente e, expectavelmente, menos prejudicial para os interesses dos titulares visados.

V. No extenso Considerando 75, o legislador europeu apresenta um conjunto heterógeno de exemplos que o próprio caracteriza como potenciadores, em abstrato, de maiores riscos para os titulares dos dados. A saber: tratamentos (i) que possam prejudicar os titulares dos dados; (ii) relativos a dados sensíveis; (iii) que visem a definição de perfis; (iv) relativos a sujeitos vulneráveis – menores, mas não só; ou (v) que envolvam uma grande quantidade de dados pessoais ou possam afetar um grande número de titulares de dados.

VI. Sempre que os riscos envolvidos no tratamento de dados pessoais sejam elevados, em relação aos direitos e liberdades dos titulares de dados visados, o responsável pelo tratamento deve proceder a uma avaliação de impacto, nos termos dos artigos 35.º e 36.º.

161. As medidas técnicas e organizativas adequadas: uma bitola geral de conduta?

I. Apesar de o legislador europeu não ter recorrido às construções juscientíficas clássicas que usualmente associamos a bitolas gerais de conduta – p.ex.: a diligência de um bom pai de família[1298], a diligência de um gestor criterioso e ordenado[1299] ou elevados padrões de diligência[1300] – é esse o papel que a expressão *medidas técnicas e organizativas adequadas* tenderá a desempenhar[1301].

A expressão é empregue, diretamente, nos artigos 24.º/1, 25.º/1, 32.º/1, 5.º/1, *f)*, 28.º/1 e 89.º/1, 2ª Parte, e, por remissão para um destes preceitos, em incontáveis artigos. Do responsável pelo tratamento espera-se, pelo

[1298] Artigo 487.º/2 do CC.

[1299] Artigo 64.º/1, *a)* do CSC.

[1300] Artigo 304.º/2 do CVM.

[1301] A atribuição desta função é, reconheça-se, mais evidente se atribuirmos ao artigo 24.º uma dimensão geral.

menos em relação a estas situações, que aplique as medidas técnicas e organizativas adequadas.

A atribuição à expressão *medidas técnicas e organizativas adequadas* do sentido aqui avançado, suscita duas grandes dúvidas interpretativas: (i) o que se entende por medidas técnicas e organizativas; e (ii) como preencher a locução *adequadas*?

II. O RGPD não prevê uma definição de *medidas técnicas e organizativas* nem fornece pistas suficientes quanto à sua distinção interna, ou seja, o que são medidas técnicas e o que são medidas organizativas. Salvo em relação ao Considerando 66, em que apenas é utilizado o termo medidas técnicas, em todas as demais situações, são sempre empregues conjuntamente.

Os termos devem, tanto numa perspetiva isolada como numa perspetiva conjunta, ser interpretados de forma lata, pelo que as medidas técnicas e organizativas abrangem todos os aspetos que possam influenciar o cumprimento do RGPD ou prejudicar os direitos dos titulares dos dados[1302]. As medidas tecnológicas – *privacy-enhancing tecnologies* – desempenham, naturalmente, um papel central na proteção dos direitos dos titulares dos dados e na implementação do RGPD[1303].

Na busca por uma distinção, podemos considerar, com algumas cautelas, que as medidas técnicas respeitam aos procedimentos aplicados na realização dos tratamentos e as medidas organizativas à forma como o responsável e os próprios tratamentos são estruturados e organizados[1304].

III. No preenchimento do conceito *adequadas* – intrinsecamente indeterminado e casuístico – importa considerar dois fatores principais: (i) os resultados da *risk based approach*; e (ii) o princípio da proporcionalidade[1305].

A *risk based approach* tenderá a permitir analisar todo o contexto e as particularidades concretas do caso. Todavia, reconhece-se a eventual

[1302] Hartung, *Anotação ao artigo 24.º* em *Kühling/Buchner*, Rn. 18.

[1303] Gerrit Hornung, *Datenschutz durch Technik in Europa – Die Reform der Richtlinie als Chance für ein modernes Datenschutzrecht*, 1 ZD, 2011, 51-56: sublinhando, à época em que se iniciava a revisão do Direito europeu da proteção de dados, a interligação umbilical entre a proteção dos direitos dos titulares dos dados e a incorporação dos avanços tecnológicos.

[1304] Martini, *Anotação ao artigo 24.º do RGPD* em *Paal/Pauly*, Rn. 20 ss.

[1305] Ponto 103.

necessidade de reconsiderar a totalidade ou parte dos elementos já analisados – a natureza e a origem dos dados, o âmbito e o contexto em que o tratamento é realizado, as finalidades prosseguidas e o possível impacto de um determinado ato na esfera jurídica dos titulares de dados afetados.

O princípio da proporcionalidade surge como um limite ao que o sistema pode exigir do responsável pelo tratamento.

IV. Os artigos 25.º/1 e 32.º/1 mencionam dois fatores que não estão previstos nos artigos 25.º/2 e 24.º/1: as técnicas mais avançadas e os custos de implementação das medidas técnicas e organizativas mais adequadas. Não vemos como ambos os fatores não devam ser atendidos em todos estes quatro preceitos.

Na análise de determinação das medidas mais adequadas, o responsável pelo tratamento não poderá deixar de implementar as técnicas mais avançadas disponíveis, desde que, naturalmente, sejam as mais adequadas em face da situação concreta.

Quanto aos custos, estes serão sempre considerados aquando da aplicação do princípio da proporcionalidade.

§ 33º DEVER DE ASSEGURAR E DE PODER PROVAR O CUMPRIMENTO DO RGPD

162. Enquadramento

I. O capítulo IV do RGPD – intitulado *Responsável pelo tratamento e subcontratante* – é inaugurado pelo artigo 24.º. A epígrafe do preceito – *Responsabilidades do responsável pelo tratamento* –, para além de cacofónica, está longe de representar o conteúdo que introduz, mesmo se adotarmos a conceção mais divulgada e que atribui a este preceito uma função nuclear na concretização dos deveres do responsável pelo tratamento.

Teria sido preferível deixar a epígrafe sugerida pela Comissão na Proposta original: *Obrigações do responsável pelo tratamento.*

II. Há uma forte corrente doutrinária que apresenta o artigo 24.º não apenas como um preceito geral relativo às obrigações do responsável pelo tratamento, mas também em relação à sua responsabilidade, no sentido mais técnico no termo[1306]. Esta dupla dimensão do artigo 24.º é parcialmente suportada pela versão inglesa – *The responsibility and liability of the controller for any processing of personal data* – e pela versão alemã – *Die Verantwortung und Haftung des Verantwortlichen für jedwede Verarbeitung personenbezogener Daten* – do Considerando 74: o considerando que acompanha o artigo 24.º. Já nas versões espanhola, francesa, italiana e portuguesa apenas é empregue a expressão *responsabilidade.*

[1306] Este ponto é assumido sem especiais dissidências pelas Ciência Jurídica alemã. Por todos: Petri, *Anotação ao artigo 24.º do RGPD* em *Simitis/Hornung/Spiecker gen. Döhmann*, Rn. 1.

Também não conseguimos acompanhar esta interpretação. Certamente que o incumprimento do artigo 24.º pode levar à responsabilidade do responsável pelo tratamento. Contudo, ela não opera autonomamente: terá sempre de ser conjugada com os regimes jurídicos da responsabilidade contraordenacional ou da responsabilidade civil.

III. Seguindo a sistematização geral que propomos, o disposto no artigo 24.º deve ser entendido não como uma obrigação geral ou como um preceito angariador dos princípios que moldam a atuação dos responsáveis pelo tratamento, mas sim como um dever específico e autónomo não confundível com os demais deveres positivados no RGPD.

163. Conteúdo do dever

I. O artigo 24.º/1 exige que o responsável pelo tratamento aplique as medidas técnicas e organizativas adequadas para (i) assegurar e (ii) poder comprovar que o tratamento é realizado em conformidade com o RGPD e demais legislação aplicável. Trata-se, consequentemente, de dois momentos distintos que exigem, por maioria de razão, medidas e preocupações diferenciadas.

II. Segundo a doutrina dominante, o artigo 24.º não consubstancia uma obrigação autónoma. Desta afirmação resultam duas consequências: (i) as medidas aí previstas não são distintas das exigidas pelos artigos 25.º e 32.º; e (ii) o artigo 24.º é concretizado em vários preceitos, sendo que apenas estes contêm obrigações específicas passíveis de serem exigidas. Certamente que não é assim. O artigo 24.º tem um campo de aplicação mais vasto: exige, no limite, que o responsável pelo tratamento disponha de todos os meios técnicos, materiais e humanos para dar cumprimento às exigências do RGPD. Vejamos um exemplo: o artigo 37.º impõe a obrigatoriedade de nomear um encarregado de proteção de dados em diversas situações. Todavia, de forma a garantir o cumprimento do RGPD, a realidade concreta pode exigir a constituição de um departamento de natureza eclética que auxilie o encarregado de proteção de dados na realização das suas funções.

III. Nos termos do artigo 24.º/2, o responsável pelo tratamento deve, atendendo ao princípio da proporcionalidade, introduzir políticas adequadas em matéria de proteção de dados. O conceito, que volta a ser utilizado no artigo 39.º/1, *b)*, suscita, naturalmente, dúvidas interpretativas.

Em termos gerais, deve ser apreciado como um documento interno (medida organizativa) que indica os procedimentos ou protocolos a adotar nas mais diversas situações: desde o tratamento dos dados, até à interação com os titulares dos dados pessoais[1307].

IV. Nos termos da 2ª parte do artigo 24.º/1, o responsável pelo tratamento deve rever e atualizar as medidas implementadas consoante as necessidades. Cabe ao responsável pelo tratamento acompanhar e determinar essa eventual necessidade. A não atualização traduz uma direta violação do próprio preceito.

O Parlamento avançou com uma periodicidade mínima de revisão: "pelo menos de dois em dois anos". Esta sugestão não foi acolhida na versão final do diploma.

V. O responsável pelo tratamento deve ainda implementar as medidas técnicas e organizativas adequadas a demonstrar que o tratamento é realizado em conformidade com o RGPD e demais legislação aplicável. Trata-se de uma manifestação do princípio da responsabilidade, consagrado no artigo 5.º/2[1308].

[1307] Petri, *Anotação ao artigo 24.º do RGPD* em *Simitis/Hornung/Spiecker gen. Döhmann*, Rn. 22.

[1308] Ponto 104.

§ 34º PROTEÇÃO DE DADOS DESDE A CONCEÇÃO E POR DEFEITO (*PRIVACY BY DESIGN AND PRIVACY BY DEFAULT*)

164. Enquadramento

I. Apesar de os termos *privacy by design* e *privacy by default* se encontrarem hoje profundamente enraizados, os seus exatos conteúdos estão longe de estar consolidados, sendo empregues com preenchimentos nem sempre coincidentes[1309].

Numa aceção ampla, a expressão *privacy by design* é usualmente entendida como conjunto de medidas técnicas, princípios e linhas orientadores introduzidas *ab initio* nos sistemas que realizam tratamentos de dados pessoais, com o propósito de proteger de forma mais efetiva os direitos dos titulares dos dados.

Numa aceção estrita, a *privacy of design* compreende apenas a incorporação de medidas tecnológicas – usualmente as mais avançadas – nos sistemas que realizam tratamentos de dados pessoais, desde a sua conceção.

II. Do ponto de vista estrutural, a *privacy by default* surge como um princípio ou uma concretização da *privacy of design* em sentido amplo. Numa perspetiva material, conhecem-se duas grandes conceções.

[1309] Entre a incontável bibliografia existente, recomendam-se, a título introdutório, o seguinte estudo: Demetrius Klitou, *A Solution, But Not a Panacea for Defending Privacy: The Challenges, Criticism and Limitations of Privacy by Design* em *Privacy Technologies and Policy: First Annual Privacy Forum, APF 2012*, Springer, Heidelberg, 2014, 86-110.

Para Ana Cavoukian será a aplicação automática das medidas técnicas destinadas a acautelar os direitos dos titulares dos dados, independentemente de estes as acionarem ou sequer as conhecerem[1310].

Para o legislador europeu, traduz-se no dever de "assegurar que, por defeito, só sejam tratados os dados pessoais que forem necessários para cada finalidade específica de tratamento", artigo 25.º/2.

165. *Rationes* e desenvolvimentos históricos

I. O conceito de *privacy by design* funda-se numa ideia muito simples: a insuficiência do Direito e da supervisão desenvolvida pelas autoridades de controlo para proteger os direitos dos titulares dos dados pessoais; está só poderá efetivamente ser alcançada se for incorporada nos sistemas que realizam ou auxiliam o tratamento dos dados pessoais. Na prática, os sistemas são concebidos e moldados com esse propósito.

II. Apesar da relativa juventude do termo *privacy by design*, as suas *rationes* têm sólidas raízes científicas e legislativas.

Desde pelo menos o final da década de 70 do século passado que a incorporação *ab initio* nos próprios sistemas que realizam ou que auxiliam o tratamento de dado de medidas e procedimentos destinados a proteger os direitos dos titulares de dados é debatida e defendida pela Ciência da Computação[1311-1312].

O tema viria a alcançar um nível de destaque, de problematização e de implementação sem precedentes a partir de meados da década de 90 do século passado[1313]. Em várias partes do globo foram dados contributos decisivos. A pareceria entre o *Information and Privacy Comissioner of Ontario* e a

[1310] Segundo princípio do modelo desenvolvido por Ann Cavoukian.

[1311] Hansen, *Anotação ao artigo 25.º do RGPD* em *Simitis/Hornung/Spiecker gen. Döhmann*, Rn. 5-9;

[1312] David Chaum, *Security without Identification: Transaction Systems to Make Big Brother Obsolete*, 28 *Communications of the ACM*, out.-1985, 1030-1044: estudo paradigmático deste período histórico.

[1313] Birgit Pfitzmann/Michael Waidner/Andreas Pfitzmann, 6 DuD, 1990, 243-253 e 7 DuD 1990, 305-315 ou John J. Borking, *Der Identity Protector*, 20 DuD, 1996, 654-658.

Registratiekamer – a então autoridade de supervisão holandesa – produziu o mais relevante estudo dessa época: *Privacy-Enhancing Technologies: The Path to Anonymity*[1314].

III. Numa perspetiva jurídica, a *privacy by design* esteve sempre presente, de forma mais ou menos evidente, no pensamento dos legisladores – mesmo que, reconheça-se, a sua relevância não fosse totalmente compreendida.

Recupere-se, a esse propósito, o ilustrativo § 552a(e)(10) do *Privacy Act 1974*: *"Each agency that maintains a system of records shall establish appropriate administrative, technical and physical safeguards to insure the security and confidentiality of records"*.

A inclusão desta conceção na Diretriz n.º 95/46/CE representou um ponto sem retorno[1315]. Nos anos que se seguiram – num movimento que ainda hoje conhece novidades – a conceção viria a ser assumida por outros legisladores e entidades de supervisão, com destaque para a incontornável *Federal Trade Commission*[1316].

166. Os setes princípios de Ann Cavoukian

Ann Cavoukian, que esteve envolvida, na década de 1990, na pareceria canadiana e holandesa, avançou àquela que será a mais divulgada e conhecida sistematização da *privacy by design*[1317].

O modelo Cavoukian surge organizado em sete grandes princípios[1318]:

[1314] John J. Borking et all, *Privacy-Enhancing Technologies: The Path to Anonymity*, I e II, Information and Privacy Commissioner, Ontário, Canada e Registratiekamer, Países Baixos, 1995.

[1315] Veja-se o artigo 17.º e o Considerando 46.

[1316] Edith Ramirez, *Privacy by Design and the New Privacy Framework of the U.S. Federal Trade Commission*, Hong Kong, 13-jun.-2012.

[1317] Veja-se, a título de exemplo, o estudo, particularmente citado e divulgado, de Marc Langheinrich, *Privacy by Design – Principles of Privacy – Aware Ubiquitous Systems* em *Ubicomp 2001: Ubiquitous Computing*, 2001, 273-291.

[1318] Ann Cavoukian, *Privacy by Design: The 7 Foundational Principles*, Information and Privacy Commissioner of Ontario, 2009, revisto em 2011

"1. Proactive not Reactive; Preventative not Remedial

The Privacy by Design (PbD) approach is characterized by proactive rather than reactive measures. It anticipates and prevents privacy invasive events before they happen. PbD does not wait for privacy risks to materialize, nor does it offer remedies for resolving privacy infractions once they have occurred — it aims to prevent them from occurring. In short, Privacy by Design comes before-the-fact, not after.

2. Privacy as the Default Setting

We can all be certain of one thing — the default rules! Privacy by Design seeks to deliver the maximum degree of privacy by ensuring that personal data are automatically protected in any given IT system or business practice. If an individual does nothing, their privacy still remains intact. No action is required on the part of the individual to protect their privacy — it is built into the system, by default.

3. Privacy Embedded into Design

Privacy by Design is embedded into the design and architecture of IT systems and business practices. It is not bolted on as an add-on, after the fact. The result is that privacy becomes an essential component of the core functionality being delivered. Privacy is integral to the system, without diminishing functionality.

4. Full Functionality — Positive-Sum, not Zero-Sum

Privacy by Design seeks to accommodate all legitimate interests and objectives in a positive-sum "win-win" manner, not through a dated, zero-sum approach, where unnecessary trade-offs are made. Privacy by Design avoids the pretense of false dichotomies, such as privacy vs. security, demonstrating that it is possible to have both.

5. End-to-End Security — Full Lifecycle Protection

Privacy by Design, having been embedded into the system prior to the rst element of information being collected, extends securely throughout the entire lifecycle of the data involved — strong security measures are essential to privacy, from start to nish. This ensures that all data are securely retained, and then securely destroyed at the end of the process, in a timely fashion. Thus, Privacy by Design ensures cradle to grave, secure lifecycle management of information, end-to-end.

6. Visibility and Transparency — Keep it Open

Privacy by Design seeks to assure all stakeholders that whatever the business practice or technology involved, it is in fact, operating according to the stated promises and objectives, subject to independent verification. Its component parts and operations remain visible and transparent, to users and providers alike. Remember, trust but verify.

7. Respect for User Privacy — Keep it User-Centric

Above all, Privacy by Design requires architects and operators to keep the interests of the individual uppermost by offering such measures as strong privacy defaults, appropriate notice, and empowering user-friendly options. Keep it user-centric".

O modelo Cavoukian extravasa, largamente, o núcleo característico do conceito de *privacy by design*; inclui, ainda, alguns dos princípios estruturantes do Direito da proteção de dados. Trata-se, em certa medida, de um programa jurídico e tecnológico.

167. O artigo 25.º: linhas gerais

I. O artigo 25.º conta-se entre os preceitos mais citados, discutidos e comentados do RGPD. Este fascínio está associado tão tanto aos problemas dogmáticos que suscita, mas há sua enorme relevância prática: é o artigo 25.º que regula, de forma mais direta e imediata, o tratamento dos dados pessoais.

O conteúdo final do artigo resulta de um complexo esforço de compromisso durante as negociações tripartidas: cada um dos órgãos – Conselho, Comissão e Parlamento – apresentou diferentes soluções, conquanto o propósito último fosse comum[1319].

II. O preceito, que incorporou, com características muito próprias, os conceitos de *privacy by design* e de *privacy by default*, nos seus números 1 e 2, respetivamente, não encontra um paralelo direto na Diretriz n.º 95/46/CE.

[1319] Hartung, *Anotação ao artigo 25.º do RGPD* em *Kühling/Buchner*, Rn. 4-8.

Todavia, dificilmente poderá ser apresentado como uma novidade. A *privacy by design* era reconhecida no seu Considerando 46 – "medidas técnicas e organizativas adequadas tanto aquando da conceção do sistema de tratamento como da realização do próprio tratamento... estas medidas devem assegurar um nível de segurança adequado, atendendo aos conhecimentos técnicos disponíveis e ao custo da sua aplicação em função dos riscos que o tratamento implica e a natureza dos dados a proteger" – e a *privacy by default* pode sempre ser apresentada como uma decorrência lógico-jurídica do princípio da minimização de dados, prevista no artigo 6.º/1, *c)* da Diretriz n.º 95/46/CE.

III. Apesar de nenhum dos números do artigo 25.º fazer referência à necessidade de revisão e de atualização das medidas técnicas e organizativas a implementar – como se verifica na 2ª Parte do artigo 24.º/1 –, o responsável pelo tratamento está igualmente obrigado a fazê-lo aqui: trata-se de uma decorrência lógica-jurídica do conteúdo do preceito.

Cabe ainda ao responsável pelo tratamento demonstrar o cumprimento das exigências legais, nos termos do artigo 5.º/2 e, ainda, por invocação do disposto no artigo 24.º/1.

IV. O artigo 25.º volta a ter, de forma expressa e inequívoca, um campo de aplicação circunscrito à pessoa do responsável pelo tratamento: de fora ficam, consequentemente, os subcontratantes. O impacto desta solução, criticada por alguma doutrina[1320], é, pelo menos parcialmente, minimizado por aplicação do artigo 28.º[1321].

V. De modo idêntico ao que se verifica para com o artigo 24.º, também aqui está o responsável obrigado a comprovar o cumprimento das exigências legais previstas no artigo 25.º. De forma a fazê-lo, poderá invocar e demonstrar, nos termos do artigo 25.º/3, o cumprimento de um procedimento de certificação aprovados nos termos do artigo 42.º.

[1320] Alexander Roßnagel/Maxi Nebel/Philipp Richter, *Was bleibt vom Europäischen Datenschutzrecht? - Überlegungen zum Ratsentwurf der DS-GVO*, 5 ZD 2015, 455-460, 459; Peter Schantz, Die Datenschutz-Grundverordnung – Beginn einer neuen Zeitrechnung im Datenschutzrecht, 69 NJW, 2016, 1841-1847, 1846.

[1321] Ponto 156/III.

168. Proteção de dados desde a conceção (*privacy by design*): o artigo 25.º/1

I. Nos termos do artigo 25.º/1, o responsável pelo tratamento deve, (i) no momento da definição dos meios de tratamento e no momento do próprio tratamento, (ii) aplicar as medidas técnicas e organizativas adequadas, (iii) considerando os seguintes fatores: a) as técnicas mais avançadas; b) os custos da sua aplicação; c) a natureza, o âmbito, o contexto e as finalidades do tratamento; d) os riscos daí decorrentes para os titulares dos dados visados; (iv) destinadas a aplicar com eficácia os princípios da proteção de dados; e (v) de forma a que o tratamento realizado cumpra os requisitos do RGPD e proteja os direitos dos titulares.

O responsável deve, ainda, com o mesmo propósito, (vi) incluir as garantias necessárias no tratamento. O termo garantia não é aqui empregue no sentido técnico-jurídico do Direito das obrigações. A expressão utilizada na versão inglesa *safeguards* é elucidativa do que se espera do responsável pelo tratamento[1322].

O sempre presente princípio da proporcionalidade atua como um contraponto que acautela os interesses do responsável pelo tratamento.

II. O artigo 25.º/1 tem um campo de aplicação bem delimitado: definição dos meios do tratamento – automáticos e manuais[1323] – e o tratamento *per se*. Seguindo a posição defendida introdutoriamente, não conseguimos acompanhar a interpretação maioritária que defende a aplicação do artigo 25.º a todas as situações que estejam direta ou indiretamente relacionadas com o tratamento e que leva, na prática, o esvaziamento do artigo 24.º[1324].

III. Apesar de os dois primeiros fatores não constarem do artigo 24.º – técnicas mais avançadas e custos de implementação das medidas –, a bitola de esforço e o modelo exigidos são os mesmos: implementação das medidas técnicas e organizativas adequadas, atendendo aos riscos em concreto envolvidos (*risk based approach*).

[1322] Hartung, *Anotação ao artigo 25.º* em *Kühling/Buchner*, Rn. 18.

[1323] Ponto 60.

[1324] Por todos: Martini, *Anotação ao artigo 25.º do RGPD* em *Paal/Pauly*, Rn. 27.

Como exemplos de possíveis técnicas, contam-se[1325]: (i) a pseudonimização[1326]; (ii) a anonimização; (iii) a transparência no que toca às funções e ao tratamento de dados pessoais[1327] – p.ex.: controlando quem acede ao dados e quem procede ao tratamento; (iv) a possibilidade de o titular dos dados controlar o tratamento dos dados[1328]; (v) limitar o acesso aos dados pessoais, através de credenciais únicas[1329]; (vi) implementar sistemas de notificação automática de cumprimento ou de incumprimento de obrigações[1330]; ou (vii) as demais *privacy-enhancing tecnologies* disponíveis.

O RGPD é particularmente vago nas medidas que o responsável deve implementar. Trata-se, todavia, de uma *lacuna* intencional: reflete, por um lado, o princípio da neutralidade tecnológica[1331] e, por outro lado, a natureza casuística do cumprimento do dever: é o responsável que deve, à luz de todos os fatores *supra* elencados, determinar que medidas são efetivamente adequadas.

Do responsável pelo tratamento espera-se, ainda, que apenas adquira produtos e serviços que respeitem o conteúdo deste preceito[1332].

IV. Com a imposição deste dever busca-se, do ponto de vista formal, o cumprimento de todos os princípios consagrados no artigo 5.º – a referência ao princípio da minimização de dados deve ser encarada como um simples exemplo[1333] – mas também de todo o RGPD. Numa perspetiva material, a proteção dos direitos dos titulares dos dados assume-se como a *ratio* última do preceito.

1325 Ulrich Baumgartner/Tina Gausling, *Datenschutz durch Technikgestaltung und datenschutzfreundliche Voreinstellungen – Was Unternehmen jetzt nach der DS-GVO beachten müssen*, 7 ZD, 2017, 308-313, 309.

1326 Ponto 63.

1327 Considerando 78, p. 3.

1328 Considerando 78, p. 3.

1329 Martini, *Anotação ao artigo 25.º do RGPD* em *Paal/Pauly*, Rn. 31: o Autor elenca um conjunto variado de situações técnicas possíveis.

1330 Considerando 87.

1331 Considerando 15.

1332 Considerando 78, p. 4.

1333 Trata-se de uma solução desadequada, do ponto de vista legislativo.

169. Proteção de dados por defeito (*privacy by default*): o artigo 25.º/2

I. À luz do disposto no artigo 25.º/2, o responsável pelo tratamento deve (i) aplicar as medidas técnicas e organizativas adequadas para assegura que (ii) por defeito (iii) apenas sejam tratados os dados pessoais que forem necessários para a prossecução das finalidades designadas.

Numa perspetiva sistemática, o conteúdo do número 2 do artigo 25.º encontra-se coberto pelo disposto, mais genérico, no número 1, visto que o respeito pelo princípio da minimização de dados, fundamento último da *privacy by default*, se encontra coberto pelo artigo 25.º/1. A sua positivação – discutível do ponto de vista sistemático – poderá justificar-se em face da importância que assume para a proteção dos direitos dos titulares dos dados pessoais[1334].

II. Apesar de da versão portuguesa do artigo 25.º/2 não constar o adjetivo *adequadas*, ele está presente nas demais versões do RGPD[1335]. Esta ausência só pode ser interpretada como mais uma gralha da versão portuguesa do RGPD, devendo, por isso, ser desconsiderada.

No artigo 25.º/2 não é feita referência às técnicas mais avançadas, nem aos custos decorrentes da aplicação das medidas técnicas e organizativas. Ora, como referido introdutoriamente, temos dúvidas que estes elementos possam não ser atendidos.

III. A consagração da *privacy by default* visa um propósito bem delimitado: a de pôr termo à prática, bem implementada nos mais diversos sectores, de recolha e tratamento do maior número de dados pessoais possíveis, independentemente de serem efetivamente necessários para a prossecução das finalidades prosseguidas[1336].

A imposição, por defeito, desta concretização do princípio da minimização de dados protege os titulares dos dados quer contra eventuais logros

[1334] Com uma perspetiva semelhante: Mantz, *Anotação ao artigo 25.º do RGPD* em *Sydow*, Rn. 62.

[1335] Considerámos as seguintes versões: alemã, espanhola, francesa, inglesa e italiana.

[1336] Martini, *Anotação ao artigo 25.º do RGPD* em *Paal/Pauly*, Rn. 44 e Hansen, *Anotação ao artigo 25.º do RGPD* em *Simitis/Hornung/Spiecker gen. Döhmann*, Rn. 39: ambos os Autores apresentam esta pretensão como a razão teleológica última do preceito.

quer contra a sua falta de conhecimentos[1337]: por princípio, apenas serão tratados os dados necessários para a prossecução das finalidades comunicadas. Do ponto de vista prático do quotidiano, em especial do mundo digital[1338], os titulares dos dados não têm de fazer qualquer alteração às condições de acesso dos serviços utilizados: a *privacy by default* deve ser incorporada *ab initio*[1339]. A personalização das condições é deixada à decisão consciente e esclarecida dos utilizadores/titulares de dados, sempre no estrito cumprimento do RGPD e dos seus princípios fundadores[1340].

IV. Nos termos da 2ª Parte do artigo 25.º/2, a *privacy of default* abrange (i) a quantidade dos dados pessoais recolhidos; (ii) a extensão do seu tratamento; (iii) o prazo da sua conservação; e (iv) a acessibilidade aos dados. Nestes termos, o preceito não pode ser apresentado como uma simples manifestação do princípio da minimização de dados – este apenas explica os dois primeiros pontos. Para os demais contribuem, pelo menos, o princípio da finalidade, o princípio da conservação e o princípio da transparência.

V. O exemplo referido na 3ª parte do artigo 25.º/2 – "Em especial, essas medidas asseguram que, por defeito, os dados pessoais não sejam disponibilizados sem intervenção humana a um número indeterminado de pessoas singulares" – respeita à realidade das redes sociais. Assim, por defeito, o público em geral não deve poder aceder a dados pessoais de terceiros, mas somente as pessoas que cada um dos utilizadores autoriza.

[1337] Baumgartner/Gausling, *Datenschutz durch Technikgestaltung* cit., 312.

[1338] Campo de aplicação por excelência do artigo 25.º/2. No mesmo sentido: Nolte/Werkmeister, *Anotação ao artigo 25.º do RGPD* em *Gola*, Rn. 28.

[1339] Baumgartner, *Anotação ao artigo 25.º do RGPD* em *Ehmann/Selmayr*, Rn., 17.

[1340] Hansen, *Anotação ao artigo 25.º do RGPD* em *Simitis/Hornung/Spiecker gen. Döhmann*, Rn. 39.

§ 35º PRINCÍPIOS GERAIS DE ATUAÇÃO

170. Enquadramento

Apesar de o artigo 12.º se encontrar inserido no capítulo dedicado aos direitos dos titulares dos dados, o seu conteúdo respeita à posição dos responsáveis pelo tratamento. O preceito, com uma dimensão heterogénea e transversal, consagra um conjunto variado de regras, princípios e deveres – substantivos e formais – que devem guiar a atuação dos responsáveis pelo tratamento, em especial quando são confrontados com pedidos dirigidos pelos titulares dos dados[1341].

O nível de pormenor que caracteriza o artigo 12.º tem sido criticado por alguma doutrina, por considerar que padece, precisamente, dos mesmos vícios que pretende combater: a complexidade e a burocratização dos contactos estabelecidos entre os titulares dos dados e os responsáveis pelo tratamento[1342].

171. O exercício de direitos e o cumprimento de deveres

I. A primeira parte do artigo 12.º/1 e a primeira parte do artigo 12.º/2 parecem consagrar um dever de organização interna: os responsáveis pelo tratamento devem tomar as medidas necessárias de forma a dar seguimento aos pedidos apresentados pelos titulares dos dados e a facilitar o exercício dos respetivos direitos. O conteúdo exato dessas medidas encontra-se

[1341] Bäcker, *Anotação ao artigo 12.º do RGPD* em *Kühling/Buchner*, Rn. 1.

[1342] Paal/Hennemann, *Anotação ao artigo 12.º do RGPD* em *Paal/Pauly*, Rn. 9: com múltiplas referências bibliográficas

dependente de um conjunto de elementos a ponderar casusiticamente – p.ex.: a quantidade de dados tratados, a natureza dos dados em questão ou a dimensão do responsável. O paralelismo com a obrigação dos intermediários financeiros de garantir os meios técnicos, humanos e materiais necessários à prossecução das suas atividades é evidente.

Com um propósito concretizador, refiram-se algumas medidas específicas: (i) estabelecer, aplicar e manter procedimentos internos de forma a dar resposta atempada aos pedidos, no estrito cumprimento das exigências legais aí positivadas; (ii) estabelecer, aplicar e manter mecanismos de controlo internos de forma a garantir o cumprimento desses procedimentos; (iii) assegurar que as pessoas que aplicam estes procedimentos os conhecem e têm as qualificações, conhecimentos e capacidades técnicas necessárias para os executar; ou (iv) manter registos adequados e metódicos relativos à aplicação destes procedimentos.

II. Os responsáveis pelo tratamento devem responder a todos os pedidos de comunicação e de informação relacionados com o tratamento de dados pessoais, desde que abrangidos pelos artigos 13.º, 14.º, 15.º a 22.º e 34.º "de forma concisa, transparente, inteligível e de fácil acesso, utilizando uma linguagem clara e simples, em especial quando as informações são dirigidas especificamente a crianças"[1343].

Interpretados isoladamente, estes requisitos podem desaguar em conclusões contraditórias – p.ex.: os requisitos da concisão e da transparência apontam, autonomamente, para resultados potencialmente distintos. A transparência, quando reportada ao universo dos deveres de informação, surge associada à divulgação de toda a informação disponível, já a concisão aponta, naturalmente, para uma circunscrição dos elementos a disponibilizar[1344]. Nesse sentido, importa analisar as respostas e os comunicados dos responsáveis pelo tratamento de forma global[1345-1346].

[1343] Importa conjugar com o disposto no número 7 do artigo 20.º

[1344] Bäcker, *Anotação ao artigo 12.º do RGPD* em *Kühling/Buchner*, Rn. 11: tecendo idêntico comentário.

[1345] Heckmann/Paschke, *Anotação ao artigo 12.º do RGPD* em *Ehmann/Selmayr*, Rn. 12.

[1346] Considerando 39, p. 3: "O princípio da transparência exige que as informações ou comunicações relacionadas com o tratamento desses dados pessoais sejam de fácil acesso e compreensão, e formuladas numa linguagem clara e simples".

Nas comunicações estabelecidas, o responsável pelo tratamento deve considerar os conhecimentos detidos pelo declaratário médio em concreto e não pelo abstrato declaratário médio universal.

III. Em princípio, todas as informações devem ser prestadas por escrito e, preferencialmente, através de meios eletrónicos (p.ex.: e-mail). A parte final do artigo 12.º/3 atribui aos titulares dos dados a faculdade de solicitar a prestação dessa informação oralmente. O responsável pelo tratamento apenas se pode negar a fazê-lo se não conseguir comprovar a identidade do titular – sendo esse o caso, pode solicitar esclarecimentos adicionais, nos termos do n.º 6.

IV. Recebido um pedido de informação, nos termos dos artigos 15.º a 20.º, o responsável pelo tratamento deve, de acordo com o n.º 3 do artigo 12.º, informar o titular dos dados, no prazo de um mês a contar da receção do pedido, das medidas já iniciadas.

Cabe-lhe, ainda, nesse mesmo período de tempo – um mês a contar da receção do pedido – informar o titular dos dados (i) das eventuais razões que o impediram de, até esse momento, tomar medidas concretas; e (ii) da possibilidade de apresentar reclamações junto das autoridades de controlo ou de intentar uma ação judicial[1347].

V. As informações pedidas pelos titulares dos dados são prestadas a título gratuito, salvo se o pedido for manifestamente infundado ou assumir uma natureza repetitiva. Nesses casos, esclarece o artigo 12.º/5, o responsável pelo tratamento tem à sua disposição duas soluções: (i) exigir o pagamento de uma taxa razoável, tendo em conta os custos incorridos; ou (ii) recusar-se a dar seguimento ao pedido.

VI. Nos termos do artigo 12.º/7, as informações a fornecer pelo responsável pelo tratamento aos titulares dos dados, nos termos dos artigos 13.º e 14.º, podem ser, por decisão do próprio responsável, transmitidas em "combinação com ícones normalizados a fim de dar, de uma forma facilmente visível, inteligível e claramente legível, uma perspetiva geral significativa do tratamento

[1347] Artigo 12.º/4.

previsto. Se forem apresentados por via eletrónica, os ícones devem ser de leitura automática". Trata-se de um elemento extra e não excludente, i.e., os responsáveis pelo tratamento têm sempre de fornecer essa informação nos termos gerais, descritos nos primeiros números do artigo 12.º[1348].

O responsável pelo tratamento pode recorrer a estes símbolos nos demais contactos que estabelece com os titulares dos dados, sempre considerando os princípios gerais do RGPD e somente com propósitos complementares.

VII. O Parlamento sugeriu o seguinte conjunto de símbolos padronizados[1349]:

ÍCONE	INFORMAÇÕES ESSENCIAIS	CUMPRIDO
	Não são **recolhidos** dados pessoais além do mínimo necessário para cada finalidade específica do tratamento	
	Não são **conservados** dados pessoais além do mínimo necessário para cada finalidade específica do tratamento	
	Não são **tratados** dados pessoais com outros fins senão aqueles para os quais foram recolhidos;	
	Não são **difundidos** dados pessoais a terceiros que têm fins comerciais	
	Não são **vendidos ou alugados** dados pessoais	
	Não são conservados dados pessoais **sem codificação**	
O RESPEITO DAS LINHAS 1-3 É OBRIGATÓRIO NOS TERMOS A LEGISLAÇÃO DA UE		

Esta sugestão foi, certeiramente, desconsiderada na versão final do RGPD: é complexa e pouco intuitiva.

1348 Bäcker, *Anotação ao artigo 12.º do RGPD* em *Kühling/Buchner*, Rn. 21.

1349 Parlamento, *Relatório*, 207.

§ 36º DEVERES DE INFORMAÇÃO

172. Enquadramento e sistematização

I. Os extensos deveres de informação dos responsáveis pelo tratamento encontram-se positivados nos artigos 13.º e 14.º. O legislador europeu optou por distinguir consoante os dados tenham sido (13.º) ou não (14.º) recolhidos diretamente junto do titular dos dados.

Estes preceitos devem sempre ser conjugados com o disposto no artigo 15.º: os dois primeiros respeitam ao denominado dever de informação ativo e o último ao dever de informação passivo[1350].

II. Os conteúdos dos artigos 13.º e 14.º são parcialmente idênticos. Com ligeiras exceções, as alíneas que compõem os números 1 e 2 do artigo 13.º correspondem às alíneas que compõem os números 1 e 2 do artigo 14.º. Tem assim todo o cabimento, em especial numa perspetiva expositiva e pedagógica, estudar os dois artigos conjuntamente, sempre que se justifique, e apenas depois atender às especificidades individuais de cada um.

III. Os números 1 e 2 dos artigos 13.º e 14.º têm *rationes* e fundamentos idênticos: (i) reconhecimento e proteção do direito à autodeterminação informacional; e (ii) concretização do princípio da transparência[1351-1352]. Os deveres de informação dos responsáveis pelo tratamento podem ainda

1350 Ponto 131/III.
1351 Considerando 60.
1352 Ponto 67.

ser apresentados como decorrências lógicas do disposto no artigo 8. º da Carta[1353] e, por maioria de razão, do artigo 35.º da CRP.

A diferença entre os dois blocos de preceitos – o primeiro corresponde aos artigos 13.º/1 e 13.º/2 e o segundo aos artigos 13.º/2 e 14.º/2 – não é dogmática: ambos abrangem informação que deve ser transmitida aos titulares de dados. O elemento diferenciador encontra-se, respetivamente, no conteúdo dos artigos 13.º/3 e 14.º/4: "Quando o responsável pelo tratamento tiver a intenção de proceder ao tratamento posterior dos dados pessoais para um fim que não seja aquele para o qual os dados pessoais tenham sido obtidos, antes desse tratamento o responsável fornece ao titular dos dados informações sobre esse fim e quaisquer outras informações pertinentes referidas no n.º 2". Na prática, a informação constante dos artigos 13.º/2 e 14.º/2 apenas deve ser prestada quando o responsável pretenda prosseguir uma finalidade distinta da inicialmente determinada.

173. Artigo 13.º/1 e artigo 14.º/1: regime comum

I. Independentemente de os dados pessoais serem (13.º/1) ou não (14.º/1) recolhidos diretamente junto do respetivo titular, cabe ao responsável pelo tratamento fornecer as seguintes informações: (i) a identidade e os contactos do responsável e, se for caso disso, do seu representante; (ii) os contactos do encarregado da proteção de dados, se for caso disso; (iii) as finalidades do tratamento a que os dados pessoais se destinam, bem como o fundamento jurídico para o tratamento; (iv) os destinatários ou as categorias de destinatários dos dados pessoais, se os houver; e (v) a eventual intenção de transferir esses dados pessoais para um país terceiro ou para uma organização internacional.

II. *Identidade.* Sendo o responsável pelo tratamento uma pessoa singular, o titular deve ser informado, pelo menos, do seu nome profissional. No caso de ser uma pessoa coletiva, a informação relativa à identidade do responsável respeita à correspondente firma, incluindo, naturalmente, a identificação, completa ou abreviada, do tipo de pessoa coletiva.

[1353] Bäcker, *Anotação ao artigo 13.º do RGPD* em *Buchner/Kühling*, Rn. 3.

Todos os contactos devem ser disponibilizados ao titular dos dados: número de telefone, morada, sítio na *Internet* e e-mail.

Quando o tratamento de dados pessoais de titulares residentes no território da União é realizado por responsáveis ou subcontratantes não estabelecidos na União – artigo 3.º/2[1354] –, devem esses responsáveis/subcontratantes indicar, nos termos do artigo 27.º, um representante[1355]. Para efeitos de aplicação dos artigos 13.º/1, *a)* e 14.º/1, *a)*, devem igualmente ser disponibilizados os contactos e a identidade do representante.

II. *Encarregado de proteção de dados.* Uma das principais novidades introduzida pelo RGPD foi a obrigatoriedade de nomear um encarregado de proteção de dados sempre que se verifique uma das situações previstas no artigo 37.º[1356].

Os artigos 13.º/1, *b)* e 14.º/1, *b)* determinam que sempre que seja nomeado um encarregado de proteção de dados, nos termos do artigo 37.º ou voluntariamente, i.e., sem a lei impor essa nomeação, sejam disponibilizados os contactos e, implicitamente, a identidade do encarregado de proteção de dados.

III. *Finalidades e fundamento.* A obrigação de informar o titular das finalidades para as quais os seus dados vão ser objeto de tratamento surge como uma decorrência direta do princípio da limitação das finalidades, previsto no artigo 5.º/1, *b)*[1357]. Enquanto a obrigação de informar sobre o fundamento se apresenta como uma concretização do princípio da licitude, em sentido estrito[1358].

Trata-se de uma dupla exigência, prevista nos artigos 13.º/1, *c)* e 14.º/1, *c)*.

IV. *Destinatários.* Nos termos dos artigos 13.º/1, *e)* e 14.º/1, *e)*, os responsáveis pelo tratamento devem informar os titulares de dados sobre os eventuais destinatários ou categorias de destinatários dos dados pessoais, i.e.,

[1354] Ponto 36.
[1355] Ponto 36/II.
[1356] Ponto 185.
[1357] Pontos 68-69.
[1358] Ponto 65.

as pessoas, independentemente da sua natureza ou da forma que assumam, a quem são comunicados os dados pessoais. O considerando que acompanha estes preceitos é enganador: "Sempre que os dados pessoais forem suscetíveis de ser legitimamente comunicados a outro destinatário, o titular dos dados deverá ser informado aquando da primeira comunicação dos dados pessoais a esse destinatário"[1359]. Ora não é isso que resulta da leitura da lei e da aplicação dos cânones interpretativos desenvolvidos pelo TJUE[1360]: o responsável apenas terá de informar sobre os destinatários ou categorias de destinatário a que os dados pessoais sejam expectavelmente comunicados.

V. Por fim, o responsável pelo tratamento deve informar o titular se tenciona transferir os seus dados para um país terceiro ou para uma organização internacional, nos termos da alínea *f)* dos artigos 13.º/1 e 14.º/2.

174. Artigo 13.º/1 e artigo 14.º/1: diferenças

As diferenças entre os conteúdos do artigo 13.º/1 e do artigo 14.º/1 são mínimas e de pormenor.

A alínea *d)* do artigo 13.º/1 impõe a obrigação de informação dos interesses legítimos do responsável pelo tratamento ou de terceiro, sempre que o tratamento se funde no artigo 6.º/1, *f)*[1361]. Esta exigência não encontra paralelo no artigo 14.º/1, mas apenas no artigo 14.º/2: na sua alínea *b)*.

À luz do artigo 14.º/1, *d)*, o responsável deve esclarecer o titular em relação às categorias de dados pessoais objeto do tratamento. Apesar de esta informação não constar do leque previsto no artigo 13.º, parece-nos lógico que o titular tenha também dela conhecimento, na medida em que os dados são recolhidos diretamente junto da sua pessoa.

1359 Considerando 61, p. 2.

1360 Ponto 12.

1361 Pontos 106 ss.

175. Artigo 13.º/2 e artigo 14.º/2: regime comum

I. Independentemente de os dados pessoais serem (13.º/1) ou não (14.º/2) recolhidos diretamente junto do respetivo titular, cabe ao responsável pelo tratamento fornecer as seguintes informações, sempre que este tiver a intenção de proceder a tratamento posterior de dados pessoais para um fim que não seja aquele para o qual a informação tenha sido obtida (13.º/3 e 14.º/4): (i) o prazo de conservação dos dados pessoais ou, se não for possível, os critérios utilizados para definir esse prazo; (ii) os vários direitos que o RGPD reconhece aos titulares de dados; (iii) o direito a retirar o consentimento; (iv) o direito à apresentar reclamações; e (v) a eventual existência de decisões automatizadas – *supra* analisado.

II. *Prazos e critérios de conservação*[1362]. O responsável deve esclarecer o titular, a seu pedido, quanto ao prazo previsto para a conservação dos dados e, caso não seja possível indicar um prazo concreto, os critérios utilizados para o fixar. Existe, como oportunamente referido, uma total sobreposição entre o disposto nos artigos 13.º/2, *a)* e 14.º/2 *a)* e a alínea *d)* do artigo 15.º/1, *d)*, A indicação de que os dados serão conservados porquanto sejam necessários não basta: o responsável deve indicar prazos concretos.

III. *Direitos dos titulares*. Nos termos dos artigos 13.º/2, *b)* e 14.º/2, *b)*, o responsável pelo tratamento está obrigado a informar o titular sobre alguns dos seus principais direitos. A saber: direito de acesso; direito à retificação; direito ao apagamento, em sentido amplo; direito à limitação do tratamento; direito de portabilidade; e direito de oposição.

IV. *Retirar o consentimento*. O titular dos dados pode, de acordo com o disposto no artigo 7.º/3, retirar o consentimento a qualquer momento. Curiosamente, e ao contrário do que se verifica no âmbito dos direitos de personalidade, os eventuais prejuízos decorrentes desta revogação são suportados, na sua totalidade, pelo responsável pelo tratamento[1363].

[1362] Considerando 63, p. 3.

[1363] Recorde-se, a esse propósito, o disposto no artigo 81.º/2 do CC: "A limitação voluntária, quando legal, é sempre revogável, ainda que com obrigação de indemnizar os prejuízos causados às legítimas expectativas da outra parte".

Cabe ao responsável pelo tratamento informar o titular dessa possibilidade, à luz da alínea *d)* dos artigos 13.º/2, *c)* e 14.º/2, *d)*.

V. *Reclamações*. O titular dos dados deve ser sempre informado da faculdade, regulada genericamente no artigo 77.º, de apresentar reclamações junto das autoridades de controlo, artigos 13.º/2, *d)* e 14.º/2, *e)*.

176. Artigo 13.º/2 e artigo 14.º/2: diferenças

I. As diferenças entre os conteúdos dos artigos 13.º/2 e 14.º/2 voltam a ser de pormenor.

A alínea *e)* do artigo 13.º/2, que não encontra paralelo no artigo 14.º/2, respeita especificamente ao âmbito de aplicação do artigo 6.º/1, *b)* e *c)*, ou seja, tratamentos fundados em obrigações legais ou em contratos, respetivamente. Nos termos desta alínea, o responsável deve informar o titular se a comunicação de dados pessoais constitui ou não (i) uma obrigação legal ou contratual; (ii) um requisito necessário para celebrar um contrato; ou (iii) se o titular está obrigado a fornecer esses dados pessoais. Cabe-lhe, ainda, esclarecer o titular quanto às eventuais consequências de não fornecer os dados.

II. O artigo 14.º/2 contém duas modalidades de informação não previstas no artigo 13.º/2: (i) a origem dos dados pessoais, em especial se provêm de fontes acessíveis ao público, 14.º/2, *f)*; e (ii) os interesses legítimos do responsável pelo tratamento ou de terceiro, sempre que o tratamento se funde no artigo 6.º/1, *f)*[1364]. Recorde-se que esta última informação encontra-se igualmente prevista no artigo 13.º/1, *d)*.

[1364] Pontos 106 ss.

§ 36º SEGURANÇA DOS DADOS PESSOAIS: ASPETOS GERAIS

177. Enquadramento

A matéria da segurança dos dados pessoais surge, *grosso modo*, tratada nos artigos 32.º, 33.º e 34.º. Todavia, ela atravessa, de forma transversal, todo o Direito da proteção de dados, como resulta da leitura dos artigos 24.º e 25.º.

O regime da segurança dos dados pessoais pode ser apresentado como uma manifestação ou uma decorrência lógico-jurídica dos princípios da integridade e confidencialidade[1365].

178. A segurança do tratamento: bitola de conduta

I. Nos termos do disposto no artigo 32.º/1, o responsável pelo tratamento e o subcontratante devem (i) aplicar as medidas técnicas e organizativas necessárias (ii) para assegurar um nível de segurança adequado ao risco, (iii) considerando os seguintes fatores: a) as técnicas mais avançadas; b) os custos da sua aplicação; c) a natureza, o âmbito, o contexto e as finalidades do tratamento; e d) os riscos daí decorrentes para os titulares dos dados visados, considerandos individualmente.

A bitola de esforço e o modelo exigidos são os mesmos que constam dos artigos 24.º e 25.º: implementação das medidas técnicas e organizativas adequadas, atendendo aos riscos em concreto envolvidos (*risk based*

[1365] Ponto 73.

approach). Quanto aos elementos a considerar, existe uma coincidência absoluta com os constantes no artigo 25.º.

O sempre presente princípio da proporcionalidade atua como fiel da balança.

II. O risco envolvido, elemento preponderante de todas as atividades desenvolvidas pelos responsáveis pelo tratamento, assume aqui especial relevância: a adequação das medidas deve ser sempre avaliada à luz dos riscos incorridos em cada tratamento concreto[1366], em particular os associados à destruição, perda e alterações acidentais ou ilícitas e à divulgação ou ao acesso não autorizados a dados pessoais, artigo 32.º/2[1367].

III. De forma a puderem comprovar o cumprimento das exigências legais relativas à segurança dos dados, os responsáveis pelo tratamento e os subcontratantes podem invocar o cumprimento de um código de conduta ou de um procedimento de certificação aprovados, respetivamente, nos termos dos artigos 40.º e 42.º.

179. Medidas concretas

I. O legislador europeu apresenta, no artigo 32.º/1, algumas medidas técnicas e organizativas que podem, consoante a situação concreta, ser implementadas de forma a diminuir o risco envolvido: (i) a pseudonimização e a cifragem; (ii) a capacidade de assegurar a confidencialidade, integridade, disponibilidade e resiliência permanentes dos sistemas e dos serviços de tratamento; (iii) a capacidade de restabelecer a disponibilidade e o acesso aos dados pessoais de forma atempada no caso de ocorrer um incidente físico ou técnico; e (iv) um processo para testar, apreciar e avaliar regularmente a eficácia das medidas técnicas e organizativas para garantir a segurança do tratamento.

[1366] Martini, *Anotação ao artigo 32.º do RGPD* em *Paal/Pauly*, Rn. 47;

[1367] O conteúdo do artigo 32.º/2 é idêntico ao constante do artigo 4.º, *12)*.

II. *Pseudonimização*[1368]. Nos termos do artigo 4.º, *5)*, a pseudonomização corresponde a um tratamento que tem como propósito evitar que determinados dados pessoais possam ser reconduzidos a um titular específico sem que se recorra a informações suplementares.

Cifragem. Segundo o *Glossário da Sociedade da Informação*, da Associação para a Promoção e Desenvolvimento da Sociedade da Informação, por cifragem (ou encriptação) entende-se a "utilização de uma cifra na conversão de dados para um formato (criptograma) que não permita a sua leitura por pessoas não autorizadas"[1369]; e por cifra: "técnica de transformação, por meio de um algoritmo de complexidade variável, de um texto claro num texto ilegível, que inviabiliza a leitura do texto original por pessoas que desconheçam o algoritmo de transformação"[1370].

São duas as principais modalidades de cifragem: simétrica e assimétrica, consoante as chaves para o processo de cifragem e decifragem sejam ou não as mesmas.

III *Capacidade do sistema*. Os termos sistemas e serviços de tratamento devem ser interpretados de forma ampla, de modo a abranger os meios manuais que possam ser empregues no tratamento dos dados.

A confidencialidade – i.e. apenas as pessoas devidamente autorizadas podem aceder aos dados pessoais – é alcançada, por exemplo, através de cifragem ou da implementação de procedimentos de autenticação dos utilizadores dos sistemas.

A integridade dos dados – o termo é aqui empregue com o sentido de incorruptibilidade – pressupõe o controlo e a limitação de acesso, bem como a fiscalização dos utilizadores que alterem ou apaguem dados.

O termo disponibilidade pode suscitar algumas dúvidas, na medida em que se pretende, por princípio, o oposto, ou seja, que os dados não sejam acedidos. A expressão é aqui usada como uma aceção distinta; respeita à disponibilidade do sistema: estes devem estar preparados para funcionar a todo o tempo.

1368 Para mais elementos: Ponto 63.

1369 O artigo 34.º/3, *a)* aponta em sentido coincidente.

1370 Versão 2011. Ambas as entradas constam da página 25.

A resiliência assume dois grandes preenchimentos: capacidade de recuperar após uma dificuldade, choque ou deformação[1371] ou capacidade de resistir[1372]. Ambos os sentidos devem aqui ser aproveitados: é essa a interpretação que melhor acautela os interesses dos titulares de dados. Os sistemas serão resilientes se resistirem a uma utilização continuada e elevada e se, no caso de sofrerem algum dano, falha ou ataque recuperarem no mais curto espaço de tempo e com o mínimo de consequências.

Não cremos que a assunção do primeiro preenchimento traduza uma qualquer sobreposição com o disposto na alínea *c)*: essa respeita aos dados pessoais, enquanto a alínea *b)* aos sistemas e aos serviços de tratamento.

IV. *Capacidade de restabelecimento*. A alínea *c)* respeita, como referido, à capacidade do próprio responsável pelo tratamento ou subcontratante em restabelecer a disponibilidade e o acesso aos dados pessoais e não à capacidade do sistema.

Este restabelecimento, que deve ocorrer de forma atempada, abrange todo o tipo de incidentes: físicos ou técnicos; espoletados por mão humana ou por *ato divino*.

V. *Testar a segurança*. O dever de avaliar regularmente a eficácia das medidas de segurança implementadas surge já coberto pelo artigo 24.º. Recorde-se que o preceito impõe a aplicação de medidas técnicas e organizativas adequadas para assegurar que o tratamento é realizado no estrito cumprimento do RGPD. A especialidade da matéria relativa à segurança de dados pode justificar esta reiteração.

180. Instruções

I. Nos termos do disposto no artigo 32.º/4, o responsável pelo tratamento e o subcontratante devem implementar as medidas necessárias para assegurar que as pessoas singulares que, atuando sob a sua autoridade, tenham acesso

[1371] Sobre o preenchimento das quatros expressões, veja-se: Hansen, *Anotação ao artigo 32.º do RGPD* em *Simitis/Hornung/Spiecker gen. Döhmann*, Rn. 39 ss.

[1372] Martini, *Anotação ao artigo 32.º do RGPD* em *Paal/Pauly*, Rn. 39.

a dados pessoais, só possam proceder ao seu tratamento mediante instruções produzidas pelo responsável pelo tratamento, salvo se o contrário for determinado pelo Direito da União ou o Direito do Estado-Membro aplicável.

Trata-se de uma concretização do disposto no artigo 29.º.

II. Todas as pessoas singulares e não apenas os funcionários do responsável encontram-se abrangidas pelo preceito, independentemente do facto jurídico que esteja na base desta relação – p.ex.: contrato de trabalho ou contrato de prestação de serviços[1373].

O artigo 32.º/4 deve ser interpretado extensivamente, de modo a incluir não apenas o acesso aos dados pessoais, como o acesso ao próprio sistema e serviços de tratamento[1374].

Apesar de tanto o responsável pelo tratamento como o subcontratante estarem obrigados a transmitir instruções a estas pessoas singulares, apenas o primeiro tem poder para as concretizar. Na prática, o subcontratante deve transmitir as instruções preparadas pelo responsável pelo tratamento.

181. Violação de dados

I. Nos termos do disposto no artigo 4.º, *12)*, por violação de dados pessoais entende-se (i) uma violação da segurança (ii) que provoque, de modo acidental ou ilícito, (iii) a destruição, a perda, a alteração, a divulgação ou o acesso não autorizados (iv) a dados pessoais transmitidos, conservados ou sujeitos a qualquer outro tipo de tratamento.

II. A violação de dados pessoais pressupõe sempre uma violação da segurança, ou seja, das medidas técnicas e organizativas implementadas pelo responsável ou pelo subcontratante. Por contraste: nem todas as violações de segurança se traduzem em violações de dados pessoais[1375].

[1373] Plitz, *Anotação ao artigo 32.º do RGPD* em *Gola*, Rn. 50.

[1374] Hansen, *Anotação ao artigo 32.º do RGPD* em *Simitis/Hornung/Spiecker gen. Döhmann*, Rn. 70.

[1375] GT 29, *Orientações sobre a notificação de uma violação de dados pessoais ao abrigo do Regulamento (UE) 216/679* (WP 250 revl), 3-out.-2017, 7 e Klabunde, *Anotação ao artigo 4.º do RGPD* em *Ehmann/Selmayr*, Rn. 56-57.

III. O sistema não faz depender o preenchimento deste conceito de uma violação intencional e direta. São igualmente reconduzíveis ao artigo 4.º, *12)* violações negligentes, indiretas ou não cognoscíveis por parte do agente prevaricador.

Ao contrário do que sustenta alguma doutrina[1376], terá sempre de ocorrer uma efetiva violação, não bastando a potencialidade abstrata da sua ocorrência. Questão diversa e que com esta não se confunde, respeita à eventual responsabilidade contraordenacional no caso de, mesmo não tendo ocorrido uma violação nos termos do artigo 4.º, *12)*, não terem sido cumpridos todos os deveres de segurança exigidos por lei. O conceito de violação de dados também não se confunde com o da realização de tratamentos ilícitos[1377], conquanto possa, naturalmente, existir uma sobreposição.

IV. Partindo das capacidades dos sistemas e dos serviços de tratamento – artigo 32.º/1, *b)* – é possível sistematizar as violações referidas pelo legislador nos seguintes termos[1378]: (i) violação de confidencialidade: divulgação e acesso; (ii) violação de integridade: alteração; e (iii) violação de disponibilidade: destruição[1379] e perda[1380] – incluíndo perdas temporárias[1381]. Não é juridicamente relevante que ato desencadeia esta violação, mas somente os resultados decorrentes[1382].

V. Da violação dos dados pessoais podem ocorrer "danos físicos, materiais ou imateriais às pessoas singulares, como a perda de controlo sobre os seus dados pessoais, a limitação dos seus direitos, a discriminação, o roubo ou usurpação da identidade, perdas financeiras, a inversão não autorizada da pseudonimização, danos para a reputação, a perda de confidencialidade de dados pessoais protegidos por sigilo profissional ou qualquer outra desvantagem económica ou social significativa das pessoas singulares"[1383].

1376 Ernst, *Anotação ao artigo 4.º, 6) do RGPD* em *Paal/Pauly*, Rn. 94:.
1377 Schild, *Anotação ao artigo 4.º do RGPD* em *BeckOK*, Rn. 133.
1378 GT 29, *Orientações sobre a notificação de uma violação* cit., 8.
1379 P.ex.: destruição física de sistemas de armazenamento de dados.
1380 P.ex.: apagamento (*delete*) de dados.
1381 Artigo 29, *Orientações sobre a notificação de uma violação* cit., 8.
1382 Jandt, *Anotação ao artigo 4.º, 12) do RGPD* em *Kühling/Buchner*, Rn. 6.
1383 Considerando 85, p. 1.

Confrontado com uma violação, deve o responsável ou o subcontratante notificar a autoridade de controlo e comunicar ao titular dos dados, nos termos dos artigos 33.º e 34.º, respetivamente.

§ 37º OUTROS DEVERES

182. Dever de cooperação

I. O artigo 31.º impõe ao responsável pelo tratamento, ao subcontratante e aos respetivos representantes o dever de cooperarem com a autoridade de controlo, a pedido desta, na prossecução das suas atribuições.

O dever de cooperação estende-se aos encarregados de proteção de dados, nos termos do artigo 39.º/1, *d)*[1384].

II. Trata-se de um preceito essencialmente declaratório[1385], com uma natureza geral ou principiológica[1386] e que funciona, em grande medida, como um espelho dos poderes concedidos às autoridades de controlo.

A versão constante da Proposta original da Comissão era mais ambiciosa e concretizadora. Contudo, não sobreviveu às intensas negociações tripartidas[1387].

III. O dever de cooperação consiste num dever passivo, i.e., pressupõe um pedido ou uma atuação prévia por parte da autoridade de controlo e encontra-se delimitado pelos poderes atribuídos a essas mesmas autoridades de controlo.

1384 Ponto 192/VI.

1385 Raum, *Anotação ao artigo 31.º do RGPD* em *Ehmann/Selmayr*, Rn. 1.

1386 Polenz, *Anotação ao artigo 31.º do RGPD* em *Simitis/Hornung/Spiecker gen. Döhmann*, Rn. 2.

1387 Martini, *Anotação ao artigo 31.º do RGPD* em *Paal/Pauly*, Rn. 6-9: breve análise histórica a este processo.

183. Dever de conservar registos

I. Nos termos do artigo 30.º, o responsável pelo tratamento e o subcontratante estão obrigados a conservar, por escrito[1388], registos de todos os tratamentos de dados realizados. Nem todos os responsáveis e subcontratantes estão obrigados a fazê-lo; o número 5 do artigo 30.º circunscreve este dever aos seguintes tratamentos: (i) realizados por empresas ou organizações com 250 trabalhadores ou mais; (ii) suscetíveis de implicarem um risco para os titulares de dados; (iii) não ocasionais; ou (iv) relativos às categorias de dados especiais previstos nos artigos 9.º ou 10.º.

Estes registos devem ser disponibilizados às autoridades de controlo, mediante a apresentação de pedido[1389].

II. Os registos dos responsáveis pelo tratamento devem conter a seguinte informação: (i) o nome e os contactos do próprio responsável e, sendo caso disso, de qualquer responsável conjunto pelo tratamento, do representante do responsável pelo tratamento e do encarregado da proteção de dados; (ii) as finalidades do tratamento; (iii) a descrição das categorias de titulares de dados e das categorias de dados pessoais; (iv) as categorias de destinatários a quem os dados foram ou serão divulgados; (v) as transferências para países terceiros ou para organizações internacionais; (vi) se possível, os prazos previstos para o apagamento das diferentes categorias de dados; e (vii) se possível, uma descrição geral das medidas técnicas e organizativas no domínio da segurança, previstas no artigo 32.º/1[1390].

III. Os registos do subcontratante devem conter a seguinte informação: (i) o nome e os contactos do subcontratante ou subcontratantes e de cada responsável pelo tratamento em nome do qual o subcontratante atua, bem como, sendo caso disso, do representante do responsável pelo tratamento ou do subcontratante e do encarregado da proteção de dados;

[1388] Artigo 30.º/3.
[1389] Artigo 30.º/4.
[1390] Ponto 177.

(ii) as categorias de tratamentos de dados pessoais efetuados em nome de cada responsável pelo tratamento; (iii) as transferências para países terceiros ou para organizações internacionais; e (iv) se possível, uma descrição geral das medidas técnicas e organizativas no domínio da segurança, previstas no artigo 32.º/1[1391].

1391 Ponto 177.

Capítulo II

O Encarregado de Proteção de Dados

§ 38º A DESIGNAÇÃO DO ENCARREGADO DE PROTEÇÃO DE DADOS

184. Evolução histórica

I. A figura do Encarregado de Proteção de Dados (EDP) não é uma novidade absoluta do RGPD. A Diretriz n.º 95/46/CE[1392] previa já, embora com uma reduzida visibilidade e sem assumir uma natureza imperativa, a possibilidade de os Direitos internos consagrarem, internamente, esta função[1393-1394].

Ao EDP caberia, nos termos do artigo 19.º/2, § 2: (i) garantir, de modo independente, a aplicação, a nível interno, das disposições nacionais tomadas no âmbito da Diretriz n.º 95/46/CE; e (ii) manter um registo dos tratamentos efetuados pelo responsável pelo tratamento que deveria conter a seguinte informação: (a) o nome e o endereço do responsável pelo tratamento e, eventualmente, do seu representante; (b) as finalidades do

[1392] Artigo 18.º/2 da Diretriz n.º 95/46/CE.

[1393] A Lei n.º 67/98, de 26 de outubro, não previa essa possibilidade. A figura do EDP foi introduzida no Direito alemão em 1977. Curiosamente, os critérios vigentes na Alemanha antes da entrada em vigor do RGPD eram mais rigorosos do que os impostos atualmente pelo Direito europeu: Heberlein, *Anotação ao artigo 37.º do RGPD* em *Ehmann/Selmayr*, Rn. 2.

[1394] Heberlein, *Anotação ao artigo 37.º do RGPD* em *Ehmann/Selmayr*, Rn. 3: apanhado geral das diferentes realidades jurídicas internas de vários Estados-Membros antes da entrada em vigor do RGPD.

tratamento; (c) uma descrição dos dados pessoais ou dos titulares de dados; (d) os destinatários a quem os dados poderiam ser comunicados; e (e) as transferências de dados previstas para países terceiros[1395].

II. A obrigatoriedade, verificados determinados requisitos legais, de o responsável pelo tratamento de dados[1396] ou de o subcontratante[1397] designarem um EDP surgiu logo com a Proposta da Comissão[1398]. A terminologia empregue na versão portuguesa era, estranhamente, a de *delegado para a proteção de dados*.

Nos termos do artigo 35.º/1 da Proposta, o responsável pelo tratamento e o subcontratante deveriam designar um delegado para a proteção de dados sempre que (i) o tratamento fosse efetuado por uma autoridade ou um organismo público; (ii) o tratamento fosse efetuado por uma empresa com 250 assalariados ou mais; ou (iii) as atividades principais do responsável pelo tratamento ou do subcontratante consistissem em operações de tratamento que, devido à sua natureza, âmbito e/ou finalidade, exigissem um controlo regular e sistemático dos titulares de dados.

Apesar de a obrigatoriedade da designação de EDPs ter merecido, em abstrato, o aplauso da doutrina especializada, foram muitas as críticas dirigidas ao modelo proposto, em especial em relação à solução dos 250 assalariados[1399-1400].

1395 Artigo 19.º/1, via artigo 21.º/2, via artigo 19.º/2, § 2.

1396 Artigo 4.º, *7)*.

1397 Artigo 4.º, *8)*.

1398 Comissão, *Proposta*: artigos 35.º, 36.º e 37.º.

1399 A solução dos 250 trabalhadores funda-se nos critérios europeus relativos à dimensão das empresas. Nos termos do artigo 2.º/1 da *Recomendação da Comissão, de 6 de maio de 2003, relativa à definição de micro, pequena e médias empresas*: "A categoria das micro, pequenas e médias empresas (PME) é constituída por empresas que empregam menos de 250 pessoas e cujo volume de negócios anual não excede 50 milhões de euros ou cujo balanço total anual não excede 43 milhões de euros".

1400 Susanne Dehmel/Nils Hullen, *Auf dem Weg zu einem zukunftsfähigen Datenschutz in Europa? – Konkrete Auswirkungen der DS-GVO auf Wirtschaft, Unternehmen und Verbraucher*, 3 ZD, 2013, 147-153, 152-153; Gerrit Hornung, *Eine Datenschutz-Grundverordnung für Europa? – Licht und Schatten im Kommissionsentwurf vom 25.1.2012*, 2 ZD, 2012, 99-106, 104: de acordo com os elementos estatísticos reunidos pelo Autor, a maioria das empresas (99,8%) do sector financeiro têm um número de trabalhadores inferior ao de 250, pelo

III. Em análise à Proposta da Comissão, o Parlamento avançou uma profunda reformulação da alínea *b)* do artigo 35.º/1, passando a contar com o seguinte conteúdo: "o tratamento for efetuado por uma pessoa coletiva e afetar mais de 5000 titulares de dados durante um período de 12 meses consecutivos"; e um importante acrescento: a designação de delegado para a proteção de dados deveria também ser obrigatória sempre que "as atividades principais do responsável pelo tratamento ou do subcontratante consistem em proceder ao tratamento de categorias especiais de dados nos termos do artigo 9.º, n.º 1, dados de localização ou dados relativos a crianças ou a trabalhadores em sistemas de arquivo de grande dimensão"[1401].

A AEPD, congratulando-se com a obrigatoriedade de designação de um EDP, sugeriu a diminuição do número de assalariados constantes da alínea *a)*[1402].

IV. A unanimidade relativa à figura do EDP, não afetada por estas sugestões pontuais, é quebrada pelo Conselho, ao contestar a natureza obrigatória, mesmo que não generalizada, da sua designação. O Conselho propôs o seguinte conteúdo para o então artigo 35.º/1: "*The controller or the processor may, or where required by Union or Member State law shall, designate a data protection officer*"[1403]. A Alemanha, a Áustria e a Hungria mostraram-se desfavoráveis a esta solução, preferindo que o RGPD determinasse as situações e os contextos em que a indicação de um EDP fosse obrigatória[1404].

No início das negociações tripartidas, o Parlamento e o Conselho mantiveram as suas posições iniciais, com o primeiro a defender a obrigatoriedade de designação nas situações elencadas nas versões preparadas

que estariam, à luz deste critério, isentas de designar um EDP; o Autor analisa, de forma mais cuidada, cada umas das alíneas do artigo 35.º/1 da Proposta. Com posição inversa: Viviane Reding, *Sieben Grundbausteine der europäischen Datenschutzreform*, 2 ZD, 2012, 195-198, 198: considerando que o critério do número de trabalhadores protege as pequenas e médias empresas de incorrerem em mais gastos.

1401 Parlamento, *Relatório*, 130.

1402 AEPD, *Opinion of the European Data Protection Supervisor on the data protection reform package*, 7-mar.-2012, 34, [210].

1403 Conselho, *General Approach*, 170.

1404 Conselho, *General Approach*, 170, nota 435: "*DE, HU and AT would have preferred to define cases of a mandatory appointment of DPA in the Regulation itself and may want to revert to this issue at a later stage*".

pela Comissão e pelo próprio Parlamento, e o Conselho a opor-se, determinantemente, a qualquer solução nesse sentido[1405]. Ao longo das negociações tripartidas, a Presidência do Conselho assumiu um papel decisivo na busca por um compromisso[1406]. O desfecho alcançado, e que acabaria por ser vertido no texto final do RGPD, consistiu em limitar a obrigatoriedade da designação de EDPs a um conjunto delimitado de situações, apresentadas como acarretando maiores riscos para os titulares de dados pessoais[1407] – solução considerada como mais adequada à luz dos propósitos últimos do Direito da proteção de dados[1408-1409].

185. A obrigatoriedade de designação: enquadramento

I. Nos termos do artigo 37.º/1, o responsável pelo tratamento e o subcontratante devem designar um EDP em três situações distintas: (i) quando o tratamento for efetuado por uma autoridade ou um organismo público, excetuando os tribunais no exercício da sua função jurisdicional; (ii) quando as atividades principais do responsável pelo tratamento ou do subcontratante consistam em operações de tratamento que, devido à sua natureza, âmbito e/ou finalidade, exijam um controlo regular e sistemático dos titulares dos dados em grande escala; e (iii) quando as atividades principais do responsável pelo tratamento ou do subcontratante consistam em operações de tratamento em grande escala de categorias especiais de dados, nos termos do artigo 9.º, e de

[1405] *Conselho, GDPR – Chapter IV, preparation for trilogue*, doc. 12034/15, 21-set.-2015, 12966/15, 13-out.-2015, 6. Veja-se, ainda, as referências na nota seguinte.

[1406] *Conselho, GDPR – Chapter IV, preparation for trilogue*, doc. 11784/15, 9-set.-2015, 16; *Conselho, GDPR – Preparation of trilogue – Chapters II, II, IV and V*, doc. 13914/15, 16-nov.-2015, 9.

[1407] *Conselho, GDPR – Chapter IV – Presidency debriefing on the outcome of the trilogue on 11/12 November and preparation for trilogue*, 13885/15, 13-nov.-2015, 4: Parlamento a mostrar abertura para esta solução. *Conselho, GDPR – Analysis of the final compromise text with a view to agreement*, doc. 15039/15, 15-dez.-2015, 3.

[1408] Christoph Klug, *Der Datenschutzbeauftragte in der EU – Maßgaben der Datenschutzgrundverordnung*, 6 ZD, 2016, 315-319.

[1409] Helfrich, *Anotação ao artigo 37.º do RGPD* em *Sydow*, Rn. 12-50: análise detalhada de todo o processo legislativo.

dados pessoais relacionados com condenações penais e infrações a que se refere o artigo 10.º.

O artigo 37.º/4 atribui competências ao legislador europeu e aos legisladores nacionais para estenderem o leque de situações que exigem a designação obrigatória de um EPD.

Naturalmente que nada impede a designação voluntária de EPDs, em contextos não abrangidos por qualquer uma destas três alíneas[1410].

II. A subsunção de um caso real a uma das situações elencadas no artigo 37.º/1 faz emergir, na esfera jurídica do responsável ou do subcontratante, a obrigação de designação de um EPD[1411]. Trata-se de uma obrigação imediata que não pressupõe, nem exige, qualquer atuação por parte das autoridades de controlo[1412]. O RGPD não estabelece sequer um período transitório de adaptação[1413]. Na prática, a função de EPD deve ser incorporada, *ab initio*, em qualquer projeto, organização ou atividade que pressuponha o tratamento de dados pessoais.

186. Autoridades públicas

I. A obrigatoriedade de designação prevista no artigo 37.º/1, *a)* compreende todas as autoridades e organismos públicos – com exceção dos tribunais[1414] e somente no exercício da sua função jurisdicional[1415] –, independentemente das competências que legalmente lhes sejam atribuídas, do número de trabalhadores, da frequência com que os dados pessoais sejam

[1410] GT 29, *Orientações sobre os encarregados de proteção de dados (EPD)*, WP 243 rev.01, 13-dez.-2016, revistas, por último, a 5-abr.-2017, 6: encorajando designações voluntárias.

[1411] Paal, *Anotação ao artigo 37.º do RGPD* em *Paal/Pauly*, Rn. 5

[1412] Kevin Marschall/Pinkas Müller, *Der Datenschutzbeauftragte im Unternehmen zwischen BDSG und DS-GVO – Bestellung, Rolle, Aufgaben und Anforderungen im Fokus europäischer Veränderungen*, 6 ZD, 2016, 415-420, 416.

[1413] Bergt, *Anotação ao artigo 37.º do RGPD* em *Kühling/Buchner*, Rn. 20.

[1414] O conceito de tribunal deve ser interpretado latamente, de forma a abranger todas as autoridades judiciais independentes: Considerando 97, p. 1.

[1415] Do texto legal só pode resultar que no exercício das demais funções – p.ex.: de natureza administrativa interna – devem os tribunais designar um EPD. Nesse mesmo sentido: Helfrich, *Anotação ao artigo 37.º* em *Sydow*, Rn. 56.

tratados, do número dos titulares ou dos dados pessoais abrangidos ou de quaisquer outros elementos. É igualmente irrelevante se se trata de pessoas singulares ou de pessoas coletivas[1416]. A natureza publicista da entidade assume-se como critério nuclear e delimitador.

II. O artigo 12.º/2 da LE é ilustrativo do alcance desta primeira alínea: "entende-se por entidade pública: a) o Estado; b) as regiões autónomas; c) as autarquias locais; d) as entidades administrativas independentes e o Banco de Portugal; e) os institutos públicos; f) as instituições de ensino superior públicas de natureza fundacional; g) as empresas públicas sob forma jurídico-pública; h) as associações públicas".

Os números 3 e 4 do artigo 12.º da LE densificam alguns aspetos relacionados com os encarregados de proteção de dados no universo da Administração Pública. Os preceitos terão sempre de ser interpretadas à luz do RGPD e considerando os propósitos uniformizadores prosseguidos. Confrontado com uma desconformidade, recorde-se, deve o intérprete-aplicador dar prevalência ao RGPD.

III. O campo de aplicação material do artigo 37.º/1, *a)* encontra-se limitado pelo disposto no artigo 2.º, *b)* e *d)*: tratamentos efetuados por Estados-Membros no âmbito da política externa e de segurança comum e tratamentos efetuados pelas autoridades competentes para efeitos de prevenção, investigação, deteção e repressão de infrações penais ou da execução de sanções penais, incluindo a salvaguarda e a prevenção de ameaças à segurança pública, não são abrangidos pelo âmbito de aplicação material do RGPD.

A obrigatoriedade decorrente da alínea *a)* não se estende aos sujeitos privados, singulares ou coletivos, que prossigam interesses públicos[1417], apesar de o GT 29 recomendar que o façam[1418].

[1416] GT 29, *Orientações sobre os encarregados de proteção de dados (EPD)*, WP 243 rev.01, 13-dez.-2016, por último revistas a 5-abr.-2017, 7-8.

[1417] Heberlein, *Anotação ao artigo 37.º do RGPD* em *Ehmann/Selmayr*, Rn. 20.

[1418] GT 29, *Orientações sobre os EPDs* cit., 7-8.

187. Atividades principais

I. A alínea *b)* impõe a designação de um EPD sempre que (i) as atividades principais consistam em operações de tratamento que, devido à sua natureza, âmbito e/ou finalidade, (ii) exijam um controlo regular e sistemático dos titulares dos dados (iii) em grande escala. A versão final do RGPD deixou cair qualquer requisito relativo à dimensão da empresa – assumindo tratar-se de uma pessoa coletiva – e dos trabalhadores que eventualmente emprega.

O primeiro requisito – atividade principal – deve ser interpretado teleologicamente: a obrigatoriedade de designação de EPDs não se circunscreve aos responsáveis e encarregados que tenham como atividade principal o tratamento de dados pessoais, mas a todos os sujeitos cujas atividades principais pressuponham o tratamento de dados pessoais[1419]. Os exemplos apresentados pelo GT 29 são particularmente esclarecedores[1420]:

> [A] atividade principal de um hospital é a prestação de cuidados de saúde. Contudo, um hospital não poderia prestar cuidados de saúde de forma segura e eficaz sem proceder ao tratamento de dados relativos à saúde, designadamente os registos de saúde dos doentes. Assim, o tratamento destes dados deve ser considerado uma das atividades principais de qualquer hospital, cabendo, portanto, aos hospitais nomear encarregados da proteção de dados.
>
> [U]ma empresa de segurança privada exerce a vigilância de um conjunto de centros comerciais privados e de espaços públicos. A vigilância é a atividade principal da empresa, que, por sua vez, está indissociavelmente ligada ao tratamento de dados pessoais. Por conseguinte, esta empresa deve igualmente designar um EPD.

Os sujeitos privados, singulares ou coletivos, em relação aos quais o tratamento de dados pessoais assume um papel secundário ou acessório,

[1419] Helfrich, *Anotação ao artigo 37.º do RGPD* em *Sydow*, Rn. 64

[1420] GT 29, *Orientações sobre os EPDs* cit., 8.

mesmo que fundamental para a continuação da sua atividade, não são abrangidos por esta disposição[1421].

II. O legislador europeu não avança uma definição de "controlo regular e sistemático". Na busca pelo seu preenchimento, o intérprete-aplicador pode, com algumas cautelas, recorrer ao Considerando 24, p. 2: "A fim de determinar se uma atividade de tratamento pode ser considerada «controlo do comportamento» de titulares de dados, deverá determinar-se se essas pessoas são seguidas na *Internet* e a potencial utilização subsequente de técnicas de tratamento de dados pessoais que consistem em definir o perfil de uma pessoa singular, especialmente para tomar decisões relativas a essa pessoa ou analisar ou prever as suas preferências, o seu comportamento e as suas atitudes".

Segundo as indicações do GT 29, a expressão controlo[1422] regular pode ser preenchida por recurso a três formas distintas, não cumulativas: (i) controlo contínuo ou que ocorra em intervalos específicos num determinado período de tempo; (ii) controlo recorrente ou repetido em horários pré-determinados; ou (iii) controlo constante ou periódico[1423].

Quanto à expressão sistemática, recorrendo, também aqui, às indicações do GT 29, esta pode ser preenchida nos seguintes termos: (i) que ocorra de acordo com um sistema (ii) predefinido, organizado ou metódico (iii) realizado no âmbito de um plano geral de recolha de dado ou (iv) efetuado no âmbito de uma estratégia[1424].

III. O último requisito – comum à alínea *c)* – volta a não ser definido pelo legislador europeu. O intérprete-aplicador pode recorrer ao conteúdo do Considerando 91, na busca pelo seu significado: "operações de tratamento de grande escala que visem o tratamento de uma grande quantidade de dados pessoais a nível regional ou supranacional, possam afetar um número considerável de titulares de dados". O conceito de grande escala assenta,

[1421] Considerando 97, p. 2: "as atividades principais do responsável pelo tratamento dizem respeito às suas atividades primárias e não estão relacionadas com o tratamento de dados pessoais como atividade auxiliar".

[1422] Sobre o preenchimento do conceito de controlo: Ponto 41.

[1423] GT 29, *Orientações sobre os EPDs* cit., 10.

[1424] GT 29, *Orientações sobre os EPDs* cit., 8.

consequentemente, em três elementos: (i) número de titulares abrangidos; (ii) número de dados objeto de tratamento; e (iii) alcance geográfico do tratamento. Não nos parece, ao contrário do que defende o GT 29[1425], que a duração ou a permanência de atividade sejam fatores a considerar. Trata-se de um aspeto abrangido pelo requisito da regularidade.

188. Dados pessoais especiais

I. Por fim, a alínea *c)* do artigo 37.º/1 impõe aos responsáveis pelo tratamento e aos subcontratantes a designação de um EPD sempre que se verifiquem, cumulativamente, os seguintes três requisitos: (i) as suas atividades principais (ii) consistirem em operações de tratamento em grande escala (iii) de categorias especiais de dados nos termos do artigo 9.º e de dados pessoais relacionadas com condenações penais e infrações a que se refere o artigo 10.º.

Os dois primeiros requisitos foram já analisados no ponto anterior, para onde se remete.

II. As várias categorias especiais de dados pessoais surgem elencadas no artigo 9.º/1: "dados pessoais que revelem a origem racial ou étnica, as opiniões políticas, as convicções religiosas ou filosóficas, ou a filiação sindical, bem como o tratamento de dados genéticos, dados biométricos para identificar uma pessoa de forma inequívoca, dados relativos à saúde ou dados relativos à vida sexual ou orientação sexual de uma pessoa"[1426].

[1425] GT 29, *Orientações sobre os EPDs* cit., 9.

[1426] Ponto 58.

§ 39º A POSIÇÃO DE ENCARREGADO DE PROTEÇÃO DE DADOS

189. O perfil do EPD

I. Nos termos do artigo 37.º/5, "o encarregado de proteção de dados é designado com base nas suas qualidades profissionais e, em especial, nos seus conhecimentos especializados no domínio do Direito e das práticas de proteção de dados, bem como na sua capacidade para desempenhar as funções referidas no artigo 39.º".

O disposto neste preceito é completado pelo conteúdo do Considerando 97, p. 1 e p. 3: o EPD é "um especialista em legislação e prática de proteção de dados no controlo do cumprimento do presente regulamento a nível interno" e "o nível necessário de conhecimentos especializados deverá ser determinado, em particular, em função do tratamento de dados realizado e da proteção exigida para os dados pessoais tratados pelo responsável pelo seu tratamento ou pelo subcontratante".

O Parlamento propôs, aquando da sua análise à Proposta original da Comissão, o seguinte Considerando: "O delegado para a proteção de dados "deve ter, no mínimo, as seguintes qualificações: amplo conhecimento do conteúdo e da aplicação da legislação em matéria de proteção de dados, inclusive medidas técnicas, de organização e procedimentos; domínio dos requisitos técnicos em matéria de privacidade, desde a conceção, privacidade por defeito e segurança de dados; conhecimentos específicos do sector, de acordo com a dimensão do responsável pelo tratamento e do subcontratante e com a sensibilidade dos dados a tratar; capacidade de efetuar inspeções, consultas, elaborar documentação e proceder à análise de arquivos; capacidade para trabalhar com os representantes dos trabalhadores"[1427]. Apesar de este considerando não ter sido incluído na versão final do RGPD, fornece-nos relevantes pistas em relação à pessoa do EPD e às características e qualidades que este deve possuir.

O exercício da posição de EPD não se encontra dependente de qualquer diploma, certificação profissional ou integração numa das várias associações já hoje existente em território nacional[1428].

II. Enquanto especialista, o EDP tem de ter amplos conhecimentos jurídicos – práticos e teóricos –, mas também conhecimentos informáticos – numa aceção ampla – e conhecimentos relativos ao sector em que o responsável ou subcontratante que o designaram atuam, sob pena de não conseguir acompanhar as exigências dos tratamentos em concreto realizados[1429]. Também as integridades pessoais e profissionais do EPD devem ser consideradas no momento da designação[1430].

Como resulta do Considerando 97, p. 1, o nível de especialização, conhecimentos e experiência do EPD é proporcional à exigência das funções em concreto desempenhadas.

Por fim, sublinhe-se que a adequação do perfil do EPD é avaliável à data da designação e não após iniciar as suas funções[1431].

190. A relação entre o EPD e o responsável ou o subcontratante

I. O EPD pode integrar ou não a estrutura interna do responsável ou do subcontratante, i.e., tanto pode ser um trabalhador como um prestador de serviço externo, artigo 37.º/6[1432]. Recorrendo a entidade designadora

[1427] Parlamento, *Relatório*, 38.

[1428] Artigo 9.º/1 da LE.

[1429] Para uma análise minuciosa: GT 29, *Orientações sobre os EPDs* cit., 13 ss; Bergt, *Anotação ao artigo 37.º do RGPD* em *Kühling/Buchner*, Rn. 33-35; Heberlein, *Anotação ao artigo 37.º do RGPD* em *Ehmann/Selmayr*, Rn. 38-40.

[1430] Paal, *Anotação ao artigo 37.º do RGPD* em *Paal/Pauly*, Rn. 13.

[1431] Bergt, *Anotação ao artigo 37.º do RGPD* em *Kühling/Buchner*, Rn. 33.

[1432] Thomas Niklas/Thomas Faas, *Der Datenschutzbeauftragte nach der Datenschutz-Grundverordnung*, 34 NZA, 2017, 1091-1097: considerando ser preferível para os responsáveis pelo tratamento e para os subcontratantes designarem um EPD externo, na perspetiva das eventuais responsabilidades civis e contraordenacionais.

a um trabalhador interno, é natural que o liberte, total ou parcialmente, das demais tarefas[1433], dependendo das exigências colocadas pelo exercício da função. Já a posição do EPD externo é usualmente assumida, em face do regime vigente, por advogados especialistas no Direito da proteção de dados.

O GT 29 considera que a função de EPD pode igualmente ser prestada por uma pessoa coletiva, mas nesse caso "é essencial que cada membro da organização que exerça as funções de EPD cumpra todos os requisitos aplicáveis"[1434]. Esta interpretação é contrariada, em peso, pela doutrina alemã, que circunscreve o exercício da função às pessoas singulares[1435].

O responsável pelo tratamento e o subcontratante não estão impedidos, naturalmente, de contratar outros sujeitos – singulares ou coletivos – para prestarem consultoria em todas as matérias relativas ao tratamento de dados pessoais e ao cumprimento das exigências legais[1436], nem em montar departamentos internos de controlo e de identificação de conflitos[1437].

II. Os responsáveis pelo tratamento e os subcontratantes devem apoiar o EPD no exercício das suas funções, nomeadamente fornecendo-lhe todos os recursos necessários para o seu desempenho, artigo 38.º/2[1438].

Os responsáveis e os subcontratantes devem, ainda, assegurar que o EPD seja envolvido, de forma adequada e em tempo útil, em todas as questões relacionadas com a proteção de dados (artigo 38.º/1). Para além, naturalmente, de facultarem ao EPD o acesso aos dados pessoais e às operações de tratamento (artigo 38.º/2), as entidades designadoras devem, a título exemplificativo, assegurar: (i) a presença regular do EPD em reuniões relevantes; (ii) a sua presença, informada, sempre que sejam tomadas decisões

[1433] Heberlein, *Anotação ao artigo 37.º do RGPD* em *Ehmann/Selmayr*, Rn. 41.

[1434] GT 29, *Orientações sobre os EPDs* cit., 14.

[1435] Por todos: Bergt, *Anotação ao artigo 37.º do RGPD* em *Kühling/Buchner*, Rn. 36 e Helfrich, *Anotação ao artigo 37.º do RGPD* em *Sydow*, Rn. 116 ss.

[1436] Helfrich, *Anotação ao artigo 37.º do RGPD* em *Sydow*, Rn. 119.

[1437] Jens Schefzig, *Der Datenschutzbeauftragte in der betrieblichen Datenschutzorganisation – Konflikt zwischen Zuverlässigkeit und datenschutzrechtlicher Verantwortung*, 5 ZD, 2015, 503-507.

[1438] GT 29, *Orientações sobre os EPDs* cit., 16-17: apanhado dos meios e recursos que as entidades designadoras devem disponibilizar aos EPDs.

relativamente a dados pessoais ou a titulares de dados; (iii) a obtenção de opiniões, conselhos ou pareceres, consoante as exigências concretas; e (iv) a pronta consulta do EPD sempre que haja um fundado receio de violação do RGPD ou demais legislação extravagante.

III. Da parte do EPD espera-se uma atuação leal para com a entidade designadora. Apesar de desempenhar uma função com um importante impacto social, que extravasa a simples relação privada existente entre os dois sujeitos, o EPD presta um serviço à entidade designadora. A imposição de deveres de cooperação e a imperiosa obrigação de atuar sempre nos termos da lei não permite desvirtuar o núcleo desta posição[1439].

O artigo 38.º/5 impõe um estrito dever de sigilo ao EPD que, à luz do artigo 10.º/1 da LE "se mantém após o termo das funções que lhes deram origem".

191. A independência do EPD

I. O exercício da função de EPD caracteriza-se por uma marcada independência em face das entidades designadoras[1440]. O facto de a expressão "de forma independente", presente na Proposta original[1441], não constar da versão final do RGPD não afeta a autonomia intrínseca da posição: trata-se de uma decorrência lógico-jurídica direta do texto e do espírito do regime jurídico do EPD[1442]. A independência do EPD é colocada em evidência no artigo 9.º/2 da LE: "o encarregado de proteção de dados exerce a sua função com autonomia técnica perante a entidade responsável pelo tratamento ou subcontratante".

A autonomia do EPD, alheia à natureza da relação – laboral ou de prestação de serviços –, manifesta-se na proibição legal, presente na esfera

1439 Ponto 192/VI.

1440 Considerando 97, p. 4.

1441 Artigo 36.º/2 da Proposta.

1442 Com idêntica interpretação: Heberlein, *Anotação ao artigo 37.º do RGPD* em *Ehmann/Selmayr*, Rn. 13.

jurídica dos responsáveis e dos subcontratantes, de instruírem o EPD no exercício das suas funções, artigo 38.º/3.

De forma a garantir esta independência, o legislador europeu proíbe, de forma expressa, a destituição e a penalização do EPD motivada pelo exercício das suas funções legais, artigo 38.º/3. Esta proibição deve ser interpretada extensivamente, de modo a englobar qualquer tipo de penalização – fática ou jurídica –, incluindo simples ameaças, diretas ou indiretas, de destituição ou de penalização[1443].

II. A autonomia e a independência do EPD não são, certamente, absolutas: são limitadas pelas funções que legalmente lhe são atribuídas, nos termos do artigo 39.º. Do EPD espera-se, ainda, que informe diretamente a direção da entidade designadora do andamento das atividades por si desenvolvidas, artigo 38.º/3.

Cumpre ainda referir que a posição de EPD não se confunde com a de responsável pelo tratamento de dados ou com a de subcontratante. Não lhe cabe, em consequência, determinar as finalidades e os meios de tratamento de dados pessoais[1444], nem atuar, nesse âmbito, por conta do responsável pelo tratamento[1445].

192. As funções do EPD

I. A institucionalização do EPD consubstancia uma forma de desburocratizar e descentralizar a proteção dos interesses dos titulares dos dados pessoais, ao mesmo tempo que atribui aos responsáveis pelo tratamento de dados e aos subcontratantes a *responsabilidade* de autorregularem as suas atividades[1446]. Reduz a necessidade de uma intervenção constante, por parte da autoridade de controlo, e potencia a interiorização, no seio das empresas e das entidades públicas, de um cuidado constante com o tratamento de dados pessoais.

1443 GT 29, *Orientações sobre os EPDs* cit., 18.

1444 Artigo 4.º, *7)*: responsável pelo tratamento de dados.

1445 Artigo 4.º, *8)*: subcontratante.

1446 Klug, *Anotação ao artigo 37.º do RGPD* em *Gola*, Rn. 1.

II. A posição do EPD deve ser sempre enquadrada na funcionalização do RGPD à proteção dos interesses dos titulares dos dados pessoais: é esse o propósito que baliza, a todo o tempo, a sua atuação[1447].

Nos termos do artigo 39.º/1, são cinco as funções principais do EPD:

- Informar e aconselhar o responsável pelo tratamento ou o subcontratante, bem como os trabalhadores que tratem os dados, a respeito das suas obrigações nos termos do RGPD e da demais legislação extravagante aplicável;
- Controlar o cumprimento do RGPD, da demais legislação extravagante aplicável e das políticas das entidades designadoras relativas à proteção de dados pessoais, incluindo a repartição de responsabilidades, a sensibilização e formação do pessoal implicado nas operações de tratamentos de dados, e as auditorias independentes;
- Prestar aconselhamento, quando lhe seja solicitado, relativo à avaliação do impacto sobre a proteção de dados e controlar a sua realização, nos termos do artigo 35.º[1448];
- Cooperar com a autoridade de controlo;
- Atuar como ponto de contacto com a autoridade de controlo sobre questões relacionadas com o tratamento, incluindo a consulta prévia a que se refere o artigo 36.º; deve consultar a autoridade de controlo sempre que se justifique.

Nos termos do artigo 39.º/2, o EPD deve considerar, no desempenho das suas funções os riscos associados aos tratamentos em concreto, bem como a natureza, o âmbito, o contexto e as finalidades desses mesmos tratamentos.

III. *Informar e aconselhar.* O dever de informar e de aconselhar cobre toda a legislação nacional e europeia relacionada com a proteção de dados e não apenas o RGPD[1449]. Cobre, igualmente, todas as atividades do responsável pelo tratamento ou do subcontratante, incluindo o tratamento dos dados

[1447] Klug, *Anotação ao artigo 37.º do RGPD* em *Gola*, Rn. 2

[1448] Com a epígrafe: *Avaliação de impacto sobre a proteção de dados.*

[1449] Heberlein, *Anotação ao artigo 39.º do RGPD* em *Ehmann/Selmayr*, Rn. 7; Bergt, *Anotação ao artigo 39.º do RGPD* em *Kühling/Buchner*, Rn. 11.

dos respetivos trabalhadores e prestadores de serviços[1450]. Do EPD espera-se, ainda, que informe e aconselhe o responsável ou o subcontratante no âmbito da segurança dos dados, em especial no que respeita às medidas técnicas e organizadas a implementar[1451], assim como em relação às orientações internas implementadas[1452-1453].

O dever de informar e de aconselhar condensa uma dimensão profilática, mas também uma dimensão reativa, i.e., o EPD deve auxiliar o responsável ou o subcontratante na resolução dos problemas reais com os quais estes se deparem[1454]. Não lhe cabe, todavia, redigir contratos, embora o dever de aconselhamento possa incluir a sua análise do ponto de vista do cumprimento da legislação relativa à proteção de dados[1455].

Caso se mostre necessário, o EPD deve consultar especialistas[1456].

Este dever não se circunscreve aos órgãos de administração ou aos titulares de posições de chefia: estende-se a todos os funcionários e prestadores dos responsáveis ou subcontratantes que lidem com dados pessoais[1457].

O EPD deve adaptar o modo como disponibiliza informação e presta aconselhamento às especificidades do responsável ou do subcontratante – p.ex.: através de circulares internas, de palestras ou de explanações individualizadas[1458].

Apesar de a obrigação de conservar documentação relativa às suas atividades, constante na Proposta original da Comissão[1459], ter sido retirada da versão final do RGPD, trata-se de uma prática que poderá ser útil para o EPD, na medida em que protege a sua sempre frágil posição[1460].

[1450] Paal, *Anotação ao artigo 39.º do RGPD* em *Paal/Pauly*, Rn. 5.

[1451] Heberlein, *Anotação ao artigo 39.º do RGPD* em *Ehmann/Selmayr*, Rn. 7.

[1452] Considerando 78, p. 2.

[1453] Helfrich, *Anotação ao artigo 39.º do RGPD* em *Sydow*, Rn. 77.

[1454] Helfrich, *Anotação ao artigo 39.º do RGPD* em *Sydow*, Rn. 64; Paal, *Anotação ao artigo 39.º do RGPD* em *Paal/Pauly*, Rn. 5.

[1455] Bergt, *Anotação ao artigo 39.º do RGPD* em *Kühling/Buchner*, Rn. 11.

[1456] Bergt, *Anotação ao artigo 39.º do RGPD* em *Kühling/Buchner*, Rn. 11.

[1457] Bergt, *Anotação ao artigo 39.º do RGPD* em *Kühling/Buchner*, Rn. 11; Drewes, *Anotação ao artigo 39.º do RGPD* em *Simitis/Hornung/Spiecker gen. Döhmann*, Rn. 8.

[1458] Drewes, *Anotação ao artigo 39.º do RGPD* em *Simitis/Hornung/Spiecker gen. Döhmann*, Rn. 13.

[1459] Heberlein, *Anotação ao artigo 39.º do RGPD* em *Ehmann/Selmayr*, Rn. 7.

[1460] Thomas Hoeren, *Der betriebliche Datenschutzbeauftragte - Neuerungen durch die geplante DS-GVO*, 2 ZD, 2012, 355-358, 357: considerando que esta obrigação tornava o EPD num arquivista.

IV. *Controlar o cumprimento da lei.* A primeira parte da alínea *b)* impõe ao EPD a obrigação de controlar o cumprimento da lei – RGPD, LE e legislação sectorial aplicável, independentemente da sua origem nacional ou europeia –, bem como os regulamentos ou diretrizes internas (orientações internas[1461]), estabelecidas pelo responsável pelo tratamento ou pelo subcontratante. Este dever de controlo – a expressão monitorizar seria porventura mais adequada – estende-se a todos os aspetos da lei incluindo à dimensão de *compliance*[1462].

Este preceito não pretende que o EPD se substitua ao responsável ou ao subcontratante[1463], nem permite imputar ao EPD as responsabilidades decorrentes de um eventual incumprimento[1464-1465].

Do EPD espera-se uma atuação ativa. Não basta, para dar cumprimento à alínea *b)* do artigo 39.º/1, que este se limite a analisar a documentação ou a informação que lhe é transmitida. O EPD deve monitorizar de forma direta a atuação quotidiana dos funcionários, prestadores de serviços e órgãos que tratam, direta ou indiretamente, dados pessoais. Se necessário estabelecendo programas e calendários de controlo[1466].

O EPD deve informar a entidade designadora assim que tenha conhecimento de um incumprimento da lei, preferencialmente enviando um relatório contendo os elementos recolhidos aos órgãos e departamentos que partilhem responsabilidades na matéria[1467].

A alínea *b)* menciona, a título exemplificativo, quatro áreas específicas que devem ser especialmente monitorizadas pelo EPD: (i) repartição de responsabilidades – órgãos, departamentos ou funcionários responsáveis

[1461] Considerando 78, p. 2.

[1462] Heberlein, *Anotação ao artigo 39.º do RGPD* em *Ehmann/Selmayr*, Rn. 10.

[1463] Heberlein, *Anotação ao artigo 39.º do RGPD* em *Ehmann/Selmayr*, Rn. 10.

[1464] GT 29, *Orientações sobre os EPDs* cit., 20; Alexander Jung, *Datenschutz-(Compliance-) Management-Systeme – Nachweis- und Rechenschaftspflichten nach der DS-GVO*, 8 ZD, 2018, 208-213, 209.

[1465] Tobias Lantwin, *Risikoberuf Datenschutzbeauftragter? Die Haftung nach der neuen DS--GVO*, 7 ZD, 2017, 411-414: apanhado sucinto das eventuais responsabilidades em que o EPD pode incorrer.

[1466] Drewes, *Anotação ao artigo 39.º do RGPD* em *Simitis/Hornung/Spiecker gen. Döhmann*, Rn. 18-19.

[1467] Drewes, *Anotação ao artigo 39.º do RGPD* em *Simitis/Hornung/Spiecker gen. Döhmann*, Rn. 20.

pelo cumprimento das regras aplicáveis; (ii) sensibilização e formação – ao EPD cabe apenas monitorizar a forma como esta sensibilização e formação são desenvolvidas e, porventura, auxiliar o responsável pelo tratamento ou o subcontratante na sua institucionalização; e (iii) auditorias independentes – o responsável pelo tratamento ou o subcontratante podem decidir realizar auditorias independentes; nesses casos, caberá ao EPD monitorizar os respetivos resultados.

V. *Prestar aconselhamento em relação à avaliação do impacto.* A realização das avaliações de impacto previstas no artigo 35.º são da inteira responsabilidade do responsável e não do EPD.

A alínea *c)* do artigo 39.º/1 é enganadora: transmite a ideia de que a intervenção do EPD se encontra dependente de um pedido de aconselhamento, dirigido pelo responsável pelo tratamento. Não é assim, nos termos do artigo 35.º/2, o responsável pelo tratamento está obrigado a solicitar "o parecer do encarregado de proteção de dados, nos casos em que este tenha sido designado".

VI. *Cooperação com a autoridade do controlo.* O legislador fornece poucas pistas em relação à densificação da cooperação esperada. A Proposta da Comissão impunha ao EPD o dever de "acompanhar a resposta aos pedidos da autoridade de controlo"[1468], mas este foi excluído da versão final do RGPD.

A existência deste dever de cooperação não afeta a natureza das relações existentes: o EPD é titular de um dever de lealdade para com o responsável ou o subcontratante que o designou e não é um colaborador da autoridade de controlo[1469]. Qualquer alteração a este respeito poderia levar ao desvirtuamento da posição EPD e, mais preocupante, à quebra da relação de confiança que terá sempre de existir com a entidade designadora[1470].

Nestes termos, não cremos que o EPD deva comunicar à autoridade de controlo a violação, por parte da entidade designadora, da lei aplicável,

[1468] Artigo 37.º/1, *f)* da Proposta.

[1469] Por todos: Bergt, *Anotação ao artigo 39.º do RGPD* em *Kühling/Buchner*, Rn. 19.

[1470] Drewes, *Anotação ao artigo 39.º do RGPD* em *Simitis/Hornung/Spiecker gen. Döhmann*, Rn. 36.

mesmo que seja reiterada ou prolongada[1471]. Alguma doutrina admite este dever de comunicação em situações mais graves[1472], nomeadamente que impliquem atuações puníveis criminalmente[1473].

A última alínea do artigo 39.º/1 surge como uma concretização do dever de cooperação referido na alínea *d)*[1474]: o EPD assume-se como o ponto de contacto privilegiado com a autoridade de controlo e deve consultá-la sempre que se justifique.

VII. O artigo 11.º da LE acrescenta três outras funções às elencadas no artigo 39.º/1: (i) assegurar a realização de auditorias, quer periódicas, quer não programadas; (ii) sensibilizar os utilizadores para a importância de uma deteção atempada de incidentes de segurança e para a necessidade de informar imediatamente o responsável pelo segurança; e (iii) assegurar as relações com os titulares dos dados nas matérias abrangidas pelo RGPD e pela legislação nacional em matéria de proteção de dados.

O RGPD não contém qualquer cláusula de abertura que permita aos Estados-Membros acrescentar, diminuir ou alterar as funções atribuídas ao EPD. Nesse sentido, o disposto no artigo 11.º deve ser desconsiderado[1475], mas apenas na medida em que colida com o conteúdo do RGPD. Não cremos que seja assim em relação ao ponto (ii) e (iii). O ponto (ii) surge como uma manifestação interessante do dever de controlo e de informação e o ponto (iii) como uma recapitulação do artigo 38.º/4. Apenas o ponto (i) deve ser desconsiderado, para todos os efeitos legais: ao EPD apenas cabe monitorizar a realização de auditorias, mas já não assegurar a sua realização[1476].

[1471] Helfrich, *Anotação ao artigo 39.º do RGPD* em *Sydow*, Rn. 106.

[1472] Drewes, *Anotação ao artigo 39.º do RGPD* em *Simitis/Hornung/Spiecker gen. Döhmann*, Rn. 36: não concretiza nem exemplifica.

[1473] Bergt, *Anotação ao artigo 39.º do RGPD* em *Kühling/Buchner*, Rn. 19.

[1474] Helfrich, *Anotação ao artigo 39.º do RGPD* em *Sydow*, Rn. 106.

[1475] CNPD, *Parecer n.º 20/2018*, 8v.

[1476] CNPD, *Parecer n.º 20/2018*, 8v.

§ 40º CONFLITOS DE INTERESSES

193. O conceito de conflito de interesses: linhas gerais

I. O conceito de *interesse* assume múltiplos significados. Uma leitura da respetiva entrada no Dicionário da Academia de Ciências permite-nos ter uma ideia dos infindáveis contextos em que a expressão pode ser utilizada. A transversalidade do conceito é, também ela, uma característica do Mundo Jurídico e da sua linguagem.

Os diferentes contextos jurídicos em que o conceito de interesse pode ser utilizado traduzem-se na necessidade de compartimentar as suas diversas aceções, sob pena de as soluções preconizadas não terem qualquer relevância científica e prática. Aquando do seu preenchimento, o intérprete deverá ter em consideração as exatas circunstâncias em que a expressão é empregue[1477].

II. No âmbito da temática do *conflito de interesses*, a expressão *interesses* pode assumir um duplo preenchimento: (i) jurídico; e (ii) fático.

Na primeira aceção, a mais comum e de mais fácil preenchimento, ao intérprete-aplicador cabe verificar a existência de potenciais conflitos de deveres, nomeadamente se o cumprimento das funções de EPD implica a violação dos deveres assumidos no âmbito de outra posição, independentemente de o EPD ser um trabalhador ou um prestador de serviços.

[1477] Mota Pinto, *Interesse contratual negativo*, I, cit., 500.

Na segunda aceção, cuja prova se apresenta especialmente complexa, a existência de um conflito de interesses irá depender de uma análise casuística das motivações subjetivas do sujeito designado para EPD – p.ex.: o EPD ter algum interesse pessoal ou económico nos tratamentos realizados pela entidade designadora.

194. Conflito de interesses: o artigo 38.º/6

I. Nos termos do disposto no artigo 38.º/6, o EPD pode exercer outras funções e atribuições, quer seja trabalhador da entidade designadora ou um prestador de serviços externo à sua estrutura. Na segunda parte do artigo 38.º/6, o legislador acrescentou que "o responsável pelo tratamento ou o subcontratante assegura que essas funções e atribuições não resultam num conflito de interesses". Apesar de o texto legal apontar no sentido de um dever genérico de organização interna, tanto a doutrina alemã[1478] como o próprio GP 29[1479] atribuem a esta norma um sentido limitativo da capacidade de assumir a própria posição, ou seja, a designação de um EPD concreto exige que sejam afastados todos os conflitos de interesses específicos.

II. A existência de conflitos de interesses é particularmente evidente sempre que a posição de EPD seja assumida pelo titular de uma posição de direção – p.ex.: diretor executivo, diretor de operações, diretor financeiro, diretor do departamento médico, diretor de marketing, diretor dos recursos humanos ou diretor informático[1480] –, visto caber ao EPD verificar a adequação das atividades desenvolvidas por estes departamento às exigências do RGPD.

Situações de conflitos de interesses podem ainda ocorrer em relação a funcionários menos graduados. Nesses casos, importa averiguar, em con-

[1478] Bergt, *Anotação ao artigo 37.º do RGPD* em *Kühling/Buchner*, Rn. 39; Heberlein, *Anotação ao artigo 37.º do RGPD* em *Ehmann/Selmayr*, Rn. 21. Com posição diversa: Thomas Hoeren, *Der betriebliche Datenschutzbeauftragte – Neuerungen durch die geplante DS-GVO*, 2 ZD, 2012, 355-358, 357.

[1479] GT 29, *Orientações sobre os EPDs* cit., 19.

[1480] GT 29, *Orientações sobre os EPDs* cit., 19.

creto e antes de proceder à sua designação, a existência ou não de potenciais conflitos de interesses[1481].

No afastamento de situações conflituosas, a autoridade designadora deve considerar as funções já desempenhadas pelo potencial EPD – p.ex.: se é responsável pela segurança informática, pela otimização de procedimento internos relacionados com o tratamento de dados pessoais, pelo tratamento dos dados pessoais dos trabalhadores[1482]. Em todos estes casos, parece evidente a existência de um conflito de interesses.

III. Ao optarem por recorrer a um prestador de serviços, os responsáveis pelo tratamento e os subcontratantes não podem designar um sujeito que assuma outras posições ou atividades que sejam potencialmente incompatíveis. Como exemplo de escola, pense-se num EPD que é Diretor do Departamento Jurídico de uma empresa concorrente.

195. O advogado enquanto EPD

I. O RGPD não estabelece qualquer limitação ou proibição à designação de advogados ou de juristas com contratos de trabalho (*in-house lawyer*) para a função de EPD, pelo contrário. O disposto no artigo 37.º/5 é claro quanto à necessidade de o EPD ser detentor de extensos conhecimentos jurídicos: "O encarregado da proteção de dados é designado com base nas suas qualidades profissionais e, em especial, nos seus *conhecimentos especializados no domínio do direito e das práticas de proteção de dados*".

Podemos mesmo ir mais longe: não basta que o EPD seja especialista no Direito da proteção de dados, terá de conhecer muitos outros aspetos jurídicos que extravasam este ramo. O domínio do Direito da proteção de dados, enquanto ramo jurídico eclético, pressupõe sólidos conhecimentos de Direito privado – direitos de personalidade, formação de negócios ou responsabilidade civil – e de Direito público – Direito administrativo e Direito regulatório.

[1481] Bergt, *Anotação ao artigo 37.º do RGPD* em *Kühling/Buchner*, Rn. 40.

[1482] Heberlein, *Anotação ao artigo 37.º do RGPD* em *Ehmann/Selmayr*, Rn. 22; Bergt, *Anotação ao artigo 37.º do RGPD* em *Kühling/Buchner*, Rn. 42.

Naturalmente que se admite que a função de EPD possa ser exercido por um sujeito que não seja licenciado em Direito. Como também se reconhece que o simples facto de se ser jurista ou de se dominar o Direito da proteção de dados pode não bastar para desempenhar a função adequadamente.

II. Partindo desta premissa inicial, os responsáveis pelo tratamento e os subcontratantes irão, por princípio e fundadamente, designar, para a função de EPD, advogados, *in-house lawyers* ou juristas não inscritos na Ordem dos Advogados – p.ex.: jurisconsultos.

Qualquer uma destas hipóteses encontra suporte legal. Recorde-se o disposto no artigo 37.º/6, *supra* analisado: "o encarregado da proteção de dados pode ser um elemento do pessoal da entidade responsável ou do subcontratante (*in-house lawyer*), ou exercer as suas funções com base num contrato de prestação de serviços (advogado ou jurista)". Sendo que, para qualquer um dos casos, poderá "exercer outras funções e atribuições", artigo 38.º/6. O legislador europeu reconhece, consequentemente, a natureza não exclusiva da atividade de EPD.

A adequação ou inadequação da designação de qualquer uma destas classes de juristas para a função de EPD apenas poderá ocorrer, em concreto, por dois motivos: (i) por falta de conhecimentos especializados, artigo 37.º/5; ou (ii) por conflito de interesses, artigo 38.º/6.

196. Potenciais conflitos de interesses em relação à designação de advogados para a função de EPD

I. O disposto no artigo 38.º/6 consagra, como acima analisado, uma efetiva limitação à capacidade de assumir a função de EPD. Nesses termos, cabe às entidades designadoras assegurar "que essas funções e atribuições não resultam num conflito de interesses".

Dos responsáveis pelo tratamento e dos subcontratantes espera-se, assim, que, previamente à designação de um advogado, realizem um exame que abranja potenciais conflitos de interesses formais – colisão de deveres – e materiais – especiais motivações subjetivas.

De forma a afastar possíveis conflitos futuros, recomenda-se, ainda, que se estabeleça, por escrito, que situações concretas podem suscitar conflitos de interesses[1483]. Admite-se, mesmo, que se elenque o tipo de litígios em que o advogado não possa intervir e as categorias de clientes que não possa representar.

II. O GT 29 refere apenas uma situação concreta que considera geradora de potenciais conflitos de interesses[1484]:

> [P]ode igualmente surgir um conflito de interesses se, por exemplo, o EPD externo for chamado a representar o responsável pelo tratamento ou o subcontratante junto dos tribunais no âmbito de processos respeitantes a questões de proteção de dados.

Concordamos, em absoluto, com esta interpretação, na medida em que o EPD estaria a atuar em duas posições antagónicas. O mesmo já não se verificaria se esse mesmo EPD estivesse a representar o responsável pelo tratamento ou o subcontratante junto dos tribunais no âmbito de processos respeitantes a outras matérias jurídicas não relacionadas com a proteção de dados.

1483 Bergt, *Anotação ao artigo 38.º do RGPD* em *Kühling/Buchner*, Rn. 39.
1484 GT 29, *Orientações sobre os EPDs* cit., 29.

Capítulo III
Responsabilidade Civil

197. Enquadramento

Nos termos do disposto do artigo 82.º/1, qualquer pessoa que tenha sofrido danos materiais ou imateriais devido a uma violação do RGPD tem direito a receber uma indemnização pelos danos sofridos. O artigo 33.º/1 da LE estende a responsabilidade civil do responsável e do subcontratante a violações da legislação nacional em matéria de proteção de dados pessoais.

O artigo 33.º/3 da LE manda aplicar à responsabilidade civil o regime positivado na Lei n.º 67/2007, de 31 de dezembro – responsabilidade civil extracontratual do Estado e pessoas coletivas de Direito público –, com as necessárias adaptações.

§ 41º ELEMENTOS

198. Ilicitude

I. O artigo 82.º assume um campo de aplicação tendencialmente irrestrito: permite a propposituras de ações de responsabilidade civil por qualquer "violação do presente regulamento" (n.º 1).

Esta solução não é nova, encontrando um evidente paralelo na Diretriz n.º 95/46/CE. O artigo 23.º/1 deste diploma admitia ações de responsabilidade civil fundadas em tratamentos ilícitos de dados, mas também em quaisquer outros atos violadores dos diplomas nacionais que transpusessem a diretriz. O texto legal da Diretriz n.º 95/46/CE foi aproveitado pela Comissão na Proposta original do RGPD: "tratamento ilícito ou outro ato incompatível com o presente regulamento"[1485]. Esta primeira versão passou incólume às observações promovidas pelo Parlamento, pelas várias Comissões Parlamentares chamadas a pronunciar-se individualmente, e pelas demais entidades europeias que emitiram pareceres sobre o RGPD.

A unanimidade foi quebrada pelo Conselho, ao propor a circunscrição da responsabilidade civil ao tratamento de dados que violassem o RGPD[1486]. Apenas a Grécia mostrou algumas reservas em relação a esta alteração[1487].

[1485] Artigo 77.º/1 da Proposta.

[1486] Conselho, *General Approach*, 244: "*damage as a result of a processing which is not in compliance with this Regulation*".

[1487] Cit., 244, Nota 594: "*EL raised strong concerns that the notion of "unlawful processing" as used in the 1995 Directive were not repeated here and feared that this would lower the level of protection*".

Durante as negociações tripartidas e por insistência do Parlamento[1488], a versão final viria a assumir, em consonância com a Diretriz n.º 95/46/CE e com a Proposta, um alcance mais vasto, extensível a toda e qualquer violação do RGPD.

II. A versão final do artigo 82.º/1 contrasta com o conteúdo do artigo 82.º/2. Este último preceito circunscreve (i) a responsabilidade dos responsáveis pelo tratamento aos danos causados em virtude de tratamentos em que estejam envolvidos; e (ii) a responsabilidade dos subcontratantes a duas situações concretas: pelo não cumprimento de instruções emitidas pelos responsáveis pelo tratamento ou pelo não cumprimento de obrigações legais específicas – sempre no âmbito do tratamento de dados pessoais. Da leitura deste número 2 parece resultar que nem todas as violações do RGPD permitem acionar a responsabilidade, mas somente as que sejam cometidas na decorrência de tratamentos de dados. Ora, as preocupações do Parlamento, assumidas por todas as partes nas discussões tripartidas, sustentam uma interpretação mais alargada: o artigo 82.º abrange tratamentos ilícitos, bem como violações de direitos, de obrigações ou de proibições legais que estejam indiretamente relacionadas com as atividades desenvolvidas pelos responsáveis e pelos subcontratantes.

III. O campo de aplicação material do artigo 82.º compreende, para além de violações dos RGPD, todos os outros tratamentos – na mesma aceção ampla – que violem os atos delegados e de execução adotados nos termos do RGPD, bem como o Direito dos Estados-Membros que dê execução a regras do RGPD[1489].

Por fim, o artigo 82.º não esgota os mecanismos de defesa que os lesados têm à sua disposição. Estes podem intentar ações de responsabilidade

[1488] Conselho, *General Data Protection Regulation; Written debrief on Chapter VIII*, doc. 13606/15, de 30 de outubro de 2015, 3: "*The European Parliament asks to have a reference to "or of an action" in Article 77(1) to have a broader scope. In order to avoid confusion with the term "processing", the co-legislators tentatively agreed on a redrafting of this paragraph and refer to "an infringement of this Regulation""*.

[1489] Considerando 146, p. 5.

por violação de outras disposições legais, europeias ou nacionais, ou por violação de obrigações contratuais[1490].

199. Danos

I. Não consta do RGPD e dos extensos considerandos que o acompanham qualquer definição de dano. Esta ausência foi especialmente evidenciada no seio do Conselho, com vários Estados-Membros a indagarem se o Direito da União não havia já desenvolvido e consolidado este conceito. Na discussão que se seguiu, foram manifestadas duas posições antagónicas: (i) cabe aos Direitos internos determinar o que se entende por dano, tanto numa perspetiva teórica como numa perspetiva prática – posição assumida por vários Estados-Membros; e (ii) cabe ao TJUE interpretar o artigo 82.º e os conceitos aí contidos – posição assumida pela Comissão[1491].

À ausência de um conceito consolidado de dano, no Direito europeu, acrescem dois outros fatores que dificultam a aplicação do artigo 82.º: (i) a complexidade inerente à própria quantificação dos danos efetivamente causados, partilhada por todos os sistemas jurídicos; e (ii) a atribuição de competência jurisdicional aos tribunais dos Estados-Membros para dirimir este tipo de litígio, nos termos do artigo 82.º/6.

II. A atividade de interpretação dos tribunais dos Estados-Membros não é, todavia, livre. O RGPD estabelece algumas balizas que devem a todo o tempo ser respeitadas: (i) o conceito de dano deve ser interpretado em sentido lato, à luz da jurisprudência do TJUE[1492]; (ii) os objetivos do RGPD devem ser plenamente respeitados[1493]; e (iii) todos os danos devem ser ressarcidos[1494], incluindo os danos materiais e os danos imateriais[1495].

[1490] Considerando 146, p. 4.
[1491] Conselho, *General Approach*, 244, nota 592.
[1492] Considerando 146, p. 3.
[1493] Considerando 146, p. 3.
[1494] Considerando 146, p. 1.
[1495] Artigo 82.º/1.

III. Em matéria de responsabilidade civil, o TJUE há muito que impõe aos tribunais dos Estados-Membros o cumprimento de dois princípios nucleares: o da equivalência e o da efetividade[1496]. O primeiro, determina que os órgãos jurisdicionais nacionais ao aplicarem Direito europeu não podem colocar os sujeitos lesados numa situação pior do que a que estariam se fosse aplicada uma disposição interna análoga. O segundo, impede que sejam colocados entraves que obstaculizem o exercício efetivo dos direitos reconhecidos pelo Direito europeu.

Numa perspetiva concretizadora, o valor da indemnização deve adequar-se ao prejuízo sofrido[1497] e compensar integralmente os danos efetivamente causados[1498]. Isso mesmo é reconhecido no Considerando 146, p 6: "Os titulares dos dados deverão ser integral e efetivamente indemnizados pelos danos que tenham sofrido".

A decisão do tribunal deve, ainda, produzir um efeito dissuasor real sem, porém, assumir uma função punitiva[1499], salvo se o Direito nacional em concreto aplicável conhecer este tipo de sanção para situações similares[1500].

IV. A Proposta da Comissão, no seguimento da Diretriz n.º 95/46/CE, limitava-se a afirmar que os lesados tinham direito a ser indemnizados pelos prejuízos sofridos, sem se pronunciar, em concreto, quanto à natureza dos danos abrangidos[1501].

Foram várias as entidades europeias chamadas a pronunciar-se sobre a Proposta, que defenderam a expressa referência aos danos morais: o Parlamento – "inclusive de natureza não-pecuniária"[1502]; a Comissão do Mercado

1496 TJUE 17-nov.-1998, proc. C-228/96 (*Aprile*), 18; TJUE 6-out.-2015, proc. C-228/96 (*Târşia*), 27; TJUE 7-mar.-2018, proc. C-494/16 (*Santoro*), 30.

1497 TJUE 5-mar.-1996, proc. C-46/93 e C-48/93 (*Brasserie du pêcher*), 90.

1498 TJUE 2-ago.-1993, proc. C-271/91 (*Marshall*), 26; TJUE 17-dez.-2015, proc. C-407/14 (*Arjona Camacho*), 31.

1499 TJUE 10-abr.-1984, proc. C-14/83 (*von Colson e Kamann*), 23; TJUE 2-ago.-1993, proc. C-271/91 (*Marshall*), 24; TJUE 22-abr.-1997, proc. C-180/95 (*Draehmpaehl*), 25; TJUE 17-dez.-2015, proc. C-407/14 (*Arjona Camacho*), 37.

1500 TJUE 13-jul.-2006, C-295/04 a C-298/04 (*Manfredi*), 93.

1501 Artigo 77.º/1 da Proposta.

1502 Parlamento, *Relatório*, 182.

Interno e da Proteção dos Consumidores – "material ou imaterial" e "qualquer dano emocional[1503]; e a AEPD – "*imaterial damage or distrees*"[1504].

A menção aos danos morais (danos imateriais) justifica-se plenamente, em face dos bens jurídicos acautelados pelo Direito da proteção de dados[1505]. A sua positivação veio, para mais, por termo às dúvidas existentes durante a vigência da Diretriz n.º 95/46/CE[1506].

V. Como exemplos de danos materiais (patrimoniais), contam-se: (i) o aumento dos custos finais cobrados por um serviço prestado, na decorrência da transmissão ilícita de dados por um terceiro para o prestador[1507]; (ii) a não celebração de um contrato de trabalho ou o despedimento na decorrência da recolha ilícita de dados pessoais, pela entidade patronal, relativos ao candidato[1508]; (iii) a utilização ilícita de dados pessoais por entidades financeiras, com um impacto negativo nas condições apresentadas ao titular, por exemplo nos juros cobrados ou no valor do prémio do seguro[1509]; e (iv) a não retificação (artigo 16.º)[1510] ou o não apagamento de dados (artigo 17.º)[1511].

Quanto aos danos imateriais (morais) mais comuns, estes são idênticos aos conhecidos do universo do direito à intimidade da vida privada: a exposição pública não pretendida[1512], a ansiedade[1513] e a discriminação daí decorrentes, a objetivação do ser humano, enquanto mero dado, ou a inibição do desenvolvimento da personalidade[1514].

1503 Cit., 532.

1504 AEPD, *Opinion on the data protection reform package*, 7 de março de 2012, 44, [272].

1505 Cit., 44, [272].

1506 Gola/Klug/Körffe, *Anotação ao artigo 7 do BDSG* em *Gola/Schomerus* cit., Rn. 12: com referências doutrinárias defensoras das duas posições: apenas danos patrimoniais ou também danos morais.

1507 Nemitz, *Anotação ao artigo 82.º do RGPD* em *Ehmann/Selmayr*, Rn. 12.

1508 Kreße, *Anotação ao artigo 82.º do RGPD* em *Sydow*, Rn. 5.

1509 Bergt, *Anotação ao artigo 82.º do RGPD* em *Kühling/Buchner*, Rn. 19.

1510 Pontos 136 ss.

1511 Pontos 139 ss.

1512 Nemitz, *Anotação ao artigo 82.º do RGPD* em *Ehmann/Selmayr*, Rn. 13.

1513 AEPD, *Opinion* cit., 272

1514 Philip Laue/Judith Nink/Sascha Kremer, *Das neue Datenschutzrecht in der betrieblichen Praxis*, Nomos, Baden-Baden, § 11, Rn. 6; Tim Wybitul/Detlef Haß/Jan Philipp Albrecht, *Abwehr von Schadensersatzansprüchen nach der Datenschutz-Grundverordnung*, 71 NJW, 2018, 113-118, 114.

200. Causalidade

A responsabilidade civil por violação do RGPD apenas poderá ocorrer se entre esta violação e os danos produzidos na esfera jurídica do lesado existir um nexo de causalidade. A utilização das expressões "devido a"[1515], "causados pelo"[1516] e "em virtude de"[1517] é esclarecedora.

Apesar de do Considerando 146, p. 3 apenas constar o termo dano, é evidente que o conceito de causalidade deve igualmente "ser interpretado (pelos tribunais dos Estados-Membros[1518]) em sentido lato e à luz da jurisprudência do Tribunal de Justiça, de uma forma que reflita plenamente os objetivos do presente regulamento"[1519]. Também neste âmbito, devem os órgãos jurisdicionais nacionais atuar no estrito cumprimento dos princípios da equivalência e da efetividade, acima analisados[1520].

O TJUE, sem se imiscuir nas competências dos tribunais nacionais, é claro em rejeitar a necessidade de um nexo causal direto entre o dano e a violação do RGPD[1521].

[1515] Artigo 82.º/1.

[1516] Artigo 82.º/2.

[1517] Considerando 146, p. 1.

[1518] Artigo 82.º/6.

[1519] Em idêntico sentido: Bergt, *Anotação ao artigo 82.º do RGPD* em *Kühling/Buchner*, Rn. 41.

[1520] TJUE 5-jun.-2014, proc. C-557/12 (*Kone*), 24 ss.

[1521] TJUE 5-jun.-2014, proc. C-557/12 (*Kone*), 33.

§ 42º SUJEITOS

201. Lesados e agentes prevaricadores

I. O artigo 82.º/1 inicia-se com a expressão "qualquer pessoa que tenha sofrido danos". O legislador europeu podia ter optado por utilizar os termos "qualquer titular" ou mesmo "qualquer pessoa singular", mas não o fez. Do ponto de vista interpretativo, não pode o intérprete-aplicador ignorar a escolha destas palavras.

Em abstrato, são possíveis, como resulta do que ora se afirmou, três interpretações distintas: o artigo 82.º pode ser invocado (i) por todas as pessoas coletivas e singulares; (ii) apenas por pessoas singulares; ou (iii) somente pelos titulares de dados visados.

A doutrina especializada alemã mostra-se dividida entre as duas últimas soluções: pessoas singulares[1522] ou titulares de dados[1523], conquanto a maioria dos autores pareça inclinar-se para esta segunda hipótese. Não encontrámos qualquer autor que defendesse a extensão do artigo 82.º às pessoas coletivas.

[1522] Bergt, *Anotação ao artigo 82.º do RGPD* em *Kühling/Buchner*, Rn. 13-15; Quaas, *Anotação ao artigo 82.º do RGPD* em *BeckOK*, Rn. 37; Laue/Nink/Kremer, *Das neue Datenschutzrecht* cit., § 11, Rn. 7.

[1523] Peter Gola/Carlo Plitz, *Anotação ao artigo 82.º do RGPD* em *Gola* , Rn. 10; Kreße, *Anotação ao artigo 82.º do RGPD* em *Sydow*, Rn. 9-11; Frenzel, *Anotação ao artigo 82.º do RGPD* em *Paal/Pauly*, Rn. 7; Becker, *Anotação ao artigo 82.º do RGPD* em *Plath*, Rn. 2; Jürgen Hartung/Lisa Büttgen, *Sanktionen und Haftungsrisiken nach der DSGVO*, WPg, 2017, 1152-1158, 1156.

II. Os defensores da solução mais restrita – apenas os titulares dos dados podem invocar o artigo 82.º – sustentam a sua posição nos seguintes argumentos principais[1524]: (i) o Considerando 146, p. 6 apenas menciona os titulares dos dados; (ii) o RGPD tem como propósito último proteger os direitos dos titulares de dados pessoais; (iii) o legislador poderia ter utilizado as expressões pessoas singulares e coletivas, como o fez, por exemplo, no artigo 78.º/1, mas optou por uma expressão distinta; (iv) o número 2 do artigo 82.º circunscreve as ações de responsabilidade a danos causados por tratamentos de dados pessoais, o que pressupõe uma ligação intrínseca entre os danos causados e o titular lesado; (v) as obrigações impostas aos responsáveis pelo tratamentos e aos subcontratantes visam proteger os interesses dos titulares de dados e não os interesses de terceiros; e (vi) a referência, no número 2 do artigo 82.º, aos danos morais exclui, por maioria de razão, as pessoas coletivas.

III. Apesar dos ponderosos argumentos apresentados, não conseguimos acompanhar esta interpretação, pelas seguintes razões[1525]: (i) se é verdade que o Considerando 146, p. 6, apenas menciona pessoas singulares, é igualmente inegável que a p. 1 do mesmo considerando refere que "o responsável pelo tratamento ou o subcontratante deverão reparar quaisquer danos de que *alguém* possa ser vítima"; (ii) os propósitos do RGPD não se circunscrevem à proteção dos dados pessoais dos titulares, o artigo 1.º é claro quanto aos objetivos prosseguidos: proteção dos direitos e das liberdades fundamentais das pessoas singulares, nomeadamente o seu direito à proteção de dados pessoais e a promoção da livre circulação de dados pessoais no interior da União Europeia[1526]; (iii) no artigo 32.º/4 é utilizada a expressão "qualquer pessoa singular", enquanto no artigo 82.º/1 é empregue "qualquer pessoa", termo necessariamente mais genérico e abrangente; (iv) a passagem "pelos danos causados por um tratamento" (82.º/2) não exclui, só por si, danos causados a terceiros em virtude de um tratamento,

[1524] Kreße, *Anotação ao artigo 82.º do RGPD* em *Sydow*: Autor que melhor sustenta esta posição.

[1525] Bergt, *Anotação ao artigo 82.º do RGPD* em *Kühling/Buchner*: Autor que melhor sustenta esta posição.

[1526] Ponto 4.

embora se reconheça que a demonstração dessa causalidade é, aqui, mais complexa e delicada; (v) o RGPD impõe, aos responsáveis e aos subcontratantes, deveres específicos para com cada titular de dados, mas também deveres genéricos, nomeadamente de organização interna, cuja imposição visa acautelar um número indeterminado de sujeitos; e (vi) da análise às várias versões preliminares do RGPD dificilmente se pode retirar que a inclusão do termo danos imateriais teve como propósito excluir as pessoas coletivas do campo de aplicação do artigo 82.º/2, mas apenas esclarecer que também esses danos devem ser tidos em consideração.

Não encontramos qualquer argumento decisivo, de índole literal, sistemática ou teleológica – recorrendo apenas aos elementos interpretativos utilizados pelo TJUE[1527] – que justifique circunscrever o artigo 82.º aos titulares de dados, pelo contrário. Tanto o texto, como o espírito do RGPD apontam no sentido da proteção de todos os direitos e liberdades fundamentais das pessoas singulares, sem exceção. Em caso de dúvida, como manifestamente parece ser o caso, cabe aos tribunais assumir a solução que melhor acautele os direitos das pessoas singulares. Naturalmente, como já se referiu, que o preenchimento dos elementos do artigo 82.º, em especial o nexo de causalidade, assumem, em relação a terceiros, maior complexidade.

No que concerne às pessoas coletivas e embora nos inclinemos para a sua exclusão, não vemos qualquer benefício em assumir essa posição em absoluto. A novidade da matéria aconselha que se aguarde pelos casos reais que irão certamente chegar aos tribunais nacionais e europeus e, só então, pesar as vantagens e as desvantagens da sua invocação.

IV. O recurso ao artigo 82.º está limitado a danos causados por duas categorias de sujeitos: os responsáveis pelo tratamento e os subcontratantes.

Está circunscrição não impossibilita que os lesados interponham ações por violações do seu direito à autodeterminação informacional contra outros, mas somente que não o poderão fazer por intermédio deste preceito. Podem sempre recorrer à demais legislação europeia ou nacional[1528].

[1527] Ponto 12.

[1528] Mafalda Miranda Barbosa, Data controllers *e* data processors*: da responsabilidade pelo tratamento de dados à responsabilidade civil*, RDCom, 15-mar.-2018, 416-486, 443 ss.

No caso do Direito português, o artigo 483.º do CC apresenta-se como o caminho mais evidente.

202. A responsabilidade do responsável pelo tratamento

O responsável pelo tratamento é, nos termos da primeira parte do artigo 82.º/2, passível de ser responsabilizado desde que esteja envolvido num tratamento que viole o RGPD. O sistema não exige que o responsável assuma um papel nuclear na produção dos danos causados, nem sequer decisivo. Na prática, o responsável pelo tratamento poderá ser responsabilizado mesmo não tendo causado qualquer dano ao sujeito lesado. Assim, a transmissão lícita de dados para um terceiro que os processa de modo ilícito, bem com a receção de dados obtidos ilicitamente, sem o seu conhecimento diligente, podem sustentar a responsabilidade do responsável pelo tratamento[1529].

Em ambos os casos poderá o responsável recorrer ao número 3 do artigo 82.º.

203. A responsabilidade do subcontratante

I. A responsabilidade dos subcontratantes é uma das novidades do RGPD. O artigo 23.º da Diretriz n.º 95/45/CE apenas previa a responsabilidade dos responsáveis pelo tratamento. A extensão da responsabilidade aos subcontratantes, que constava já da Proposta da Comissão, foi acolhida sem especiais críticas. Apenas a Comissão da Indústria, da Investigação e da Energia se mostrou contrária a esta solução[1530].

II. Os subcontratantes, ao contrário do que se verifica com os responsáveis, apenas podem ser responsabilizados em duas situações concretas: (i) por violação de obrigações decorrentes do RGPD que lhes sejam especificamente dirigidas; e (ii) por incumprimento das instruções lícitas recebidas por parte do responsável pelo tratamento.

[1529] Frenzel, *Anotação ao artigo 82.º do RGPD* em *Paal/Pauly*, Rn. 13.

[1530] Parlamento, *Relatório*, 400.

O grosso das obrigações específicas dos subcontratantes encontra-se positivado no artigo 28.º, mas também, sem propósitos exaustivos, nos artigos 29.º, 32.º, 37.º e 38.º. A violação destes e de outros preceitos, desde que imponham ou proíbam determinadas condutas diretamente aos subcontratantes, permitem que o sujeito lesado faça uso do mecanismo de responsabilidade civil previsto no artigo 82.º.

III. Atuando o subcontratante sempre por conta do responsável, justifica-se, por inteiro, que a sua atuação se encontre condicionada às instruções do responsável, nos termos do artigo 28.º/3, *a)*.

O subcontratante não é, todavia, um autómato: cabe-lhe respeitar as obrigações impostas pelo RGPD e os direitos dos titulares de dados, se necessário contrariando as instruções recebidas. De resto, o artigo 28.º/3 impõe ao subcontratante a obrigação de informar o responsável se considerar que as instruções violam o RGPD ou outras disposições legais europeias ou nacionais. O subcontratante apenas poderá ser responsabilizado se não cumprir instruções lícitas, artigo 82.º/2.

O subcontratante que, seguindo as instruções do responsável, viole o RGPD ou demais legislação extravagante poderá ser responsabilizado, desde que dessa atuação resulte a violação de uma obrigação específica.

§ 43.º ASPETOS PROBATÓRIOS

204. O afastamento da culpa

I. A Proposta da Comissão previa já a possibilidade de o responsável pelo tratamento ou o subcontratante se exonerarem da responsabilidade decorrente do artigo 82.º – então artigo 77.º –, total ou parcialmente, se provassem que o facto que causou o dano não lhes era imputável[1531]. Pretende-se, deste modo, acautelar a posição da parte mais frágil[1532].

Esta primeira versão, não modificada pelo Parlamento, foi objeto de importantes alterações no seio do Conselho: (i) foi retirada a referência ao "total ou parcialmente" – deixando, na prática, de ser admitida uma desresponsabilização meramente parcial; e (ii) a exoneração da responsabilidade apenas passa a ser admitida na medida em que se prove que o facto causador do dano não possa ser, de todo, imputável ao responsável pelo tratamento ou ao subcontratante[1533]. Ambas as sugestões seriam, com ligeiros aperfeiçoamentos linguísticos, conservadas na versão final do RGPD.

II. A utilização, na versão portuguesa, da expressão "não é de modo algum responsável pelo evento" pode causar algumas dificuldades interpretativas, em face do preenchimento específico que o termo responsável

[1531] Artigo 77.º/3 da Proposta.

[1532] Miranda Barbosa, Data controllers *e* data processors cit., 432.

[1533] Conselho, *General Approach*, 245.

assume no âmbito do RGPD[1534]. A locução assume, aqui, o sentido de imputabilidade em tudo semelhante ao contido no artigo 799.º/1 do CC. Todavia, da mesma forma que a presunção prevista no artigo 799.º/1 do CC não consubstancia apenas uma presunção de culpa[1535], também o alcance do artigo 82.º/3 não se circunscreve a este universo[1536]. A não responsabilização, em concreto, dos responsáveis pelo tratamento ou dos subcontratantes ocorrerá sempre que consigam afastar a ilicitude e a culpa dos seus atos e omissões ou demonstrar não terem os seus comportamentos contribuído (nexo causal), de forma alguma, para a ocorrência dos danos.

Vejamos alguns exemplos: (i) um terceiro acede, ilicitamente, aos dados recolhidos, mas o responsável ou o subcontratante demonstram terem cumprido todas as medidas de segurança previstas no artigo 32.º; (ii) um terceiro divulga os dados transmitidos pelo responsável, mas prova, em juízo, ter sido feita com o consentimento dos respetivos titulares e no estrito cumprimento de todas as exigências impostas pelo RGPD; ou (iii) os danos podem mesmo não poder, de todo, ser imputáveis a qualquer pessoa: *Act of God*[1537].

205. Responsabilidade solidária e direito de regresso

I. A Proposta da Comissão previa, de forma direta e inequívoca, a responsabilidade conjunta e solidária de todos os responsáveis pelo tratamento e subcontratantes envolvidos no tratamento de dados.

[1534] Esta dificuldade é partilhada, de forma algo mitigada, pela versão alemã: Bergt, *Anotação ao artigo 82.º do RGPD* em *Kühling/Buchner*, Rn. 49; Frenzel, *Anotação ao artigo 82.º do RGPD* em *Paal/Pauly*, Rn. 15.

[1535] Veja-se, sobre este ponto, o nosso *Responsabilidade civil do intermediário financeiro* em *Responsabilidade civil – cinquenta anos em Portugal, quinzes anos no Brasil*, II, coord. Mafalda Miranda Barbosa/Francisco Muniz, Coimbra, IJ, 2018.

[1536] A maioria da doutrina alemã tende a resumir o artigo 82.º/3 a um problema de culpa: Bergt, *Anotação ao artigo 82.º do RGPD* em *Kühling/Buchner*, Rn. 51 ss; Quaas, *Anotação ao artigo 82.º do RGPD* em *BeckOK*, Rn. 17. Com posição idêntica à que defendemos: Kreße, *Anotação ao artigo 82.º do RGPD* em *Sydow*, Rn. 18.

[1537] Considerando 55 da Diretriz n.º 95/46/CE: "força maior".

O Parlamento, embora concordando com esta solução, sugeriu um acrescento: a possibilidade de os sujeitos envolvidos no tratamento acordarem, por escrito e nos termos do então artigo 24.º – artigo 26.º da versão final do RGPD –, numa divisão das responsabilidades[1538]. Esta mesma alteração foi suportada, individualmente, pela Comissão Parlamentar da Indústria, da Investigação e da Energia[1539].

O texto da Proposta da Comissão seria totalmente revisto pelo Conselho que, sem qualquer razão aparente, decidiu afastar as expressões "conjunta e solidária"[1540], com sólida tradição no Direito Europeu. Durante as negociações tripartidas, o Parlamento viria a concordar com a não inclusão de ambas as locuções[1541].

II. Apesar de do texto legal não constarem as expressões "conjunta e solidária" é manifesto ser essa a intenção do legislador, tanto à luz de uma interpretação literal, como de uma interpretação teleológica. O preceito permite que um sujeito que tenha sido lesado por vários responsáveis ou subcontratantes, no âmbito do mesmo tratamento, responsabilize apenas um dos agentes[1542]. Pretende-se, deste modo, acautelar a posição jurídica dos titulares dos dados, necessariamente mais frágil.

O Considerando 146, p. 8 consagra uma importante exceção ao artigo 82.º/4: "Porém, se os processos forem associados a um mesmo processo judicial, em conformidade com o direito dos Estados-Membros, a indemnização poderá ser repartida em função da responsabilidade que caiba a cada responsável pelo tratamento ou subcontratante pelos danos causados em virtude do tratamento efetuado, na condição de ficar assegurada a indemnização integral e efetiva do titular dos dados pelos danos que tenha sofrido"[1543]. Temos dúvidas, por se tratar de uma exceção ao texto legal não acompanhada de qualquer justificação, que este Considerando possa ser invocado pelos tribunais nacionais.

[1538] Parlamento, *Relatório*, 183.

[1539] Parlamento, *Relatório*, 400.

[1540] Conselho, *General Approach*, 245.

[1541] Conselho, *General Data Protection Regulation: Chapter VIII*, doc. 12965/15, 16 de outubro de 2015, 3.

[1542] Considerando 146, p. 7.

[1543] Sugerido pelo Reino Unido: Conselho, *General Approach*, 245, nota 596.

III. O artigo 82.º/5 atribui, tanto aos responsáveis como aos subcontratantes, um direito de regresso sobre os demais agentes. Este preceito não constava da Proposta da Comissão, nem da revisão do Parlamento. O direito de regresso foi primeiro avançado pela Comissão dos Assuntos Jurídicos, mas somente para os subcontratantes[1544]. Coube ao Conselho sugerir a sua extensão aos responsáveis pelo tratamento[1545].

1544 Parlamento, *Relatório*, 640.
1545 Conselho, *General Approach*, 245.

Parte VI

Supervisão

§ 44º AUTORIDADE DE CONTROLO NACIONAL

206. Enquadramento

I. A harmonização dos Direitos da proteção de dados internos pressupõe, inevitavelmente, uma aproximação da correspondente dimensão supervisora: não basta que o Direito seja idêntico, importa, ainda, que a sua aplicação também o seja[1546].

O RGPD não buscou, porém, uma unificação total, o que prossuporia a centralização de todas as competências de supervisão numa única autoridade europeia[1547]. Esta harmonização operou, essencialmente, a dois níveis: (i) institucionalização do princípio *one stop shop*; e (ii) harmonização das funções e dos poderes das autoridades de controlo.

Tratou-se de um processo complexo e demorado[1548], fruto das grandes diferenças existentes entre os vários sistemas de supervisão implementados a nível nacional[1549]. Curiosamente, fui no campo da cooperação entre

[1546] Ehmann, *Anotação ao artigo 51.º do RGPD* em *Ehmann/Selmayr*, Rn. 1.

[1547] Ehmann, *Anotação ao artigo 51.º do RGPD* em *Ehmann/Selmayr*, Rn. 4.

[1548] Alexander M. Nguyen, *Die zukünftige Datenschutzaufsicht in Europa – Anregungen für den Trilog zu Kap. VI bis VII der DS-GVO*, 5 ZD, 2015, 265-270.

[1549] GT 29, *The Future of Privacy: Joint Contribution to the Consultation of the European Commission on the Legal Framework for the Fundamental Right to Protection of Personal Data* (WP 168), 1-dez.-2009, 21 ss.

as várias autoridades nacionais e entre estas entidades locais e a AEPD que maiores problemas foram suscitados[1550].

II. Nos termos do artigo 51.º[1551], cada Estado-Membro deve estabelecer uma ou mais[1552] autoridades públicas independentes – as autoridades de controlo[1553] – que têm como função primordial controlar e executar a aplicação do RGPD[1554]. As autoridades de controlo têm sido caracterizadas pelo TJUE, de forma particularmente certeira, como as guardiãs dos direitos dos titulares de dados pessoais[1555].

As autoridades de controlo, cuja criação hoje se encontra prevista no artigo 8.º/2 da Carta e no artigo 16.º/2 do TFUE, desempenham, classicamente, um papel central na aplicação do Direito da proteção de dados, tanto ao nível europeu, como ao nível nacional[1556]. Recorde-se que o HDSG – primeiro diploma mundial – previa já a criação de uma entidade de supervisão[1557].

207. A CNPD e o Ministério Público

I. O artigo 3.º da LE apresenta a CNPD como a autoridade de controlo nacional para efeitos do RGPD e da própria LE. Esta ideia é replicada no artigo da 2.º/2 Lei n.º 43/2004, de 18 de agosto (Lei Orgânica da CNPD)[1558].

1550 Boehm, *Anotação ao artigo 51.º do RGPD* em *Kühling/Buchner*, Rn. 2.

1551 Boehm, *Anotação ao artigo 51.º do RGPD* em *Kühling/Buchner*, Rn. 1: o artigo 51.º estabelece as linhas gerais do regime das autoridades de controlo, desenvolvido e aprofundado nos artigos subsequentes.

1552 Considerandos 117, p. 2 e 119.

1553 A definição constante do artigo 4.º, *21)* é circular: "Autoridade de controlo, uma autoridade pública independente crida por um Estado-Membro nos termos do artigo 51.º".

1554 Artigo 57.º/1, *a)*.

1555 TJUE 9-mar.-2010, proc. C-518/07 (*Comissão v Alemanha*), 23; TJUE 16-out.-2012, proc. C-614/10 (*Comissão v Áustria*), 52.

1556 Körffer, *Anotação ao artigo 51.º do RGPD* em *Paal/Pauly*, Rn. 1.

1557 Ponto 18/I.

1558 Que regula a organização e o funcionamento da CNPD, bem como o estatuto pessoal dos seus membros. Republicada pela Lei n.º 58/2019, de 8 de agosto.

O papel do Ministério Público, conquanto central na aplicação da LE, não se confunde com o das autoridades de controlo: ao Ministério Público cabe, nos termos do artigo 219.º/1 da CRP exercer a ação penal.

II. O disposto no artigo 55.º/2 da LE – "Quando se verifique concurso de crime e contraordenação, ou quando, pelo mesmo facto, uma pessoa deva responder a título de crime e outra a título de contraordenação, o processamento da contraordenação cabe às autoridades competentes para o processo criminal" –, que tantas dúvidas tem suscitado, corresponde, na realidade, ao disposto no artigo 38.º/1 do Decreto-Lei n.º 433/82, de 27 de outubro[1559], de aplicação geral e transversal. Ora, nos termos 38.º/2 deste mesmo diploma, sempre que o Ministério Público "arquivar o processo criminal mas entender que subsiste a responsabilidade pela contra-ordenação, remeterá o processo à autoridade administrativa competente", ou seja, à CNPD. Estão deste modo salvaguardadas as competências de ambas as entidades.

208. A estrutura e o funcionamento da CNPD

I. A CNPD é uma entidade administrativa independente[1560], com personalidade jurídica de Direito público e poderes de autoridade, dotada de autonomia administrativa e financeira[1561] e que funciona junto da Assembleia da República[1562-1563].

II. A CNPD é composta por sete membros, eleitos ou designados nos seguintes termos: (i) o Presidente é eleito pela Assembleia da República;

[1559] Regime geral do ilícito de mera ordenação social.

[1560] Não lhe é aplicável, todavia, a Lei-Quadro das entidades administrativas independentes com funções de regulação da atividade económica dos sectores privado, público e cooperativo – publicada em anexo à Lei n.º 67/2013, de 28 de agosto. Veja-se, para além do artigo 1.º da Lei-Quadro, o artigo 3.º da Lei n.º 67/2013.

[1561] Artigo 52.º/4, 5 e 6, artigos 13.º ss e 20.º ss da Lei Orgânica da CNPD e Lei n.º 8/90, de 20 de fevereiro.

[1562] Artigo 20.º/2 da Lei Orgânica da CNPD.

[1563] Artigo 4.º/1 da LE e artigo 2.º/1 da Lei Orgânica da CNPD.

(ii) a Assembleia da República elege, ainda, dois vogais; (iii) o Conselho Superior da Magistratura designa um vogal; (iv) o Conselho Superior do Ministério Público designa um vogal; e (v) o Governo designa dois vogais[1564].

O mandato de cada membro é de cinco anos, podendo ser renovado por duas vezes[1565].

A Lei n.º 58/2019 veio impor a designação de um Fiscal Único, designado pela Assembleia da República, a quem cabe controlar a legalidade, a regularidade e a boa gestão financeira e patrimonial da CNPD, nos termos previstos no artigo 19.º-A da Lei Orgânica da CNPD.

III. O funcionamento da Comissão[1566] – composta pelo Presidente e os seis vogais – encontra-se descrito nos artigos 13.º e seguintes da Lei Orgânica da CNPD.

A Comissão apenas pode reunir e deliberar mediante a presença de pelo menos quatro dos seus membros[1567]. Sendo as deliberações tomadas por maioria dos membros presentes, tendo o Presidente voto de qualidade[1568].

IV. Compete ao Presidente da CNPD[1569]: (i) representar a CNPD; (ii) superintender os serviços de apoio; (iii) convocar as sessões e fixar a ordem de trabalhos; (iv) nomear o pessoal do mapa e autorizar transferências, requisições e destacamentos, ouvida a Comissão; (v) autorizar a contratação de pessoal, ouvida a Comissão; (vi) outorgar contratos em nome da CNPD e obrigá-la nos demais negócios jurídicos; (vii) autorizar a realização de despesas dentro dos limites legalmente compreendidos na competência dos ministros; (viii) aplicar coimas e homologar deliberações; (ix) fixar as regras de distribuição dos processos; (x) submeter à Comissão

1564 Artigo 3.º/1 da Lei Orgânica da CNPD.

1565 Artigo 3.º/2 da Lei Orgânica da CNPD.

1566 A lei não denomina esta Comissão. Deveria tê-lo feito – p.ex.: Conselho de Gestão –, de forma a facilitar a comunicação e o próprio entendimento da Lei: torna-se difícil de distinguir o que é a CNPD e a Comissão composta pelo Presidente e os seis vogais.

1567 Artigo 15.º/1 da Lei Orgânica da CNPD.

1568 Artigo 15.º/2 da Lei Orgânica da CNPD.

1569 Artigo 19.º/2 da Lei Orgânica da CNPD estabelece as regras para a substituição do Presidente.

o plano de atividades; e (xi) assegurar o cumprimento das lei e a regularidade das deliberações[1570].

209. Independência

Nos termos do artigo 52.º/1, as autoridades de controlo têm sempre de agir com "total independência"[1571].

A efetivação desta independência – ponto que suscitou um intenso debate na Alemanha antes da entrada em vigor do RGPD[1572] – só poderá ser alcançada na medida em que as entidades que tutelam as autoridades de controlo não tenham forma de reger ou influenciar as decisões ou as orientações tomadas[1573]. No caso da CNPD, esta deve manter uma total independência em relação à Assembleia da República, órgão que, em concreto, tem competências tutelares.

A independência das autoridades de controlo não é posta em causa pelo facto de estas se encontrarem "sujeitas a procedimentos de controlo ou monitorização no que diz respeito às suas despesas nem a fiscalização judicial"[1574].

[1570] Artigo 19.º/1 da Lei Orgânica da CNPD.

[1571] Considerando 117, p. 1. Artigo 4.º/1 da LE e artigo 2.º/4 da Lei Orgânica da CNPD.

[1572] Por todos: Thomas Petri/Marie-Theres Tinnefeld, *Völlige Unabhängigkeit der Datenschutzkontrolle – Demokratische Legitimation und unabhängige parlamentarische Kontrolle als moderne Konzeption der Gewaltenteilung*, 13 MMR, 2010, 157-161.

[1573] TJUE 9-mar.-2010, C-518/07 (*Comissão v Alemanha*), 36: trata-se do mais relevante acórdão relativo à independência das autoridades de controlo perante as entidades que as tutelam. TJUE 8-abr.-2014, proc. C-288/12 (*Comissão v Hungria*), 51: "as autoridades de fiscalização competentes para a supervisão do tratamento de dados pessoais devem gozar de uma independência que lhes permita exercer as suas funções sem influência externa. Esta independência exclui, designadamente, qualquer instrução e qualquer outra influência externa, sob qualquer forma, seja direta ou indireta, suscetíveis de orientar as suas decisões e que podem assim pôr em causa o cumprimento, pelas referidas autoridades, da sua função de estabelecer um justo equilíbrio entre a proteção do direito à vida privada e a livre circulação dos dados de natureza pessoal".

[1574] Considerando 118.

II. De forma a garantir a independência das autoridades de controlo, importa assegurar a independência e a imparcialidade dos membros que compõe os seus órgãos.

A independência é alcançada, *grosso modo*, vedando qualquer influência, direta ou indireta, que possa condicionar o desempenho das funções e o exercício dos respetivos poderes. Nesse sentido, os membros da CNPD não podem receber ou solicitar instruções[1575], são inamovíveis[1576] e apenas podem perde o mandato em três situações distintas: (i) verificação de uma incapacidade ou incompatibilidade legal; (ii) faltarem, no mesmo ano civil, a três reuniões consecutivas ou a seis interpoladas, salvo motivo justificado; e (iii) violarem o dever de sigilo a que se encontram sujeitos, mediante declaração judicial prévia[1577].

A imparcialidade é atingida através da limitação das funções que os membros da CNPD podem desempenhar: estes não podem, nos termos do artigo 52.º/3[1578], desempenhar qualquer função, remunerada ou gratuita, que seja incompatível com a posição ocupada[1579]. Internamente, os membros da CNPD encontram-se sujeitos à Lei n.º 64/93, de 26 de agosto – regime jurídico de incompatibilidades e impedimentos dos titulares de cargos políticos e altos cargos públicos[1580].

[1575] Artigo 52.º/2

[1576] Artigo 5.º/1 da Lei Orgânica da CNPD.

[1577] Artigo 7.º/1 da Lei Orgânica da CNPD.

[1578] Considerando 121, p. 2.

[1579] Com idêntico conteúdo: artigo 4.º/4 da LE.

[1580] Via artigo 4.º/2 da Lei Orgânica da CNPD.

§ 45º COMPETÊNCIAS MATERIAIS E TERRITORIAIS

210. Enquadramento

I. A competência das autoridades de controlo é regulada pelo disposto nos artigos 55.º e 56.º. Sendo que no caso do artigo 56.º, relativo ao tratamento transfronteiriço de dados pessoais, será ainda de aplicar os artigos relativos à cooperação entre as autoridades de controlo, com destaque para o artigo 60.º[1581].

II. Como ponto prévio, importa sublinhar[1582] que a questão das competências das autoridades de controlo não se confunde com a problemática da determinação da lei nacional aplicável em concreto, i.e., o facto de a CNPD, por exemplo, ser a autoridade de controlo competente relativamente a um específico tratamento de dados não significa que a lei aplicável seja a lei portuguesa ou somente a portuguesa. Esta distinção é particularmente evidente no âmbito dos tratamentos transfronteiriços: nestes casos, a autoridade competente não será, necessariamente e como melhor veremos de seguida, a autoridade nacional onde ocorreu o tratamento de dados, mas sim a autoridade de controlo do estabelecimento principal.

[1581] Artigos 56.º/4 e 5.

[1582] Ponto 46.

211. Princípio geral e exceções do artigo 51.º

I. Nos termos do artigo 55.º/1, as autoridades de controlo são competentes para prosseguir as atribuições e exercer os poderes que lhe são conferidos pelo RGPD e pela demais legislação aplicável, nacional ou europeia, no respetivo território do Estado-Membro. Trata-se de uma solução aparentemente simples, fundada numa conceção clássica e territorial da soberania nacional[1583]. Todavia, o preceito não indica qual o elemento de conexão a considerar[1584]: os responsáveis? Os titulares dos dados? O tratamento? Não há uma resposta padrão. As atribuições e os poderes elencados nos artigos 57.º e 58.º apontam para elementos de conexões variados: responsáveis pelo tratamento, parlamento ou governo nacionais ou titulares de dados que apresentem queixas.

Apenas a alínea *a)* – a mais relevante de todas – suscita maiores dúvidas. Contudo, será de considerar que cabe à CNPD executar a aplicação do RGPD em relação ao tratamento de dados desenvolvido em território nacional[1585] no contexto das atividades de um estabelecimento do responsável pelo tratamento, do subcontratante os dos respetivos representantes[1586], independentemente de estas entidade estarem ou não sediadas em território português[1587].

[1583] TJUE 1-out.-2015, proc. C-230/14 (*Weltimm*) 56: "resulta das exigências decorrentes da soberania territorial do Estado-Membro em causa, do princípio da legalidade e do conceito de Estado de Direito que o poder de aplicar sanções não pode, em princípio, ser exercido fora dos limites legais dentro dos quais uma autoridade administrativa está autorizada a agir, em observância do direito do Estado-Membro a que pertence"; Veja-se, ainda: *Selmayr, Anotação ao artigo 51.º do RGPD* em *Ehmann/Selmayr*, Rn. 51.

[1584] Körffer, *Anotação ao artigo 55.º do RGPD* em *Paal/Pauly*, Rn. 2; Grittmann, *Anotação ao artigo 55.º do RGPD* em *Taeger/Gabel*, Rn. 4: ambos os autores expressam estas dúvidas.

[1585] Recorde-se o conceito de território nacional: Portugal Continental, Arquipélagos dos Açores e da Madeira e navios ou aeronaves militares, nos termos do artigo 24.º/2 do CC.

[1586] Considerando 122, p. 2.

[1587] Considerando 122, p. 2: "o tratamento que afete os titulares de dados no seu território, ou o tratamento de dados efetuado por um responsável ou subcontratante não estabelecido na União quando diga respeito a titulares de dados residentes no seu território". Trata-se de uma decorrência direta do disposto no artigo 3.º.

II. O n.º 2 do artigo 55.º consagra uma regra especial sempre que o tratamento for realizado por entidades privadas ou por entidades públicas ao abrigo do artigo 6.º/1, alínea *c)* – cumprimento de obrigação legal – ou da alínea *e)* – exercício de funções de interesse público ou exercício da autoridade pública[1588]. O princípio *one stop shop*, positivado no artigo 56.º, não se aplica a estes dois grupos de casos.

Esta exceção, que visa acautelar a soberania dos Estados-Membros[1589], não constava da Proposta original apresentada pela Comissão: foi defendida pelo Parlamento e pelo Conselho, por insistência de vários Estados-Membros[1590].

III. O artigo 55.º/3 afasta as competências das autoridades de controlo dos tratamentos efetuados pelos tribunais no exercício da sua função jurisdicional. Pretende-se, deste modo, assegurar a independência dos órgãos jurisdicionais no exercício das suas funções de soberania[1591].

Não se visa excluir a aplicação do RGPD, nem muito menos defender a não sujeição dos tribunais aos princípios do Direito da proteção de dados, mas somente afastar a competência, em concreto, da CNPD. Esse controlo deverá ser realizador por um organismo específico integrado no sistema judicial português[1592].

1588 Considerando 128.

1589 Polenz, *Anotação ao artigo 55.º do RGPD* em *Simitis/Hornung/Spiecker gen. Döhmann*, Rn. 18.

1590 Boehm, *Anotação ao artigo 51.º do RGPD* em *Kühling/Buchner*, Rn. 12.

1591 Considerando 20, p. 2.

1592 Considerando 20, p. 3.

§ 46º COMPETÊNCIA MATERIAL E TERRITORIAL: *ONE STOP SHOP*

212. Enquadramento histórico

Na sua proposta original, a Comissão[1593] avançou com um modelo de *one stop shop* mais abrangente e menos flexível do que o que viria a ser positivado na versão final:

> Sempre que o tratamento de dados pessoais ocorrer no contexto das atividades de um responsável pelo tratamento ou de um subcontratante estabelecido na União, e o responsável pelo tratamento ou o subcontratante estiver estabelecido em vários Estados-Membros, a autoridade de controlo do Estado-Membro onde se situar o estabelecimento principal do responsável pelo tratamento ou do subcontratante é competente para controlar as atividades de tratamento do responsável pelo tratamento ou do subcontratante em todos os Estados-Membros, sem prejuízo do disposto no Capítulo VII do presente regulamento.

[1593] A insistência da Comissão foi decisiva para a implementação do modelo *one stop shop*. Nguyen, *Die zukünftige Datenschutzaufsicht in Europa* cit., 265: a Comissão batalhou, deste o início do processo, pela implementação desta medida de fundo. Schantz, *Die Datenschutz-Grundverordnung* cit., 1847-1847: sublinhando igualmente o papel desempenhado pela Comissão.

Esta solução, não suportada pelo Parlamento e pelo Conselho, foi amplamente criticada[1594], por duas razões principais[1595]: (i) dificultava o contacto dos titulares de dados lesados e demais interessados com a autoridade de controlo efetivamente responsável[1596]; e (ii) favorecia a mudança de sede das grandes empresas tecnológicas para os Estados-Membros que se mostrassem menos eficazes na aplicação do RGPD, que colocassem menos meios humanos, técnicos e materiais à disposição das respetivas autoridades de controlo ou que assumissem interpretações mais favoráveis ou menos prejudicais dos interesse das grandes empresas tecnológicas[1597].

II. A atribuição de competências a uma única autoridade de controlo, sempre que o tratamento de dados possa ser reconduzido ao conceito de tratamento transfronteiriço, apresenta-se como uma das grandes novidades do RGPD, quando comparado com o conteúdo da Diretriz n.º 95/46/CE[1598]. Este modelo visa evitar situações conflituosas entre as várias autoridades de controlo e, consequentemente, potenciar a célere e efetiva aplicação do RGPD, bem como melhor acautelar os interesses dos titulares de dados lesados[1599].

A solução positivada não consubstancia um modelo clássico de *one stop shop*: a cooperação, imposta especialmente pelo artigo 60.º, permite a intervenção das demais autoridades de controlo interessadas[1600].

[1594] Susanne Dehmel/Nils Hullen, *Auf dem Weg zu einem zukunftsfähigen Datenschutz in Europa? – Konkrete Auswirkungen der DS-GVO auf Wirtschaft, Unternehmen und Verbraucher*, 3 ZD, 2013, 147-153, 151: os Autores, contracorrente, mostraram-se favoráveis à Proposta da Comissão.

[1595] Körffer, *Anotação ao artigo 55.º do RGPD* em *Paal/Pauly*, Rn. 1.

[1596] CESE, *Parecer*, 13.

[1597] Hornung, *Eine Datenschutz-Grundverordnung für Europa?* cit., 105; Johannes Caspar, *Das aufsichtsbehördliche Verfahren nach der EU-Datenschutz-Grundverordnung – Defizite und Alternativregelungen*, 2 ZD, 2012, 555-558, 556; Roßnagel/Kroschwald, *Was wird aus der Datenschutzgrundverordnung?* cit., 499.

[1598] Dix, *Anotação ao artigo 56.º do RGPD* em *Kühling/Buchner*, Rn. 2: com elementos históricos interessantes; Selmayr, *Anotação ao artigo 56.º do RGPD* em *Ehmann/Selmayr*, Rn. 1: sublinhando o impacto desta profunda mudança legislativa.

[1599] Selmayr, *Anotação ao artigo 56.º do RGPD* em *Ehmann/Selmayr*, Rn. 1-2.

[1600] Artigo 4.º, 22).

O modelo vigente prima pela flexibilidade e pelo equilíbrio: (i) é economicamente mais vantajoso – quer do ponto de vista dos responsáveis e dos subcontratantes, que passam a ter um ponto de contacto preferencial, quer do ponto de vista do conjunto das autoridades de controlo nacionais –, na medida em que favorece a concentração da supervisão; (ii) é transparente, visto possibilitar, precisamente, a intervenção das autoridades interessadas[1601]; e (iii) é mais eficiente: potencia um controlo mais efetivo das atividades desenvolvidas pelos grandes conglomerados tecnológicos no território de vários Estados-Membros[1602].

213. Conceitos base

I. A aplicação do artigo 56.º pressupõe o domínio prévio de três conceitos: (i) tratamento de dados transfronteiriço; (ii) estabelecimento principal; e (iii) autoridade de controlo interessada.

II. Nos termos do artigo 4.º, *23)* por tratamento transfronteiriço entende-se[1603]:

> a) o tratamento de dados pessoais que ocorre no contexto das atividades de estabelecimentos em mais do que um Estado-Membro de um responsável pelo tratamento ou um subcontratante na União, caso o responsável pelo tratamento ou o subcontratante esteja estabelecido em mais do que um Estado-Membro; ou
> b) o tratamento de dados pessoais que ocorre no contexto das atividades de um único estabelecimento de um responsável pelo tratamento ou de um subcontratante, mas que afeta substancialmente, ou é suscetível de afetar substancialmente, titulares de dados em mais do que um Estado-Membro.

[1601] Reding, *Sieben Grundbausteine* cit., 196-197; Selmayr, *Anotação ao artigo 56.º do RGPD* em *Ehmann/Selmayr*, Rn. 1.

[1602] Boehm, *Anotação ao artigo 51.º do RGPD* em *Kühling/Buchner*, Rn. 3.

[1603] Considerando 124, p. 1.

A alínea *a)* não suscita qualquer dificuldade: a recondução de um tratamento em concreto ao universo dos tratamentos transfronteiriços pressupõe apenas a realização de tratamentos que atravessem mais do que um Estado-Membro.

Na alínea *b)*, o tratamento, embora confinado ao espaço territorial de um Estado-Membro, é considerando como sendo transfronteiriço na medida em que afeta substancialmente, de forma efetiva ou potencial, titulares de dados que se encontrem em mais do que um Estado-Membro. O preenchimento jurídico das expressões *substancialmente* e *suscetível* encontra-se dependente de uma análise casuística de todos os elementos relevantes.

O GT 29, ciente deste panorama, apresenta um conjunto de fatores que poderão em concreto ser relevados pelas autoridades de controlo: (i) a produção, efetiva ou potencial, de danos, prejuízos ou transtornos; (ii) a limitação, efetiva ou potencial, de direitos, bem como a negação de oportunidades; (iii) a afetação, efetiva ou potencial, da saúde, do bem estar ou da paz de espírito das pessoas; (iv) a afetação, efetiva ou potencial, da situação financeira ou económica ou das circunstâncias das pessoas; (v) a exposição, efetiva ou potencial, a discriminações ou tratamentos abusivos; (vi) o tratamento de dados especiais ou de dados pessoais relativos a sujeitos mais frágeis e desprotegidos, *maxime*, os menores; (vii) a produção ou suscetibilidade de produção de alterações significativas no comportamento das pessoas; (viii) a produção de consequências improváveis, imprevisíveis ou indesejáveis; (ix) a produção, efetiva ou potencial, de danos reputacionais; ou (x) o tratamento de grandes quantidades de dados[1604].

II. Por estabelecimento principal entende-se, nos termos do artigo 4.º, *16)*:

a) No que se refere a um responsável pelo tratamento com estabelecimentos em vários Estados-Membros, o local onde se encontra a

1604 GT 29, *Orientações sobre a identificação da autoridade de controlo principal do responsável pelo tratamento ou do subcontratante*, WP 244 rev.01, 13-dez.-2016, revistas a 5-abr.-2017, 4.

sua administração central na União, a menos que as decisões sobre as finalidades e os meios de tratamento dos dados pessoais sejam tomadas noutro estabelecimento do responsável pelo tratamento na União e este último estabelecimento tenha competência para mandar executar tais decisões, sendo neste caso o estabelecimento que tiver tomado as referidas decisões considerado estabelecimento principal;

b) No que se refere a um subcontratante com estabelecimentos em vários Estados-Membros, o local onde se encontra a sua administração central na União ou, caso o subcontratante não tenha administração central na União, o estabelecimento do subcontratante na União onde são exercidas as principais atividades de tratamento no contexto das atividades de um estabelecimento do subcontratante, na medida em que se encontre sujeito a obrigações específicas nos termos do RGPD.

A necessidade de identificar o estabelecimento[1605] principal apenas se coloca, como resulta expressamente de ambas as alíneas, se o responsável pelo tratamento ou o subcontratante tiverem estabelecimentos em mais do que um Estado-Membro.

O legislador europeu parece ter elegido dois critérios para a determinação exata do estabelecimento principal: (i) o local onde se encontra a administração central na União; e (ii) o local onde são tomadas as decisões sobre as finalidades e os meios de tratamento de dados pessoais. Esta leitura não é suportada por uma interpretação integrada e sistematizada do preceito. Na realidade, o local do estabelecimento principal será sempre aquele onde, à luz de uma análise objetiva, se encontre o estabelecimento que controla o "exercício efetivo e real de atividades de gestão que determinem as decisões principais quanto às finalidades e aos meios de tratamento"[1606]. O local onde o tratamento é realizado não é determinante[1607].

[1605] Sobre o conceito de estabelecimento: Ponto 35.

[1606] Considerando 36, p. 3.

[1607] GT 29, *Orientações sobre a identificação da autoridade de controlo principal* cit., 7: elenca alguns factores a considerar.

III. Por fim, o artigo 4.º, *22)* contém uma definição de autoridade de controlo interessada. Esta corresponde a uma autoridade de controlo afetada pelo tratamento de dados pessoais pelo facto de:

a) O responsável pelo tratamento ou o subcontratante estar estabelecido no território do Estado-Membro dessa autoridade de controlo;
b) Os titulares de dados que residem no Estado-Membro dessa autoridade de controlo serem substancialmente afetados, ou suscetíveis de o ser, pelo tratamento dos dados; ou
c) Ter sido apresentada uma reclamação junto dessa autoridade de controlo;

Na subsunção dos factos à alínea *a)* importa considerar o conceito de estabelecimento: recorde-se que se trata de um conceito material e não de um conceito formal[1608].

A aplicação da alínea *b)* pressupõe a verificação cumulativa de dois elementos: (i) titulares de dados residentes (ii) serem substancialmente afetados. O universo dos titulares é aqui bem mais reduzido do que o que se verifica, por exemplo, no âmbito do artigo 3.º/2. Quanto ao conceito de *substancialmente afetados*, recorra-se aos desenvolvimentos acima produzidos.

Por fim, a autoridade de controla será ainda considerada interessada sempre que lhe forem apresentadas reclamações, nos termos dos artigos 56.º/2 e 57.º/1, *f)*.

214. O papel da autoridade de controlo principal

I. Nos termos do artigo 56.º/1, a autoridade de controlo do estabelecimento principal ou do estabelecimento único – em território da União – do responsável pelo tratamento ou do subcontratante é a autoridade principal em relação aos tratamentos de dados transfronteiriços realizados por esse responsável ou subcontratante – cabe ao Comité Europeu para a Proteção de Dados resolver, de forma vinculativa, as eventuais dúvidas ou

[1608] Ponto 35.

divergências que existam em relação à determinação da autoridade principal, artigo 65.º/1, *b)*.

A autoridade de controlo principal assume um papel central no âmbito dos tratamentos transfronteiriços, conquanto não tão intenso quanto o que lhe era atribuído na Proposta original da Comissão.

II. Do ponto de vista formal, a autoridade de controlo principal é o único interlocutor do responsável pelo tratamento ou do subcontratante no âmbito dos tratamentos transfronteiriços, artigo 56.º/6.

Do ponto de vista substantivo, cabe à autoridade de controlo principal liderar todo o processo, em estreita cooperação com as autoridades de controlo interessadas, artigo 60.º/1[1609].

A autoridade de controlo principal deverá preparar um projeto de decisão e enviá-lo às autoridades de controlo interessadas, artigo 60.º/3. Estas devem pronunciar-se, no prazo de quatro semanas após terem sido consultadas, sobre o conteúdo desse projeto de decisão, artigo 60.º/4.

Caso não seja apresentada qualquer objeção, considera-se que todas as autoridades estão de acordo com o conteúdo do projeto de decisão e a ele ficam vinculadas, artigo 60.º/6. Neste cenário, a autoridade de controlo principal deve notificar o responsável ou o subcontratante visado e informar as autoridades de controlo interessadas e o Comité da decisão, artigo 60.º/7.

Na eventualidade de ser apresentada uma objeção, a autoridade de controlo principal pode incorporá-la no seu projeto, artigo 60.º/5, ou considerá-la não pertinente ou não fundamentada, artigo 60.º/4. A rejeição da objeção suscitada por uma autoridade de controlo interessada impõe à autoridade de controlo principal a obrigação de remeter o assunto para o Comité, cabendo-lhe tomar uma decisão vinculativa sobre o processo, artigo 65.º/1, *a)*.

III. O artigo 56.º/2[1610] atribui competências a cada autoridade de controlo, individualmente considerada, em relação a três situações distintas:

[1609] Considerando 124, p. 2.

[1610] Numa perspetiva sistemática, temos dúvidas quanto à inclusão deste preceito no artigo 56.º: lida somente com tratamentos transfronteiriços. Em idêntico sentido: Körffer, *Anotação ao artigo 56.º do RGPD* em *Paal/Pauly*, Rn. 4.

(i) a reclamações que lhe tenham sido diretamente apresentadas[1611]; (ii) a violações que envolvam apenas estabelecimentos localizados no respetivo território; e (iii) a violações que afetem substancialmente[1612] titulares de dados que se encontrem no seu território.

Contudo, o disposto no número 3 do artigo 56.º permite que a autoridade de controlo decida tratar esse caso, nos termos do *supra* analisado artigo 60.º.

1611 Considerando 124, p. 3.

1612 Sobre o conceito de afetação substancial: Ponto 213/II.

§ 47º FUNÇÕES

215. Atribuições

I. As atribuições das autoridades de controlo encontram-se, *grosso modo*, positivadas no artigo 57.º. A lista constante deste preceito deve ser complementada com o disposto nos artigos 6.º e 7.º da LE. Estas podem ser sistematizadas nos seguintes termos: (i) controlar e executar a aplicação da lei; (ii) promover, sensibilizar e informar; (iii) aconselhar as autoridades nacionais; e (iv) acompanhar a evolução do Direito da proteção de dados.

Apesar de extensa, a lista constante no artigo 57.º/1 não é exaustiva, como expressamente resulta da sua alínea *v)*: as autoridades de controlo desempenham outras tarefas relacionadas com a proteção de dados pessoais. Trata-se de uma cláusula de abertura: visto permitir que outras atribuições lhe sejam legislativamente atribuídas[1613] – pelos Direitos nacionais e pelo Direito da União – e, ao mesmo tempo, de uma cláusula que concede às autoridades de controlo alguma discricionariedade de atuação[1614], dentro dos limites da lei e respeitando as atribuições dos demais sujeitos[1615].

[1613] Com idêntica posição: Selmayr, *Anotação ao artigo 57.º do RGPD* em *Ehmann/Selmayr*, Rn. 20. Não conseguimos, consequentemente, acompanhar a tese da CNPD, segundo a qual o legislador nacional não pode "acrescentar atribuições sem que o Regulamento admita essa interferência do Estado-Membro, o que não acontece neste caso": CNPD, *Parecer*, 6v.

[1614] Polenz, *Anotação ao artigo 57.º do RGPD* em *Simitis/Hornung/Spiecker gen. Döhmann*, Rn. 51.

[1615] Neste ponto concreto, subscrevemos o entendimento da CNPD: CNPD, *Parecer*, 6v.

II. *Controlar e executar a aplicação da lei.* A primeira e principal atribuição da CNPD consiste em (i) monitorizar o cumprimento do RGPD e demais legislação aplicável[1616], de origem europeia ou nacional, no âmbito das suas competências materiais e territoriais; e (ii) exercer os poderes de supervisão consagrados no artigo 58.º – artigo 57.º/1, *a)*.

O dever de controlar e executar a aplicação da lei inclui, ainda, o disposto nas alíneas *f)* – tratar as reclamações apresentadas pelo titulares de dados –, *g)* – cooperar com as demais autoridades de controlo –, *h)* – conduzir investigações sobre a aplicação do RGPD –, *t)* – contribuir para as atividades do Comité, bem como todas as alíneas cujo conteúdo corresponda a concretizações ou reiterações de outros preceitos: alíneas *j), k), m), n), o), p), q), r), s)* e *u)*, todas do artigo 57.º/1.

Também a alínea *e)* do artigo 6.º/1 da LE pode ser reconduzida a este primeiro grupo de atribuições: cooperar com o IPAC no âmbito do processo de acreditação dos organismos de certificação.

III. *Promover, sensibilizar e informar.* Nos termos da alínea *b)* do artigo 57.º/1, cabe às autoridades de controlo promover a sensibilização e a compreensão do público relativamente aos riscos, às regras, às garantias e aos direitos associados ao tratamento de dados, com especial atenção aos menores – todos os menores e não apenas os que ainda não tenham completado 13 anos. Este dever de sensibilização extravasa o universo dos titulares de dados e impõe-se de forma transversal: inclui, nos termos da alínea *d)*, os responsáveis pelo tratamento e os subcontratantes, "incluindo as micro, pequenas e médias empresas, bem como as pessoas singulares num contexto educacional"[1617].

Para além de promover e sensibilizar, as autoridades de controlo devem ainda prestar informações a qualquer titular de dados que tenha solicitado informações, alínea *i)*, de forma tendencialmente gratuita[1618]: apenas assim

[1616] A monitorização do cumprimento de legislação extravagante terá de resulta de disposição legislativa expressa: o artigo 57.º/1, *a)* apenas respeita ao RGPD. No âmbito do Direito português estas competências são atribuídas pelo artigo 6.º/1, *b)* da LE.

[1617] Considerando 132.

[1618] Artigo 57.º/3.

não o será na medida em que esse pedido seja manifestamente infundado ou excessivo[1619].

IV. Nos termos da alínea *c)* do artigo 57.º/1, as autoridades de controlo devem aconselhar as autoridades públicas no que respeita a medidas legislativas e administrativas a tomar relacionadas com a defesa dos direitos e liberdades das pessoas singulares no âmbito de tratamento de dados. Este preceito do RGPD é concretizado pelo disposto na alínea *a)* do artigo 6.º/1 da LE: cabe à CNPD "Pronunciar-se, a título não vinculativo, sobre as medidas legislativas e regulamentares relativas à proteção de dados pessoais, bem como sobre instrumentos jurídicos em preparação, em instituições europeias ou internacionais, relativos à mesma matéria".

V. Das autoridades de controlo espera-se, igualmente, que acompanhem os desenvolvimentos relacionados com os dados pessoais e a sua proteção, em especial no que respeita às evoluções tecnológicas relativas à informação, às comunicações e às práticas comerciais. A referência às evoluções tecnológicas deve ser interpretada como um simples exemplo – a utilização da expressão *nomeadamente* é elucidativa. As autoridades de controlo devem acompanhar, por exemplo, as evoluções juscientíficas e sociais.

216. Poderes: enquadramento e poderes de investigação

I. O artigo 58.º atribui às autoridades de controlo (i) poderes de investigação; (ii) poderes de correção e de sanção; e (iii) poderes consultivos e de autorização. A distribuição dos poderes em concreto por uma destas três categorias nem sempre foi a mais feliz. A título de exemplo, atente-se ao disposto no artigo 58.º/1, *d)*, relativo ao poder de rever as certificações emitidas: trata-se de um poder de correção e não de um poder de investigação.

II. São três os poderes de investigação: (i) de informação; (ii) de investigação em sentido estrito; e (iii) de notificação.

[1619] Artigo 57.º/4.

O poder de informação permite que as autoridades de controlo requeiram a prestação de informação e acedam a todos os dados pessoais e a todas as informações necessárias, alíneas *a)* e *e)* do artigo 58.º/1, respetivamente.

O poder de investigação em sentido estrito manifesta-se na possibilidade de realizar auditorias e de aceder às instalações do responsável pelo tratamento e do subcontratante, incluindo aos equipamentos e meios de tratamento utilizados, alíneas *b)* e *f)* do artigo 58.º/1, respetivamente.

Por fim, as autoridades de controlo são titulares, nos termos da alínea *d)* do artigo 58.º/1, de um poder de notificar os responsáveis e os subcontratantes relativamente a alegadas violações do RGPD.

217. Poderes de correção e de sanção

I. Os poderes de correção e de sanção surgem, com subtis flutuações, elencados no artigo 58.º/2 e de forma gradual, i.e., do mais ligeiro para o mais pesado ou do menos intrusivo para o mais intrusivo, consoante a perspetiva assumida[1620].

Segundo esta visão, o primeiro poder das autoridades de controlo consiste em advertir o responsável pelo tratamento ou o subcontratante de que as operações que pretende realizar podem consubstanciar violações da lei, artigo 58.º/2, *a)*. Trata-se, nestes termos, de um poder meramente profilático: a violação ainda não ocorreu.

II. Segue-se a repreensão, que já pressupõe, nos termos da alínea *b)* do artigo 58.º/2, uma violação da lei. A opção pela repreensão, ao invés da coima, poderá ser tomada em relação a infrações menores ou em situações em que o montante da coima constitua um encargo desproporcionado para uma pessoa singular[1621]. Nesta tomada de decisão, a autoridade de controlo deve considerar "a natureza, gravidade e duração da infração, o seu caráter doloso, as medidas tomadas para atenuar os danos sofridos, o grau de responsabilidade ou eventuais infrações anteriores, a via pela qual

[1620] Thomas Dieterich, *Rechtsdurchsetzungsmöglichkeiten der DS-GVO – Einheitlicher Rechtsrahmen führt nicht zwangsläufig zu einheitlicher Rechtsanwendung*, 6 ZD, 2016, 260-266, 263-264.
[1621] Considerando 148, p. 2.

a infração chegou ao conhecimento da autoridade de controlo, o cumprimento das medidas ordenadas contra o responsável pelo tratamento ou subcontratante, o cumprimento de um código de conduta ou quaisquer outros fatores agravantes ou atenuantes"[1622].

Do ponto de vista da sua eficácia, a repreensão não parece produzir quaisquer efeitos jurídicos: o responsável pelo tratamento ou o subcontratante que a receba não está obrigado a nenhuma ação ou omissão[1623].

III. As autoridades de controlo quando são confrontadas com uma violação do RGPD ou de legislação extravagante têm ao seu dispor uma multiplicidade de opções.

A primeira e porventura mais simples, consiste em ordenar o responsável pelo tratamento ou o subcontratante no sentido de tomarem as medidas adequadas para que as operações realizadas respeitem a lei, se necessário indicando as medidas concretas a implementar e o prazo para o fazer, artigo 58.º/2, *d)*. Trata-se de um poder de correção geral, concretizado nas alíneas *c)* – ordem para satisfazer os pedidos de exercício de direitos de titulares de dados – e *e)* – ordem para comunicar ao titular da ocorrência de uma violação de dados pessoais. A alínea *g)* compreende um poder de correção mais específico: o de ordenar a retificação ou o apagamento dos dados e a correspondente notificação aos titulares lesados.

IV. As autoridades podem, ainda, impor a limitação temporária ou definitiva ao tratamento de dados ou proibí-lo de todo, alínea *f)*, o que incluí o poder de ordenar a suspensão do envio de dados para destinatários localizados em países estrangeiros ou para organizações internacionais, alínea *j)*.

A retirada de certificação, nos termos da alínea *h)*, todas do artigo 58.º/1, apresenta-se como mais uma medida de caráter geral.

V. Por fim, as autoridades de controlo podem impor coimas, nos termos do artigo 83.º, de forma cumulativa ou alternativa.

[1622] Considerando 148, p. 3.

[1623] Polenz, *Anotação ao artigo 58.º do RGPD* em *Simitis/Hornung/Spiecker gen. Döhmann*, Rn. 29.

218. Poderes consultivos e de autorização

I. O artigo 58.º/2 consagra os denominados poderes consultivos e de autorização. Trata-se de um preceito cujos propósitos são essencialmente de sistematização; os poderes aí elencados encontram-se já previstos em outros preceitos do RGPD: (i) aconselhar o responsável no âmbito do procedimento de consulta prévia previsto no artigo 36.º; (ii) emitir pareceres e aprovar projetos de códigos de conduta, nos termos do artigo 40.º/5; (iii) autorizar o tratamento previsto no artigo 36.º/5, na eventualidade de a lei de execução dos Estados-Membros exigir esta autorização[1624]; (iv) acreditar organismos de certificação, nos termos do artigo 43.º; (v) emitir certificações e aprovar os seus critérios, de acordo com o disposto no artigo 42.º/5; (vi) adotar as cláusulas-tipo de proteção de dados previstas nos artigos 28.º/8 e 46.º/2, *d)*; (vii) autorizar as cláusulas contratuais previstas no artigo 46.º/3, *a)*; (viii) autorizar os acordos administrativos previstos no artigo 46.º/3, *b)*; e (ix) aprovar as regras vinculativas aplicáveis às empresas, nos termos do artigo 47.º.

II. Apenas o disposto no artigo 58.º/3, *b)* foge a esta lógica. O preceito permite que o as autoridades de controlo emitam pareceres, por iniciativa própria ou a pedido, ao Parlamento e ao Governo. Esta alínea *b)* consubstancia, ainda, uma cláusula de abertura, na medida em que atribui competências legislativas aos Estados-Membros para estenderem este poder de emitir pareceres a outras entidades públicas. Trata-se de uma cláusula de abertura não aproveitada pela LE.

[1624] O que não se verifica no Direito português.

§ 48º COOPERAÇÃO E COERÊNCIA

219. Cooperação

I. A secção relativa à cooperação das autoridades de controlo é composta por três artigos: 60.º: cooperação entre a autoridade de controlo principal e as outras autoridades de controlo interessadas – preceito acima analisado, a propósito d'o papel da autoridade de controlo principal[1625] –; 61.º: assistência mútua; e 62.º: operações conjuntas das autoridades de controlo.

II. Nos termos do artigo 61.º/1, as autoridades de controlo devem[1626] (i) prestar, entre si, informações úteis e assistência mútua, em sentido estrito, e (ii) tomar as medidas necessárias para uma cooperação eficaz. Estes deveres, que conjuntamente compõe a assistência mútua em sentido amplo, visam a aplicação efetiva e coerente do RGPD[1627].

Tanto o dever de prestação de informações úteis como o dever de tomar medidas necessárias para uma cooperação eficaz assumem-se como deveres ativos, i.e., as autoridades de controlo devem buscar o seu cumprimento independentemente da existência de um pedido nesse sentido[1628]. O dever de assistência mútua não inclui a imposição de coimas e demais medidas de correção ou sanções. Os exemplos avançados pelo legislador na parte

[1625] Ponto 214.

[1626] Esta cooperação não se encontra dependente da celebração de qualquer tratado ou acordo: Considerando 123, p. 2.

[1627] Considerando 133, p. 1.

[1628] Polenz, *Anotação ao artigo 61.º do RGPD* em *Simitis/Hornung/Spiecker gen. Döhmann*, Rn. 8; Dix, *Anotação ao artigo 61.º do RGPD* em *Kühling/Buchner*, Rn. 7.

final do artigo 61.º/1 e o contraste com o disposto no artigo 62.º/1 são elementos interpretativos elucidativos: o artigo 61.º fala de medidas de controlo e o artigo 62.º de medidas de execução[1629].

III. O disposto no artigo 62.º, que favorece e incentiva a condução de operações conjuntas realizadas por mais do que uma autoridade de controlo, encontra o seu campo de aplicação por excelência no universo dos tratamentos transfronteiriços de dados[1630]. Numa perspetiva material, ou seja, das medidas eventualmente a tomar, o artigo 62.º respeita aos poderes de correção e às sanções.

A solução positivada tende a dificultar a realização, em concreto, de operações conjuntas, pelas seguintes razões: (i) a utilização da expressão *sempre que conveniente*, no número 1, pode atuar como um obstáculo; e (ii) o número 2 acrescenta um requisito extra ao conceito de tratamento transfronteiriço[1631]: os titulares de dados suscetíveis de serem afetados têm de corresponder a um número significativo.

220. O Comité Europeu para a Proteção de Dados

O Comité é um organismo da União Europeia, independente[1632] e dotado de personalidade jurídica[1633].

As funções, poderes e atribuições do Comité, aproximam este organismo das cada vez mais comuns entidades de supervisão europeias, especialmente comuns no âmbito do Direito financeiro[1634].

O Comité assume, ainda, um papel central na aplicação coerente do RGPD, nos termos dos artigos 63.º e seguintes.

[1629] Polenz, *Anotação ao artigo 61.º do RGPD* em *Simitis/Hornung/Spiecker gen. Döhmann*, Rn. 9; Dix, *Anotação ao artigo 61.º do RGPD* em *Kühling/Buchner*, Rn. 10.

[1630] Ponto 64.

[1631] Ponto 64.

[1632] Artigo 69.º/1.

[1633] Artigo 68.º/1.

[1634] Schöndorf-Haubold, *Anotação ao artigo 68.º do RGPD* em *Sydow*, Rn. 2-14: análise à complexa natureza jurídica do Comité.

§ 49º SANÇÕES

221. Enquadramento

I. Por intermédio da Deliberação 2019/494, a CNPD decidiu "desaplicar, nas situações de tratamentos de dados pessoais que venha a apreciar" uma série de preceitos da LE, contando-se entre elas (i) o artigo 37.º/1, *a)*, *h)* e *k)*; (ii) o artigo 37.º/2; (iii) o artigo 38.º/1, *b)*; (iv) o artigo 38.º/2; (v) o artigo 39.º/1; e (vi) o artigo 39.º/3, todos relativos à dimensão sancionatória do Direito da proteção de dados.

II. A Deliberação 2019/494 é motivada, pelo menos do que à questão ora em análise respeita, por uma suposta intervenção legislativa do Estado português que extravasa as competências que lhe são atribuídas pelo RGPD. Sem descurar a necessária análise individual a que procederemos de seguida, a posição tomada pela CNPD tenderá, por princípio, a merecer a nossa concordância, na medida em que as competências legislativas dos Estados-Membros encontram-se em concreto circunscritas ao universo das denominadas cláusulas de abertura[1635].

No âmbito dos artigos 83.º e 84.º encontramos somente duas cláusulas de abertura: (i) o artigo 83.º/7: permite que os Estados-Membros determinem se e em que termos as coimas podem ser aplicadas às autoridades e organismos públicos estabelecidos no seu território; e (ii) o artigo 84.º: permite que o Estados-Membros positivem outras sanções, não previstas no RGPD. Fora destes dois âmbitos, a legislação nacional que contrarie o

[1635] Ponto 10.

RGPD deve ter-se por não aplicável: trata-se da única solução possível à luz da realidade jurídica vigente.

222. Coimas

I. Na determinação da coima a aplicar, as autoridades de controlo devem considerar uma multiplicidade de elementos, referidos no artigo 83.º/2. A saber: (i) a natureza, a gravidade e a duração da infração; (ii) o caráter intencional ou negligente da infração; (iii) a eventual procura por uma atenuação dos danos produzidos; (iv) o grau de responsabilidade à luz das medidas técnicas e organizativas implementadas; (v) a reincidência do infrator; (vi) a cooperação prestada pelo infrator; (vii) a forma como a autoridade de controlo tomou conhecimento da infração; (viii) o cumprimento de medidas de correção impostas; (ix) o cumprimento de código de condutas ou de procedimentos de certificação; e (x) demais fatores relevantes. Os fatores acrescentados no artigo 39.º/1 da LE, por extravasarem as competências do legislador português, apenas podem ser consideradas em relação às infrações não previstas no RGPD[1636].

II. O RGPD e a LE adotam uma sistematização clássica que distingue as contraordenações muito graves das contraordenações graves. As primeiras, ascendem aos € 20 000 000 ou, no caso de uma empresa, até 4% do seu volume de negócios anual a nível mundial correspondente ao exercício financeiro anterior, consoante o montante mais elevado, artigo 83.º/5. As segundas, ascendem a € 10 000 000 ou, no caso de uma empresa, até 2% do seu volume de negócios anual, em termos idênticos aos que se verifica para as contraordenações muito graves, artigo 83.º/4. Cada um destes preceitos apresenta uma lista de infrações.

III. Do confronto entre o RGPD e a LE resultam várias incongruências, devidamente identificadas pela CNPD: (i) a distinção, operada por aplicação do artigos 37.º/1, *h)* e 38.º/1, *b)*, ambos da LE, relativa à informação relevante e restante informação deve ceder perante o disposto no artigo

[1636] CNPD, *Deliberação 2019/494*, 8v.

83.º/5, *b)*: corresponde a uma infração muito grave, independentemente da natureza da informação; (ii) o disposto no artigo 37.º/1, *k)* da LE deverá ser analisado conjuntamente com o artigo 83.º/5, *e)* e 83.º/6[1637]; e (iii) as molduras das coimas previstas no artigo 37.º/2 não vinculam as autoridades de controlo: a determinação do valor das coimas encontra-se na total discricionariedade das autoridades de controlo.

223. Crimes

I. A LE consagra um conjunto heterógenos de crimes – acompanhando, assim, este movimento recente de assunção de soluções penais em desfavor de soluções contraordenacionais.

II. A sistematização seguida baseia-se numa simples distinção focada na natureza das infrações e não nos bens protegidos. A saber: (i) utilização de dados de forma incompatível com a finalidade da recolha – corresponde a uma violação do princípio da limitação das finalidades[1638] –, artigo 46.º; (ii) acesso indevido a dados pessoais – violação do princípio da licitude, em sentido estrito[1639] – artigo 47.º; (iii) desvio de dados – corresponde também a uma violação do princípio da limitação das finalidades[1640] – artigo 48.º; (iv) viciação e destruição de dados, artigo 49.º; (v) inserção de dados falsos – corresponde a uma violação do princípio da exatidão[1641] – artigo 50.º; (vi) violação do dever de sigilo, artigo 51.º; e (vii) crime de desobediência, artigo 52.º.

Nos termos do artigo 53.º, a tentativa da prática de um destes tipos criminais é sempre punível.

[1637] O conteúdo da CNPD, *Deliberação 2019/494*, 6v é impreciso: importa considerar uma multiplicidade de fatores que, aparentemente, não foram atendidas.

[1638] Pontos 68-69.

[1639] Ponto 65.

[1640] Pontos 68-69.

[1641] Ponto 71.

ÍNDICE DE JURISPRUDÊNCIA

Jurisprudência portuguesa

Jurisprudência europeia

Tribunal de Justiça da União Europeia

Jurisprudência estrangeira

ALEMANHA

INGLATERRA

ÍNDICE BIBLIOGRÁFICO

AEPD – *Guidelines 2/2018 on the territorial scope of the GDPR (Article 3)*, 16-nov.-2018, 17-18.

Agência dos Direitos Fundamentais da União Europeia e Conselho da Europa – *Manual de legislação europeia sobre os direitos da criança*, 2015

Albers, Marion – *Informationelle Selbstbestimmung*, Nomos, Baden-Baden, 2005

Albrecht, Jan Philipp – *vide* Wybitul, Tim

Alich, Setafn – *vide* Voigt, Paul

Almeida, Carlos Ferreira de – *Contratos*, I, 6ª ed., Almedina, Coimbra, 2018

Antunes, Ana Filipa Morais – *Comentário aos artigos 70.º a 81.º do Código Civil (Direito de personalidade)*, UCP, Lisboa, 2012

Arnold, René/Hillebrand, Annette/Waldburger, Martin – *Informed Consent in Theorie und Praxis – Warum Lesen, Verstehen und Handeln auseinanderfallen*, 39 DuD, 2015, 730-734

Ataíde, Rui – *Direito ao esquecimento*, 3 RDC, 2018, 281-295

Barberis, Janos – *vide* Chishti, Susanne

Barbosa, Mafalda Miranda – Data controllers *e* data processors*: da responsabilidade pelo tratamento de dados à responsabilidade civil*, RDCom, 15-mar.-2018, 416-486

Barreto, Ireneu Cabral – *A Convenção Europeia dos Direitos do Homem*, 5ª ed., Almedina, Coimbra, 2015

Baumgartner, Ulrich/Gausling, Tina – *Datenschutz durch Technikgestaltung und datenschutzfreundliche Voreinstellungen – Was Unternehmen jetzt nach der DS-GVO beachten müssen*, 7 ZD, 2017, 308-313

Bennett, Colin J. – *Regulating Privacy: Data Protection and Public Policy in the Europe and the United States*, Cornell University Press, Ithaca, 1992

Bergt, Matthias – *Die Bestimmbarkeit als Grundproblem des Datenschutzrechts: Überblick über den Theorienstreit und Lösungsvorschlag*, 5 ZD, 2015, 365-371

Beslay, Lauren – *vide* De Hert, Paul

Beverage, James – *The Privacy Act of 1974: An Overview*, Duke LJ, 1976, 301-329

Beyvers, Eva/Herbrich, Tilman – *Das Niederlassungsprinzip im Datenschutzrecht – am Beispiel von Facebook – Der neue Ansatz des EuGH und die Rechtsfolgen*, 4 ZD, 2013, 558-562

Bieker, Felix – *Die Risikoanalyse nach dem neuen EU-Datenschutzrecht und dem Standard-Datenschutzmodell*, 42 DuD, 2018, 27-31

Bing, Jon – *Transnational Data Flows and the Scandinavian Data Protection Legislation*, 24 Scandinavian Studies in Law, 1980, 65-96

Bizer, Johann – *Postmortaler Persönlichkeitsschutz? – Rechtsgrund und Länge der Schutzfristen für personenbezogene Daten Verstorbener nach den Archivgesetzen des Bundes und der Länder*, 12 NVwZ, 1993, 653-656

Black, Hillel – *Buy Now, Pay Later*, Morrow, Nova Iorque, 1961

Bleckmann, Albert – *Zu den Auslegungsmethoden des Europäischen Gerichtshofs*, 35 NJW, 1982, 1177-1182

Boehme-Neßler, Volker – *Das Recht auf Vergessenwerden – Ein neues Internet-Grundrecht im Europäischen Recht*, 33 NVwZ, 2014, 825-830

Borking et all, John J. – *Privacy-Enhancing Technologies: The Path to Anonymity*, I e II, Information and Privacy Commissioner, Ontário, Canada e Registratiekamer, Países Baixos, 1995

Borking, John J. – *Der Identity Protector*, 20 DuD, 1996, 654-658

Botelho, Catarina Santos – *Novo ou velho direito? O direito ao esquecimento e o princípio da proporcionaldiade no constitucionalismo global*, 7 AB Instantia, 2017, 49-71

Bräutigam, Peter/Schmidt-Wudy, Florian – *Das geplante Auskunfts- und Herausgaberecht des Betroffenen nach Art. 15 der EU-Datenschutzgrundverordnung*, 31 C&R, 2015, 56-63

Breyer, Patrick – *Personenbezug von IP-Adressen – Internetnutzung und Datenschutz*, 4 ZD, 2014, 400-405

Brink, Stefan – *vide* Tinnefeld, Marie-Theres

Brink, Stefan/Schmidt, Stephan – *Die rechtliche (Un-)Zulässigkeit von Mitarbeiterscreenings – Vom schmalen Pfad der Legalität*, 13 MMR, 2010, 592-596

Brodie, Mark S. – *vide* Goldstein, Richard H.

Buchner, Benedikt – *Die Einwilligung im Datenschutzrecht – vom Rechtfertigungsgrund zum Kommerzialisierungsinstrument*, 34 DuD, 2010, 39-43

Buchner, Benedikt/Kühling, Jürgen – *Die Einwilligung in der Datenschutzordnung 2018*, 41 DuD, 2017, 544-548

Bucholtz, Gabriele – *Buchholtz: Das „Recht auf Vergessen" im Internet – Vorschläge für ein neues Schutzkonzept*, 5 ZD, 2015, 570-577

Buitelaar, J.C. – *Post-Mortem Privacy and Informational Self-Determination*, 19 Ethics Inf Technol, 2017, 129-142

Bull, Hans Peter – *Datenschutz oder Die Angst vor dem Computer*, Piper, Munique, 1987

——— *Datenschutz als Informationsrecht und Gefahrenabwehr* em *Datenschutz, Informationsrecht und Rechtspolitik – Gesammelte Aufsätze*, Duncker & Humblot, Berlim, 2005 (= 1979), 115-128

Burnside, Russel S. – *The Electronic Communications Privacy Act of 1986: The Challenge of Applying Ambiguous Statutory Language to Intricate Telecommunication Technologies*, 13 Rutgers Computer & Tech LJ, 1987, 451-517

Bygrave, Lee A. – *Determining Applicable Law Pursuant to European Data Protection Legislation*, 16 CLSR, 2000, 252-257

——— *Data Privacy Law: An International Perspective*, OUP, Oxford, 2014

Canas, Vitalino – *O princípio da proibição do excesso: em especial, na conformação e no controlo de atos legislativos*, Almedina, Coimbra, 2017

Canotilho, J.J. Gomes – *Direito constitucional e teoria da Constituição*, 7ª ed., Almedina, Coimbra, 2003

Canotilho, J.J. Gomes/Moreira, Vital – *Constituição da República Anotada*, I, 4ª ed., Coimbra ed., Coimbra, 2014 (= 2006)

Canotilho, Mariana/Silveira, Alessandra – *Carta dos Direitos Fundamentais da União Europeia comentada*, Almedina, Coimbra, 2013

Caspar, Johannes – *Das aufsichtsbehördliche Verfahren nach der EU-Datenschutz-Grundverordnung – Defizite und Alternativregelungen*, 2 ZD, 2012, 555-558

Cavoukian, Ann – *Privacy by Design: The 7 Foundational Principles*, Information and Privacy Commissioner of Ontario, 2009, revisto em 2011

Ceron, Andrea/Curini, Luigi/Iacus, Stefano Maria – *Politics and Big Data*, Routledge, Londres, 2016.

Chan, Janet – *vide* Moses, Lyria Bennett

Chaum, David – *Security without Identification: Transaction Systems to Make Big Brother Obsolete*, 28 *Communications of the ACM*, out.-1985, 1030-1044

Chen, Jiahong – *How the Best-Laid Plans Go Awry: The (Unsolved) Issues of Applicable Law in the General Data Protection Regulation*, 6 IDPL, 2016, 310-323

——— *The Dangers of Accuracy: Exploring the Other Side of the Data Quality Principle*, 4 EDPL, 2018, 36-52

Chishti, Susanne/Barberis, Janos – *The Fintech Book: The Financial Technology Handbook for Investors, Entrepreneurs and Visionaries*, Wiley, Chichester, 2016

Christensen, L./Colciago, A./Etro, F./Rafert, G. – *The Impact of the Data Protection Regulation in the E.U.*, Intertic Policy Paper, 2013

Clark, James E. – *Protection of the Consumer Interests and the Credit Rating Industry*, 2 McGeorge L Rev, 1971, 635-662

Colciago, A. – *vide* Christensen, L.

Comissão Europeia – *Communication from the Commission to the European Parliament, the Council, the Economic and Social Committee and the Committee of the Regions: A Comprehensive Approach on Personal Data Protection in the European Union*, COM(2010) 609 final, 4-nov.-2010

——— *GDPR in Numbers*: https://ec.europa.eu/commission/sites/beta-political/files/infographic-gdpr_in_numbers_1.pdf

Commercial Credit Bureaus – Hearings Before a Subcommittee of the Committee on Government Operations, House of Representatives, 90th Congress, Second Session. March 12, 13, and 14, 1968, U.S. Government Printing Office, Washington, 1968.

Conrad, Isabell – *vide* Tinnefeld, Marie-Theres

Conselho da Europa – *Explanatory Report on the Convention for the Protection of Individual with Regard to Automatic Processing of Personal Data*, Estrasburgo, 1981

Cordeiro, A. Barreto Menezes – *Do trust no Direito civil*, Almedina, Coimbra, 2014

——— *Direito dos valores mobiliários*, I: *Fontes; Dogmática geral*, Almedina, Coimbra, 2015

——— *Direito inglês dos contratos*, I, AAFDL, Lisboa, 2017

——— *A natureza jurídica dos animais à luz da Lei n.º 8/2017, de 3 de março*, 2 RDC, 2017, 317-335

——— *Dados pessoais: conceito, extensão e limites*, 3 RDC, 2018, 297-321

——— *O consentimento do titular dos dados*, 3 RDC, 2018, 839-863

——— *Relações fiduciárias: por uma doutrina unitária* em *Código Civil: Livro do Cinquentenário*, I, Almedina, Coimbra, 2019, 25-47

——— *O tratamento de dados pessoais fundado em interesses legítimos*, 1 RDTec, 2019, 1-32

Cordeiro, António Menezes – *A responsabilidade civil dos administradores das sociedades comerciais*, Lex, Lisboa, 1997

——— *Vernáculo jurídico: directrizes ou directivas?*, 64 ROA, 2004, 609-614

——— *Direito do trabalho*, I, Almedina, Coimbra, 2018

——— *Tratado de Direito civil*, doze volumes com sucessivas edições

Cormack, Andrew – *Is the Subject Access Right Now Too Great a Threat To Privacy?*, 2 EDPL, 2016, 15-27

Cote, Pierre-Andre – *Bilingual Interpretation of Enactments in Canada: Principles v. Practice*, 29 Brook J Int'l L, 2004, 1067-1084.

Countryman, Vern – *The Diminishing Right of Privacy, the Personal Dossier and the Computer*, 49 Texas L Rev, 1971, 837-871

Culik, Nicolai/Döpke, Christian – *Zweckbindungsgrundsatz gegen unkontrollierten Einsatz von Big Data-Anwendungen – Analyse möglicher Auswirkungen der DS-GVO*, 7 ZD, 2017, 226-230

Culik, Nicolai/Döpke, Christian – *Zweckbindungsgrundsatz gegen unkontrollierten Einsatz von Big Data-Anwendungen – Analyse möglicher Auswirkungen der DS-GVO*, 7 ZD, 2017, 226-230

Culmsee, Thorsten – *Postmortaler Datenschutz und postmortaler Datenntzung*, DSRITB, 2013, 413-428

Curini, Luigi – *vide* Ceron, Andrea.

Czerniaswski, Michael – *vide* de Hert, Paul

Dammann, Ulrich – *Erfolge und Defizite der EU-Datenschutzgrundverordnung – Erwarteter Fortschritt, Schwächen und überraschende Innovationen*, 6 ZD, 2016, 307-314

De Hert, Paul/Czerniaswski, Michael – *Expanding the European Data Protection Scope Beyond Territory: Article 3 of the General Data Protection Regulation in Its Wider Context*, 6 IDLP, 2016, 230-243

De Hert, Paul/Papakonstantinou, Vagelis/Malgieri, Gianclauido/Beslay, Lauren/Sanchez, Ignacio – *The Right to Data Portability in the GDPR: Towards User-Centric Interoperability of Digital Services*, 34 CLSR, 2018, 193-203

Dehmel, Susanne/Hullen, Nils – *Auf dem Weg zu einem zukunftsfähigen Datenschutz in Europa? – Konkrete Auswirkungen der DS-GVO auf Wirtschaft, Unternehmen und Verbraucher*, 3 ZD, 2013, 147-153

Detsky, Allan S. – *vide* Murdoch, Travis B.

Dicionário de Língua Portuguesa Contemporânea, da Academia de Ciências de Lisboa

Dieterich, Thomas – *Rechtsdurchsetzungsmöglichkeiten der DS-GVO – Einheitlicher Rechtsrahmen führt nicht zwangsläufig zu einheitlicher Rechtsanwendung*, 6 ZD, 2016, 260-266.

Döpke, Christian – *vide* Culik, Nicolai

Dorfleitner, Gregor/Hornuf, Lars/Schmitt, Matthias/Weber, Martina – *FinTech in Germany*, Springer, Cham, 2017

Drewes, Stefan – *Dialogmarketing nach der DSGVO ohne Einwilligung der Betroffenen – Berechtigte Unternehmensinteressen bleiben maßgebliche Rechtsgrundlage*, C&R, 2016, 721-729

Eberle, Carl-Eugen – *Datenschutz durch Meinungsfreiheit*, DOV, 1977, 306-321

Eckhardt, Jens/Kramer, Rudi – *Auftragsdatenverarbeitung beim Einsatz von Persönlichkeitsanalysetools*, 40 DuD, 2016, 144-149

Edwards, Lilian/Veale, Kichael – *Slave to the Algorithm? Why a "Right to an Explanation" is Probably not the Remedy You Are Looking For*, 16 Duke L & Tech Rev, 2017, 18-84

Englisch, Bastian – *vide* Koós, Clemens

Erevelles, Sunil/Fukawa, Nobuyuki/Swayne, Linda – *Big Data Consumer Analytics and the Transformation of Marketing*, 69 J Bus Res, 2016, 897-904.

Ernst, Stefan – *Die Einwilligung nach der Datenschutzgrundverordnung – Anmerkungen zur Definition nach Art. 4 Nr. 11 DS-GVO*, 7 ZD, 2017, 110-114

Etro, F. – *vide* Christensen, L.

Färber, Claus – *vide* Weisser, Ralf

Faust, Sebastian/Spittka, Jan/Wybitul, Tim – *Milliardenbußgelder nach der DS-GVO? – Ein Überblick über die neuen Sanktionen bei Verstößen gegen den Datenschutz*, 6 ZD, 2016, 120-125

Feldman, Sheldon – *The Fair Credit Reporting Act – From the Regulators Vantage Point*, 14 Santa Clara L Rev, 1974, 459-490

Fennelly, Nial – *Legal Interpretation at the European Court of Justice*, 20 Fordham Int'l LJ, 1996, 656-679

Ferretti, Federico – *Data Protection and the Legitimate Interest of Data Controllers: Much Ado about Nothing or the Winter of Rights?*, 51 CMLR, 2014, 1-26

Fidalgo, Vítor Palmela – *O direito à portabilidade de dados pessoais*, 1 RDTec, 2019, 89-135

Fink, Varda N. – *Consume Protection: Regulation and Liability of the Credit Reporting Industry*, 47 Notre Dame Law, 1972, 1291-1304

Fladung, Armin – *vide* Wybitul, Tim

Flaxman, Seth – *vide* Goodman, Bryce

Forgó, Nikolaus/Krügel, Tina – *Der Personenbezug von Geodaten – Cui bono, wenn alles bestimmbar ist?*, 13 MMR, 2010, 17-23

Frantziou, Eleni – *Further Developments in the Right to Be Forgotten: The European Court of Justice in Case C-131/12, Google Spain, SL, Google Inc v Agencia Espanola de Proteccion de Datos*, 14 Hum Right L Rev, 2014, 761-777

Fukawa, Nobuyuki – *vide* Erevelles, Sunil

Funke, Michael – *Dogmatik und Voraussetzungen der datenschutzrechtlichen Einwilligung im Zivilrecht – Unter besonderer Berücksichtigung der Datenschutz-Grundverordnung*, Nomos, Baden-Baden, 2017

Fuster, Gloria González – *The Emergence of Personal Data Protection as a Fundamental Right of the EU*, Springer, Suiça, 2014

Futhey, Robert W. – *The Family Educational Rights & Privacy Rights Act of 1934: Recommendations for Realigning Educational Privacy with Congress' Original Intent*, 41 Creighton L Rev, 2008, 277-314

Garcia, Isabel Reis – *Do Direito da informática a um ante projecto de Lei de proteção de dados pessoais*, ROA, 1989, 979-1008

Gardyan-Eisenlohr, Eva/Knöpfle, Kornell – *Accountability für Datenschutz in einem globalen Unternehmen – Fundament einer nachhaltigen Implementierung*, 41 DuD, 2017, 69-73

Garon, Lenore Cooper – *Protecting Privacy in Credit Reporting*, 23 Stan L Rev, 1972, 550-567

Gausling, Tina – *vide* Baumgartner, Ulrich

Gellert, Raphaël – *We Have Always Managed Risks in Data Protection Law: Understanding the Similarities and Differences Between the Rights-Based and the Risk-Based Approaches to Data Protection*, 2 EDPL, 2016, 481-492

Gellman, Robert – *Fair Information Practices: A Basic History*, 2017 (Net)

Gerling, Rainer W. – *vide* Gerling, Sebastian

Gerling, Sebastian/Gerling, Rainer W. – *Wie realistisch ist ein „Recht auf Vergessenwerden"?*, 37 DuD, 2013, 445-446

Gerston, Larry N. – *American Federalism: A Concise Introduction*, M.E. Sharpe, Nova Iorque, 2007

Gierschmann, Sibylle – *Was "bringt" deutschen Unternehmen die DS-GVO? – Mehr Pflichten, aber die Rechtsunsicherheit bleibt*, 6 ZD, 2016, 51-55

——— *Gestaltungsmöglichkeiten bei Verwendung von personenbezogenen Daten in der Werbung – Auslegung des Art. 6 Abs. 1 lit. f DS-GVO und Lösungsvorschläge*, 21 MMR, 2018, 7-12

Gola, Peter – *Beschäftigtendatenschutz und EU-Datenschutz-Grundverordnung*, 23 EuZW, 2012, 332-336

Gola, Peter/Klug, Christoph/Körffer, Barbara – *Anotação ao § 3 do BDSG* em *Gola/Schomerus, Bundesdatenschutzgesetz*, 12ª ed., Beck, Munique, 2015

Gola, Peter/Lepperhoff, Niels – *Reichweite des Haushalts- und Familienprivilegs bei der Datenverarbeitung*, 6 ZD, 2016, 9-12

Gola, Peter/Schutz, Sebastian – *DS-GVO – Neue Vorgaben für den Datenschutz bei Kindern? – Überlegungen zur einwilligungsbasierten Verarbeitung von personenbezogenen Daten Minderjähriger*, 3 ZD, 2013, 475-481

Goldstein, Richard H./Brodie, Mark S. – *Commercial Credit Bureaus: The Right to Privacy and State Action*, 24 Am U L Rev, 1975, 421-489

Gömann, Merlin – *The New Territorial Scope of EU Data Protection Law: Deconstructing a Revolutionary Achievement*, 54 CMLR, 2017, 567-590

Goodman, Bryce/Flaxman, Seth – *European Union Regulation on Algorithmic Decision Making and a "Right to Explanation"*, AI Magazine, 2017, 50-57

Gouveia, Jorge Bacelar – *Os direitos fundamentais à proteção dos dados pessoais informatizados*, 51 ROA, 1991, 699-732

Gregg, Robert E. – *The Privacy Act of 1974*, Army Law, 1975, 25-33

Greze, Benjamin – *The Extra-Territorial Enforcement of the GDPR: A Genuine Issues and the Quest for Alternatives*, 9 IDPL, 2019, 109-128

Grünwald, Andreas/Nüßing, Christoph – *Machine To Machine (M2M)-Kommunikation – Regulatorische Fragen bei der Kommunikation im Internet der Dinge*, 18 MMR, 2015, 378-383

Hacker, Philipp – *Mehrstufige Informationsanbieterverhältnisse zwischen Datenschutz und Störerhaftung – Gestufte Kontrolle – gemeinsame Verantwortung?*, 21 MMR, 2018, 779-784

Hansch, Guido – *vide* Jung, Alexander.

Hanus, Jerome J./Relyea, Harold C. – *A Policy Assessment of the Privacy Act 1974*, 25 Am UL Rev 1976, 555-593

Harbinja, Edina – *Post-Mortem Privacy 2.0: Theory, Law, and Technology*, 31 IRLCT, 2017, 26-42

Härting, Niko – *Starke Behörden, schwaches Recht – der neue EU-Datenschutzentwurf*, BB, 2012, 459-466

——— *vide* Schneider, Jochen

Hartmann, Sarah – *vide* Holznagel, Bernd

Haß, Detlef – *vide* Wybitul, Tim

Heißl, Gregor – *Können juristische Personen in ihrem Grundrecht auf Datenschutz verletzt sein?*, EuR 2017, 561-571

Herbrich, Tilman – *vide* Beyvers, Eva

Herbst, Tobias – *Was sind personenbezogene Daten?*, 35 NVwZ, 2016, 902-906

Herfurth, Constantin – *Interessenabwägung nach Art. 6 Abs. 1 lit. f DS-GVO – Nachvollziehbare Ergebnisse anhand von 15 Kriterien mit dem sog. „3x5-Modell"*, 8 ZD, 2018, 514-520

Hillebrand, Annette – *vide* Arnold, René

Hirsch, Dennis D. – *The Glass House Effect: Big Data, The New Oil, and the Power of Analogy*, 66 Me L Rev, 2014, 374-395

Hoeren, Thomas – *Der betriebliche Datenschutzbeauftragte – Neuerungen durch die geplante DS-GVO*, 2 ZD, 2012, 355-358

Hoffmann, Johanna M./Johannes, Paul C. – *DS-GVO: Anleitung zur autonomen Auslegung des Personenbezugs – Begriffsklärung der entscheidenden Frage des sachlichen Anwendungsbereichs*, 7 ZD, 2017, 221-226

Hofmann, Kai – *vide* Hornung, Gerrit.

Holznagel, Bernd/Hartmann, Sarah – *Das „Recht auf Vergessenwerden" als Reaktion auf ein grenzenloses Internet – Entgrenzung der Kommunikation und Gegenbewegung*, 19 MMR, 2016, 228-232

Hondius, Frits W. – *Emerging Data Protection in Europe*, North-Holland, Amesterdão, 1977

Hornuf, Lars – *vide* Dorfleitner, Gregor

Hornung, Gerrit – *Datenschutz durch Technik in Europa – Die Reform der Richtlinie als Chance für ein modernes Datenschutzrecht*, 1 ZD, 2011, 51-56

——— *Eine Datenschutz-Grundverordnung für Europa? – Licht und Schatten im Kommissionsentwurf vom 25.1.2012*, 2 ZD, 2012, 99-106

Hornung, Gerrit/Hofmann, Kai – *Ein „Recht auf Vergessenwerden"? Anspruch und Wirklichkeit eines neuen Datenschutzrechts*, 68 JZ, 2013, 163-170

Hornung, Gerrit/Schnabel, Christoph – *Data Protection in Germany I: The Population Census Decision and the Right to Informational Self-Determination*, 25 CLSR, 2009, 84-88

Hörster, Heinrich Ewald – *A parte geral do Código Civil português – Teoria geral do Direito civil*, Almedina, Coimbra, 2012 (= 1992)

Huffman, Gregory H. – *Video-streaming Records and the Video Privacy Protection Act: Broadening the Scope of Personally Identifiable Information to Include Unique Device Identifiers Disclosed with Video Titles*, 91 Chi.-Kent L Rev, 2016, 737-758

Hullen, Nils – *vide* Dehmel, Susanne

Iacus, Stefano Maria – *vide* Ceron, Andrea.

Information Commissioner's Office – *Determining what is personal data* (Net), 2012, 20-21

Jamtgaard, Laurel – *Big Bird Meets Big Brother: A Look at the Children's Online Privacy Protection Act*, 16 HTLJ, 2000, 385-399

Jangert, Edward J./Schwartz, Paul M. – *The Gramm-Leach-Bliley Act, Information Privacy, and the Limits of Default Rules*, 86 Minn L Rev, 2002, 1219-1261

Jaspers, Andreas – *Die Eu-Datenschutz-Grundverordnung – Auswirkungen der EU-Datenschutz-Grundverordnung auf die Datenschutzorganisation des Unternehmens*, 36 DuD (2012), 571-575

Joachim, Katharina – *Besonders schutzbedürftige Personengruppen – Einordnung gruppenspezifischer Schutzbedürftigkeit in der DS-GVO*, 7 ZD, 2017, 414-418

Johannes, Paul C. – *vide* Hoffmann, Johanna M.

Jülicher, Tim/Röttgen, Charlotte/v. Schönfeld, Max – *Das Recht auf Datenübertragbarkeit – Ein datenschutzrechtliches Novum*, 6 ZD, 2016, 358-362

Jung, Alexander – *Datenschutz-(Compliance-)Management-Systeme – Nachweis- und Rechenschaftspflichten nach der DS-GVO – Praktikable Ansätze für die Erfüllung ordnungsgemäßer Datenverarbeitung*, 8 ZD, 2018, 208-213

Jung, Alexander/Hansch, Guido – *Die Verantwortlichkeit in der DS-GVO und ihre praktischen Auswirkungen – Hinweis zur Umsetzung im Konzern- oder Unternehmensumfeld*, 9 ZD, 2019, 143-148

Kaal, Wulf A. – *Private Fund Disclosures Under the Dodd-Frank Act*, 9 Brook J Corp Fin & Com L, 2015, 428-477

Kamann, Hans-Georg/Miller, Robin Dominik – *Kartellrecht und Datenschutzrecht – Verhältnis einer „Hass-Liebe"?*, 4 NZKart, 2016, 405-412

Karg, Moritz – *EuGH: Löschungsanspruch gegen Google – „Recht auf Vergessen"*, 4 ZD, 2014, 350-361

Karras, Angela R. – *The Constitutionality of the Driver's Privacy Protection Act: A Fork in the Information Access Road*, 52 Fed Comm LJ, 1999, 125-153

Kartheuser, Ingemar/Nabulsi, Selma – *Abgrenzungsfragen bei gemeinsam Verantwortlichen – Kritische Analyse der Voraussetzungen nach Art. 26 DS-GVO*, 21 MMR, 2018, 717-721

Kinast, Karsten/Kühni, Christina – *Telematik und Bordelektronik – Erhebung und Nutzung von Daten zum Fahrverhalten*, NJW, 2014, 3057-3060

Kirschner, Nancy M. – *The Right to Financial Privacy Act of 1978 – The Congressional Response to United States v. Miller: A Procedural Right to Challenge Government Access to Financial Records*, 13 U Mich JL Reform, 1979, 10-52

Palmer, Robert T./Palmer, A.T. Darin – *Complying with the Right to Financial Privacy Act of 1978*, Banking LJ, 1979, 196-224

Klar, Manuel – *Räumliche Anwendbarkeit des (europäischen) Datenschutzrechts – Ein Vergleich am Beispiel von Satelliten-, Luft- und Panoramastraßenaufnahmen*, 3 ZD, 2013, 109-115, 113

——— *Die extraterritoriale Wirkung des neuen europäischen Datenschutzrecht*, 7 ZD, 2017, 533-537

——— *vide* Kühling, Jürgen

Klitou, Demetrius – *A Solution, But Not a Panacea for Defending Privacy: The Challenges, Criticism and Limitations of Privacy by Design* em *Privacy Technologies and Policy: First Annual Privacy Forum, APF 2012*, Springer, Heidelberg, 2014, 86-110

Klug, Christoph – *Der Datenschutzbeauftragte in der EU – Maßgaben der Datenschutzgrundverordnung*, 6 ZD, 2016, 315-319

——— *vide* Gola, Peter

Knöpfle, Kornell – *vide* Gardyan-Eisenlohr, Eva

Koon, Richard M. – *Translating the Fair Credit Reporting Act*, 48 Denv LJ, 1971, 51-86

Koops, Bert-Japp – *The Trouble with European Data Protection Law*, 4 IDPL, 2014, 250-261

Koós, Clemens/Englisch, Bastian – *Eine "neue" Auftragsdatenverarbeitung? – Gegenüberstellung der aktuellen Rechtslage und der DS-GVO in der Fassung des LIBE-Entwurfs*, 4 ZD, 2014, 276-285

Körffer, Barbara – *vide* Gola, Peter

Král, Richard – *National Normative Implementation of EC Regulations: An Exceptional or Rather Common Matter*, 33 EL Rev, 2008, 243-256

Kramer, Rudi – *vide* Eckhardt, Jens

Kraus, Rebecca S. – *Statistical Dèjá Vu: The National Data Center Proposal of 1965 and Its Descendants*, 5 JCP, 2013, 1-37

Kremer, Sascha – *vide* Laue, Philip

Krohm, Niclas – *Abschied vom Schriftformgebot der Einwilligung – Lösungsvorschläge und künftige Anforderungen*, 6 ZD, 2016, 368-373

Krohm, Niclas/Müller-Peltzer, Philipp – *Auswirkungen des Kopplungsverbots auf die Praxistauglichkeit der Einwilligung*, 7 ZD, 2017, 551-556

Kroschwald, Steffen – *vide* Roßnagel, Alexander.

Krügel, Tina – *Das personenbezogene Datum nach der GS-GVO – Mehr Klarheit und Rechtssicherheit?*, 7 ZD, 2017, 455-460, 457-458

——— *vide* Forgó, Nikolaus

Krüger, Stefan/Maucher, Svenja-Ariane – *Ist die IP-Adresse wirklich ein personenbezogenes Datum? – Ein falscher Trend mit großen Auswirkungen auf die Praxis*, 14 MMR, 2011, 433-439

Kühling, Jürgen – *Rückkehr des Rechts: Verpflichtung von "Google & Co." zu Datenschutz*, 25 EuZW, 2014, 527-532

Kühling et al., Jürgen – *Die Datenschutz-Grundverordnung und das nationale Recht – Erste Überlegungen zum innerstaatlichen Regelungsbedarf*, MV Wissenschaft, Munster, 2016

Kühling, Jürgen/Klar, Manuel – *Unsicherheitsfaktor Datenschutzrecht – Das Beispiel des Personenbezugs und der Anonymität*, 66 NJW, 2013, 3611-3617

Kühling, Jürgen/Martini, Mario – *Die Datenschutz-Grundverordnung: Revolution oder Evolution im europäischen und deutschen Datenschutzrecht?*, 27 EuZW, 2016, 448-454

Kühni, Christina – *vide* Kinast, Karsten

Kuß, Christian – *Folge dem weißen Kaninchen – Datenaustausch in der Matrixorganisation*, 40 DuD, 2016, 150-154

Langheinrich, Marc – *Privacy by Design – Principles of Privacy – Aware Ubiquitous Systems* em *Ubicomp 2001: Ubiquitous Computing*, 2001, 273-291

Lantwin, Tobias – *Risikoberuf Datenschutzbeauftragter? Die Haftung nach der neuen DS-GVO*, 7 ZD, 2017, 411-414

Laue, Philip/Nink, Judith/Kremer, Sascha – *Das neue Datenschutzrecht in der betrieblichen Praxis*, Nomos, Baden-Baden, 2016

Leal, Ana Alves – *Aspetos jurídicos da análise de dados na Internet (big data analytics) nos sectores bancário e financeiro: proteção de dados pessoais e deveres de informação* em *FinTech: Desafios da Tecnologia Financeira*, coord. António Menezes Cordeiro/Ana Perestrelo de Oliveira/Diogo Pereira Duarte, Almedina, Coimbra, 2017, 75-203

Legislative History of the Privacy Act of 1974 – S. 3418 (Public Law 93-579) – Source Book on Privacy, 1976

Leitão, Luís Menezes – *Os testemunhos de conexão: cookies* em *EH ao Professor Doutor Inocêncio Galvão Telles*, 90 anos, Almedina, Coimbra, 2007, 763-774.

Lepperhoff, Niels – *vide* Gola, Peter

Lezzi, Lukas/Oberlin, Jutta Sonja – *Gemeinsam Verantwortliche in der konzerninternen Datenverarbeitung – Eine praxisorientierte Darstellung möglicher Konstellationen*, 8 ZD, 2018, 398-404

Lind, Anna-Sara/Strand, Magnus – *A New Proportionality Test for Fundamental Rights? The Joined Cases C-92/09 and C-93/09 Volker und Markus Schecke GbR (C-92/09) and Hartmut Eifert (C-93/09) v. Land Hessen*, EPA, 2011, 1-11

Lüdemann, Volker – *Connected Cars: Das vernetzte Auto nimmt Fahrt auf, der Datenschutz bleibt zurück*, 5 ZD, 2015, 247-254

Lundin, Per – *Computers and Welfare: The Swedish Debate on the Politics of Computerization in the 1970s and the 1980s* em *History of Nordic Computing 4*, coord. Christian Gram/Per Rasmussen/Soren Duus/Søren Duus Østergaard, Springer, Cham, 2015, 3-11

Macdonald, Roderick A. – *Legal Bilingualism*, 42 MGill LJ, 1997, 119-167

Malgieri, Gianclauido – *vide* De Hert, Paul

Mantelero, Alessandro – *The EU Proposal for a General Data Protection Regulation and the Roots of the "Right to Be Forgotten*, 29 CLSR, 2013, 229-335

Marsch, Nikolaus – *Das europäische Datenschutzgrundrecht: Grundlagen – Dimensionen – Verflechtungen*, Mohr, Tubinga, 2018

Marschall, Kevin/Müller, Pinkas – *Der Datenschutzbeauftragte im Unternehmen zwischen BDSG und DS-GVO – Bestellung, Rolle, Aufgaben und Anforderungen im Fokus europäischer Veränderungen*, 6 ZD, 2016, 415-420

Martini, Mario – *vide* Kühling, Jürgen

Martins, Ana Maria Guerra – *Manual de Direito da União Europeia*, 2ª ed., Almedina, Coimbra, 2017

Masing, Johannes – *Ein Abschied von den Grundrechten*, Süddeutsche Zeitung, 9-jan.-2012

——— *Herausforderungen des Datenschutzes*, 65 NJW, 2012, 2305-2311.

Maucher, Svenja-Ariane – *vide* Krüger, Stefan

McNamara, Jr., Robert M. – *The Fair Credit Reporting Act: A Legislative Overview*, 22 J Pub L, 1973, 67-101

Medeiros, Rui – *vide* Miranda, Jorge

Meldman, Jeffrey A. – *Centralized Information Systems and the Legal Right to Privacy*, 52 Mar L Rev, 1969, 335-354

Mell, Patricia – *Big Brother at the Door: Balacing National Security with Privacy Under the USA Patriot Act*, 80 Denv UL Rev, 2002, 375-427

Meyerdierks, Per – *Sind IP-Adressen personenbezogene Daten?*, 12 MMR, 2009, 8-13

Michael, Donald N. – *Speculations on the Relation of the Computer to Individual Freedom and the Right to Privacy*, 33 Geo Wash L Rev, 1964, 270-286

Miller, Arthur R. – *Personal Privacy in the Computer Age: The Challenge of a New Technology in a Information-Oriented Society*, 67 Mich L Rev, 1969, 1089-1246

Miranda, Jorge/Medeiros, Rui – *Constituição Portuguesa anotada*, I, 2ª ed., UCP, Lisboa, 2017

Monreal, Manfred – *"Der für die Verarbeitung Verantwortliche" – das unbekannte Wesen des deutschen Datenschutzrechts – Mögliche Konsequenzen aus einem deutschen Missverständnis*, 4 ZD, 2014, 611-616

——— *Weiterverarbeitung nach einer Zweckänderung in der DS-GVO – Chancen nicht nur für das europäische Verständnis des Zweckbindungsgrundsatzes*, 6 ZD, 2016, 507-512

Moreira, Vital – *vide* Canotilho, J.J. Gomes

Morris, Grant – *Computer Data Bank-Privacy Controversy Revisited: An Analysis and an Administrative Proposal*, 22 Cath U L Rev, 1973, 628-649

Moses, Lyria Bennett/Chan, Janet – *Using Big Data for Legal and Law Enforcement Decisions: Testing the New Tools*, 37 UNSWLJ, 2014, 643-678.

Müller, Katharina – *vide* Nink, Judith

Müller, Pinkas – *vide* Marschall, Kevin

Müller-Peltzer, Philipp – *vide* Krohm, Niclas

Murdoch, Travis B./Detsky, Allan S. – *The Inevitable Application of Big Data to Health Care*, JAMA, April 3, 2013 – Vol. 309, No. 13, 1351-1352.

Nabulsi, Selma – *vide* Kartheuser, Ingemar

Nebel, Maxi – *vide* Roßnagel, Alexander.

Nguyen, Alexander M. – *Die zukünftige Datenschutzaufsicht in Europa – Anregungen für den Trilog zu Kap. VI bis VII der DS-GVO*, 5 ZD, 2015, 265-270

Nicoletti, Bernardo – *The Future of FinTech: Integrating Finance and Technology in Financial Services*, Palgrave Macmillan, Cham, 2017.

Niklas, Thomas/Faas, Thomas – *Der Datenschutzbeauftragte nach der Datenschutz-Grundverordnung*, 34 NZA, 2017, 1091-1097

Nink, Judith – *vide* Laue, Philip

Nink, Judith/Müller, Katharina – *Beschäftigtendaten im Konzern – Wie die Mutter so die Tochter? – Arbeits- und datenschutzrechtliche Aspekte einer zentralen Personalverwaltung*, 2 ZD, 2012, 505-509

Nink, Judith/Pohle, Jan – *Die Bestimmbarkeit des Personenbezugs – Von IP-Adresse zum Anwendungsbereich der Datenschutzgesetze*, 18 MMR, 2015, 563-567

Nolte, Norbert – *Das Recht auf Vergessenwerden – mehr als nur ein Hype?*, 67 NJW, 2014, 2238-2242

Nüßing, Christoph – *vide* Grünwald, Andreas.

Oberlin, Jutta Sonja – *vide* Lezzi, Lukas

OCDE – *Guidelines Governing the Protection of Privacy and Transborder Flows of Personal Data*, OCDE, Paris, 2001

Palmer, A.T. Darin – *vide* Palmer, Robert T.

Palmer, Robert T./Palmer, A.T. Darin – *Complying with the Right to Financial Privacy Act of 1978*, Banking LJ, 1979, 196-224

Papakonstantinou, Vagelis – *vide* De Hert, Paul

Pardau, Stuart L. – *The California Consumer Privacy Act: Towards a European-Style Privacy Regime in the United States?*, 23 J Tech L & Pol'y, 2018, 68-114

Parlamento Europeu – *Resolução do Parlamento Europeu sobre a sobre uma abordagem global da protecção de dados pessoais na União Europeia* (2011/2025(INI)), 6-jul.-2011

Pereira, Alexandre Libório Dias – *O "direito à autodeterminação informativa" na jurisprudência portuguesa: breve apontamento*, 5 AIS-TA, 2017, 27-30

Petri, Thomas – *vide* Tinnefeld, Marie-Theres

Petri, Thomas/Tinnefeld, Marie-Theres – *Völlige Unabhängigkeit der Datenschutzkontrolle – Demokratische Legitimation und unabhängige parlamentarische Kontrolle als moderne Konzeption der Gewaltenteilung*, 13 MMR, 2010, 157-161

Pfitzmann, Andreas – *vide* Pfitzmann, Birgit

Pfitzmann, Birgit/Waidner, Michael/Pfitzmann, Andreas – 6 DuD, 1990, 243-253 e 7 DuD 1990, 305-315

Pinheiro, Alexandre Sousa – *Privacy e protecção de dados pessoais: a construção dogmática do direito à identidade informacional*, AAFDL, Lisboa, 2015

Pinto, Paulo Mota – *Interesse contratual negativo e interesse contratual positivo*, I, Coimbra ed., Coimbra, 2008

Pipe, G. Russell – *Privacy: Establishing Restrictions on Government Inquiry*, 18 Am U L Rev, 1968, 516-551.

Pocs, Mathias – *Gestaltung von Fahndungsdateien – Verfassungsverträglichkeit biometrischer Systeme*, 35 DuD, 2011, 163-168

Powles, Julia – *vide* Selbst, Andrew D.

Quiring-Kock, Gisela – *Anforderungen an ein Datenschutzmanagementsystem*, 36 DuD, 2012, 832-836

Rackow, Sharon H. – *How the USA Patriot Act will Permit Governmental Infringement Upon the Privacy of Americans in the Name of "Intelligence" Investigations*, 150 U Pa L Rev, 2002, 1651-1696

Rafert, G. – *vide* Christensen, L.

Ramirez, Edith – *Privacy by Design and the New Privacy Framework of the U.S. Federal Trade Commission*, Hong Kong, 13-jun.-2012.

Rauda, Christian – *Gemeinsamkeiten von US Children Online Privacy Protection Act (COPPA) und DS-GVO – Zustimmungserfordernis der Eltern zur Verarbeitung von Daten Minderjähriger*, 20 MMR, 2017, 15-19

Reding, Viviane – *Sieben Grundbausteine der europäischen Datenschutzreform*, 2 ZD, 2012, 195-198

——— *The European Data Protection Framework for the Twenty-First Century*, 2 IDPL, 2012, 119-129

Riccardi, J. Lee – *The German Federal Data Protection Act of 1977: Protecting the Right of Privacy?*, 6 BC In'l & Comp L Rev, 1983, 243-271

Richter, Philipp – *vide* Roßnagel, Alexander.

Riesenhuber, Karl – *Die Einwilligung des Arbeitnehmers im Datenschutzrecht*, 64 RdA, 2011, 257-265

Rogosch, Patricia Maria – *Die Einwilligung im Datenschutzrecht*, Nomos, Baden-Baden, 2013

Roßnagel, Alexander – *Datenschutzgesetzgebung: Monopol oder Vielfalt?*, 36 DuD (2012), 553

——— *Gesetzgebung im Rahmen der Datenschutz-Grund*verordnung, 41 DuD, 2017, 277-281.

Roßnagel, Alexander – *Kein „Verbotsprinzip" und kein „Verbot mit Erlaubnisvorbehalt" im Datenschutzrecht – Zur Dogmatik der Datenverarbeitung als Grundrechtseingriff*, 72 NJW, 2019, 1-5

Roßnagel, Alexander/Nebel, Maxi/Richter, Philipp – *Was bleibt vom Europäischen Datenschutzrecht? – Überlegungen zum Ratsentwurf der DS-GVO*, 5 ZD, 2015, 455-450

Roßnagel, Alexander/Kroschwald, Steffen – *Was wird aus der Datenschutzgrundverordnung? – Die Entschließung des Europäischen Parlaments über ein Verhandlungsdokument*, 4 ZD, 2014, 495-500

Roßnagel, Alexander/Scholz, Philip – *Datenschutz durch Anonymität und Pseudonymität – Rechtsfolgen der Verwendung anonymer und pseudonymer Daten*, 3 MMR, 2000, 721-731

Röttgen, Charlott – *vide* Jülicher, Tim

Sanchez, Ignacio – *vide* De Hert, Paul

Schaar, Katrin – *DS-GVO: Geänderte Vorgaben für die Wissenschaft – Was sind die neuen Rahmenbedingungen und welche Fragen bleiben offen?*, 6 ZD, 2016, 224-226

Schantz, Peter – *Die Datenschutz-Grundverordnung – Beginn einer neuen Zeitrechnung im Datenschutzrecht*, 69 NJW, 2016, 1841-1847

Schantz, Peter/Wolff, Heinrich Amadeus – *Das neue Datenschutzrecht – Datenschutz-Grundverordnung und Bundesdatenschutzgesetz in der Praxis*, Beck, Munique, 2017

Schild, Hans-Hermann/Tinnefeld, Marie-Theres – *Datenschutz in der Union — Gelungene oder missglückte Gesetzentwürfe?*, 36 DuD (2012), 312-317

Schmidt, Stephan – *vide* Brink, Stefan

Schmidt-Wudy, Florian – *vide* Bräutigam, Peter

Schmitt, Matthias – *vide* Dorfleitner, Gregor

Schnabel, Christoph – *vide* Hornung, Gerrit

Schneider, Jochen – *Schließt Art. 9 DS-GVO die Zulässigkeit der Verarbeitung bei Big Data aus?*, 7 ZD, 2017, 303-308

Schneider, Jochen/Härting, Niko – *Wird der Datenschutz nun endlich internettauglich? – Warum der Entwurf einer Datenschutz-Grundverordnung enttäuscht*, 2 ZD, 2012, 199-203

Scholz, Philip – *vide* Roßnagel, Alexander.

Schreiber, Kristina – *Gemeinsame Verantwortlichkeit gegenüber Betroffenen und Aufsichtsbehörden Anwendungsbereiche, Vertragsgestaltung und Folgen nicht gleichwertiger Verantwortung*, 9 ZD, 2019, 55-60

Schröder, Georg F. – *Datenschutzrecht für die Praxis*, 3ª ed., Beck, Munique, 2019

Schroeder, Werner – *Die Auslegung des EU-Rechts*, 44 JuS, 2004, 180-186

Schutz, Sebastian – *vide* Gola, Peter

Schwartz, Paul M. – *vide* Jangert, Edward J.

Seidel, Ulrich – *Datenbanken und Persönlichkeitsrecht: unter besonderer Berücksichtigung der amerikanischen Computer Privacy*, Schmidt, Colónia, 1972

Seidel, Ulrich – *Persönlichkeitsrechtliche Probleme der elektronischen Speicherung privater Daten*, 36 NJW, 1970, 1581-1583

Selbst, Andrew D./Powles, Julia – *Meaningful Information and the Right to Explanation*, 7 IDPL, 2017, 233-242

Shoor, Emily Adams – *Narrowing the Right to Be Forgotten: Why the European Union Needs to Amend the Proposed Data Protection Regulation*, 39 Brook J Int'l L, 2014, 487-519

Silveira, Alessandra – *vide* Canotilho, Mariana.

Simitis, Spiros – *Chancen und Gefahren der elektronischen Datenverarbeitung*, 24 NJW, 1970, 673-682

——— *Die informationelle Selbstbestimmung – Grundbedingung einer verfassungskonformen Informationsordnung*, 37 NJW, 1984, 398-405

——— *"Sensitive Daten" – Zur Geschichte und Wirkung einer Fiktion* em *Festschrift zum 65. Geburtstag von Mario M. Pedrazzini*, coord. Ernst Brem/Jean N. Druey/ Ernst A. Kramer, Stämpfli, Berna, 1990, 469-493

——— *20 Jahre Datenschutz in Hessen – eine kritische Bilanz* em *Neunzehnter Tätigkeitsbericht des Hessischen Datenschutzbeauftragten*, 1991, 68-75

——— *Privacy – An Endless Debate*, 98 Cal L Rev, 2010, 1989-2005

——— *Einleitung: Geschichte – Ziele – Prinzipien* em *Simitis, Bundesdatenschutzgesetz*, 8ª ed., Nomos, Baden-Baden, 2014

Solove, Daniel J. – *Introduction: Privacy Self-Management and the Consent Dilemma*, 126 Harv L Rev, 2013, 1880-1903

Special Inquiry on Invasion of Privacy (Part 1) – Hearings Before a Subcommittee of the Committee on Government Operations, House of Representatives, 89th Congress, First Session. June 2, 3, 4, 7, 23, and September 23, 1965, U.S. Government Printing Office, Washington, 1966

Spilker, Bettina – *Postmortaler Datenschutz*, DÖV, 2015, 54-60

Spittka, Jan – *vide* Faust, Sebastian

Steinmüller, Wilhelm – *EDV und Recht: Einführung in die Rechtsinformatik*, Schweitzer, Berlim, 1970

Stengel, Oliver/van Looy, Alexander/Wallaschkowski, Stephan – *Digitalzeitalter – Digitalgesellschaft: Das Ende des Industriezeitalters und Der Beginn einer neuen Epoche*, Springer VS, Wiesbaden, 2017

Strand, Magnus – *vide* Lind, Anna-Sara

Strubel, Michael – *Anwendungsbereich des Rechts auf Datenübertragbarkeit – Auslegung des Art. 20 DS-GVO unter Berücksichtigung der Guidelines der Art. 29-Datenschutzgruppe*, 7 ZD, 2017, 355-361

Swayne, Linda – *vide* Erevelles, Sunil

Taylor, Mark – *Genetic Data and the Law: A Critical Perspective on Privacy Protection*, CUP, Cambrigde, 2012

Temme, Merle – *Algorithms and Transparency in View of the New General Data Protection Regulation*, 3 EDPL, 2017, 473-485

The Computer and Invasion of Privacy – Hearings Before a Subcommittee of the Committee on Government Operations, House of Representatives, 89th Congress, Second

Session. July 26, 27, and 28, 1966, U.S. Government Printing Office, Washington, 1966.

Thoma, Florian – *Risiko im Datenschutz – Stellenwert eines systematischen Risikomanagements in BDSG und DS-GVO-E*, 3 ZD, 2013, 578-581

Tinnefeld, Marie-Theres – *vide* Petri, Thomas

——— *vide* Schild, Hans-Hermann

Tinnefeld, Marie-Theres/Conrad, Isabell – *Die selbstbestimmte Einwilligung im europäischen Recht – Voraussetzungen*, 8 ZD, 2018, 391-398, 393-394

Tinnefeld, Marie-Theres/Petri, Thomas/Brink, Stefan – *Aktuelle Fragen um ein Beschäftigtendatenschutzgesetz – Eine erste Analyse und Bewertung*, 13 MMR, 2010, 727-735

Ullman, Charles M. – *Liability of Credit Bureaus After the Fair Credit Reporting Act: The Need for Further Reform*, 17 Vill L Rev, 1971, 44-72

Ünver, Mehmet Bilal – *vide* Vanberg, Aysem Diker

Uzelac, Elizabeth B. – *Reviving the Privacy Protection Act of 1980*, 107 Nw UL Rev, 2013, 1437-1468

v. Schönfeld, Max – *vide* Jülicher, Tim

van Looy, Alexander – *vide* Stengel, Oliver

Vanberg, Aysem Diker/Ünver, Mehmet Bilal – *The Right to Data Portability in the GDPR and EU Competition Law: Odd Couple or Dynamic Duo?*, 8 EJLT, 2017, 1-22

Veale, Kichael – *vide* Edwards, Lilian

Veil, Winfried – *Risikobasierter Ansatz statt rigides Verbotsprinzip – Eine erste Bestandsaufnahme*, 5 ZD, 2015, 347-353

——— *Accountability – Wie weit reicht die Rechenschaftspflicht der DS-GVO? – Praktische Relevanz und Auslegung eines unbestimmten Begriffs*, 8 ZD, 2018, 9-16

——— *Die Datenschutz-Grundverordnung: des Kaisers neue Kleider – Der gefährliche Irrweg des alten wie des neuen Datenschutzrechts*, 37 NVwZ, 2018, 686-696

——— *Einwilligung oder berechtigtes Interesse? – Datenverarbeitung zwischen Skylla und Charybdis*, 71 NJW, 2018, 3337-3344

Voigt, Paul – *Datenschutz bei Google*, 12 MMR, 2009, 377-382, 379

Voigt, Paul/Alich, Setafn – *Facebook-Like-Button und Co. – Datenschutzrechtliche Verantwortlichkeit der Webseitenbetreiber*, 64 NJW, 2011, 3541-3544

Voigt, Paul/von dem Bussche, Axel – *The EU General Data Protection Regulation (GDPR): A Practical Guide*, Cham, Sprimger, 2017, 10-11

von dem Bussche, Axel – *vide* Voigt, Paul

von Hardenberg, Simone Gräfin – *Genetische Gesundheitsdaten in der Individualisierten Medizin – Hinreichender Persönlichkeitsschutz oder rechtlicher Regelungsbedarf?*, 4 ZD, 2014, 115-119

von Lewinski, Kai – *Geschichte des Datenschutzrechts von 1600 bis 1977* em *Freiheit – Sicherheit – Öffentlichkeit*, Nomos, Baden-Baden, 2009, 196-220

von Westphalen, Friedrich Graf – *vide* Wendehorst, Christiane

Wagner/Brink – *Die föderale Geschichte des Datenschutzes* em *BeckOK*, Rn. 1 ss

Waidner, Michael – *vide* Pfitzmann, Birgit

Waldburger, Martin – *vide* Arnold, René

Wallaschkowski, Stephan – *vide* Stengel, Oliver

Walter, Stefan – *Die datenschutzrechtlichen Transparenzpflichten nach der Europäischen Datenschutz-Grundverordnung*, 7 DSRITB, 2016, 367-387

Ward, Roberta A. – *The Consume Credit Protection Act: An Analysis of Public Policy Formulation*, J Consumer Aff, 1971, 196-211

Warmund, Joshua – *Can COPPA Work? An Analysis of the Parental Consent Measures in the Children's Online Privacy Protection Act*, 11 Fordham Intell Prop Media & Ent LJ, 2000, 189-216

Weber, Martina – *vide* Dorfleitner, Gregor

Weichert, Thilo – *„Sensitive Daten" revisited*, 41 DuD, 2017, 538-543

Weisser, Ralf/Färber, Claus – *Rechtliche Rahmenbedingungen bei Connected Car – Überblick über die Rechtsprobleme der automobilen Zukunft*, 18 MMR, 2015, 506-512

Wendehorst, Christiane/von Westphalen, Friedrich Graf – *Das Verhältnis zwischen Datenschutz-Grundverordnung und AGB-Recht*, 69 NJW, 2016, 3745-3750

Wente, Jürgen – *Informationelles Selbstbestimmungsrecht und absolute Drittwirkung der Grundrechte*, 37 NJW, 1984, 1446-1447

Westphal, Miriam/Wichtermann, Marco – *Datenportierung nach Art. 20 DS-GVO – Ausgewählte Ausschlussgründe*, 9 ZD, 2019, 191-194

Wichtermann, Marco – *vide* Westphal, Miriam

Wilson, Craig – *Protecting Consumers from Arbitrary, Erroneous, and Malicious Credit Information*, 4 UCD L Rev, 1971, 403-420

Winter, J.A. – *Direct Applicability and Direct Effect: Two Distinct and Different Concepts in Community Law*, 9 CMLR, 1972, 425-438.

Wolff, Heinrich Amadeus – *vide* Schantz, Peter

Wybitul, Tim – *vide* Faust, Sebastian

Wybitul, Tim/Fladung, Armin – *EU-Datenschutz-Grundverordnung – Überblick und arbeitsrechtliche Betrachtung des Entwurfs*, BB, 2018, 509-515

Wybitul, Tim/Haß, Detlef/Albrecht, Jan Philipp – *Abwehr von Schadensersatzansprüchen nach der Datenschutz-Grundverordnung*, 71 NJW, 2018, 113-118

Zanfir, Gabriela – *The Right to Data Portability in the Context of the EU Data Protection Reform*, 2 IDPL, 2012, 149-162

Ziebarth, Wolfgang – *Google als Geheimnishüter? – Verantwortlichkeit der Suchmaschinenbetreiber nach dem EuGH-Urteil*, 4 ZD, 2014, 394-399

ÍNDICE IDEOGRÁFICO